Anton Rehrmann

Die Christologie des heiligen Cyrillus von Alexandrien

Anton Rehrmann

Die Christologie des heiligen Cyrillus von Alexandrien

ISBN/EAN: 9783959138253

Auflage: 1

Erscheinungsjahr: 2018

Erscheinungsort: Treuchtlingen, Deutschland

Literaricon Verlag UG (haftungsbeschränkt), Uhlbergstr. 18, 91757
Treuchtlingen. Geschäftsführer: Günther Reiter-Werdin, www.literaricon.de.
Dieser Titel ist ein Nachdruck eines historischen Buches. Es musste auf alte
Vorlagen zurückgegriffen werden; hieraus zwangsläufig resultierende
Qualitätsverluste bitten wir zu entschuldigen.

Printed in Germany

Cover: Cyrill von Alexandrien, Chora Kirche Konstantinopel, Abb. gemeinfrei

Die Christologie

des

hl. Cyrillus von Alexandrien

systematisch dargestellt

von

Dr. theol. Anton Rehrmann,

Priester der Diözese Paderborn.

Hildesheim.

Druck und Verlag von Franz Borgmeyer.

1902.

Imprimi permittitur.

Hildesii, die XVI. Maii 1902.

Episcopalis Vicarius Generalis.

Hugo.

Ἐστι τὸ θεῖον ἡμῶν μυστήριον οὐκ ἐν πειθοῖς σοφίας
ἀνθρωπίνης λόγοις, ἀλλ' ἐν ἀποδείξει Πνεύματος. [1]

Einleitung.

„Ich kann mir von einer genauen dogmengeschicht-
lichen Monographie über Cyrill, wie sie jüngst gewünscht
worden ist, in Ansehung der Christologie nicht viel ver-
sprechen; denn Cyrill hat über das Angeführte hinaus
kein theologisches Interesse gehabt; seine Formulirungen
können aber leicht dazu verleiten, ihm eine sehr compli-
cirte „Christologie" nachzurechnen." So lesen wir in dem
Lehrbuche der Dogmengeschichte [2] des gelehrten Theo-
logieprofessors A. Harnack, den man vielleicht nicht mit
Unrecht den Döllinger des Protestantismus nennen könnte.
Dieses an sich nicht gerade anregende Urteil über eine
etwaige Darstellung der christologischen Ansicht Cyrills
soll mich jedoch nicht abhalten, jene geäusserte Meinung
auf ihre Stichhaltigkeit zu prüfen und eine dogmengeschichtliche Monographie über Cyrill in Ansehung seiner Christologie wenigstens zu versuchen.

In Harnacks Schrift „Das Wesen des Christentums"
habe ich vergeblich nach einer Stelle gesucht, in welcher
der Verfasser sein Bekenntnis an Christus als den natürlichen und eingeborenen Sohn Gottes klar ausspricht. Die
ganze Schrift ist in ängstlicher Vermeidung dessen gehalten. Ueber dem Glauben Harnacks an die natürliche
Gottessohnschaft Christi liegt ein Schleier, und ebenso ver-

---

[1] Cyr. de rect. fid. ad Theod. Mg. 76, 1165 d.
[2] Harnack, Lehrb. d. Dogmengesch. 1894, II, p. 332 n. 1.

schleiert tritt uns auch sein Wesen des Christentums entgegen, das mit der Anerkennung oder Nichtanerkennung
der Gottheit seines Schöpfers den vollen Wert empfängt
oder verliert. Soweit ich den christologischen Standpunkt
Harnacks habe beurteilen können, ist sein Christus ein rein
menschliches Ich, das von der väterlichen Gottheit durch-
leuchtet und durchwärmt auf Erden einherwandelt, ein
samosatanischer Christus. Eine solche Auffassung ist
freilich nicht mit den christologischen Ideen eines Cyrill
harmonisch zu vereinigen. Nach Harnacks Urteil ist Cyrill
Monophysit, sowohl der Sache nach, weil er die menschliche Individualität Christi im Gegensatz zum Nestorianismus ablehnte, als auch dem Sprachgebrauche der Kirche
nach, weil er gelehrt habe, dass der göttliche Logos nach
der Menschwerdung immer nur, wie vorher, eine Natur
habe. [1]) Somit wäre auch das katholische Dogma von der
hypostatischen Union in Christo, welches die ἕνωσις καθ'
ὑπόστασιν Cyrills zum Unterbau hat, nichts weiter als Monophysitismus. Cyrill jedoch ist in seinem christologischen
Denken und in der Bekundung desselben durch seine Schriften ebensowenig Monophysit als Nestorianer. Beides freilich
ist ihm schon von einigen Zeitgenossen zum Vorwurf gemacht worden, das erstere von seinen christologischen
Gegnern, das letztere von einem Teile seiner Freunde, welche
in der Annahme des Unionssymbols von Seiten Cyrills eine
Abschwenkung zum Nestorianismus sehen wollten. Diesen
jedoch stets, sowohl vor wie nach dem Unionsjahre 433,
auf das schärfste bekämpfend, hat Cyrill zu gleicher Zeit
die Pfeile des Apollinarismus und damit inhaltlich auch
schon die des späteren Monophysitismus im voraus von
seiner Christuslehre abgewehrt. Er hat zwischen beiden
irrigen Extremen die einzig mögliche Mitte inne gehalten, ist
den königlichen Weg gewandelt [2]), ohne in das Fahrwasser
einer dieser irrigen Meinungen zu geraten, wie er selbst

---

[1]) l. c. p. 334.
[2]) Cyr. de ss. Trin. dial V. Mg. 75, 973 c.

sagt.[1]) Zu demselben Resultate aber gelangen wir auch durch ein rein objektives, von konfessioneller Parteilichkeit freigehaltenes Eindringen in Cyrills Schriften. Freilich in den Rahmen des antiochenischen, sowie modernen Rationalismus passt die christologische Lehrmeinung des grossen alexandrinischen Theologen nicht; aber es kann ihr auch anderseits nicht der Vorwurf der Widervernunft gemacht werden, so dass man etwa in der Christologie Cyrills auf Unmöglichkeit oder unannehmbare Resultate stiesse. Der Gegenstand, welchen Cyrill gegen Nestorius verteidigt, ist und bleibt nun einmal nach den Worten Cyrills in dem Vorspruche dieser Arbeit ein Geheimnis, welches nicht durch menschliche Weisheit klar gelegt werden kann, sondern nur durch Unterweisung des göttlichen Geistes. Und der Kern dieses Mysteriums liegt in dem wunderbaren Zusammengange und der denkbar innigsten Vereinigung von etwas Geschaffenem mit dem Schöpfer selbst, der natura creata mit der persona Creatoris. Schon deshalb, weil die Idee vom Wesen Gottes als eines dreipersönlichen unseren Begriffen unerreichbar ist, muss auch die Incarnation der zweiten Hypostase dieser Gottheit für uns ein Geheimnis bleiben, eine That göttlicher Weisheit, die durch menschliche Begreifbarkeit den erhabenen Charakter des Göttlichen von sich abstreifen würde. Wir dürfen uns daher nicht wundern, wenn wir in der Christologie Cyrills und der der Alexandriner überhaupt im Gegensatz zu den alles begreifen wollenden Antiochenern gerade das Mysteriöse der Incarnation immer wieder hervorgehoben finden.

Die Hauptaufgabe meiner Arbeit setze ich darin, aus allen bisher als echt erkannten Schriften Cyrills die christologischen Gedanken zu sammeln, sie systematisch objektiv zur Darstellung zu bringen und dadurch den Nachweis zu liefern, dass Cyrills Denken frei vom Apollinarismus resp. Monophysitismus, sowie vom Nestorianismus gewesen ist. Die vornestorianischen, gegen den Arianismus

[1]) l. c. dial. I. Mg. 75, 680 d.

sich richtenden Schriften Cyrills lassen es oft in Bezug
auf die Christologie an der nötigen Schärfe und Präzision
im Ausdrucke fehlen. Auch auf die Schriften, welche
Cyrill nach der Unterzeichnung des Symbolums vom Jahre
433 verfasst hat, ist besonders zu achten, um festzustellen, ob er seinen ehemaligen christologischen Standpunkt thatsächlich zu Gunsten des Nestorianismus geändert hat.

Von den vorhandenen Ausgaben der Cyrillschen
Werke, die eine Neuedierung sehr nötig haben, habe ich
Migne [1]) zu Grunde gelegt unter Ausscheidung der unter
wissenschaftlicher Beweisführung als unecht erwiesenen
Schriften. [2]) Daneben ist auch die Teilausgabe von Ph.
Ed. Pusey zur Benutzung mitherangezogen worden. [3])

Hinsichtlich des Umfanges der Arbeit, sowie der Anordnung und Behandlung des Stoffes erlaube ich mir,
folgende Bemerkung zu machen. Von einer Biographie
Cyrills habe ich abgesehen, da man dieselbe bei J. Kopallik [4]) findet, der aber leider nicht immer die primären
Quellen benutzt hat. Bemerkt seien hier nur folgende
Daten. Cyrill wurde geboren wahrscheinlich um die Mitte
des siebenten Jahrzehntes des vierten Jahrhunderts. Im
Jahre 403 war er auf der Synode ἐπὶ δρῦν bei Chalcedon
anwesend [5]), 412 folgte er seinem Oheim Theophilus auf

[1]) Mg. Patrolog. curs. compl. ser. gr. 68—77.
[2]) A. Ehrhard, Die Cyrill von Alexandrien zugeschriebene
Schrift Περὶ τῆς τοῦ Κυρίου ἐνανθρωπήσεως ein Werk Theodorets von Cyrus. Tübing. 1888. Was die Schrift Cyrills adv.
Anthropomorph. angeht, so habe ich keinen Anstand genommen, dieselbe in der Arbeit mit zu benutzen, da eine
Unechtheit der ganzen Schrift mit Evidenz nicht erwiesen
ist. Bei der Anfertigung der vorliegenden Arbeit lag mir
die Patrologie Bardenhewers in ihrer ersten Auflage vor,
in welcher der Verfasser sagt (p. 338): „Die Echtheit der
Schrift gegen die Anthropomorphiten .... ist mit Unrecht
in Zweifel gezogen worden", während er in der neuen
Bearbeitung von 1901 (p. 320) die Schrift mit Recht in
Zweifel gezogen sieht.
[3]) Ed. Pusey in XII Proph. Oxon. 1868; in Joh. ev. Oxon. 1872
[4]) J. Kopallik, Cyrillus von Alexandrien, Mainz 1881.
[5]) epist. Cyr. ad Acac. Beroeens. Mg. 77, 159 c ... et essem ego
unus astantium, scio me audisse Sanctitatem Tuam sanctae
synodo sic dicentem ...

den erzbischöflichen Stuhl von Alexandria [1], den er bis
zu seinem Tode 444 inne hatte. [2] Ueber den Eintritt
Cyrills in den Kampf mit Nestorius und seiner Partei,
sowie über den Verlauf desselben ist im ersten Hauptteile
der Arbeit das Nähere zu sagen.

Ich habe nämlich die ganze Abhandlung in zwei
Hauptteile gegliedert. Der erste kürzere Teil soll uns die
negative Seite der Cyrillschen Christologie vorführen. Ich
verstehe darunter die Ansicht Cyrills über die seiner Zeit
voraufgehenden christologischen Irrlehren mit Einschluss
des von ihm bekämpften Nestorianismus. Hier erfahren
wir, wie Cyrill christologisch nicht denkt und lehrt. Der
zweite Hauptteil beschäftigt uns sodann mit der positiven
Seite seiner Lehre. In diesem Abschnitte nun könnte
man vielleicht eine sachliche Anordnung der Arbeit beanstanden, dass ich nämlich die Logoslehre Cyrills in die
Christologie mit hineingezogen habe. Indes gerade bei
einer Darstellung der Cyrillschen Christuslehre ist dieses
notwendig, weil Cyrill, wie auch Harnack mit Recht bemerkt, [3] die Person des Erlösers vom Gottlogos aus kon-
struiert, d. i. nach Johanneischem Verfahren den Erlöser
in seinem vorincarnierten Leben zeigt. Christologie und
Logoslehre stehen in inniger Beziehung, weil es sich in
beiden um ein und dieselbe göttliche Person handelt, so
dass in einer christologischen Monographie die Logoslehre
ohne Wahrnehmung einer empfindlichen Lücke nicht übergangen werden kann. Im umgekehrten Verhältnisse dagegen trifft eine solche Notwendigkeit nicht zu. Cyrill
selbst spricht davon, dass es nötig sei, zuerst über den
Gottlogos zu handeln und dann erst über die Menschwerdung, durch welche er von dem Gottlogossein nichts
eingebüsst habe, οὐκ ἀπεμπολήσας τὸ εἶναι ὃ ἧν. [4] Auch im
Briefe an die Mönche Aegyptens schickt er den christolo-

[1] Socrat. h. e. VII, 7.
[2] Mansi (Ms.) Sacr. conciliorum nova et amplissima collectio,
VI, 1021 d.
[3] l. c. p. 402.
[4] Cyr. c. Jul. VIII, Mg. 76, 904 b.

gischen Erörterungen eine kurze Logoslehre vorauf. [1]) Im
3. Briefe an Nestorius beginnt er die christologische Aus-
einandersetzung ebenfalls mit der Lehre von dem Verhältnisse des Logos zum Vater, zur Welt und geht dann mit
den sehr oft wiederkehrenden Stichworten ἐσαρκώθη καὶ
ἐνηνθρώπησεν zu der eigentlichen christologischen Exposition
über. [2]) Wie Athanasius den Kampf für die Wesensgleichheit des Sohnes mit dem Vater führte, dabei die Incarnation nicht unberührt liess, so kämpfte Cyrill für die
Identität Christi mit dem göttlichen Logos und durfte deshalb das immanente Leben desselben nicht unerwähnt
lassen.

Auch die Erlösungslehre ist von einer Darstellung der
Cyrillschen Christologie nicht leicht zu trennen. „Cyrill
handelt nämlich von der Person des Erlösers unter steter
Bezugnahme auf sein Werk." Deshalb habe ich seine
Lehrmeinung über die Erlösungsthat Christi kurz zur
Sprache gebracht, und zwar unter den Folgerungen aus
der hypostatischen Union, durch welche gerade die Erlösung ihre wunderbare Bedeutung und ihren ganzen Wert
erhält.

Zum Schluss sei dann noch bemerkt, dass das Verhältnis der christologischen Ideen Cyrills auch zu der
nachfolgenden Lehrentwickelung über Christi Person
bis zum Adoptianismus einschliesslich eine kurze Berücksichtigung in der Arbeit gefunden hat.

---

[1]) Cyr. ep. ad Mon. Mg. 77, 17 b c.
[2]) Cyr. ep. ad Nest. Mg. 77, 109 c.

Inhalts-Verzeichnis.

~~~~~~~

Erster Teil.

Die Christologie Cyrills nach ihrer negativen Seite.

Zweiter Teil.

Die Christologie Cyrills nach ihrer positiven Seite.

Erster Teil.

Die Christologie Cyrills nach ihrer negativen Seite.

Πολλαὶ κατὰ καιρὸν ἐπανέστησαν αἱρέσεις τῇ τοῦ Θεοῦ
Ἐκκλησίᾳ, τὴν ὀρθὴν παραλύειν πολυτρόπως βια-
ζόμεναι πίστιν. [1]

I. Abschnitt.

Cyrills Urteil über die vornestorianischen Ansichten und Irrlehren betreffs der Person Christi.

---

1. Kapitel.

Der Christusglaube der Juden und die Irrlehren im allgemeinen.

Τούτῳ τετολμήκασιν ἀντιστῆναί τινες τῶν ἐξ Ἰσραήλ. [2]

Die historische Person Jesu Christi, des Gottessohnes, ist mit Beginn ihres öffentlichen Erscheinens vor den Augen der Juden sofort ein Gegenstand grösster Aufmerksamkeit geworden. Das Wunderbare an Christi Person, Lehren und Thaten rief das Erstaunen des gewöhnlichen Volkes, dagegen den Neid der Pharisäer hervor, der sich bis zum vernichtenden Hasse steigerte und in der Tötung des Messias, sowie in dem Streben nach der Zerstörung seines Werkes sein Ende erreichte. Nicht leugnen konnten die Juden, dass ein solcher Prophet in ihrem Volke trotz Moses noch nicht erstanden war, ein Prophet, der lehrte, wie ein

---

[1] Cyr. lib. adv. nol. confit. S. V. esse Dp. Mg. 76, 257a.
[2] Cyr. Glaph. in Gen II. Mg. 69, 96a.

Machthaber, der Wunder wirkte aus persönlich eigner
Machtfülle. Somit wäre es bei einigem guten Willen für
die Juden nicht schwer gewesen, aus dieser quantitativ wie
qualitativ aussergewöhnlichen Lehrweise und Wunderwirkung Jesu von Nazareth auf seine Messianität zu schliessen,
zumal sie wussten und auch bekannten, dass nach den
Propheten die Zeit des Messiasheiles da sein müsse. „Allein,"
so sagt Cyrill, „es flösste der Boshafte, der Drache, der
Abtrünnige den Pharisäern über Christus einen falschen
Glauben und einen entfremdenden Irrtum ein. Denn sie
sagten: „Wenn dieser Mensch von Gott wäre, so würde
er den Sabbat nicht brechen" Joh. 9,16 . . . Er träufelte
in ihren Geist und in ihr Herz jenen betäubenden Wahn
(μέϑην), in welchem sie gerechter Weise auch unterge-
gangen sind, wie wilde Tiere einherspringend in voller
Raserei und Schmähung." [1]) Die Pharisäer wiederum übten
ihren Christus feindlichen Einfluss auf das Volk aus, so
dass der bei weitem grösste Teil dem Messias fern blieb.
„Denn die Lehrer der Juden," sagt Cyrill, „haben das
irdische Sion, ihre eigene Mutter verwüstet, indem sie dasselbe Christo entzogen und lehrten, der Glaube an ihn
dürfe nicht angenommen werden. Denn sie sagten: „Wir
wissen, dass Gott zu Moses gesprochen, woher aber dieser
ist, wissen wir nicht." (Joh. 9, 29.) [2]) An anderer Stelle
sagt Cyrill unter Hinweisung auf das über die Juden
hereinbrechende Strafgericht: „Von allen Juden hätten
gerade die Synagogenvorsteher und die, welche in den
hohen Ehren des Priestertums glänzten, ihm (Messias) ge-
horchen müssen; statt dessen aber traten sie gottloser
Weise gegen ihn auf und stets das Gesetz des Moses im
Munde führend wollten sie das Geheimnis der Menschwerdung des Eingeborenen im Fleische zu nichte machen.
Das aber stand nicht in ihrer Macht, und dem Erlöser und
Gott aller stolz entgegentretend, sind die Bösen elend um-

---

[1]) Cyr. com. in Mich. Proph. II, 11 ed. Pusey vol. I. p. 640 a
Mg. 71,677 b.
[2]) Cyr. in Is. Proph. IV 4. Mg. 70, 1068 d.

gekommen, teils durch Selbstbekriegung, teils weil sie den
Römern in die Hände fielen, die auch ihren Tempel nieder-
brannten. [1]) So also kam das Judenvolk in seiner Gesamtheit durch die Schuld seiner Führer nicht zum Glauben
an den Messias in der Person Christi, geschweige denn,
dass es den Träger der schlichten, in nichts sich äusserlich
unterscheidenden Menschengestalt, Jesum von Nazareth,
als den Sohn Gottes erkannt hätte. „Denn wenn sie ihn
erkannt hätten," sagt der Apostel (1. Cor. 2, 8), „so hätten
sie den Herrn der Herrlichkeit nicht gekreuzigt." „Sie
wunderten sich," sagt Cyrill, „über die Kraft seiner Lehre
und über die Grösse seiner Macht; denn sein Wort war
mächtig, nicht schmeichelnd, sondern zum Heile anleitend.
Die Juden aber glaubten, Christus sei nichts anderes, als
wie einer von den heiligen Männern, der im Range eines
Propheten stehe. Damit sie aber eine höhere Meinung von
ihm hätten, geht er über das prophetische Mass hinaus.
Denn nicht sagt er: „Dieses spricht der Herr," wie es bei
jenen üblich war, sondern als Herr des Gesetzes redet er
Uebergesetzliches." [2]) Und trotzdem suchten sie die
gnadenreichen Worte, die aus seinem Munde kamen, zu
entwerten, indem sie sprachen: „Ist das nicht der Sohn
Josephs?" [3]) Die Vorstellung, welche die Juden von der
Person des Messias hatten, erreichte nicht die Gleichheit
mit dem Bilde, unter welchem er als grosser Wunderthäter,
ja als Gott selbst (Is. 35, 4) vorher verkündet war. Wenn
der Heiland sich auf die Erfüllung der Weissagungen an
seiner Person berief, so beriefen sich die Juden auf die
Worte des Moses: „Einen Propheten wird euch der Herr
Gott aus unseren Brüdern erwecken, mir ähnlich." Darnach habe Moses den Messias als einen ihm gleichen
Propheten, nicht aber als Gott bezeichnet. [4]) Das also
war die Ansicht der Juden über die Person Christi. Eine
Erklärung für die Nichtanerkennung der Gottheit Christi

---

[1]) l. c. Mg. 70, 308 b.
[2]) Cyr. com. in Luc. IV, 31. Mg. 72, 545 c.
[3]) l. c. 544 a.
[4]) Leont. v. Byz. de sect. act. II, 6. Mg. 86, 1208 a.

seitens der Juden findet Cyrill in ihrem rigoristischen Fest-
halten am Monotheismus, der ihnen die Trinitätslehre un-
glaubbar machte und erst recht den Glauben an einen
Mensch gewordenen Gott als heidnisch hinstellte. „Die
Juden glauben, dass nur einer der Urheber der Welt und
Gott Vater sei, und nicht dulden sie daneben unsern Herrn
Jesus Christus." [1] Diese ablehnende Haltung der Juden
gegen Christus findet Cyrill schon vorgebildet in der
Lähmung der Hüfte Jakobs. „Gott weissagt dem Patriarchen,
dass einstens sein eingeborner Logos Mensch werde und
Israel zum Gegner haben werde, dass sie (Juden) betreffs
seiner nicht den rechten Weg wandeln, sondern gleichsam lahm sein würden nach dem Worte des Psalmisten
(Ps. 17, 46). Das, glaube ich, deutet die Lähmung der
Hüfte Jakobs an." [2] Zu entschuldigen aber sind die Juden
nicht. „Denn sie, welche durch das Gesetz belehrt sind,"
sagt Cyrill, „sind um so unkluger gewesen, als die Heiden,
weil diese einen Grund für ihre Unkenntnis anführen können,
jenen aber nichts bleibt, wodurch sie sich schützen und ihre
Unkenntnis von sich wälzen könnten. Christus selbst stimmt
meinem Worte bei, indem er sagt: „Wenn ich nicht gekommen wäre und zu ihnen geredet hätte, so hätten sie keine Sünde,
nun aber haben sie keine Entschuldigung für ihre Sünde"
(Joh. 15, 22). [3] Gerade das Gesetz und die Propheten
werden ihre Ankläger sein. „Die Juden," sagt Cyrill, „sahen
das Geheimnis nicht ein, achteten nicht darauf, obwohl es
durch das Gesetz und die Propheten eine sehr reiche und
bestimmte, genaue Vorausverkündung hatte." [4] „Da die
Israeliten also genau im Gesetze unterrichtet waren und
die Schriften der Propheten kannten, so ist es unbegreiflich, dass sie zu dem Grade des Unverstandes kommen
konnten, dass sie ihn nicht anerkannten und das heftig
durch Verläumdung verfolgten, woraus sie hätten reichen

---

[1] Cyr. de S. S. Trin. dial. II. Mg. 75, 764 c; A. Dorner,
System der christlichen Glaubenslehre, 1886. II, 303.
[2] Cyr. in s. Symb. Mg. 77, 305 a.
[3] Cyr. hom. pasch. IV. Mg. 77, 460 d. V. Mg. 77, 477 a b.
[4] Cyr. hom. pasch. XVII. Mg. 77, 788 b.

Nutzen ziehen und wodurch sie den übernatürlichen, grossen
Glanz der ihm persönlich innewohnenden Macht leicht
hätten erkennen können. Aber sie irrten vom wahren
Ziele ab . . . und sprachen: „Du, der du ein Mensch
bist, warum machst du dich zu Gott?"[1] „Das aber
haben sie nicht ungestraft gethan.. Denn Israel, welches
wegen seiner Erstberufung (πρωτότοκος) sich eines grossen
Ruhmes erfreute, einstmals geliebt und erwählt, ist den
Völkern nachgesetzt worden, steht unter den Letzten im
Bösen verstrickt."[2])

Cyrill, welcher besonders in seinen Osterpredigten[3])
wiederholt dieses ungläubige Verhalten der Juden geisselt,
findet dasselbe wieder in der von ihm bekämpften Irrlehre
des Nestorius, den er den Anwalt des jüdischen Unglaubens
nennt. „Einige schämen sich," so schreibt er, „des Evangeliums Christi, indem sie an jüdischer Unwissenheit kranken
und jenen an einfältiger Thorheit nichts nachgeben. Denn
jenen ist das Kreuz des Erlösers ein Aergerniss; deshalb
schütteln sie vor dem Gekreuzigten ihr Gott verhasstes
Haupt, nicht glaubend, dass der wahrer Gott sei, welcher
Mensch geworden und zur Entäusserung herniedergestiegen
ist, sondern dass er, wie auch wir, einer aus der Zahl der
Menschen sei, und dass er den Glauben an seine Gottheit
sich kühn anmasse. Aber auch in unsern Tagen findet
man dieselbe Behauptung, nicht mehr von den Israeliten
und der Menge der Pharisäer, sondern von denen, die sich
Christen nennen, sich unter die Zahl der Lehrer rechnen
und das priesterliche Amt bekleiden. Denn nicht glauben
sie, dass Christus Gott, der natürliche, eine und einzige,
wahre Sohn Gottes sei."[4]) „Jetzt erheben sich Nestorius und
seine Partei nach dem Vorgange der alten Pharisäer gegen
Christus; indem sie diesen an Gottlosigkeit nichts nachgeben, und lassen sich laut und frech aus: „Warum

---

[1]) l. c. XXIV Mg. 77. 893 cd.
[2]) Cyr. Glaph. Mg. 69, 592 a.
[3]) Cyr. hom. pasch. 1. 4. 8. 10, 13, 21. 29.
[4]) Cyr. adv. Nest. V Mg. 76, 208 b. ff.

machst du dich zu Gott, da du doch ein Mensch bist?" ¹) Die Juden hielten Christum für einen gewöhnlichen Menschen, der sich für den Sohn Gottes ausgäbe. Auch Nestorius sah in Christo einen ψιλὸς ἄνθρωπος, der aber vor anderen den Vorzug der persönlichen Einwohnung des göttlichen Logos besitze. Während der Mensch Christus der Träger alles Ungöttlichen war, war der einwohnende Logos das Subject aller wahrhaft göttlichen Handlungen des Menschen. Wie die Juden, so leugnete auch Nestorius die Gottheit Christi. „Nie werde ich," so erklärte er, „ein Kind von zwei oder drei Monaten Gott nennen."

Was nun aber den Glauben der Apostel an Christi Person angeht, so meint Cyrill, es sei nicht unglaublich, dass, als sie Christum nach der wunderbaren Brotvermehrung beten sahen, ein Streit unter ihnen entstanden sei über die Frage, ob Christus Gott, Mensch oder einer der Propheten sei. „Freilich, so mochten sie sagen, wirkt er Wunder wie Gott, aber es ist doch Gottes unwürdig zu beten, da er doch niemandes und keiner Sache bedarf. Um seine Apostel von der Meinung der Menge abzuziehen und ihnen den rechten Glauben einzupflanzen, hat Christus an sie die Frage gerichtet: „Für wen halten mich die Leute?" Und als sie ihm die Meinung des Volkes kundgethan, fragt er sie: „Für wenn haltet ihr mich?" Da spricht Petrus, als Mund des ganzen Kollegiums, Worte voll der Liebe zu Gott, legt ein genaues Bekenntnis seines Glaubens ab und sagt, er sei der Gesalbte Gottes. (τὸν Χριστὸν τοῦ Θεοῦ), nicht sagt er, ein Gesalbter Gottes. Der Evangelist Matthaeus fügt ergänzend bei ὁ Χριστὸς, ὁ Υἱὸς τοῦ Θεοῦ τοῦ ζῶντος, während Lukas gleichsam das Geheimnis der Incarnation abkürzt." ²)

Diese Antwort der Apostel, sowie die des Petrus, hat uns nicht bloss die Ansicht der Zeitgenossen Christi über dessen Person aufgehellt, sondern sie ist gleichsam ein Echo geworden, das in den folgenden Jahrhunderten

---

¹) Cyr. explic. XII cap. Mg. 76, 293 b.
²) Cyr. com. in Luc. 9, 18. Mg. 72, 645 d. f.

wiederhallt. Die Frage „Wer ist Christus, wessen Sohn
ist er?" ist ein Gegenstand fortlaufender Erörterungen
geworden. Dabei wurden oft Ansichten laut, welche bald
die Gottheit, bald die Realität oder Integrität der Menschheit, bald das rechte Verhältnis beider zu einander leugneten.
Das sind die christologischen Häresien, welche Cyrill allgemein charakterisiert in den Worten : „Es giebt einige, welche
gegen die Sätze der Wahrheit schwätzen und mit teuf-
lischer Schlechtigkeit das Geheimnis der Wahrheit zu ent-
stellen suchen, die Heilsveranstaltung des Fleisch gewordenen Eingeborenen nicht unerheblich angreifen und
verhöhnen ohne Einsicht dessen, was sie sprechen. Erfinder solcher Gottlosigkeit hat es schon von jeher gegeben, und zwar viele." [1] „Die einen behaupteten, der
Gottlogos sei anderen Wesens als der Vater, die anderen
anerkannten nicht die Würde des göttlichen Geistes, wieder
andere leugneten die Wahrheit des irdischen Wohnens des
Logos, jetzt aber ist als Hefe aller Bosheiten eine Blasphemie aufgetaucht, die da sagt, der Logos sei nicht
Mensch geworden, sondern habe in einem aus einem Weibe
geborenen Menschen gewohnt. [2] Wegen der Art und
Weise, wie die Häretiker ihre Lehren unter dem Mantel
der Echtheit anbringen und so viele täuschen, vergleicht sie
Cyrill mit Buhlerinnen, die ihre Schande durch künst-
lichen Schmuck, Schminke und andere Schönheitsmittel
zu verbergen suchen und dem sie Anschauenden einen
glanzvollen Untergang bereiten. [3] Ihre Handlungsweise
gleicht auch dem Verfahren der Aerzte, welche den bittern
Heilkräutern Honig beimischen, damit er ihnen die Bitter-
keit nehme, weil sie sonst von Natur aus Ekel erregen
würden. [4] Hinsichtlich ihrer Stellung zur Orthodoxie
schildert Cyrill die Irrlehrer als vituli segreges et petu-
lantes, welche die gute Weide verlassen haben und in

---

[1] Cyr. explic. XII cap. Mg. 76, 293 b.
[2] Cyr. adv. nol. conf. . . . Mg. 76, 257 a. b.
[3] Cyr. Thesaur. prolog. Mg. 75, 12 b. c.
[4] Cyr. epist. ad. Valer. Mg. 77, 256 c.; de S. S. Trinit. dial. I.
Mg. 75, 705 b.

Disteln und Dornen geraten sind, indem sie die Schriften falscher und geistesleerer Führer zur Nahrung nehmen. So schildert sie auch Proverb II, 13—15.[1]) Was die verheerende Wirkung der Irrlehrer angeht, so gleichen sie den λύκοι ἁρπαγές καί πικροί, welche die Herde, für die Christus gestorben ist, zerreissen und für sich sammeln, was ihnen nicht gehört.[2]) Wie die Schlangen ihre ganze Macht im Gebiss haben, so auch jene. Voll sind sie von bittern Reden und verabscheuungswürdigen Meinungen, von List und Trug, sie haben Unheil unter der Zunge. Die Worte der Gottlosen zerstossen die Herzen der Einfältigen und führen durch List und Betrug zu Unerlaubtem.[3]) Das Ende der Häretiker gleicht dem hinwelkenden Grase, das nach kurzer Blüte mit dem Rauche vergeht.[4]) „Was hat dem Arius, Eunomius, denen, die wider den hl. Geist schmähten, dem Paul von Samosata, dem Apollinaris ihr Irrtum genützt? Sie alle haben ein klägliches Ende genommen, sind aus der Kirche gestossen und aus dem Buche des Lebens getilgt. Dasselbe Ende wartet auch dieser (Nestorianer), wenn sie nicht zurückkehren."[5]) So das Urteil Cyrills über die Irrlehrer im allgemeinen.

Wie ich schon andeutete, kann man die christologischen Irrlehren in 3 Klassen scheiden. Die erste rationalistische Richtung leugnete in Christo die unsichtbare Gottheit oder erkannte in ihm einen Menschen, der Gott überaus wohlgefällig war, weil der persönlich oder auch unpersönlich gedachte Logos zu ihm in moralischer Beziehung stand. Vertreter dieser Richtung waren hauptsächlich die judenchristlichen Ebioniten, die Cerinthianer, Paulus von Samosata und Nestorius. Die zweite mystisch irrige Auffassung opferte im Interesse der Gottheit die wahre oder vollständige Menschheit in Christo. Dazu gehören die Doketen, Arianer, Apollinaristen, Monophysiten

---

[1]) l. c. Mg. 75, 668 d. f.
[2]) Cyr. Quod unus sit Christus. Mg. 75, 1256 c.
[3]) Cyr. in Ps. 9. Mg. 69, 781 d. f.
[4]) Cyr. in Ps. 36. Mg. 69, 937 b.
[5]) Cyr. adv. nol. conf. . . . Mg. 76, 268 b.

und Monotheleten. Dabei ist zu bemerken, dass die Arianer auch mit unter die erste Klasse fallen als Leugner der Gottheit Christi. Die dritte Klasse anerkennt zwar beide Seiten in Christo, die Gottheit und Menschheit, gerät aber bezüglich des Wie der Vereinigung auf Irrwege. Es sind vornehmlich die schon erwähnten Nestorianer und die ihnen nahe stehenden Adoptianer des 8. Jahrhunderts. [1])

2. Kapitel.
Die christologischen Irrlehren der 3 ersten Jahrhunderte.

Die Ebioniten erwähnt Cyrill mit Namen an keiner Stelle, wie er überhaupt öfter nur den Inhalt der irrigen Meinungen kurz angiebt [2]), ohne die Urheber namhaft zu machen. Da nun der Glaube dieser judaistischen Secte über die Person Christi sich im wesentlichen nicht von dem der Juden zur Zeit des Heilandes unterschied, [3]) so konnte Cyrill den Ebionitismus mit Stillschweigen übergehen, nachdem er den Unglauben der Juden genugsam beleuchtet hatte. Das Nähere erfahren wir bei Irenaeus [4]), Origenes [5]), dem Kirchenhistoriker Eusebius [6]) und dem Priester Timotheus in Konstantinopel. [7]) Nach dem Zeugnisse aller dieser hielten die Ebioniten Christum für einen gewöhnlichen Menschen (φιλὸς κοινὸς, λιτὸς ἄνθρωπος), der aus der natürlichen Verbindung eines Mannes mit Maria gezeugt und durch den Fortschritt in der Tugend gerecht geworden sei. Die Ebioniten stehen in ihrer christologischen Anschauung unter den Irrlehrern dieser Art am niedrigsten. Sie anerkennen in Christo auch nicht einmal einen Schein

---

[1]) H. Schell, Kath. Dogmatik 1892, III. 1. p. 33 f.
[2]) Cyr. de recl. fid. ad Theod. VII. Mg. 76, 1144 a.
[3]) Petav. de incarn. I, 2, 2.
[4]) Iren. adv. haer. I, 26, 2 Mg. 7, 686.
[5]) Orig. c. Cels. II, 1. Mg. 11, 793 a.
[6]) Eus. h. e. III, 27. Mg. 20, 273.
[7]) Timoth. de recept. haer. Mg. 86 f. 28 b. cfr. Petav. l. c. I. 2, 5 f.

von Göttlichkeit, wenn auch nach Eusebius eine ebio-
nitische Richtung die Geburt Christi aus der Jungfrau
durch Wirkung des hl. Geistes nicht geleugnet haben soll.

Auch des Irrlehrers Cerinth thut Cyrill meines Wissens
keine nennenswerte Erwähnung. Kopallik allerdings behauptet[1]), Cyrill polemisiere im 10., 11., 12. Kapitel seiner
Schrift de recta fide ad Theodos. gegen die Cerinthianer,
nach welchen des Vaters ewiges Wort in einen Menschen
verwandelt sei. Dem aber ist zu entgegnen, dass weder
Irenaeus, noch die Philosophumena des Hippolyt (VII,33),
noch Timotheus dem Cerinth eine solche christologische
Ansicht beilegen.[2]) Cyrill kann an genannter Stelle nur
im Auge haben entweder die Lehre des Paul von Samosata und des Photinus, oder den Arianismus und Apollinarismus. Die Lehre Cerinths neigte mehr dem Ebionitismus zu, nach welcher der Nazarethaner Jesus ein Sohn
Josephs und Mariä war, sich vor den übrigen Menschen
durch Gerechtigkeit hervorthat, nachdem bei seiner Taufe
der göttliche Logos sich in Gestalt einer Taube als Messias-
geist auf ihn herabgelassen, beim Leiden aber ihn wieder
verlassen habe.[3]) Cerinths Lehre hat mit dem Nestorianismus die Einwohnung des göttlichen Logos im Menschen
Jesus gemeinsam; beide aber gehen in der Dauer dieser
moralischen Verbindung auseinander. Nach Nestorius be-
gann sie im Augenblick der Empfängnis des Menschen
Jesus und blieb in Ewigkeit bestehen.

Eingehender spricht Cyrill von zwei anderen Irrlehren, welche das Dogma der Menschwerdung leugnen,
weil sie wegen ihrer monarchianischen Tendenz keine Mehrpersönlichkeit in Gott anerkennen wollen. Es sind das
die Lehren des Paul von Samosata und des Sabellius.[4])
In seinem Kommentar zum Lucasevangelium nennt Cyrill
die Erklärung des Samosateners zu der Stelle „Et Jesus erat

---

[1]) Kopallik l. c. p. 253.
[2]) Timoth. l. c. Mg. 861, 24 d f; Socrat. h. e. II, 19. Mg.
67, 228 b.
[3]) Petav. I, 2, 4 f.
[4]) Petav. I, 3.

incipiens quasi annorum triginta" ein eitles Geschwätz.
„Denn nicht hat er (Paul) eingesehen, dass ebenderselbe
war und anfing, aber nicht in gleicher Hinsicht. Denn
als Gott war er ewig, als Mensch aber fing er an, indem
er unsere Armut annahm. Er fing aber an, damit du
deine erste Geburt aufhebest und eine zweite durch die
Wiedergeburt erhieltest." [1] „Es ist also nicht ein anderer,
welcher vor dem Morgenstern aus dem Vater erzeugt wurde,
und ein anderer, der in Bethlehem aus der Mutter Fleisch
geworden ist. Mag auch Paulus von Samosata darüber
von Sinnen sein (παραφρονεῖ), Paulus von Tarsus aber lehrt
nicht so." [2] Auch Paul von Samosata dachte demnach
nicht anders als ebionitisch und cerinthisch. Er vertrat
den ebionitischen Monarchianismus. [3] Dem Wesen nach
war Christus auch ihm nur ein gewöhnlicher Mensch, der
aus Maria seinen Ursprung hatte [4], welchem aber der göttliche Logos nicht als Hypostase, sondern bloss als eine göttliche Kraft innewohnte. Auch hier sehen wir schon
nestorianische Färbung. Deshalb glaubten denn auch
nach dem Berichte des Sokrates [5] beim Auftauchen der
nestorianischen Häresie die meisten, Nestorius wolle das
Dogma des Samosateners in die Kirche einführen. Und
in der That war beiden die menschliche Seite in Christo
das Hauptprinzip, mit dem das Göttliche sich verbunden
hatte, nach Paulus als göttliche Kraft, nach Nestorius als
persönlicher Logos. [6] Beide lehrten, dass der nudus et
simplex homo ex profectu et promotione quadam Gott
geworden sei.

Insofern nun Paulus v. S. die Hypostase des Logos
leugnete [7], kam auch Sabellius mit ihm überein. Cyrill
charakterisiert des letzteren Lehre mit den Worten: „Vater
und Sohn sind eins der Natur, zwei der Zahl nach, aber

---

[1] Cyr. com. in Luc. Mg. 72, 524 d. f.
[2] Cyr. hom. Mg. 77, 1061 c.
[3] v. Funk, Lehrb. d. Kirchengesch. p. 79 f.
[4] Timoth. l. c. Mg. 861, 24 c.
[5] Socrat. h. e. VII, 32.
[6] Leont. v. B. de sect. III. Mg. 861. 1216 a; Petav. I, 3, 9.
[7] Cyr. de rect. fid. Mg. 76, 1153 a.

nicht so, dass ein und derselbe mit zwei Namen bezeichnet
wird, so dass ein und derselbe bald Vater, bald Sohn genannt wird. Dieses ist die Lehre des Sabellius."[1])
    „Niemand möge wegen der höchsten Aehnlichkeit
und Identität des Sohnes mit dem Vater glauben, der Vater
selbst sei auch zugleich der Sohn, und so in den Irrtum
des Sabellius fallen."[2]) Aehnlich argumentiert Cyrill gegen
Sabellius in seinem Kommentar zum Johannesevangelium.[3])
Demnach lehrt Sabellius eine persönliche Indentität des Vaters
und des Sohnes, eine υἱοπατορία καὶ μία ὑπόστασις ἐπὶ τῆς ἁγίας
Τριάδος.[4]) Der Sohn ist nur eine besondere Erscheinungsform des Vaters, die Sabellius mit πρόσωπον bezeichnet, wodurch er unter dem Scheine von Rechtgläubigkeit viele
täuschte. Christus war ihm nur ein gewöhnlicher Mensch
mit göttlicher ἐνεργεία.[5])
    Mehr, denn auf die rationalistischen Irrungen in der
Christologie, richtet Cyrill seine Aufmerksamkeit auf die
mystischen, d. i. die, welche die wahre und volle Menschheit Christi im Interesse seiner Gottheit in Frage stellen.
Es war das der Gnostizismus in seinen vielen Nuancierungen
und der Manichäismus. Den Grund hierfür dürften wir
in Cyrills Stellung zum Nestorianismus erblicken. Nestorius betonte die hypostatische Selbständigkeit der menschlichen Seite in Christo, sowie ihre moralische Verbindung
mit dem persönlichen Logos. Cyrill verwies dagegen auf
die physische Vereinigung der menschlichen Natur in und
trotz ihrer Realität und Integrität mit der Hypostase des
göttlichen Logos, in den Ausdrücken ἕνωσις καθ᾽ ὑπόστασιν,
κατὰ φύσιν, φυσική, μία φύσις τοῦ Θεοῦ Λόγου σεσαρκωμένη. Daraus
erwuchs ihm von seiten der ihn missverstehenden Gegner
der Vorwurf, er lehre doketisch, weil er der menschlichen
Seite in Christo keine Rechnung trage. Somit also war

---

[1]) Cyr. Thes. 12. Mg. 75, 181 d.
[2]) Cyr. l. c. Mg. 75, 381 a.
[3]) Cyr. in Joh. Mg. 74, 21 c , 36 b., Pus. vol. II, 254.
[4]) Timoth. l. c. Mg. 86 I., 25 b.
[5]) Petav. I, 3, 7; Euthymius Zigabenus, Πανοπλία δογματικὴ
τῆς ὀρθοδόξου πίστεως tit. X. Mg. graec. 130, 328 f.

Cyrill gezwungen, zu seiner Verteidigung näher auf diese
Systeme einzugehen, welche entweder die wahre, oder die
vollständige Menschheit in Christo leugneten. Doketismus,
Arianismus, Apollinarismus sind daher die Irrlehren, auf
welche Cyrill bei der Bekämpfung des Nestorianismus
wiederholt zu sprechen kommt.

Den gnostischen Doketismus erwähnt Cyrill in den
Schriften „de incarnatione Unigeniti" und „de recta fide
ad Theodos."[1]) „Einige," so schreibt er, „wagen zu
glauben und zu behaupten, der Logos aus Gott sei zwar
als Mensch erschienen, nicht aber habe er auch das Fleisch
aus der Jungfrau und Gottesgebärerin getragen. Sie lehren
irriger Weise nur den Schein des Geheimnisses (μόνην τοῦ
μυστηρίου δόκησιν)." „Die Doketen," so heisst es weiter,
„könnten Recht haben, wenn die Inkarnation nur
aus dem Grunde erfolgt wäre, damit sie bloss gesehen
würde. Denn dazu reichte ein Scheinleib aus." Von den
vielen Vertretern der einzelnen gnostischen Systeme führt
Cyrill hauptsächlich Valentin und seine Anhänger an.
Unter Hinweisung auf die Antwort des zwölfjährigen Jesus
im Tempel: „Wusstet ihr nicht . . ." sagt Cyrill: „Hier
mögen sich die Anhänger Valentins schämen, wenn sie
hören, dass es der Tempel Gottes ist, dass Christus, welcher
durch das Gesetz angekündigt, in Schatten und Vorbildern
gezeichnet ist, nun in seinem Eigentum ist. Sie dagegen sagen,
dass weder der Schöpfer, noch der Gott des Gesetzes, noch der
Gott des Tempels der Vater Christi sei."[2]) Ausserdem lehrte
Valentin, dass der Leib Christi vom Himmel stamme und durch
die Jungfrau wie durch einen Kanal (διὰ σωλῆνος) hindurch gegangen sei.[3]) Dasselbe sagt auch Nestorius vom
göttlichen Logos; derselbe sei infolge seiner Einwohnung
im Menschen Jesus durch Maria hindurch gegangen
(παρῆλθεν).[4]) Auch lehrte Valentin, die Engel seien mit
Christo gleichen Geschlechtes, wie sie nach Carpocrates

[1]) Mg. 75, 1192c.; 76, 1140c.
[2]) Cyr. in Luc. Mg. 72, 509a.
[3]) Timoth. l. c. Mg. 86 I, 17c.
[4]) Cyr. adv. Nest. I, 1. Mg. 76, 24d.

die Schöpfer der Welt seien. Von ihnen, meint Cyrill, hätten die Arianer gelernt, den Gottlogos mit den Engeln zu vergleichen. [1]) Auch die persische Gnosis, den Manichäismus, bekämpft Cyrill betreffs ihrer irrigen Anschauung über den Leib Christi. Sie wollten ihre Lehre vom Scheinleibe Jesu Christi damit erklären, dass Christus auf dem Berge verklärt worden sei und sich öfter unsichtbar gemacht habe. [2]) Cyrill nennt Manes, den Stifter der Sekte, einen φαντασιομάχος, weil er einen Scheinleib in Christo annahm. [3]) Damit die Manichäer keinen Grund hätten zu behaupten, die Menschwerdung des Logos sei nur scheinbar (μόναις φαντασίαις) erfolgt, deshalb, so führt Cyrill dem Nestorius gegenüber aus, der in der Annahme des Titels θεοτόκος Manichäismus sah, habe der Logos sich den Gesetzen der menschlichen Natur unterworfen und einen Leib aus der Jungfrau angenommen [4]) Die Unhaltbarkeit des manichäischen Glaubens beweist Cyrill durch Hinweis auf die Worte des Propheten Isaias: „Ein Kind ist uns geboren" (Is. 9, 6). „Wie könne," so sagt er, „in Ansehung dieser Worte der Glaube der Manichäer noch Platz finden, dass die Ankunft des Messias bloss dem Scheine nach und lediglich in der menschlichen Einbildung erfolgt sei, wenn aus dem Weibe wirklich ein Spross hervorgegangen, und der Logos wirklich unser Fleisch angenommen und getragen habe." [5]) Nach der Ansicht der Manichäer habe die Gottheit Christi gelitten. „Wenn aber die Gottheit hätte leiden können, wozu," fragt Cyrill, „war dann noch erst eine Fleischwerdung überhaupt notwendig?" [6]) Durch diese Bekämpfung des Doketismus giebt Cyrill uns ein Zeugnis dafür, dass er in Christo eine wirkliche und wahre Menschheit annahm und eine fingierte Leiblichkeit verwarf. War durch den Gnostizismus die Realität der Menschheit Christi

---

[1]) Cyr. in ep. ad. Hebr. Mg. 74, 956 c., Pus. vol. III, 371.
[2]) Leont. v. B. de sect. III, 2. Mg. 86, 1213 c.
[3]) Cyr. hom. Mg. 77, 1061 d.
[4]) Cyr. adv. Nest. Mg. 76, 21 b.
[5]) Cyr. in Is. Mg. 70, 253 c.
[6]) Cyr. hom. Mg. 77, 1060 c.

geleugnet worden, so gingen die christologischen Irrlehrer
des 4. Jahrhunderts dazu über, die Integrität derselben
anzuzweifeln und zu verwerfen. Das geschah durch den
Arianismus und Apollinarismus.

3. Kapitel.

Die arianische Logos- und Christuslehre nach Cyrills Charakterisierung. [1])

Die christologischen Irrlehren der 3 ersten Jahrhunderte
hatte Cyrill so zu sagen nur bei Gelegenheit erwähnt und
sie nur in knappen Zügen geschildert. Den nun folgenden aber wendet er eine um so grössere Aufmerksamkeit
zu, richtet sogar ganze Schriften gegen sie, bis er schliesslich dann seine ganze litterarische Thätigkeit dem Kampfe
gegen den Nestorianismus, als den neuesten Feind des
christologischen Glaubens, sowie gegen die nestorianischen
Nachwehen widmet. Unmöglich konnte Cyrill mit Erfolg
gegen Nestorius kämpfen, wenn er die mehr oder weniger
entfernten Wurzeln des nestorianischen Dogmas unberücksichtigt gelassen hätte. Es zwang ihn ferner dazu der Umstand, dass diese Häresien, obwohl von der Kirche schon
längst verworfen, doch zur Zeit Cyrills noch in Blüte
standen. Und endlich führte ihn auch ein persönlicher
Grund dazu. Er selbst nämlich wurde von seinen Gegnern
gerade dieser Häresien wegen verdächtigt, weshalb er sich
von diesem Vorwurf zu reinigen hatte. Gleich im Beginn
des Kampfes hatte Nestorius den Cyrill des Apollinarismus
und Arianismus beschuldigt. „Dem göttlichen Logos wegen
der Annahme des Fleisches auch die Eigentümlichkeiten
desselben zuzuschreiben, wie Geburt, Leiden, Tod, das,
mein Bruder, ist entweder heidnische Geistesverwirrung,
oder sicher doch apollinaristischer, arianischer oder anderer

---

[1]) Euthym. Zig. l. c. tit. XI. Mg. 130, 620 ff.

häretischer, krankhafter Wahnsinn."[1]) Weit entfernt jedoch, dass Cyrills Lehre auch nur an Arianismus gestreift hätte, lehrte Cyrill vielmehr deutlich und klar die wahre Gottheit des Logos, sowie seine volle Menschheit nach Annahme derselben. Das waren nämlich die beiden Punkte, um welche sich die arianische Lehre drehte. Abgesehen davon, dass Cyrill zwei ganze Schriften gegen den Arianismus verfasste,[2]) kommt er des öftern noch bei der Bekämpfung des Nestorianismus auf denselben zu sprechen unter steter Betonung der wahren Gottheit und vollen Menschheit Christi. Cyrill führt uns zunächst in die innere Genesis des Arianismus ein mit den Worten: „Da Gott," so sagen die Arianer, „die Geschöpfe ins Dasein rufen wollte, die geschöpfliche Natur aber die reine und ungeschwächte Kraft Gottes nicht fassen konnte, so schuf er erst den Sohn, welchen er auch Logos nannte, damit das übrige durch ihn als das erschaffene Mittelwesen (μέσου γενομένου) fähig würde, seine (die göttliche) Kraft zu erfassen. Anders wäre es unziemlich gewesen, wenn die unaussprechliche Macht Gottes bis zum Geringfügigsten sich erstreckte und sich mit dem Geringen beschäftigte."[3]) Darnach also stehen Gott und Welt in solchem Abstande von einander, dass es unter jenes Würde war, selbst direkt mit der zu schaffenden Welt in schöpferische Beziehung zu treten. Es war deswegen zur Weltschaffung erst die Schöpfung eines Mittelwesens notwendig, und das ist der Loges, der Sohn Gottes.[4]) Arius stand also ganz auf dem Boden der Philonischen Philosophie, nach welcher der Logos ein ὑπηρέτης Θεοῦ war. Wie sich die Arianer die Stellung dieses Mittelwesens dachten, darüber sagt Cyrill: „Er sei nicht gleichwesentlich (ὁμοούσιος) Gott dem Vater, sagen sie; aber obwohl sie ihn unter die unaussprechliche Natur stellen, so geben sie ihm doch vor dem Geschaffenen eine vor-

---

1) Ep. Nest. ad Cyr. Mg. 77, 56 ab.
2) Cyr. Thes. Mg. 75, 10—660; de S. S. Trin. Mg. 75, 660—1124.
3) Cyr. Thes. 15. Mg. 75. 252 cd.
4) Ep. Cyr. ad Mon. Mg. 77,17 a. (μεσίτην εἶναί φασι Θεοῦ καὶ ἀνθρώπου.)

züglichere Stellung. Nicht ist er mit den Geschöpfen gleicher Natur (ὁμοφυά), sondern nimmt eine Mittelstellung ein; auch mit dem Vater hängt er bezüglich seines Wesens nicht eng zusammen, wie er auch nicht in jeder Weise zu den Geschöpfen gehört." [1]) Ueber den Ursprung dieser irrigen Ansicht des Arius sagt Cyrill, wie schon im voraufgehenden Artikel angedeutet wurde: „Vielleicht hat er seine Lehre von Valentin und Carpocrates, von denen der eine behauptet, die Engel seien gleichen Geschlechtes (ὁμογενεῖς) mit Christo; der andere, die Engel seien die Weltenschöpfer (δημιουργοί). Deshalb vergleichen die Arianer den Logos mit den Engeln." [2]) In der That liegt auch in der subordinatianischen Lehre des Arius ein Stück von dem gnostischen Irrtume der Äonenlehre, nach welchem eine Weltschöpfung für Gott als moralisch unmöglich galt wegen des bösen Prinzipes in der Materie. In Wirklichkeit jedoch entlehnte Arius seine Lehre der des Lucian von Antiochia († 312), dessen Schüler er gewesen sein muss, da er nach Theodoret seinen Meinungs- und Hülfsgenossen, den Eusebius von Nikomedien, einen συλλουκιανίστης nennt. [3]) Lucian, von der monarchianischen Lehre des Paul von Samosata angesteckt, lehrte betreffs des Logos subordinatianisch. Und diese seine Lehre, auf dem Boden Antiochias erzogen und gepflegt, trat in Alexandria durch Arius in die Oeffentlichkeit, ähnlich wie später die Lehre Theodors von Mopsuestia aus der antiochenischen Schule in Konstantinopel durch Nestorius auf den Markt gebracht wurde. Der Libyer Sabellius hatte die Gleichwesentlichkeit des Sohnes mit dem Vater so sehr betont, dass der Sohn nach ihm seine Hypostase verloren hatte. Sein Landsmann [4]) Arius, sowie dessen Anhänger stellten die Persönlichkeit des Logos so sehr in den Vordergrund, dass sie die Gleichwesentlichkeit mit dem Vater leugnend die Gottheit des Sohnes

[1]) Cyr. de ss. Trin. Mg. 75, 677 d f.
[2]) Cyr in ep. ad Hebr. Mg. 74, 956 c.
[3]) Theodoret h. e. Mg. 82, 912 c.
[4]) Epiph. haer. 69 Mg. 42, 201 d.

verringerten (ἐλαττοῦντες αὐτοῦ θεότητα). [1] „Aber mit welchem
Recht,“ so fragt Cyrill, „sagen die Arianer, der Sohn sei
geringer? Sie vernichten die Würde, die ihm von Natur
aus zukommt.“ [2] „Soviel sie können, schleppen sie den
Sohn von der Gleichwesentlichkeit mit dem Vater fort,
setzen ihn vom höchsten Throne, rechnen ihn zu den Geschöpfen und sagen, der, welcher doch der Schöpfer des
All ist, sei gemacht und aus dem Nichtsein ins Dasein geführt worden (ἐξ οὐκ ὄντων παρῆχθαι πρὸς ὕπαρξιν).“ [3] „Wirst du,“
so fragt Cyrill den Nestorius, „den an Wahnsinn kranken-
den Anhängern des Arius gestatten zu sagen, der Sohn sei
geringer als der Vater?“ [4] Nach Cyrill nämlich stehen
sich die Arianer und Nestorianer in der Leugnung der
Gottheit Christi gleich. Denn er sagt: „Ausser denen, die
in der Verfolgung ihrem Glauben entsagen, leugnen Christum
auch die Arianer und die Schüler der eitlen nestorianischen
Lehre.“ [5] Auch mit den Juden stellt Cyrill die Arianer
auf gleiche Stufe. „Wohl wusste der Evangelist,“ sagt
er, „dass in der Zukunft die Ankläger gegen die Wesenheit des Eingeborenen aufstehen würden, die da den Herrn
und Erlöser verleugnen und behaupten würden, der aus
Gott dem Vater erschienene Logos sei nicht Gott, sondern
er sei illegitim (νόθον) und trage einen falschen Namen
(ψευδώνυμον), er sei mit dem Namen der Sohnschaft und
Gottheit geschmückt, in Wahrheit aber sei er es nicht.
So machen es die, welche die jüdische Gottlosigkeit des
Arius in ihren Geist einschleichen lassen.“ [6] „Ja, die Juden
sind sogar besser noch als die gottlosen Arianer; denn jene
erkannten wenigstens richtig, dass Christus durch seine Aussage „Ich und der Vater sind eins“ notwendig zur Würde
der Gottheit aufsteige.“ [7] Das sehen die Arianer nicht
ein. „Die Juden kreuzigten Christum dem Fleische nach,

---

[1] Cyr. in Luc. Mg. 72, 481 b.
[2] Cyr. in Joh. Mg. 73, 50 a; Pus. I, 40 e.
[3] Cyr. in Ps. 90 Mg. 69, 1217 c.
[4] Cyr. adv. Nest. Mg. 76, 28 a.
[5] Cyr. in Luc. Mg. 72, 729 b.
[6] Cyr. in Joh. Mg. 73, 37 d; Pus. I, 31.
[7] Cyr. in Joh. Mg. 74, 25 b.

die Arianer, die tollkühnen Nachbarn jener, greifen beleidigend die unaussprechliche Natur des Logos an." [1]) Auch der Vater müsste nach arianischer Lehre, so folgert Cyrill, ein Geschöpf sein. „Denn wenn sie sagen, der Logos aus dem Vater sei geworden und den Geschöpfen beizuzählen, da er das Haupt der ganzen Menschheit sei, warum wird dann nicht in gleicher Weise auch der Vater selbst als geschaffen und gemacht gedacht, da er das Haupt des Sohnes ist, der eine uns Geschöpfen wesensgleiche Gestalt hat? Denn wie sie selbst sagen, wird das Haupt mit dem übrigen Körper durch physische Gesetze zur Gleichheit verbunden. Daraus folgt, dass durch den Sohn als Bindeglied ($\mu\acute{\epsilon}\sigma o\nu$) die menschliche Verwandtschaft auch auf Gott den Vater geht." [2])

Wie alle Irrlehrer, so wollten auch die Arianer ihre Orthodoxie aus der hl. Schrift lesen, auf die sie sich deshalb beriefen. Ich führe nur einige Stellen an, auf welche auch Cyrill näher eingeht. Wie der Teufel bei der Versuchung Christi die Worte der Schrift für sich heranzog, um die Gottheit Christi auf die Probe zu stellen, so machen es auch die Arianer. „Das aber ist," sagt Cyrill, „nicht zu verwundern; denn sie folgen darin eben ihrem Vater, in dem die Wahrheit nicht geblieben ist." [3]) „Da die göttliche Schrift sagt, der Sohn sei vom Vater gesandt, sofort greift der Häretiker den Ausdruck auf als Nahrung für seinen eigenen Irrtum und sagt: „Ihr, die ihr die Inferiorität des Sohnes unter dem Vater abstreitet, sehet ihr nicht ein, dass er vom Vater als einem Vollkommeneren ($\mu\epsilon\acute{\iota}\zeta\omega\nu$) und über ihm Stehenden ($\acute{\upsilon}\pi\epsilon\rho\kappa\epsilon\acute{\iota}\mu\epsilon\nu o\varsigma$) geschickt ist?" [4]) „Oder es sagt der Feind der Wahrheit: „Jesus betet und bittet den Vater um das, was er nicht selbst hat. Wie also könnet ihr ihn für gleichwesentlich und in jeder Beziehung vollkommen mit dem Vater halten und in nichts von ihm verschieden? Denn ohne Zweifel wird doch das Geringere

---

[1]) l. c. Mg. 73, 293 a, Pus. I, 265.
[2]) Cyr. in I. ep. ad Cor. Mg. 74, 881 d, Pus. III, 282.
[3]) Cyr. in Ps. 90 Mg. 69, 1220 d.
[4]) Cyr. in Joh. Mg. 74, 28 a, Pus. II, 257.

vom Besseren gesegnet. Grösser ist doch der Geber als
der Bittende." [1]) Ferner berufen sich die Arianer auf die
Worte Luc. 18, 19: „Niemand ist gut als Gott allein,"
so sagt Christus. „Bezüglich des Sinnes dieser Worte wird
der arianische Glaubensgenosse sagen: „Siehe, er hat geleugnet, dass er gut sei, und diesen Vorzug als Gott dem
Vater allein gebührend hingestellt. Wenn er also mit
ihm gleichen Wesens wäre und aus ihm der Natur nach,
würde er da nicht auch selbst gut sein wie Gott?" [2]) Diese
und andere Einwürfe der Arianer widerlegt Cyrill in seinen
Schriften, worauf ich hier aber nicht näher eingehe, sondern
erst bei der positiven Darstellung der Christologie Cyrills,
speziell bei der Logoslehre. Hier will ich nur noch eine
Konsequenz anführen, welche Cyrill aus der arianischen
Lehre zieht, und welche an sich schon genügt, die Unhaltbarkeit derselben darzuthun. „Es ist billig, die Gott
verhassten Irrlehrer zu beklagen, die da eine scharfe
Sprache führen gegen den Sohn Gottes und ihn als Geschöpf und dem Vater subordiniert hinstellen, die da selbst
sich nach ihrem Gutdünken ein Idol bilden und dasselbe
anzubeten heissen. Wenn nämlich der Sohn Gottes nicht
von Natur Gott ist, sondern ein Geschöpf, und er wird
doch von uns und den hl. Engeln angebetet, beten wir
da nicht offenbar ein Geschöpf an, gleich den Heiden, die
sich auch nach dem Bilde der Sonne oder eines anderen
geschöpflichen Dinges aus Unverstand und Thorheit ein
Bild verfertigen?" [3]) Auf gleiche Absurdität führt Cyrill,
wie wir später hören werden, auch die nestorianische
Lehre als eine Anthropolatrie.

Die Degradierung des göttlichen Logos von seiner
Homoousität mit dem Vater war aber nicht die einzige
Seite der arianischen Irrlehre. „Vielfach und mehrgestaltig,"
sagt Cyrill, „ist der Irrtum in den Lehrsätzen des Arius
und Eunomius, und vielfarbig wird die Form der Wahrheit

---

[1]) Cyr. in Luc. Mg. 72, 580 c.
[2]) l. c. Mg. 72, 856 d.
[3]) Cyr. in Sophon. Mg. 71, 968 c; Pus. in XII proph. II, 191.

zugestutzt und entstellt."[1] Infolge des irrigen Logos-
begriffes musste auch der Incarnationsbegriff entstellt aus-
fallen. Sie sprachen nicht von einer Menschwerdung,
sondern von einer blossen, alleinigen Fleischwerdung.
„Wenn sie das Geheimnis des Eingeborenen im Fleische
erforschen," sagt Cyrill, „dann verderben sie böswillig den
Inhalt der Wahrheit. Und indem sie an der Schuld des
Apollinaris leiden, behaupten sie, der Gottlogos habe zwar
Fleisch angenommen, dasselbe sei aber nicht vernünftig
beseelt (ἐμψυχωμένη νοερῶς), vielmehr vertrete der Logos im
Leibe die ganze Seele (ἀντὶ νοῦ καὶ ψυχῆς)."[2] „Sie lehren
aber diesen seelenlosen Körper (ἄψυχον σῶμα) in böser Absicht.
Wenn sie nämlich die der menschlichen Natur zukommenden
Aussageweisen ihm selbst beilegen, so wollen sie damit beweisen, dass er unter der Würde des Vaters stehe
und andern Wesens sei (ἑτεροφυᾶ εἶναι)."[3] „Deswegen,"
so verteidigt sich Cyrill gegen die Orientalen, „wären die
Arianer und Eunomianer bestrebt, den Titel θεοτόκος einzu-
führen, damit sie so eine Vermischung und Nichttrennung
der Naturen aufstellen könnten, damit nichts von der Erniedrigung auf die Menschheit bezogen werden könnte,
und sie so ein Kampffeld gegen die Gottheit (des Logos)
hätten, weil nämlich alles Ausgesagte von einem gesagt
werde."[4] Die Arianer also wollten dadurch, dass sie alle
Menschlichkeiten Christi, wie es auch die Manichäer und
Marcion thaten[5], in die göttliche Natur hineintrugen, den
Logos seiner göttlichen Würde berauben. Und wenn sie
aus genannter Absicht Maria den Titel Gottesgebärerin
beilegten, so leugneten sie doch die übernatürliche Geburt
aus der Jungfrau; denn sie behaupteten, Maria hätte die
Opfer darbringen müssen, welche vom Gesetze für Mütter
vorgeschrieben waren.[6] Nach den Arianern bestand also

[1] Cyr. Thes. Mg. 75, 12 b.
[2] Ep. Cyr. ad Valer. Mg. 77, 268 c.
[3] Ep. Cyr. ad Acac. Melit. Mg. 77, 197 c; Leont. v. B. de sect.
IV, 4 Mg. 86 I, 1216 d.
[4] Cyr. apol. c. Orient. Mg. 76, 386 c d.
[5] Cyr. hom. Mg. 77, 1060 c.
[6] Cyr. de rect. fid. ad Regin. Mg. 76, 1213 d.

die Incarnation darin, dass das von Gott geschaffene Mittelwesen einen toten Leib annahm, während Apollinaris doch der
vom Logos angenommenen Natur wenigstens die niederen
Seelenkräfte zuschrieb. [1]

Das ist nach den Ausführungen Cyrills der Charakter
der arianischen Lehre, gegen welche er wegen ihres blas-
phemischen Inhalts solchen Abscheu im Herzen hegte, dass
er die Christus bekämpfenden Arianer mit einem rasenden
Tiere verglich (τὸ πικρὸν θηρίον, τὸν χριστομάχον Ἀρειανόν). [2]
Von Arius selbst sagt Cyrill, er habe an einer heftigen
Krankheit gelitten, nämlich an der verderblichen Sucht
nach Erhebung auf den erzbischöflichen Stuhl (φιλοκαθεδρίας
λοιμικῆς τὸ ἐπιθύμημα). [3]

Mit Arius in Verbindung nennt Cyrill öfter den Eunomius, der ein Schüler des Aetius und seit 360 Bischof
von Cyzicus war. Cyrill erwähnt ihn des öfteren im Thesaurus. Eine kurze und klare Darlegung über den arianischen Glauben des Eunomius aber giebt uns der Patriarch
von Alexandrien in seinem Kommentar zum Johannesevangelium. Eunomius sage, so schreibt Cyrill: „Der
eingeborene Sohn Gottes ist nicht an sich und in eigent-
licher Weise (αὐτοκυρίως) der Logos Gottes. Wohl ist und
bewegt sich das innere Wort des Vaters, der Λόγος ἐνδιάθετος,
im Sohne. Der Sohn, welcher aus dem Vater gezeugt sein
soll, hat den Λόγος ἐνδιάθετος aufgenommen und weiss daher
auch alles. Wegen der Aehnlichkeit mit jenem wird auch
er Logos genannt und ist es." [4] Darnach also war der
Sohn Gottes dem Vater fremd, hatte keinen Teil an dem
Wesen des Vaters. Das einzige Bindeglied zwischen beiden
war der Λόγος ἐνδιάθετος, der unpersönlich im sogenannten
Sohne Gottes seinen Sitz hatte. Bei Eunomius finden wir
also die Lehre des Paul von Samosata wieder. Der Λόγος
ἐνδιάθετος, das innere Wort des Vaters, vertrat dann in
Christo wieder die menschliche Seele ganz nach arianischer

[1] Theodoret de incarn. Dom. Mg. 75, 1428 a, 1453 b.
[2] Cyr. in Joh. Mg 73, 833 c, Pus. II, 39.
[3] Cyr. hom. Mg. 77, 993 a.
[4] Cyr. in Joh. Mg. 73, 56 cd, Pus. I, 46.

Anschauung. Um die absolute Einfachheit Gottes zu wahren, leugnete Eunomius die dem Vater gleichwesentliche Hypostase des Sohnes. Der Sohn war nach ihm τὸ ἐξ οὐκ ὄντων τρεπτόν und der dem Vater in allem unähnliche Knecht.[1]) Cyrill teilt uns einen sophistischen Beweis des Eunomius mit, durch den dieser seine Lehre bewahrheiten will. Eunomius sagt: „Wenn das natürliche und innere Wort in Gott (φυσικὸς καὶ ἐνδιάθετος) der Sohn ist, so ist er mit dem Erzeuger gleichen Wesens, und was hindert dann zu sagen, der Vater sei Λόγος und werde so genannt, weil er dem Λόγος gleichwesentlich sei? Wenn nun aber der Sohn mit dem Λόγος (ἐνδιάθετος) identisch ist, durch welchen Λόγος hat dann der Vater zu ihm gesprochen: „Mein Sohn bist du . . .?" Offenbar konnte der Vater zum Sohne doch ohne Worte nicht sprechen. Ferner sagt der Erlöser selbst: „Ich kenne den Vater und halte sein Wort, und das Wort, das ihr hört, ist nicht mein, sondern dessen, der mich gesandt hat." Wenn nun der Vater im Worte zu ihm spricht, und er zugleich bekennt, er halte das Wort des Vaters, und dass die Juden nicht sein Wort, sondern jenes des Vaters vernähmen, ist dann nicht klar, dass der Sohn ein anderer sei als der Λόγος ἐνδιάθετος oder der im Geiste des Vaters gezeugte Logos (ὁ ἐν γεννήσει νοηματικῇ Λόγος)? Wohl aber ist der Sohn von diesem Logos erfüllt und seiner teilhaftig (μετέχων καὶ ἀναπιμπλάμενος); deshalb wird der Sohn eben das hervorgegangene (προφορικός) und aus dem Wesen des Vaters herausgeprägte Wort genannt (τῆς τοῦ Πατρὸς οὐσίας ἐκφαντικὸς Λόγος)." [2])

Eine Tochter der arianischen Lehre war die des Photinus, eines Schülers des Marcellus. Cyrill charakterisiert sie in den Worten: „Einige glauben, das Gott dem Vater ewig gleiche (συναΐδιον) Wort sei eine Spätgeburt (ὀψιγενῆ) und erst da ins Dasein getreten, als es dem Fleische nach den Anfang nahm. Auch wagen sie zu sagen in ihrer thörichten Gottlosigkeit, das Wort Gottes sei unpersönlich

---

[1]) Timoth. l. c. Mg. 86 I, 24 b.
[2]) Cyr. in Joh. Mg. 73, 56 d f.

(ἀνυπόστατον), wie jenes, welches nur geistig im Menschen erzeugt
wird ohne Subsistenz (ῥῆμα ἁπλῶς τὸ κατὰ μόνην νοούμενον προφορὰν
ἐν ἀνθρώπῳ.) So lehren Marcellus und Photinus." [1] „Einige
leben in dem Wahne," sagt Cyrill an anderer Stelle, „der Eingeborene sei ἀνύπαρκτός τε καὶ ἰδικῶς οὐχ ὑφεστηκώς, er sei nicht in
seiner eigenen Hypostase (ἐν ὑποστάσει καθ᾽ ἑαυτόν), er sei nur das
aus dem Munde Gottes gesprochene Wort (λόγον τὸν κατὰ μόνην τὴν
προφορὰν παρὰ Θεοῦ), und dieses habe im Menschen gewohnt.
So setzen sie Jesum zusammen und sagen, er sei zwar heiliger als die Heiligen, aber nicht sei er Gott." [2] Photinus
leugnet also die Gottheit Christi, er hält Jesum für einen
gewöhnlichen Menschen, der zwar auf übernatürliche Weise
aus der Jungfrau geboren sei. Nach Marius Mercator
soll er auch dieses geleugnet haben. [3] Seine Lehre wurde
verworfen auf der Synode zu Antiochia 345. [4] Gegen sie
schrieb Diodorus divinus von Tarsus. [5] Neben ebionitischen
Ansichten erneuerte Photinus also auch die Häresie des
Paul von Samosata und des Sabellius. In der Lehre des
Marcellus und Photinus haben wir ein Konglomerat aller
subordinatianischen Lehrmeinungen, nach welchen es keine
zweite, dem Vater gleichwesentliche, göttliche Hypostase
geben, und Christus nur einer aus der Menschenreihe sein
kann, der mehr oder weniger ein Stück vom Göttlichen
an sich und in sich trägt.

Dieser niedrigen christologischen Auffassung gegenüber erhebt sich nun auch im 4. Jahrhundert eine Lehre,
welche zwar richtig über das immanente Leben des Logos
in seiner hypostatischen Homoousie mit dem Vater denkt,
auch christologisch eine Stufe höher steht als der Arianismus, die es aber zur vollen Orthodoxie nicht gebracht
hat, weil sie aus Furcht vor dem Ergebnis einer Zweipersönlichkeit in Christo die höhere geistige Seite in der Seele
des Menschgewordenen leugnete. Das ist der Apollinarismus.

---

[1] Cyr. de incarn. Unig. Mg. 75. 1192 d f.
[2] Cyr. de rect. fid. Mg. 76, 1153 a.
[3] Mar. Merc. Nest. blasph. XII Mg. lat. 48, 928 c.
[4] Socr. h. e. II, 19.
[5] Theodoret h. f. II, 11. Mg. 83, 397 b.

3. Kapitel.

Cyrills Urteil über den Apollinarismus. [1])

Die Irrlehre des Apollinaris († 390) bedarf hier wegen ihres Verhältnisses zum späteren Nestorianismus und zur Lehre Cyrills einer genaueren Darstellung. Mit dem Apollinarismus nämlich betreten wir gleichsam den Eingang zu einem christologischen Kampfplatze, auf welchem sich die Lehren zweier Schulen, der alexandrinischen und antiochenischen, gegenüberstehen. Der Arianismus hatte die Gottheit Christi geleugnet und damit den Inhalt der Erlösung entwertet. Um letztere aber wieder zu einer wahrhaft göttlichen That zu erheben, betonte Apollinaris die göttliche Hypostase in Christo, leider aber unter Verkürzung der menschlichen Natur. Daraus bildete sich dann als Konsequenz die Lehre von der Einnatur in Christo, die μία φύσις τοῦ Θεοῦ Λόγου σεσαρκωμένη, welche nach apollinaristischer Fassung einer Vermischung von Göttlichem und Menschlichem gleichkam. Daher sind denn auch Apollinarismus und Monophysitismus inhaltlich zwei identische Systeme; sie unterscheiden sich wesentlich nur in der Form, dem terminus a quo der Verwandlung. Gegen den Apollinarismus und seine „Vergottung" des menschlichen Fleisches erhob sich die rationalistische antiochenische Schule, namentlich ihre Hauptvertreter Diodor von Tarsus und Theodor von Mopsuestia, der Lehrer des Nestorius. Sie wollten die Integrität der Menschheit in Christo retten, retteten sie auch, aber sie gingen einen Schritt zu weit, indem sie zu dem Begriffe der menschlichen Naturintegrität auch das Fürsichbestehen notwendig rechnen zu müssen glaubten. Sie hielten eine φύσις ἀνυπόστατος für unmöglich. Sie hatten Recht, vergassen aber doch, dass, wenn Naturen mit einander vereinigt sind, nicht jede von ihnen ihre besondere Hypostase zu haben braucht (οὐκ ἔστι φύσις ἀνυπόστατος, καὶ οὐκ ἀνάγκη, ἐπὶ τῶν

---

[1]) Euthym. Zig. l. c. Mg. 130, 906; Petav. l. c. l. 6.

ἐνουμένων ἑκάστην φύσιν ἰδίαν καὶ ἀνὰ μέρος ἔχειν ὑπόστασιν.) [1]) Zwischen beiden Systemen nun, dem apollinaristischen und antiochenischen, dem zu wenig und zu viel, steht das christologische Lehrgebäude Cyrills. Er lehrt die volle Menschheit in Christo gegen Apollinaris für Theodor, verweigert diesem aber im Interesse des ersteren die menschliche Hypostase. Diese orthodoxe Mittelstellung Cyrills hat man einerseits schuldloser Weise missverstanden infolge der von Cyrill oft promiscue gebrauchten Ausdrücke, φύσις und ὑπόστασις, anderseits aber auch vielleicht missverstehen wollen, um sie für den Monophysitismus ausbeuten zu können; in letzter Hinsicht hat man wahrscheinlich auch vor Fälschung Cyrillscher Schriften nicht zurückgescheut. Aus dem Gesagten erhellt, dass zum vollen Verständnisse der Christologie Cyrills eine genaue Darlegung der Lehre des Apollinaris und seiner Anhänger, wie der der antiochenischen Schule notwendig ist. Gegen beide hatte Cyrill zu kämpfen, gegen erstere defensiv [2]), gegen letztere offensiv.

Welches also war der christologische Fehltritt des Apollinaris, woher rührte derselbe, und welche Konsequenzen zog er nach sich? Von den Schriften des Apollinaris besitzen wir meist nur noch Fragmente in den Gegenschriften, namentlich im Antirrheticus adv. Apollinarem des Gregor von Nyssa (Mg. gr. 45, 1123 ff.). Auch Cyrill charakterisiert die apollinaristische Irrlehre in der Gestalt, bis zu der sie sich auf seine Zeit hin entwickelt hatte. Denn nicht für alle Formen dieser Lehre kann man den Urheber derselben verantwortlich machen. Es entwickelten sich besonders drei Richtungen. [3]) Die erste leugnete bloss den νοῦς, das πνεῦμα in der Seele Christi, so Apollinaris selbst. Die zweite schritt zum Arianismus zurück; die dritte, die der Polemianer, behauptete, es sei eine Vermischung der

---

[1]) Diekamp, eine ungedruckte Abhandlung des heiligen Johannes von Damaskus gegen die Nestorianer n. 6. in Theol. Quartalschr. 1901, Heft 4 p. 562.
[2]) Cyr. apolog. pro XII cap. c. Orient. Mg. 76, 332 c; Cyr. ep. ad. Acac. Beroeen. Mg. 77, 160 cd.
[3]) Petav. I, 6, 5.

Gottheit und des Leibes in Christo erfolgt (συνουσίωσις καὶ κρᾶσις τῆς θεότητος καὶ σώματος), und der Leib Christi stamme vom Himmel. [1]) Hören wir nunmehr die Urteile Cyrills: „Einige glauben," sagt er, „der Eingeborene sei zwar wirklich Mensch und Fleisch geworden, nicht aber sei das angenommene Fleisch vollkommen beseelt gewesen mit einer Denkkraft besitzenden Seele (λογικῇ ψυχῇ), so dass ihr nicht, wie uns, Vernunft eigen war. Indem sie den Gottlogos und den Tempel aus der Jungfrau in eine gänzliche Einheit zusammenschnüren (εἰς ἑνότητα τὴν εἰσάπαν), sagen sie, der Logos habe in jenem gewohnt, habe das angenommene Fleisch sich zu eigen gemacht und die Stelle der vernünftigen Seele vertreten." [2]) „Wir werden nicht jenen beipflichten, die da glauben, das dem Logos geeinte Fleisch sei der vernünftigen Seele beraubt gewesen, die den Logos mit einem Fleische bekleiden, welches nur die zum Leben gehörende (ζωτικήν), instinktive (αἰσθητικήν) Bewegung besessen habe, und die dem Eingeborenen die Bethätigung der Vernunft sowie der Seele beilegen (τὴν νοῦ καὶ ψυχῆς ἐνέργειαν). Sie fürchten sich nämlich zu bekennen, dass der Logos mit dem von einer vernünftigen Seele belebten Fleische physisch vereinigt sei." [3]) Diesen Irrtum weist Cyrill ab mit den Worten: „Die, welche dem Glauben des Apollinaris folgen und dessen Meinung unterzeichnen, stellen die Behauptung auf, der mit dem Logos vereinigte Tempel sei ohne Seele und Geist (ἄψυχόν τε καὶ ἄνουν). Ist denn aber jene höchste und göttliche Natur der Träume und der Furcht fähig?, Ein Körper, der des Gefühles und der Vernunft beraubt ist, kann keine Trauer empfinden, noch Furcht vor kommenden Leiden." [4]) Mit diesen Worten

---

[1]) Theodoret. h. f. IV, 8 u. 9 Mg. 83, 425, 428; Cyr. fragm. ex lib. c. Synusiast. Mg. 76, 1427 ff.
[2]) Cyr. de incarn. Unig. Mg. 75, 1193 a.
[3]) Cyr. de incarn. Unig. Mg. 75, 1208 c; de rect. fid. ad Theod. Mg. 76, 1156 d. Καταπεφρίκασι γάρ, οὐκ οἶδ' ὅπως, ψυχωθείσῃ λογικῇ ψυχῇ τῇ ἀνθρωπίνῃ σαρκὶ κατὰ φύσιν ἡνῶσθαι τὸν Λόγον ὁμολογεῖν. In diesen wenigen Worten liegt die ganze Summe der christologischen Lehrsätze Cyrills ausgesprochen.
[4]) Cyr. de rect. fid. ad regin. II Mg. 76, 1418 a b; Petav. I. 6, 6.

scheint Cyrill die zweite Richtung der apollinaristischen Lehre zu bezeichnen. Ueber die dritte spricht er folgenderweise: „Einige sagen, der aus dem Vater gezeugte Logos sei in die Natur von Knochen, Sehnen und Fleisch verwandelt worden (εἰς ὀστέων τε καὶ νεύρων καὶ σαρκὸς φύσιν). Die Geburt des Emmanuel aus der Jungfrau verlachen sie und halten das göttliche Geheimnis für unpassend." [1]) Im Briefe an Bischof Succensus beklagt sich Cyrill, dass man ihn des Apollinarismus beschuldige, als lehre er eine Vermischung und Zusammenschmelzung des Logos mit dem Körper (σύγκρασις, σύγχυσις, φυρμὸς τοῦ Λόγου πρὸς τὸ σῶμα) oder eine Verwandlung in die Natur der Gottheit (τοῦ σώματος εἰς φύσιν θεότητος μεταβολή). [2]) Ersteres wäre Apollinarismus, letzteres Monophysitismus. Aehnlich spricht sich Cyrill im Briefe an Acacius, Bischof von Melitene, aus. [3]) Von der apollinaristischen Irrlehre in bezeichneter Form ist auch die Rede in der früher dem Cyrill zugeschriebenen Schrift Theodorets de incarnatione Domini. [4]) Hier wird auf die platonische Trichotomie hingewiesen und gesagt, dass nach Apollinaris die göttliche Natur des Logos selbst die menschlichen Affekte und das Leiden empfunden habe, der Körper sei bloss eine Verhüllung (παραπέτασμα) der Gottheit gewesen.

Wie aus dem Gesagten hervorgeht, betraf der Irrtum des Apollinaris nur das christologische Gebiet, und hier wiederum nur die Integrität der menschlichen Natur. Leontius v. Byz. sagt allerdings: „Ob Apollinaris betreffs der Trinität geirrt habe, ist nicht einleuchtend, obgleich die beiden Gregore behaupten, Apollinaris habe gelehrt, der Stand des Sohnes sei niedriger als der des Vaters." [5]) Der Trinitätsglaube des Apollinaris ist jedoch unbescholten zu nennen. Denn er trat als Gegner des Arianismus auf, der

---

[1]) Cyr. de incarn. Unigen. Mg. 75, 1192 c.
[2]) Ep. Cyr. ad Succ. Mg. 77, 232 a.
[3]) Ep. Cyr. ad Acac. Mel. Mg. 77, 200 a.
[4]) Theodoret. de incarn. Dom. Mg. 75, 1441 d f, 1448 c, 1453 a b.
[5]) Leont. de sect. IV, 2. Mg. 86 I, 1220 c.

keine Trinität anerkennen wollte. [1] Sicher hätte auch
Cyrill in seinen Abhandlungen über das Trinitätsdogma
eine derartige Häresie des Apollinaris nicht unerwähnt gelassen. Auch Sokrates berichtet, dass Apollinaris die Homoousie der Trinität gelehrt habe. [2] Gerade den Arianern
gegenüber wollte letzterer nachweisen, dass der Sohn,
welcher dem Vater wesensgleich sei, jedoch sein Sein für
sich habe, Mensch geworden sei, d. h. das menschliche
Fleisch angenommen habe. Das principium quod in Christo
sei der göttliche Logos und müsse es sein, weil sonst von
einer wahren Erlösung nicht gesprochen werden könnte :
denn der Tod eines Menschen könne den Tod nicht ent-
kräften. [3] Da nun aber der Logos das personbildende
Prinzip sei, so könne ein menschliches Ich in Christo keinen
Platz mehr finden. Unmöglich könne der Logos ein voll-
kommener Mensch gewesen sein; gerade das müsse ihm
gefehlt haben, was das Wesen der menschlichen Person
bedinge, das sei der νοῦς, das πνεῦμα. An dessen Stelle
sei der Logos getreten. Nach Sokrates soll Apollinaris
anfangs die Seele Christi überhaupt geleugnet haben. [4].
dann aber hätte er diese Behauptung bereut und hinzugesetzt, eine Seele habe zwar der Logos angenommen,
aber diese habe keinen vernünftigen Geist. Apollinaris
fürchtete also die Zweipersönlichkeit in Christo und konstruierte so auf seine Weise die Verbindung des Göttlichen
mit dem Menschlichen in Christo. Auch Cyrill führt diese
Furcht als Grund des Irrtums an. „Sie verabscheuen es,
den Emmanuel in zwei zu teilen : gleichwohl aber berauben
sie das Fleisch der vernünftigen Seele und sagen, der Gottlogos sei mit ihm verbunden worden." [5] Apollinaris machte

[1] Petav. I, 6, 4; ep. Cyr. ad. Acac. Ber. Mg. 77. 100 b.
[2] Socrat. h. e. II, 46, Mg. 67, 364 c.
[3] Gregor. Nys. antirr. 51. Mg. 45, 1245 b, 1248 a.
[4] Socrat. l. c, Nach Hieronymus soll auch Apollinaris tra-
ducianistischer Ansicht gewesen sein „quomodo corpus
ex corpore, sic anima nascitur ex anima." Petav. I, 6, 15.
Diese Ansicht mochte ihn vielleicht zu jener anfänglichen,
arianischen Behauptung verleitet haben.
[5] Cyr. de rect. fid. ad Theod. Mg. 76, 1157 c, de incarn. Unig.
Mg. 75, 1209 ab.

dafür die Stelle Joh. 1, 14 geltend. Der Logos sei Fleisch
geworden, nicht rede diese Stelle von einer Menschwerdung; Christus sei bloss als Mensch (ὡς ἄνθρωπος) erfunden
worden. Auch gehöre zum vollen Begriffe der Menschheit
die Freiheit und die Möglichkeit zu sündigen, die eben
vom νοῦς ausgehe. Letzterer sei etwas mit der Sünde Be-
flecktes; es sei also durchaus absurd, vom Logos zu denken,
er sei mit einem Dinge vereinigt gewesen, welches von
Sünde befleckt sei. [1] Christus sei nicht, wie die Arianer
lehrten, ein freies und wandelbares Wesen, sondern unwandelbar, der menschlichen Freiheit entbehrend wegen
der Unmöglichkeit zu sündigen.

Apollinaris, welcher die Frage nach dem Wie der
Vereinigung spekulativ lösen wollte, „glaubte nur so die
Einheit in Christo aus den beiden konstituierenden Fak-
toren zu begreifen" und begreiflich machen zu können.
Nur so sei die Erlösung möglich, wenn alles, was Christus
gethan, vollkommen göttlich war. [2] Die nächste Konsequenz der apollinaristischen Lehre war notwendig die μία
φύσις τοῦ Θεοῦ Λόγου καὶ τῆς σαρκός [3], welcher Apollinaris Ausdruck gab in der zuerst von ihm gebrauchten Formel μία φύσις
τοῦ Θεοῦ Λόγου σεσαρκωμένη. „Wir bekennen nicht zwei Naturen in dem einen Sohne, eine anzubetende und eine
nicht anzubetende, sondern eine Fleisch gewordene Natur
des Gottlogos, die angebetet wird nebst seinem Fleische
durch eine Anbetung." [4] Auch Cyrill gebraucht dieselbe
Formel, entlehnte sie aber irrtümlicher Weise dem Athanasius. Wegen ihres Gebrauches ist er in den Verdacht des
Apollinarismus und Monophysitismus geraten. Wir werden
aber im weiteren Verlaufe der Darstellung sehen, dass, wenn
Cyrill diese Formel auch gebraucht hat, er sie nicht im
apollinaristischen Sinne fasste, sondern im orthodoxen.
Hier gilt der Satz: „Si dicunt duo idem, non est idem."
Dass Apollinaris mit der μία φύσις κ. τ. λ. den reinen Natur-

---

[1] Leont. de sect. IV, 2. Mg. 86 I, 1220 d.
[2] Zoeckler, Handb. d. theol. Wiss. 1889 II, 6 9.
[3] Timoth. de recept. haer. Mg. 86 I, 40 a.
[4] Brief an Kaiser Jovian bei Hahn Symb. § 120.

begriff verband, während Cyrill die φύσις im Sinne von ὑπόστασις nahm, beweist die Thatsache, dass er lehrte, der Logos habe nunmehr nach der Menschwerdung in seiner Gottheit die Leiden erduldet; in jenem dreitägigen Tode des Körpers sei die Gottheit zugleich mit dem Leibe tot gewesen und sei dann durch den Vater wieder erweckt worden. „So habe," sagt Timotheus, „Gregor von Nazianz an Bischof Nektarius von Konstantinopel geschrieben." [1] Aehnlich äussert sich Nestorius über die apollinaristische Irrlehre im Briefe an den Papst Cölestin, indem er ohne Namhaftmachung der Person die Lehre Cyrills mit der des Apollinaris identifiziert. „Sie wagen, die Leiden des Körpers auf die Gottheit des Eingeborenen zu ziehen, und sagen, die Unveränderlichkeit der Gottheit sei in die Natur des Körpers übergegangen." [2] Nach Apollinaris ist also die σάρξ ganz in die Natur des Logos aufgenommen, θεϊκὴ ἄρα σάρξ. ὅτι θεῷ συνήφθη καὶ αὕτη μὲν σώζει. [3] „Ja, Apollinaris ging so weit, wie uns seine eigenen Worte bezeugen, das Moment der σάρξ irgend wie schon dem vorzeitigen Logos beizulegen. Er fasste die Natur des Logos als die des Mittlers, nur so komme die μία φύσις zu ihrem Rechte, und nun scheute er sich nicht, selbst von der Gottheit unbeschadet ihrer Homoousie etwas abzuziehen ἡ θεία σάρκωσις οὐ τὴν ἀρχὴν ἀπὸ τῆς παρθένου ἔσχεν. antirr. 15." [4] Demnach fielen die Apollinaristen im letzten Grunde auf arianischen Boden zurück. Denn die Lehre von einem göttlichen, vorzeitlichen Fleische bedeutet doch wohl nichts anderes, als eine Nichtgleichwesentlichkeit des Sohnes mit dem Vater. Und in so weit kann die Behauptung der beiden Gregore Geltung finden. Auch mit der Lehre Valentins stand der Apollinarismus in sofern in Verbindung, als beide erklärten, der Logos sei mit seinem vorweltlichen Fleische durch den Mutterschoss Mariä wie durch einen Kanal hin-

[1] Timoth. l. c.
[2] Ep. Nest. ad Coelest. Mansi (Ms.) IV, 1024.
[3] Harnack, l. c. 312.
[4] Harnack, l. c. 313, n. 2.

durchgegangen. Bezüglich des späteren Monophysitismus ist Apollinaris dessen Vorläufer. [1]) Mit Recht sagt Harnack: „Es findet sich schon die ganze Position des späteren Monophysitismus, durchdacht bis in alle denkbaren Konsequenzen dei Apollinaris." [2])

War im Kampfe gegen den Arianimus eine neue Irrlehre geboren worden, der Apollinarismus, so geschah genau dasselbe, als letzterer von den Vertretern der antiochenischen Schule und Begründern des nachmaligen Nestorianismus widerlegt wurde. Während Apollinaris zum Resultate einer göttlich-menschlichen Natur gelangt war, kamen die Nestorianer zum Gegenteil, einer Zweipersönlichkeit in Christo. Damit kommen wir zum zweiten Abschnitte des ersten Teiles der Darstellung.

- ◆━❮❮❐❯❯━◆ -

II. Abschnitt.

Die nestorianische Irrlehre von ihrer Wurzel bis zum Zeitpunkte der Union 433.

—◦❮❰❙❱❯◦—

1. Kapitel.

Die christologische Anschauung der antiochenischen Schule am Beginn des 5. Jahrhunderts.

Apollinaris hatte im Kampfe gegen den die Gottheit des Sohnes leugnenden Arianismus das göttliche Prinzip bei der Inkarnation in den Vordergrund gestellt, dasselbe mit der menschlichen Seite in Christo zur Gewinnung der persönlichen Einheit so verbunden, dass die Menschheit Christi um ihren vornehmsten Bestandteil, die Vernunft,

---

[1]) Petav. I, 6, 14.
[2]) Harnack, l. c. 319.

verkürzt war. Es konnte daher nur von einer Fleisch-
werdung des Logos im buchstäblichen Sinne gesprochen
werden. Heisst es doch im Briefe des Apollinaristen Julian:
„In der hl. Schrift ist keine Rede von der Trennung des
Logos und seines Fleisches, sondern es ist eine Natur (φύσις).
eine Hypostase (ὑπόστασις), eine Wirkungsweise (μία ἐνέργεια)." [1]
Diese Art der Vereinigung war den nüchtern denkenden
Antiochenern, besonders dem Diodor, Bischof von Tarsus
(† kurz vor 394), und seinem bedeutendsten Schüler Theodor,
Bischof von Mopsuestia († 428), ein Stein des Anstosses.
und das mit Recht. „Wenn wir," sagt Theodor, „eurer
Lehraufstellung folgen wollen, dann werden wir alles in
ihm (Christo) vermischen, und es wird in Zukunft kein
Unterschied sein zwischen der forma Dei und forma servi.
nicht zwischen dem angenommenen Tempel und dem im
Tempel Wohnenden, nicht zwischen dem zerstörten Tempel
und dem diesen Wiederaufbauenden, zwischen dem mit
Ehre Gekrönten und dem Krönenden." [2]   „Wir beten
drei Personen in der Gottheit an und glauben, dass sie
eines göttlichen Wesens sind; [3] wie ist es daher möglich,
eine vierte Person noch hinzuzufügen, jene forma servi.
welche aufgenommen ist, welche weder gleicher Wesenheit (mit der Gottheit) ist, noch welcher wegen ihrer
Wesenheit an sich Anbetung gebührt?" [4]   In der That
brachten die Apollinaristen etwas Geschaffenes, das Fleisch
Christi, in die Gottheit hinein und lehrten, dasselbe stamme
vom Himmel, der Logos sei mit demselben durch den
Schoss der Jungfrau wie durch einen Kanal hindurchge-

---

[1] Brief des Apollinaristen Julian, Mai VII, 73 bei Harnack l. c. p. 313 n. 1.
[2] Fragm. ex libr. c. Apollin. Mg. 66, 999 d.
[3] Nach dem Briefe Cyr. ad Succ. soll Diodor einstmals πνευματομάχος gewesen sein, dann aber soll er sich mit der Kirche wieder vereinigt haben, aber in eine christologische Irrlehre geraten sein. „Er glaubte und schrieb, dass ein anderer Sohn für sich (κατ' ἴδιον) der sei, welcher aus dem Samen Davids entstammte und aus der Jungfrau und Gottesmutter (θεομήτορος) geboren wurde, ein anderer für sich (ἰδικῶς) der, welcher Logos aus Gott dem Vater sei." Mg. 77, 229 a b.
[4] Ep. Theodori ad Artemium Alex. Mg. 66, 1012 b.

gangen. Indem nun Theodor in der Bekämpfung des
Apollinarismus fortfährt, fällt er in das gerade entgegengesetzte Extrem. „Nicht darf man,“ sagt er, „gemäss
deines (Apoll.) Wortes lehren, es sei der aus der Jungfrau
geboren, welcher aus dem Vater und Gott wesensgleich
ist. Das zu sagen ist Wahnsinn. [1]) Nicht darf man glauben,
Gott an sich sei geboren, die göttliche Natur sei aus der
Jungfrau hervorgegangen; wir müssten denn glauben, dass
das Geborene mit dem, was im geborenen Tempel ist, dem
Gottlogos identisch sei.“ [2]) „Geboren aus ihr ist der,
welcher auch aus der Substanz der Jungfrau besteht,
welcher aus dem Samen Davids seine Abstammung herleitet, der zwar durch die Kraft des hl. Geistes in der
Jungfrau gebildet ist, weshalb er auch „ohne Vater ἀπάτωρ“
genannt wird, wie der Gott Wesensgleiche „ohne Mutter
ἀμήτωρ“ (Hebr. 7, 3). [3]) Aehnlich hatte Theodor schon als
Presbyter in Antiochia sich in einer Predigt geäussert,
Maria sei nicht Gottesgebärerin. Auf den hierüber ent-
stehenden Unwillen des Volkes hin widerrief er und mil-
derte äusserlich seine Ansicht (ähnlich wie auch Nestorius);
denn er schreibt im 15. Buche de incarnatione: „Wenn
man fragt, ob Maria Menschen- (ἀνθρωποτόκος) oder Gottesgebärerin (θεοτόκος) sei, so kann man beides sagen, jenes
nach der Natur der Sache, dieses aber nur beziehungsweise. Menschengebärerin ist sie von Natur aus, weil
es ein Mensch war, der in ihrem Schosse gewesen und aus
demselben hervorging, Gottesgebärerin aber, weil Gott in
dem Menschen war, den sie geboren hat.“ [4]) Theodor lehrte
somit einen persönlichen Dualismus in Christo und leugnete
die Gottesmutterschaft Mariä. Ueber den Zeitpunkt der Ver-

---

[1]) Schon Diodor sagte (Mg. lat. 48, 1147 c.): „Der sterbliche
Mensch erzeugt nur einen ihm an Natur und Körper ähnlichen Sterblichen. Zwei Geburten aber verträgt der Gottlogos nicht, eine von Ewigkeit und eine in der Zeit, sondern
seiner Natur nach ist er aus dem Vater gezeugt. Den
Tempel aber hat er sich aus dem Schosse Mariä gebildet.“
[2]) c. Apoll. Mg. 66, 993 b.
[3]) l. c. 994.
[4]) l. c. 992 b c.

bindung der zwei Personen in Christo, sowie über ihr gegenseitiges Verhältnis äussert sich Theodor, wie folgt: „Der Gottlogos war in dem Menschen vom ersten Augenblicke seiner Gestaltung im Mutterschosse an (a prima statim plasmatione). Er war in ihm bei seiner Geburt, er war in ihm, als er gekreuzigt wurde, als er auferstand; denn der Gottlogos hat ihn ja von den Toten auferweckt; er war in ihm, als er in den Himmel auffuhr. Dieser Gottlogos führte den von der Jungfrau Geborenen stufenweise der Vervollkommnung entgegen; er führte ihn zur Taufe, zum Tode, erweckte ihn, brachte ihn in den Himmel und setzte ihn zur Rechten Gottes. Infolge dieser Verbindung mit ihm sitzt er dort, wird angebetet von allen und wird schliesslich alle richten." [1]) Die Lehre Theodors lief also auch auf eine Vierpersönlichkeit in der Gottheit hinaus, welche er dem Apollinaris vorgeworfen hatte. Gegen den apollinaristischen Irrtum, dass der Logos die Stelle des νοῦς vertreten habe, wendet sich Theodor unter folgender, richtiger Beweisführung. „Wenn die Gottheit an Stelle des vernünftigen Geistes in dem Angenommenen gewesen wäre, wie konnte er dann von solcher Furcht ergriffen werden, dass er Blut schwitzte? [2]) Wozu brauchte er dann des besuchenden Engels, der seine Seele bei der Leidensprobe aufrichtete, ihren Mut stärkte, ihn zur geduldigen Ertragung der notwendigen, bevorstehenden Leiden antrieb, welcher als Frucht seiner Leiden ihm die Verwandlung in die künftige Herrlichkeit zeigte?" [3]) Nach der Lehrmeinung Theodors war ferner nicht bloss der Logos Mensch geworden, sondern auch der Vater und der hl. Geist. Denn alle drei wohnen in dem von der Jungfrau geborenen Menschen Jesus. „Wenn aber der Sohn in ihm wohnt, so ist bei ihm auch der Vater, denn es wird von jedem geglaubt, dass derselbe unzertrennlich beim Sohne sei. Auch der hl. Geist ist nicht abwesend; denn er hat ihn bei der

---

[1]) l. c. 994 c.
[2]) l. c. 996 b.
[3]) ex lib. III c. Apoll. Mg. 66, 995 b, 996 d f.

Salbung empfangen, und er ist stets bei ihm." [1]) Demnach
stellt Theodor die Einwohnung des göttlichen Logos in
dem Menschen Jesus auf fast gleiche Stufe mit jener,
wie sie in der Verbindung Gottes mit der Seele des Gerechten überhaupt besteht. Das führt uns zur **Frage**:
„Wie dachte sich der Antiochener näherhin die Art
und Weise dieser Vereinigung?" „Gott", so sagt er zwar
richtig, „war in ihm nicht begrenzt, denn er ist allgegen-
wärtig. Aber er war vom **Himmel** herabgestiegen zum
Zwecke der Einwohnung (τῇ εἰς τὸν ἄνθρωπον ἐνοικήσει)." [2])
Diese Art der Vereinigung betont Theodor gegenüber der
μία φύσις τοῦ Θεοῦ Λόγου σεσαρκωμένη und an Stelle des incar-
nari setzt er das assumere. Apollinaris, so sagt er, leide
an Wahnsinn, da er behaupte, dass der, welcher von Ewigkeit sei, in der letzten Zeit geworden wäre, während man
doch sagen müsse, dass der, welcher von Ewigkeit sei,
den aufgenommen habe, welcher in der Zeit wurde; denn
sonst sei kein Unterschied zwischen der forma Dei und
forma servi. [3]) „Wir sagen beständig, er habe einen
Menschen angenommen; er sei Mensch geworden, wie er
(Apollin.) glaubt, können wir nicht sagen. [4]) Denn nicht
ist das Wort ins Fleisch verwandelt worden (οὐ γὰρ μετεποιήθη
εἰς σάρκα)." [5]) Theodor will also die göttliche Hypostase
des Logos von dem Menschen Jesus aufs strengste unterschieden wissen. Beide subsistieren für sich, der eine jedoch im anderen. „Indem wir die Naturen trennen, nennen
wir die vollkommene Natur des Logos auch vollkommene
Person (τελείαν τὴν φύσιν τοῦ Θεοῦ Λόγου φαμὲν καὶ τέλειον τὸ πρόσωπον)
und die vollkommene Natur des Menschen ebenfalls Per-
son. Nicht giebt es eine Natur ohne Person (οὐδὲ ἀπρόσωπον
ἔστιν ὑπόστασιν)." [6])

---

[1]) frag. ex lib. XIV de incarn. Mg. 66, 992b, c. Apoll.
Mg. 66, 1000 c.
[2]) l. c. Mg. 66, 984 c.
[3]) Ms. IX, 206 c d.
[4]) ex lib. c. Apoll. Mg. 66, 1000 b.
[5]) l. c. 981 d.
[6]) ex lib. VIII de incarn. Mg. 66, 981 b. Im letzteren Ausdrucke hat Theodor den Begriff φύσις mit ὑπόστασις ver-

Trotz der Festhaltung an zwei Personen redet Theodor nichtsdestoweniger stets von einem πρόσωπον, weil er
ja nicht die äusserlich sichtbare Einheit Christi in Ab-
rede stellen wollte noch konnte. Deshalb lehrt er denn,
dass in der einheitlichen äusseren Erscheinung Jesu von
Nazareth die göttliche unsichtbare Hypostase des Sohnes
gewohnt habe. Das Band, welches diese Einheit herstellte,
war nach ihm die Gleichheit der Gesinnung und Neigung
(κατὰ σχέσιν τῆς γνώμης), des Wollens und Wirkens (κατὰ θέλησιν
καὶ ἐνέργειαν), das Wohlgefallen des einen am andern (κατ'
εὐδοκίαν, χάριν). Es war keine physische Vereinigung, sondern eine moralische; das Centrum derselben lag in dem
Wollen und Erstreben ein und desselben Objektes, als
eines dritten. Die Vereinigung war also keine innere,
sondern eine nach aussen gehende, eine so zusagen drittbe-
zügliche (ἔνωσις σχετική, κατ' ἤθους). Diese Art ethischer Verbindung bezeichnet Theodor mit συνάφεια. Das Analogon
davon findet er in der ehelichen Verbindung von Mann und
Weib, während Cyrills Hauptvergleich für die physische
Vereinigung (ἔνωσις φυσική) in Christo die natürliche Verbindung von Leib und Seele zu einem Wesen (ἓν ζῶον) bildet.
„Συναχθεῖσαι αἱ φύσεις (meint aber ὑποστάσεις) ἓν πρόσωπον κατὰ
τὴν ἔνωσιν ἀπετέλεσαν, die beiden verbundenen Hypostasen, sagt
Theodor, bilden bezüglich ihrer Vereinigung eine persönliche Erscheinungsform. Denn was der Herr vom Manne
und Weibe sagt, „deswegen werden sie nicht zwei, sondern
ein Fleisch sein (Matth. 19, 6)", können wir auch billiger-
weise von dem Verhältnisse der Vereinigung sagen. Nicht
sind es zwei Personen, sondern, natürlich mit Unterscheidung der Naturen, eine. Was „ein Fleisch" genannt wird,

wechselt. Bei den Antiochenern fiel nämlich ὑπόστασις mit
φύσις zusammen (Harnack p. 340), während sie für den
Personenbegriff πρόσωπον setzten. Infolge der noch nicht
immer streng durchgeführten, obwohl schon seit Basilius
erfolgten Scheidung der beiden termini finden wir diese
auch in Cyrills Christologie öfter verwechselt. Cyrill gebraucht für φύσις den Ausdruck ὑπόστασις, für ὑπόστασις den
Begriff φύσις, wie in der von ihm übernommenen Formel
μία φύσις κ. τ. λ.

verletzt im Manne und Weibe nicht die Zweizahl ; so verletzt hier die Einigung der Person (ἕνωσις τοῦ προσώπου) nicht
den Unterschied der Naturen (διαφορὰν τῶν φύσεων — meint aber
ὑποστάσεων).“ ¹) Theodor beruft sich für die von ihm er-
sonnene Vereinigungstheorie auf Stellen der hl. Schrift, in
denen die communicatio idiomatum ausgesprochen ist, die
er aber sonst leugnet und auch leugnen muss. Wie wir
aus der hl. Schrift die Verschiedenheit der Naturen lernen,
so auch die Vereinigung, so oft sie nämlich die Eigentümlichkeiten beider auf eine überträgt und wie von einem
spricht.“ Zum Beweise zitiert er die Stelle bei Joh. 1, 29. ²)
Die physische Vereinigung verwirft er geradezu als Apollinarismus. „Denn wie kann der Mensch und Gott eins
(unum, ἕν) sein, der, welcher glücklich macht, mit dem
glücklich Gemachten, der von Ewigkeit mit dem aus Maria
Erschienenen?“ ³) Schon Theodor also fasste die ἕνωσις φυσική
als eine Vermischung auf. Er stellt die von ihm angegebene Verbindungsart als die festeste dar, die es giebt.
„Die substanzielle Vereinigung“, sagt er, „ist nur in Dingen
von gleichem Wesen eine wahre, in den Dingen von ver-
schiedenem Wesen ist sie nicht vorhanden, da sie ohne Zu-
sammenfliessen und Vermischung nicht statt haben kann. Die
Vereinigung κατ' εὐδοκίαν, die da im Affekte des göttlichen
Wohlgefallens besteht, bewahrt die Naturen unvermischt,
zeigt von beiden eine Person, einen Willen und eine Wirkungsweise unter einem Ansehen und einer Herrschaft. Gemäss
der Art der εὐδοκία bleibt der aus Maria geborene Tempel
schon vom Mutterschosse an mit dem Logos ungetrennt
verbunden und hat mit ihm in allem dasselbe Wollen und
Wirken. Etwas, was mehr verbunden sein könnte, als
Genanntes, giebt es nicht (ὧν οὐδέν ἐστι συναφέστερον).“ ⁴) Hier
scheint Theodor sogar monotheletisch zu lehren, indem er
nur einen Willen und eine Wirkungsweise zum Beweise
für seine Theorie annimmt. Er führt Matth. 8, 3 dafür an,

¹) l. c. 981 ab.
²) ex lib. IX. Mg. 66, 983 ab.
³) ex lib. III de incarn. Mg. 66, 969 c.
⁴) Ep. Theod. ad Domnum Mg. 66, 1013 a.

wo Christus zu dem Aussätzigen spricht: „Ich will, sei rein."[1]) Er sagt selbst: „Die Einheit der Person kann daraus erkannt werden, dass er alles durch ihn vollbringt, eine Einigung, welche durch die Einwohnung geschieht und die da ist κατ᾽ εὐδοκίαν."[2]) Das von beiden Personen in allem thätige principium quod ist also der Logos: der von ihm bewohnte Mensch nimmt im ganzen nur eine passive Stellung ein. „Der Herr hat in sich das alles wirkende (καθόλου ἐνεργοῦντα) Gotteswort."[3]) Ueber die sittliche Seite dieses Logosträgers, sowie über seine Stellung zu der übrigen Menschheit äussert sich Theodor, wie folgt. „Wie Maria unter den Weibern eine bevorzugte Stellung einnahm, weil sie den Menschen geboren hatte, mit welchem der Gottlogos sich κατ᾽ ἐνοίκησιν verband, so genoss auch dieser Mensch vor allen übrigen eine hervorragende Auszeichnung sowohl vor, wie erst recht nach seiner Erweckung von den Toten. Zwar unterschied er sich in nichts von allen andern, ihm gleichwesentlichen Menschen[4]) und war als zweiter Adam mit dem ersten ein und derselben Natur.[5]) Aber wegen seiner nahen Beziehung zu Gott hatte er doch eine grössere Würde: denn es möchte nicht wohl der Fall sein, dass Gott so einfach hin und ohne alle nutzbringende Beziehung den Menschen angenommen und ihn mit sich vereinigt hätte.[6]) So war er gleichsam der Hausfreund Gottes, so dass die Engel bei ihm aus- und eingingen."[7]) Doch das nicht allein. „Vor den andern Menschen hatte er bedeutende Gaben voraus. Denn er war ja nicht gebildet aus der Verbindung eines Mannes mit einem Weibe auf natürlichem Wege, sondern durch göttliche Wirkung des hl. Geistes. Er besass eine übergewöhnliche Neigung zum Bessern infolge der Vereini-

---

[1]) Theod. de Apoll. Mg. 66, 1003 d.
[2]) c. Apoll. Ms. IX 216 b.
[3]) ex lib. IV de incarn. Mg. 66, 976 b.
[4]) ex lib. III de incarn. Mg. 66, 969 b.
[5]) Exempl. exposit. symb. depravati Mg. 66, 1020 a, Ms. IV, 1352 a.
[6]) ex lib. XIV Mg. 66, 989 c.
[7]) Ms. IX 214 b.

gung mit dem Logos. Deswegen hatte er grossen Hass gegen das Böse, verband sich Gott mit einer heftigen, unauflöslichen Liebe und nahm die Beihülfe des Logos an, die mit seinem Vorhaben gleichförmig war. Dem Bösen gegenüber verhielt er sich unveränderlich, sowohl, weil er es selbst wollte, als auch, weil dieser Vorsatz durch die Wirkung des Logos in ihm bewahrt wurde. Die vollkommenste Tugend erfasste er, sei es, dass er vor der Taufe das Gesetz befolgte, sei es, dass er nach der Taufe das Bürgerrecht in der Gnade sich erwarb, wofür er uns zum vorbildlichen Wege geworden ist." [1) Der vom Logos angenommene Mensch Jesus besass also, wie Vernunft, so auch Freiheit des Willens mit der Möglichkeit zu sündigen, wovor ihn aber sein göttlicher Genius bewahrte. Das Nichtsündigen war für den Menschen Jesus nicht schwer, einmal, weil nach der dem Pelagianismus huldigenden Ansicht Theodors überhaupt keine concupiscentia infolge der Sünde Adams dem Menschen innewohnt, — Cyrill dagegen betont sie sehr stark — sondern der Mensch das Sündigen nur gelernt hat von Adam; dann aber wirkte das Göttliche so lebhaft auf den Menschen Jesus ein, dass er an die Sünde weniger dachte. Wie durfte er auch sündigen, da er ja behufs Erlösung der Menschen vom Logos bewohnt wurde? Diese Erlösung aber bestand in der stufenweisen Heiligung des ganzen Menschen, wozu Christi Leben und Lehren ausreichten. [2) Dieser Logosträger sollte somit ein Mustermensch für alle sein, er selbst aber sollte erst den diesseitigen Stand der Prüfung und Veränderlichkeit bestehen, bevor er zur Unveränderlichkeit im Jenseits erhoben wurde. Deshalb nahm auch seine ethische Verbindung mit dem Logos hier auf Erden zu nach Massgabe seiner sittlichen Vervollkommnung, bis sie nach der Himmelfahrt bei der Apotheose anlangte. Betreffs des Tugendlebens dieses göttlichen Menschen sagt Theodor weiter: „Das steht fest, dass er mit grösserer

---

[1) ex lib. IV de incarn. Mg. 66, 977 a b.
[2) Kuhn, Christologie Leos I p. 19 f.

Leichtigkeit die Tugend übte, als andere Menschen, da Gott, der sich von Anfang mit ihm verbunden hatte, ihm grösseren Beistand gab; er trieb ihn zum Vollkommenen an, half ihm bei der Arbeit des Körpers und Geistes, so machte er ihm die Erfüllung leichter. Er empfing die ganze Gnade des hl. Geistes, während Gott anderen nur partielle Teilnahme am ganzen Geiste bot. So wirkte der ganze Geist in ihm." [1]) Auch Johannes der Täufer, meint Theodor, habe durch seine Worte „ich habe nötig von dir getauft zu werden" bekundet, dass der Mensch Jesus auch als Mensch über ihm stehe, nicht bloss aber über ihm, sondern über allen Menschen. Er habe eine über die gewöhnliche Natur erhabene Würde wegen der in ihm wohnenden Natur der Gottheit. [2]) Man dürfe es nicht ungerecht finden, dass ihm eine bevorzugte Stellung vor den anderen gegeben sei. [3]) So sei selbstverständlich die Würde der Sohnschaft in einer vorzüglicheren Weise in ihm, als in den übrigen Menschen, wegen seiner Vereinigung mit dem Logos, weswegen auch beide mit Sohn bezeichnet werden. Man wende nun dagegen ein, dass, wenn man zwei vollkommene Wesen annehme, man auch notwendig zwei Söhne lehren müsse. Dabei aber müsse man wissen, dass der angenommene Mensch in der hl. Schrift Sohn genannt werde mit Entziehung der Gottheit, dass er die Sohnschaft auf dem Wege der Gnade empfangen habe, indem die Gottheit allein die natürliche Sohnschaft besitzt. Mit Recht werde deshalb nur ein Sohn genannt. [4]) „Nicht zwei Söhne oder Herren sagen wir", so heisst es in dem Bekenntnisse Theodors, [5]) „da nur einer wesentlich (κατ' οὐσίαν) der eingeborene Sohn des Vaters ist, nämlich der Gottlogos,

---

[1]) fragm. dogm. Mg. 66, 980 b c.
[2]) l. c. 988 c d.
[3]) ex lib. XIV Mg. 66, 992 a.
[4]) ex lib. X Mg. 66, 985 b.
[5]) Marius Mercator (Mg. lat. 48, 1043) und Justinian legen dieses Symbolum dem Theodor bei. Auf dem Konzil zu Ephesus wurde es verlesen als exemplum expositionis symboli depravati. (Hefele II, 207.) Facundus von Hermiane bestreitet die Abfassung durch Theodor. (Ms. IV, 1347.)

4

mit welchem aber der verbunden ist (συνημμίνος), welcher auch teil hat an der Gottheit und dem Namen und der Ehre des Sohnes."[1]) Den Vorzug der adoptio des Menschen Jesus vor der der übrigen Menschen habe der Vater selbst bei der Taufe ausgesprochen in den Worten „dilectus" und „in quo mihi bene complacui".[2]) „Wenn man aber," so sagt Diodor, der Lehrer Theodors, „den Sohn Gottes im uneigentlichen Sinne (abusive) den Sohn Davids nennen will, so möge man es thun wegen seines Tempels, der aus David ist, und wenn man jenen aus dem Samen Davids Sohn Gottes nennen will, so möge man es auch thun, aber gratia, non natura, Sohn aus Gnade, nicht von Natur. Denn was dem Körper eigen ist, ist nicht eigen dem Gottlogos, und was diesem eigen ist, hat keinen Körper."[3]) Aehnlich spricht Theodor bei der Erklärung der Stelle Luc. 1, 32, wo Jesus der Sohn des Allerhöchsten genannt wird.[4]) Beides (Gottlogos und Mensch Jesus) werde mit Recht Sohn genannt, weil eben nur eine Person bestehe, welche durch die Vereinigung der Naturen (soll heissen Hypostasen) bewirkt wird.[5]) Der Mensch Jesus ist also nach Theodor der vor den übrigen Kindern Gottes eminent bevorzugte Adoptivsohn Gottes. Die Theodorianische Adoptionslehre unterscheidet sich aber von dem späteren Adoptianismus des 8. Jahrhunderts dadurch, dass bei Theodor der Adoptierte eine wirkliche menschliche Person war, während die späteren Adoptianer an der Einpersönlichkeit Christi festhielten und den natürlichen Sohn Gottes bloss bezüglich seiner menschlichen Natur auch Adoptivsohn Gottes genannt wissen wollten.

Noch weiter geht Theodor in der persönlichen Auszeichnung des Menschen Jesus, nachdem derselbe den Stand der Veränderlichkeit abgelegt hatte. „Nach der

---

[1]) expos. symb. Mg. 66, 1017 c.
[2]) c. Apoll. Ms. IX, 211 a.
[3]) Leont. adv. Incorrupt. Mg. 86, 1388 c; Mar. Merc. Mg. lat. 48, 1147 b oder Mg. graec. 86 I, 1387 a b.
[4]) frag. dogm. Mg. 66, 988 b.
[5]) ex lib. XV Mg. 66, 993 a.

Auferstehung und Himmelfahrt zeigte er sich ἐκ τῆς οἰκείας γνώμης, ex propria voluntate der Vereinigung würdig (meritum de condigno), nachdem er diese vorher bloss mit Rücksicht auf das Wohlgefallen Gottes erlangt hatte (meritum de congruo). Jetzt erscheint er vollkommen in der Vereinigung, indem er keine getrennte oder gesonderte Thätigkeit vom Gottlogos mehr hat, er, welcher den alles in ihm wirkenden Gott wegen der Vereinigung in sich hatte."[1] Hier trifft Theodor mit Apollinaris zusammen, indem er eine Vergottung des Menschlichen in Christo lehrt, Apollinaris eine Vergottung des menschlichen Fleisches, Theodor eine solche der menschlichen Person. „Denn nachdem er ihn nach menschlicher Weise dem Tode unterworfen hatte, hat er ihn von den Toten auferweckt, in den Himmel aufgenommen und zur Rechten Gottes gesetzt. Und weil er über alle Fürstentümer, Herrschaften, Mächte, Kräfte und über jeden Namen gesetzt ist, welcher in dieser und der zukünftigen Welt genannt wird, so wird er auch von jeder Kreatur angebetet, da er gleichsam eine unzertrennliche Verbindung hat mit der göttlichen Natur (ἀχώριστον πρὸς τὴν θείαν φύσιν ἔχων τὴν συνάφειαν). So zollt ihm jedes Geschöpf mit Beziehung auf Gott und im Gedanken an ihn Anbetung."[2] Denselben Gedanken drückt Theodor in den Worten aus: „Jenen Mann, durch welchen er beschlossen hat, den Erdkreis zu richten, (Act. 17, 31) hat er zum Lohne (merito) der Vereinigung mit sich gewürdigt und dadurch auch der Gemeinschaft der Anbetung teilhaftig gemacht, so dass alle, welche der göttlichen Natur die Anbetung erweisen, in diese auch jenen miteinschliessen, welchen er (Logos) sich unzertrennlich verbunden weiss, woraus einleuchtet, dass er ihn zu einer höheren Stufe geführt hat. Dieser, nach der Auferstehung leidensunfähig und unveränderlich geworden, sitzt zur Rechten Gottes und ist Richter des ganzen Erdkreises, da

---

[1] fragm. dogm. Mg. 66, 977 c.
[2] exempl. expos. Symb. depr. Mg. 66, 1017 b c, 1020 a.

4*

— 54 —

die göttliche Natur in ihm das Gericht abhält."[1] Mit
Recht sagt deshalb der Mönch und Presbyter von Antiochia,
Johannes Maxentius: „Gemäss dem Glauben des Vaters
(Cyrill v. Alex.) wird gelehrt, Gott ist Christus d. h.
Mensch geworden, nicht aber ist Christus Gott geworden, wie die
Anhänger des Theodor von Mopsuestia, des Lehrers des
Nestorius, sagen, welche glauben, Christus sei per profectum
auf stufenweiser Entwickelung Gott geworden."[2]

Was nun die erlösende Thätigkeit dieses vom Gottlogos bewohnten Menschen angeht, so bestand dieselbe
lediglich in einer vorbildlichen, von allen Menschen nach-
zuahmenden Wirksamkeit, um gleich ihm aus dem Stande
der Veränderlichkeit in den der Vollendung zu gelangen.
Eine thatsächliche Erlösung von der Sünde konnte Theodor
nicht lehren, weil er eine pelagianische Anthropologie vertrat, wie seine Schrift „contra defensores peccati originalis"
(Mg. 66, 1005) zeigt. Im Gegensatz zu Apollinaris war
nach ihm eine Erlösung durch Gott selbst nicht notwendig;
es genügte das Vorbild des vom Logos bewohnten Muster-
menschen Jesus. Er sollte uns alle, die wir die uns von
jeher bestimmte adoptio empfangen sollten, von der Knechtschaft des Gesetzes erlösen. Deshalb habe der Logos ihn
(uns zum Vorbild) durch Leiden vervollkommnet, zum
Urheber unseres Heiles gemacht, indem er freilich an erster
Stelle dieses Heiles für würdig erachtet, dann aber der
Grund des Heiles für andere geworden ist. Das Getauft-
und Gekreuzigtwerden, das Sterben und Beerdigtwerden,
das Auferstehen von den Toten hat grosse Kraft; denn
nicht einem reinen und gewöhnlichen Menschen legen wir
all dieses bei, sondern dem seit der Bildung im Mutterschosse vom Gottlogos in vorzüglicher Weise bewohnten
Menschen, so dass diese Einwohnung nicht stattfand bloss
der Gnade nach, wie in vielen andern, sondern so, dass
durch die Vereinigung zweier Naturen (Personen) eine

---

[1] c. Apoll. ex lib. III Mg. 66, 996 c d f.
[2] Joh. Max. de Christo professio. Mg. 86 I, 84 b.

Person bewirkt wurde.[1] Der Gottlogos gab ihm grössere
Gnaden, damit diese in ihm aufgehäuft auf alle Menschen
fliessen sollten. Er flösste ihm ferner durch die Einwohnung eine grosse Thätigkeit für unsere Rettung ein, und
deshalb dürfe man es nicht als Unrecht ansehen, dass ihm
vor allen andern etwas Ausgezeichnetes verliehen wurde.[2]

In dem Dargelegten haben wir den christologischen
und soterologischen Glauben der antiochenischen Schule
am Beginn des 5. Jahrunderts, wie er festgelegt wurde
durch die beiden Repräsentanten der Schule, Diodor und
Theodor, die in ihrer Lehrmeinung gleichsam ebenso eine
solidarische Einheit bildeten (συμπεπλεγμένους αὐτοὺς κατὰ τὴν ἀσέ-
βειαν [3]), wie sie in Christo zwischen den beiden Hypostasen
eine solche annahmen. Fassen wir ihre Lehre kurz zusammen, so lautet sie dahin: Im Schosse der Jungfrau
Maria wurde durch die Kraft des hl. Geistes ein Mensch
gebildet und aus ihr geboren, welcher bestand aus einem
Leibe und einer Seele, die mit Vernunft und Freiheit be-
gabt war. Er hiess Jesus von Nazareth. Vom Augenblicke seiner Empfängnis an war er aber bewohnt von der
zweiten Person in der Gottheit. Obgleich beide aber,
durchaus verschiedenen Wesens, zwei vollkommene Personen bildeten, so machten sie doch nur eine moralische
Person (πρόσωπον) aus. Das Band der Einheit bildete die
εὐδοκία, welche der Logos am Menschen Jesus empfand.
Bevorzugt wegen dieser Vereinigung wurde der äussere
Tempel in allem von dem in ihm wirkenden Logos gelenkt
und geleitet. Er führte ihn allen zum Vorbilde der sittlichen Vervollkommnung entgegen durch Leiden und Tod,
erhob ihn dann durch die Auferstehung und Himmelfahrt
in den Stand der Unveränderlichkeit, in welchem er, zum
höchsten Grade der Vereinigung gelangt, von allen Krea-
turen angebetet wird als dereinstiger Richter der Lebendigen und der Toten. Seiner Mutter kann man den Titel
Menschengebärerin und Gottesgebärerin beilegen.

[1] fragm. dogm. Mg. 66, 990 b.
[2] l. c. 989 d.
[3] Leont. adv. Incorrupt. Mg. 86, 1385 d.

Mit Rücksicht auf den von Cyrill bekämpften Nestorianismus war es notwendig, auch die Lehre der beiden
Antiochener darzulegen. Sie sind doch die eigentlichen
systematischen Begründer der nach Nestorius benannten
Irrlehre gewesen, sodass diese richtiger Theodorianismus
hiesse. [1] Nestorius hat sie nicht erfunden, sondern von
jenem erlernt und sie dann unter das Volk gebracht.
Wir werden sehen, dass auch seine Lehre sich lediglich
um die Konstruierung der Doppelpersönlichkeit in Christo
dreht, wobei auch er die Begriffe φύσις und ὑπόστασις verwechselt. In seinen Sätzen tritt aber, wie Möller sagt,
die tiefere theologische Bedeutung der antiochenischen Anschauung, das Dringen auf eine wahrhaft menschliche,
sittliche Entwickelung Christi verhältnismässig zurück. [2]
Man könnte fragen, warum denn die Lehre Theodors nicht
schon früher, sondern erst im Nestorianismus an die Oeffentlichkeit getreten und mit der alexandrinischen Lehrmeinung
in Konflikt geraten sei. Darauf antwortet Leontius von
Byzanz: „Weshalb zu ihren (Diodors und Theodors) Lebzeiten niemand entgegentrat, kam daher, weil das Kämpfen
gegen grössere Häresien solche Dogmata deckte. Sie
kämpften gegen die Arianer, gegen Apollinaris und Macedonius und beleuchteten die ganze hl. Schrift durch Kom-
mentare. Sie starben in grossem Ansehen stehend. Bei
ihren Lebzeiten tadelte niemand irgend eines ihrer Worte.
Mehrere haben sie durch Lobschriften gefeiert, so Basilius
und Johannes Chrysostomus; auch Cyrill selbst hatte sie
anfangs gelobt." [3] Das führt uns nun zu der Frage:
„Welche Stellung hat Cyrill den eigentlichen Urhebern
des Nestorianismus gegenüber eingenommen?"

---

[1] Leont. de sect. IV, 3. Mg. 86, 1221 a b; Liberat. breviar. c. 10.
Mg. lat. 68, 991.
[2] Herzog, Realencycl. X p. 511 (1882).
[3] Leont. de sect. IV, 3. Mg. 86, 1221 a b; Liberat. brev.
Mg. 68, 991 a.

2. Kapitel.

Cyrills Stellung zu den Vorläufern des Nestorianismus. [1])

Wir finden Cyrill vornehmlich thätig im Kampfe gegen Nestorius und seine Irrlehre, deren Ausrottung er sich gleichsam zur Lebensaufgabe gemacht hatte. „Ueberall müssen wir", so schreibt er an die Geistlichen in Konstantinopel, „für den wahren Glauben kämpfen und die sich gegen Christus erhebende Gottlosigkeit möglichst schnell aus der Welt schaffen." [2]) Es wäre aber doch merkwürdig gewesen, wenn Cyrill bei der Ausrottung des Nestorianismus nicht auch auf dessen Wurzel gestossen wäre. Wahrscheinlich nun hatte er vor dem Ausbruche des Kampfes mit Nestorius die dogmatischen Schriften Diodors und Theodors noch nicht gelesen, wie wir aus seinem Briefe an Acacius von Melitene wenigstens vermuten dürfen. [3]) Wie jene zwei, so hatte auch Cyrill in der vornestorianischen Zeit seine Hauptaufmerksamkeit auf die Bekämpfung der arianischen Lehre gerichtet. Trotzdem aber ist nicht zu bestreiten, dass er doch von dem christologischen Lehrsystem Theodors auch in jener Zeit wenigstens gehört hatte. Er deutet nämlich in seinen vornestorianischen Schriften freilich ohne Nennung des Urhebers öfter auf die Irrlehre hin, so in der Osterhomilie des Jahres 421 (Mg. 77, 568 d f.), im Kommentar zum Propheten Isaias (οὐκ εἰς υἱοὺς δύο διῃρημένος [4]), in der Schrift de adoratione etc. (οὐ διαιρούμενος εἰς θεὸν ἰδίᾳ καὶ εἰς ἄνθρωπον ἰδικῶς μετὰ τὴν ἄρρητον ἕνωσιν, ἀλλ' εἰς ὑπάρχων θεὸς καὶ ἄνθρωπος ὁ αὐτός [5]), im Thesaurus (οὐκ εἰς ἄνθρωπον ἦλθεν ὥσπερ ἐν τοῖς προφήταις) und im dialogus I de S. S. Trinitate. [6]) Nachdem aber, so schreibt Leontius, das Dogma des Nestorius entfernt war,

---

[1]) Petav. I, 10, 6 und 11.
[2]) ep. Cyr. ad cler. Mg. 77, 341 c.
[3]) Mg. 77, 340 c. Hier erst schreibt Cyrill, dass er die Schriften Diodors und Theodors scharf durchgesehen habe (ἐγκύψας).
[4]) Mg. 70, 973 a.
[5]) Mg. 68, 593 b.
[6]) Mg. 75, 396 b, 681 c.

wurde Cyrill, weil er den Theodor vorher gelobt hatte, genötigt, gegen dessen Werke zu schreiben, da auch Nestorius aus ihnen seine Lehre bekräftigt hatte. [1]) Als nämlich die nestorianische Irrlehre von der Kirche verworfen war, und auf kaiserliches Edikt hin die Schriften des Nestorius verbrannt waren, gab es noch Anhänger dieser Irrlehre. Auf die Schriften des Nestorius durften sie sich aber nicht berufen, und so griffen sie zurück auf die des Diodor und Theodor. Diese Männer waren ja im orthodoxen Ansehen gestorben, und ihre Werke bisher noch nicht als verdächtig beanstandet. Dieselben wurden nun durch Uebersetzung ins Syrische, Armenische und Persische weiter verbreitet. Es stellte sich heraus, dass zwischen der Lehre des Nestorius und der seiner Lehrer kein nennenswerter Unterschied obwaltete. Und was hätte es genutzt, dass die Schale entfernt, der verderbliche Kern der Irrlehre aber geblieben wäre, aus dem dieselbe von neuem hervorzuschiessen drohte? Die grossen und aufopfernden Bemühungen Cyrills um Reinerhaltung des Glaubens wären nutzlos gewesen, wenn er nun hätte ruhig zusehen wollen. Nachdem Acacius von Melitene und Rabulas von Edessa die theodorianischen Schriften geprüft und sie zum grossen Teile als nestorianisch befunden hatten, wurde auch Cyrill durch Rabulas darüber benachrichtigt. Eine geheime Krankheit habe sich, so schrieb letzterer, wie eine unheilbare Wunde, welche den Körper der Kirche verzehre, im Orient festgesetzt; den meisten sei sie verborgen, bei den Kennern aber heimlich geehrt. Ein gewisser Theodor, Bischof von Cilicien, ein in der Ueberredung mächtiger Mann, habe in seinen Schriften einige Fallstricke des Verderbens gelegt. Nicht sei, so lehre er, die hl. Jungfrau wahrhaft Gottesgebärerin; diese bisher verborgene Lehre habe Nestorius veröffentlicht. Auch sei „der Mensch" dem Gottlogos nicht substantiell vereinigt, sondern durch ein gewisses göttliches Wohlgefallen, weil die göttliche Natur eine andere Weise der

---

[1]) Leont. l. c.

Vereinigung wegen ihrer Unbegrenztheit nicht vertrage.
Ferner sei Jesus Christus nicht als Herr anzubeten, sondern
in Bezug auf Gott nach Art eines Bildes zu verehren.[1])
Das Fleisch Christi nütze nichts; auch habe Petrus Christus
nicht als Gott bekannt, sondern auf den Glauben an einen
Menschen sei die Kirche erbaut. [2]) Das seien die Schätze
ihrer Gottlosigkeit, an denen sie sich schon lange im geheimen erfreut hätten. [3]) Auch die armenischen Bischöfe
wurden vor der Annahme der Bücher Theodors gewarnt,
weil er gleichsam Häretiker und Urheber des nestorianischen
Dogmas sei. [4]) Diese aber hielten eine Synode ab und
fragten bei Proclus, dem Patriarchen von Ct. (seit 434),
an, ob Theodors Lehre die wahre sei, oder die des Acacius
und Rabulas. [5]) Proclus schrieb um 435 zurück [6]); er
setzte das Dogma von der Incarnation so vortrefflich auseinander, dass nicht bloss Cyrill und Johannes von Antiochia das Schreiben annahmen, sondern dass es auch
vom Konzil zu Chalcedon anerkannt wurde. Am Schlusse
fügte er die Ermahnung bei: „Wir wollen fliehen die Gott
bekämpfenden Sekten wie trübe und schmutzige Bäche,
sowohl den Wahnsinn des Arius, die Frechheit des Eunomius,
die Wut des Macedonius, als auch ganz besonders jene
neue, neulich entstandene Blasphemie, welche den Judaismus
an Grösse weit überragt, indem diese zu dem wahren Sohne
noch einen andern hinzufügen. Haltet fest an der Ueber-
lieferung, die ihr von den hl. Vätern empfangen habet,
die in Nicaea den rechten Glauben veröffentlicht haben,
und von den hl. Männern Basilius, Gregor und den andern,
die mit ihnen eines Glaubens gewesen sind, deren Namen im
Buche des Lebens verzeichnet stehen." Auch Cyrill hatte
dieses Schreiben erhalten und auch er soll nun 3 Bücher gegen
Diodor und Theodor und ein anderes über die Incarnation

---

[1]) Theodor hatte die Verehrung des Menschen Jesus analog der
eines Kaiserbildes dargestellt. Ex lib. XIV. de incarn. Mg. 66, 991 a b.
[2]) Theod. c. Apoll. Ms. IX, 213 d.
[3]) ep. Rabul. ad Cyr. Mg. 77, 347: Petav. I, 11, 2.
[4]) Liberat. brev. c. 10. Mg. 68, 972.
[5]) ep. Procli, Mg. 65, 851.
[6]) ad Armen. Mg. 65, 855.

verfasst haben. Darin sollen sich die unverfälschten Zeugnisse aller Väter, wie des Papstes Felix, des Dionysius
von Corinth (Euseb. 4, 23) und Gregors Thaumaturgos
befinden. Obwohl in diesen Büchern die Aussprüche Theodors gegen die Arianer gelobt werden, so enthalten sie
auch die Behauptung, dass Theodor selbst der Lehrer des
Nestorius gewesen sei. So berichtet darüber das breviarium
Liberati. [1]) Von diesem Werke Cyrills sind nur Bruch-
stücke erhalten. [2]) Cyrill selbst schreibt im Briefe an
Acacius: „Ich habe nicht aufgehört, ihre Schriften zu
tadeln und werde nicht aufhören. Da eine Gegenschrift.
notwendig war, so habe ich nach scharfer und genauer
Durchsicht der Bücher Theodors und Diodors, welche sie
nicht so sehr über die Incarnation, als vielmehr gegen dieselbe geschrieben haben, einige von den Hauptpunkten
ausgewählt und habe ihnen, so gut ich konnte, Gegen-
haltung gemacht, zeigend, dass ihre Lehrmeinung überall
voll Abscheu ist." [3]) Facundus von Hermiane spricht allerdings dem Cyrill diese Schriften ab. Da wir aber wissen,
dass er gegen Justinian für die drei Kapitel, also für die
Antiochener, eintrat, so muss sein Zeugnis mit grosser
Vorsicht aufgenommen werden. [4]) Hören wir nunmehr
Cyrills Urteil über Diodors und Theodors Lehre. Cyrill
schreibt, indem er den beiden Antiochenern volle Gerechtigkeit widerfahren lässt, wie folgt: „Man muss an das
Wort Pauli denken, der da sagt: „Alles prüfet; behaltet,
was gut ist; vermeidet jeden Schein des Bösen (1. Thes.
5, 21—22)." Das pflegen wir zu thun; wir weisen die zu
verwerfenden Lehrsätze zurück; gern aber nehmen wir
alles an, was den klaren Glanz der Wahrheit trägt. Vom
guten Theodor sind gegen die Häresie der Arianer und
Eunomianer fast 20 oder mehr Bücher geschrieben und
auch noch andere zur Erklärung der evangelischen und
apostolischen Schriften. Diese Bücher möchte wohl niemand

[1]) Mg. 68, 991; Petav. I, 11, 1 und 8.
[2]) Mg. 76, 1437 ff; Petav. I, 11, 3.
[3]) Mg. 77, 340 c.
[4]) pro defens. 3 cap. lib. 8, c. 6. Mg. lat. 67, 729 b.

tadeln, vielmehr den Eifer ehren, wenn in ihnen die Wahrheit der Lehre wohnte. Weil aber in diesen Schriften gewisse Stellen voll der äussersten Gottlosigkeit gefunden wurden, wie wäre es da folgerichtig, wenn man schweigen wollte? Er teilt nämlich den unteilbaren (individuus) Christus und verehrt statt des einen Sohnes eine von der Wahrheit abweichende Zweiheit, die gleichsam mit unechtem Namen gefärbt ist." [1] „Einige", so sagt Cyrill weiter, „leugnen ihren Erlöser und bekennen den nicht als wahren Sohn Gottes, der in der Fülle der Zeiten unsertwegen sich der Geburt aus dem Weibe dem Fleische nach unterzogen hat; vielmehr sei er als ein neuer und späterer Gott der Welt erschienen, welcher gleich uns sich äusserlich die Ehre der Sohnschaft erworben habe und sich so einer gewissen unechten Ehre rühme. Das aber ist nichts anderes als Menschenanbetung, und so wird ein Mensch von uns und den Engeln mit der hl. Dreifaltigkeit angebetet." [2] „Das ist vor allem ihr Streben, uns einen blossen Menschen als Beisitzer des Vaters (consessorem Patri) zu zeigen, der von jeder Kreatur als Gott angebetet werden müsse." [3] „Du wagst, jenen Menschen mit der Signatur des Herrn (herilibus formis) zu bekleiden, der, wie du sagst, aus Maria ist, der anfangs durchaus nicht von uns verschieden war, der aber nachher sich durch grosse Anstrengung den Sohnesnamen, sowie göttlichen Ruhm verdient hat. Nach deiner Rechnung sind es also zwei Söhne, und Christus ist ein neuer Gott, der eine Ergänzung der wesensgleichen Trinität geworden ist." [4] „War die hl. Jungfrau darum Gottesgebärerin, weil Gott dem aus ihr Geborenen inne wohnte nach Art einer wohlgefälligen Neigung? Und das sei Einheit, sagst du? Dann haben auch wir eine ähnliche Einheit mit ihm; denn er wohnt in den Seelen der Gerechten durch den hl. Geist. Wo bleibt da aber das Wunderbare des Geheimnisses

---

[1] Cyr. c. Theodor. Mg. 76, 1448 a.
[2] l. c. 1441 c d.
[3] l. c. 1444 b.
[4] Cyr. c. Diodor. Mg. 76, 1452 b.

Christi?" [1]) Nach Theodor war in der That das Erlösungswerk und die dadurch notwendig gewordene Menschwerdung des Logos kein göttliches Werk mehr; denn er
hatte es dem Geheimnisvoll-Göttlichen und Wunderbaren,
wie die (οἰκονομία) in der hl. Schrift dargestellt wird, entrückt und der menschlichen Vernunft näher bringen wollen.
Und das Resultat dieses Rationalismus war nicht bloss un-
göttlich, sondern in seiner äussersten Konsequenz auch ver-
nunftwidrig. Theodors Christologie ist dafür auch nicht
„kompliziert", sondern recht nüchtern, daher aber auch
für die erlösungsbedürftige Menschheit nicht befriedigend.
Denn das menschliche Herz fühlt seine Sehnsucht nach
der geistigen Neuschöpfung nur durch Gott allein vollkommen gestillt, und nicht etwa durch einen aus der
Menschheit hervorgegangenen Heros mit göttlichem Nimbus,
unter welchem Phantasiebilde auch der heutige Christus-
glaube in „gewissen" Kreisen sich breit zu machen sucht.
„Ferner", so fährt Cyrill in der Charakterisierung des
Theodorianismus fort, „behauptet jener mit weit aufge-
rissenem Munde und in zügelloser Gottlosigkeit, die Heiligkeit Christi sei unvollkommen gewesen und habe erst den
Höhepunkt erreicht, als der hl. Geist in Gestalt einer Taube
auf ihn herniedergestiegen sei. Warum war er nicht vollkommen? Wer aber unvollkommen ist, der kann nicht
von der Sünde frei sein." [2]) Ausser in den genannten
Werken kommt Cyrill auf diese Irrlehre auch in andern
Schriften zu sprechen, die er nach 433 abgefasst haben
muss. So erwähnt er den Diodor in seinem ersten Briefe
an Succensus, Bischof von Diocaesarea. [3]) „Ein gewisser
Diodor, ein Bekämpfer des hl. Geistes, wie man sagt, hat
mit den Rechtgläubigen wieder Gemeinschaft gepflegt.
Nachdem er die macedonische Irrlehre abgelegt, wie er
glaubte, fiel er in die Gewalt einer anderen Krankheit.
Er hat nämlich geglaubt und geschrieben, ein anderer sei

---

[1]) Cyr. c. Theod. Mg. 76, 1445 b.
[2]) l. c. Mg. 76, 1451 b f.
[3]) Mg. 77, 229 a; Petav. I, 10, 4 ff.

eigens der Sohn, welcher aus der hl. Jungfrau und Gottesmutter geboren, ein anderer der Logos aus dem Vater.
Dabei aber redet er doch nur von einem Christus. Und
obgleich er diesen Namen nur auf den Eingeborenen aus
dem Vater bezieht, so nennt er doch auch den aus Davids
Geschlechte Sohn, aber Sohn aus Gnade (ἐν χάριτος τάξει).
Vereinigt ist er aber mit dem Logos nicht so, wie wir lehren,
sondern durch die Würde allein, durch das Ansehen, durch
die Gleichheit der Ehrung (κατ' ἰσωτιμίαν). Dessen Schüler ist
Nestorius." Bei seinem Aufenthalte in Jerusalem erfuhr
Cyrill aus einem ihm durch Orthodoxe aus Antiochia über-
gebenen Briefe, dass orientalische Bischöfe den Namen
Nestorius nicht mehr erwähnten und sich den Anschein
gäben, als hätten sie sich von ihm abgewandt, dass sie
dafür aber hinübergegriffen hätten zu den Schriften Theodors über die Menschwerdung, die an Blasphemie die des
Nestorius überträfen. Denn er sei der Vater der nestorianischen Schlechtigkeit. Daraufhin schrieb Cyrill an den
Patriarchen von Antiochia, er möge dafür sorgen, dass
niemand die gottlosen Dogmen Theodors in der Kirche
lehre. Als Cyrill dann in Alexandria von dem Diakon
Maximus aus Antiochia erfuhr, dass man dort zwar das
nicaenische Symbolum scheinbar bekenne, in der Auslegung
aber verkehrt gehe, schrieb er auf Veranlassung des Maximus eine Erklärung des Symboluns, welche uns ein klares
Bild über die christologische Lehrmeinung Cyrills entwirft[1]).
Darauf richtet Cyrill auch an den Kaiser ein kurzes Schreiben in der theodorianischen Angelegenheit.[2]) Es heisst
darin, die Väter der Blasphemie des Nestorius seien vor
diesem Diodor und Theodor gewesen. In ihren Schriften
sprächen sie rohen Wahnsinn (agrestis insania) gegen den
Erlöser aller, dessen Geheimnis sie nicht kännten. Nestorius habe ihre Lehre veröffentlicht. Während nun einige
Bischöfe des Orients diese verworfen hätten, führten sie
die theodorianische Lehre ein. Voll Bewunderung für

---

[1]) Cyr. ad cler. Mg. 77, 340 c, 341 a, 296 c ff.
[2]) Mg. 77, 341 f.

Theodor behaupteten sie, dass er wie die Väter Athanasius, Gregor, Basilius rechtgläubig gelehrt habe. [1]) Gerade diese Männer aber hätten, so schreibt Cyrill, den verderblichen Lehren Theodors und des Nestorius entgegen geglaubt und gelehrt. Cyrill ermahnt dann den Kaiser, auf die Gottlosigkeit Diodors und Theodors nicht zu hören. Denn was Nestorius, der auf der Synode zu Ephesus verurteilt sei, gelehrt habe, sei ganz die Lehre jener. Diesem Briefe legt Cyrill dann die genannte Erklärung des Symbolums bei. Der Kaiser dehnte infolgedessen das Verwerfungsurteil auch auf die Schriften der beiden Antiochener aus. Somit hatte Cyrill auch gegen die Wurzel des Nestorianismus mit Erfolg gekämpft. Dass er bei seinem tendenziösen Streben nicht die Person selbst, sondern deren Irrlehre lediglich im Auge hatte, dafür haben wir in folgendem einen Beweis. Manche, mehr monophysitisch als rechtgläubig Denkende, namentlich armenische Mönche, forderten nun auch das Anathem über die Person Theodors, der bereits seit 428 aus dem Leben geschieden war. Dieserhalb schrieb Johannes von Antiochia nach Abhaltung einer Synode an Cyrill.[2]) Er bittet, das Anathem nicht über die beiden Antiochener zu verhängen, das sei doch zu kühn und zu hart. Denn mit den Schriften würden doch nicht auch die Personen verurteilt. Theodor und Diodor hätten doch gelehrt, wie andere rechtgläubige Väter. Zudem seien ihm seine Worte durch Notwendigkeit im Kampfe gegen die Häresien diktiert worden. Er habe die Eigentümlichkeiten der Naturen geteilt und getrennt. Cyrill selbst habe dieselben doch offen in seinen früheren Schriften gleichmässig abteilend auseinander gehalten zur genugthuenden Befriedigung einiger Mitbischöfe. Der ganze Orient betrachte Theodor als einen Mann, der mit grosser Kraft

---

[1]) Wahrscheinlich begründeten sie ihre Behauptung damit, dass auch Athanasius und andere Väter die Worte ἐνοίκησις, συνάφεια und das Analagon vom Tempel gebraucht hatten. (Harnack, II, 324 n. 2) War das auch der Fall (Athan. de incarn. c. 9 u. 20), so hatten sie damit doch nicht die theodorianische Anschauung verbunden.

[2]) ep. Joh. ad Cyr. Mg. 77, 329 c. f.

der Gelehrsamkeit gegen die Irrlehrer gekämpft habe. Aus
diesem Schreiben sehen wir, dass die nestorianische Wunde
auch in diesem Patriarchen noch nicht ganz geheilt war [1]
und wie tief die antiochenische Lehrmeinung in den syri-
schen Theologen festgewurzelt war. Cyrill charakterisierte
in einem Antwortschreiben nochmals scharf die Irrlehre
Theodors als eine höchst berüchtigte und das Geheimnis
Christi beschimpfende Lehre. Das sei nicht Lehre der
Apostel gewesen, und so hätten auch nicht die orthodoxen
Väter, welche Johannes dem Theodor an die Seite gestellt hätte, gelehrt oder geschrieben. Jenen nun, welche
einst mit Nestorius geglaubt hätten, dann aber dem wahren
Glauben wieder treu geworden wären, dürfe man wegen
des Vorgefallenen keinen Vorwurf machen, sondern man
müsse sich über ihre Bekehrung freuen, wie man auch einem
Kranken zu seiner Genesung Glück wünsche. Uebrigens
möge Johannes den Geistlichen dringend ans Herz legen,
dass sie in den Kirchen die erprobte und wahre Lehre
vortrügen, heikle Punkte vermieden, und wenn eine Unterweisung in den betreffenden Geheimnissen notwendig sei,
dass sie dann ihre Predigt nicht vom wahren Glauben ab-
schweifen liessen. [2] Betreffs der Person Diodors und Theodors schrieb Cyrill an Proclus. [3] Es fänden sich freilich,
dass müsse jeder Verständige einsehen, in den Schriften
Theodors gewisse Aussprüche voll der Gottlosigkeit,
weshalb sie zu verwerfen seien. Das auf der Synode
zu Ephesus vorgelegte Bekenntnis sei mit der daraus
stammenden Irrlehre des Nestorius verworfen worden.
Indem die Synode aber die so Denkenden verurteilte, habe
sie sorgsam zu Werke gehend des Mannes keine Erwägung
gethan und ihn nicht dem Anathem unterworfen, damit
nicht gewisse unter Hinblick auf den grossen Ruf des
Mannes sich von der Kirche trennten. Wäre er aber noch

---

[1] Daher ist auch ein Zweifel an der vollen Rechtgläubigkeit
der unierten Orientalen trotz ihres orthodox lautenden Symbolums
berechtigt.
[2] ep. Cyr. ad Joh. Mg. 77, 332 a f.
[3] ep. Cyr. ad Proclum, Mg. 77, 344.

am Leben und begünstigte die Blasphemie des Nestorius,
oder wollte er seine eigenen Schriften befürworten, so
würde er sich in eigener Person das Anathem zuziehen.
Da er aber zu Gott gegangen, so genüge es nach seiner
Meinung, die häretischen Schriften desselben zu verwerfen,
damit nicht die einmal beigelegten religiösen Wirren wieder
aufgeweckt, und die letzten Dinge schlimmer würden, als
die ersten. Proclus war damit einverstanden, und so ruhte
seit 438 der Streit, bis er ungefähr 100 Jahre später von
neuem im Dreikapitelstreite entbrannte.

Nachdem wir nun Cyrills Urteil über die Quelle des
Nestorianismus gehört haben, treten wir mit ihm in den
Kampf gegen die Irrlehre des Nestorius selbst. Neben
dieser wollen wir dann auch die Veranlassung, sowie den
geschichtlichen Verlauf des Streites kennen lernen, da auch
diese Punkte in dem Rahmen der Darstellung der Cyrill'schen
Christologie gehören.

3. Kapitel.

Die Irrlehre des Nestorius nach der Beurteilung Cyrills, sowie nach den eigenen Schriften des Irrlehrers dargestellt. [1]

Wie Arius und Athanasius im Kampfe um die Trinitätslehre, der eine gegen, der andere für die Homousie des
Sohnes mit dem Vater, die Hauptpersonen der Dogmen-
und Kirchengeschichte der ersten Hälfte des 4. Jahrhunderts
sind, so nehmen Nestorius und Cyrillus ein Jahrhundert
später eine ähnliche Stellung zu einander ein auf christo-
logischem Gebiete. Nestorius, welchen Theodoret von
Cyrus als einen allen hinlänglich bekannten Mann (ἐπίσημος
ἀνήρ) [2] bezeichnet, ist dieses auch heute noch. Seine, die
Realität der Erlösung vernichtende Lehre ist oft genug
Gegenstand eingehendster Erörterungen geworden, so dass
es hier überflüssig erscheinen könnte, dieselbe wiederum

---

[1] Euthym. Zig. l. c. XV. Mg. 130, 932—1005; Petav. I, 9; VI, 5.
[2] Theodoret haer. fab. IV, 12. Mg. 83, 433a.

vorzuführen, zumal wir sie in der Irrlehre des Theodor schon kennen [gelernt haben. Da sie aber gleichsam die negative Seite der Christologie Cyrills bildet, so ist eine genaue Orientierung notwendig. Aber auch aus einem anderen Grunde halte ich diese Forderung für berechtigt, weil man nämlich dem Cyrill die wissenschaftliche Schwachheit anheftet, er habe die Lehre des Patriarchen von Konstantinopel nicht richtig erfasst, die wahre Meinung des Nestorius falsch vorgetragen und daher die Beschaffenheit der Streitfrage verändert.[1]) Eine solche Anschuldigung aber trifft nicht die Person Cyrills, sondern gerade die des Nestorius. Er hat, freilich mehr aus Verstandesuntüchtigkeit (ἀνάγωγος ἦν, ἀνὴρ ἀγνοῶν)[2]), wegen nicht allzu bedeutender (μετρίως) wissenschaftlicher Ausbildung in Antiochia[3]), ferner wegen noch dazu kommenden eitlen Redestolzes (μεταιόφρων, κενόδοξος)[4]), die christologische Anschauung Cyrills für krassen Apollinarismus angesehen und als solchen ausgelegt, obwohl Cyrill ihm wieder und wieder das Gegenteil bewies. Es gehörte freilich nicht viel Verstandesschärfe dazu, die Lehre des Nestorius zu verstehen. Wenn nun aber „Cyrill gegen Nestorius kämpfte, als gelte es, den Paul von Samosata zu bekämpfen, und Coelestin darin mit ihm gemeinschaftliche Sache machte"[5]), so hat meines Wissens Cyrill den Nestorius der genannten Irrlehre nie beschuldigt[6]); wohl hat er des Nestorius Lehre an sich bekämpft und sie später als identisch mit der Lehre Theodors hingestellt. Und hätte Cyrill die nestorianische Lehre als eine Halbschwester der samosatenischen bezeichnet, so hätte das nicht auf Unwahrheit beruht. Denn beide Lehren haben verwandte Seiten. Das wurde ja auch beim Auftauchen der nestorianischen Lehre vom Volke in Konstan-

---

[1]) Walch, Historie der Kotzereien (1770) V, 384, 395.
[2]) Socrat. h. e. VII, 32.
[3]) Theodoret. l. c.
[4]) Timoth. de recept. haer. Mg. 86, 33 a: Socrat. VII, 29.
  Luthers Urteil über Nestorius bei Harnack II, 337, n. 2.
[5]) Harnack, 338, n. 1.
[6]) Walch, V, 814.

tinopel schon empfunden und von Zeitgenossen des Nestorius erkannt. [1]) Nestorius aber hat sich gegen eine Identifizierung seiner Lehre mit der des Paul v. S. und des Photinus entschieden verwahrt, und zwar auch mit Recht. [2])

Dass Cyrill die Lehre des Nestorius in dem von diesem gewollten Sinne aufgefasst und als solche eben, nicht als eine fremde bekämpft hat, wobei er dem Nestorius die Konsequenzen seiner Lehre vorführte, die dieser selbst nicht zog oder nicht anerkennen wollte, das soll die folgende vergleichende Darstellung ergeben. Wie also stellt Cyrill die Lehre des Nestorius dar?

„Jüngstens," so sagt er, „erschien eine Blasphemie, die da behauptet, der Logos sei nicht Mensch geworden, sondern habe in einem aus einem Weibe geborenen Menschen gewohnt." [3]) In diesen wenigen Worten giebt Cyrill die Pointe der ganzen nestorianischen Lehre, zugleich auch den Unterschied derselben von seiner christologischen Anschauung, wie Harnack richtig bemerkt: „Die wirkliche Differenz war „Ist Gott Mensch geworden oder nicht?" [4]) Jede weitere Behauptung des Nestorius betreffs des Incarnationsdogmas war nur ein Ausfluss aus diesem Grundgedanken. „Daraus folgt," so fährt Cyrill deshalb weiter fort, „dass der eine Christus in zwei geteilt wird, in einen Gott und einen Menschen (εἰς τε Θεὸν καὶ ἄνθρωπον). [5]) Cyrill erkannte also sofort in dem nestorianischen Dogma die Annahme einer persönlichen Zweiheit in Christo. „Nestorius leidet an dem nicht geringen Verbrechen der Gottlosigkeit, dass er (den einen) in zwei Personen und Hypostasen nicht unbedeutend trennt, weil sie durchaus verschieden von einander seien, und dass er jeder von beiden die ihr eigen-

---

[1]) Mar. Merc. Mg. lat. 48, 774.
[2]) Nestor. serm. 12. Mg. 48, 855 f.
[3]) Cyr. adv. nol. . . . Mg. 76, 257 b. Aehnliche kurze Darstellungen des Nestorianismus finden sich Mg. 75, 1413 b, 1277 d f; 76, 24 d.
[4]) Harnack, II, 338, n. 1.
[5]) Auch die Partikel τε - καὶ weist auf eine Annahme der Doppelhypostase in Christo hin.

tümlichen Aussageweisen persönlich zuteilt."[1] Diese Behauptung hält Cyrill in all seinen Schriften[2] aufrecht und verteidigt sich mittels derselben, als man ihm nach Abschluss der Union 433 den Vorwurf des Nestorianismus machte. Im Briefe an Acacius von Melitene betont Cyrill ausdrücklich im Gegensatze zu seiner Lehre und der der unierten Orientalen die Lehre des Nestorius von der Zweiheit der Person in Christo. Er schreibt: „Nestorius teilt den einen in zwei Söhne und sagt: „Ein anderer Sohn, Christus und Herr ist der Logos, gezeugt aus dem Vater, ein anderer Sohn ist der aus der Jungfrau geborene."[3] Denselben Gedanken finden wir in seinem apologeticus contra Orientales[4], im Briefe an die Geistlichen Konstantinopels.[5] So stellt Cyrill auch dem Papste Coelestin den Sachverhalt dar. „Nestorius sagt: „Da der Gottlogos vorher gesehen habe, dass der aus der Jungfrau Geborene heilig und gross sein werde, so habe er ihn erwählt, ihn ohne Zuthun eines Mannes aus der Jungfrau geboren werden lassen, ihm die Gnade erteilt, dass er mit seinem Namen benannt werde, endlich habe er ihn von den Toten auferweckt."[6] Klar schildert hier Cyrill dem Papste den Grundzug der nestorianischen Lehre, die Zweiheit der Person in Christo. Auch dem Nestorius selbst hält Cyrill das Verwerfliche seiner Lehre vor. „Nicht darf man den einen Herrn Jesus in zwei Söhne zerteilen; denn nicht sagt die hl. Schrift, dass der Logos die Person eines Menschen mit sich verbunden habe."[7] „Nestorius allerdings wagte es, uns einen Gottesträger (θεοφόρος) hinzustellen.[8] Wir aber denken ihn nicht als solchen, noch sagen wir, der Logos sei in einen vom Weibe geborenen Menschen herniedergestiegen, wie etwa bei den Propheten."[9]

---

[1] Cyr. adv. Nestor. II, 1. Mg. 76, 65 a, 69 c.
[2] Cyr. ad regin. Mg. 76, 1206 c, 1207 c; Cyr. ad Nestor. Mg. 77, 45 d; Cyr. com. in Joh. Mg. 74, 737 b.
[3] ep. Cyr. ad Acac. Mg. 77, 189 d.
[4] Mg. 76, 328 b, 329 c.
[5] Mg. 77, 65 b.
[6] Commonit. Cyr. Mg. 77, 85 c.
[7] Cyr. ad Nest. Mg. 77, 48 c, 112 a.
[8] Cyr. adv. Nestor. Mg. 76, 60 a.
[9] Cyr. hom. 17 Mg. 77, 776 a d.

Auch die Anhänger des Nestorius beschuldigt Cyrill der
gleichen irrigen Meinung. Er schreibt gegen Theodoret.
Bischof von Cyrus: „Die, welche von dem wahren Dogma abweichen, der hl. Schrift widerstehen harten und stolzen
Geistes, die nur das einsehen, was sie für gut halten, diese
sagen, ein Mensch sei vom Gottlogos angenommen worden,
und zwar thun sie das vielleicht wegen des prophetischen
Wortes (Amos 7, 14) „Der Herr hat mich aufgenommen
aus den Schafen.“ [1]

Hat nun Nestorius thatsächlich zwei getrennte Hypostasen in Christo gelehrt, wie Cyrill sie ihm beilegt?
Die Antwort lautet auf Ja. Denn die Schriften des Nestorius weisen es selbst nach. Allerdings stossen wir hier
auf die schon erwähnte Schwierigkeit, auf die Verwechselung von φύσις und ὑπόστασις. Desungeachtet aber tritt
doch der Gedanke des Nestorius aus dem Inhalte seiner
Worte klar hervor. Ganz nach dem Vorgange seiner Lehrer,
von denen Nestorius seine Christologie gleichsam bis auf
den Buchstaben erlernt und 428 mit nach Konstantinopel gebracht hatte [2], nahm auch er in Christo zwei völlig an sich
von einander verschiedene, für sich subsistierende Personen
(πρόσωπα, ὑποστάσεις) an, wenngleich er auch davon nicht geredet wissen will und zu seiner Verteidigung die beiden
Hypostasen mit dem Schleier einer Namensidentität zu
verhüllen und so wenigstens eine nominelle Einheit zu
konstatieren sucht. Wenn Nestorius in seinen bei Marius
Mercator noch bruchstückweise erhaltenen Schriften auch
manchmal von einer angenommenen Natur, der Menschheit, spricht, so meint er damit doch stets eine ganze
menschliche Person. Nestorius, wie auch Theodor, wollten
ja den Apollinaristen gegenüber die Integrität der menschlichen Seite in Christo retten und rechneten dazu, wie

---

[1] Cyr. apolog. c. Theodoret. Mg. 76, 440 a b.
[2] Evagrius, h. e. I, 2, Mg. 86 II, 2425 a; Leont. de sect. IV,
3 u. 4 Mg. 86, 1221; Kuhn, l. c. 20; Bertram, Theodoreti
doctrina christol. p. 5; Quartalschrift theol. 1835 p. 235;
Acta conc. V anathem. 4 Ms. IX, 377; Walch V, 886 ff;
Bardenhewer, Patrolog. I, 304.

Theodor ausdrücklich lehrt, das „Personsein." Den Satz
Theodors, dass es keine unpersönliche Natur gebe, hat
meines Wissens Nestorius zwar nicht formell ausgesprochen,
aber doch inhaltlich dokumentiert. Man hat nicht nötig,
die Schriften des Nestorius erst sorgfältig zu durchforschen,
um auf seine Zweipersönlichkeits-Lehre zu stossen. In all
seinen christologischen Erörtungen schwimmt dieses Dogma
so zu sagen stets obenauf. Hören wir Nestorius selbst. „Der
von ihr Geborene ist nicht die Natur der Gottheit, sondern
ein Mensch. Denn es ist jeder Mutter eigen, einen ihr
Gleichwesentlichen zu gebären. Wer aber wird ihr gleichwesentlich sein? Derjenige ohne Zweifel, welcher durch die
Wirkung des hl. Geistes geworden ist, mit welchem unaufhörlich [1]) das Wort war. Das Wort ist also nicht ge-

---

[1]) Unaufhörlich nennt Nestorius die Verbindung des Logos
mit dem Menschen Jesus. Hier drängt sich nun die Frage
nach dem terminus a quo der Einwohnung auf. (Hurter,
Theol. dogm. compend. II, p. 424, n. 1. (1896); Petav. I, 9, 4;
III, 3, 3.) Nach Nestorius fand dieselbe in dem Augenblicke statt, als die menschliche Hypostase durch die Wirkung des hl. Geistes im Schosse der Jungfrau ihren Anfang
nahm. So fasst auch Cyrill diesen Lehrpunkt des Nestorius
auf. Er schreibt an Papst Coelestin: „Um seine Gottlosigkeit zu verbergen, sagt er (Nestorius), dass er (Logos) vom
Mutterschosse an (ἐκ μήτρας) mit ihm war." (Mg. 77, 88 a.)
Dasselbe sagt Nestorius selbst in seinem Briefe an Johannes
von Antiochia. (Ms. V, 754 b) . . . die Art und Weise der
Vereinigung, welche geschehen ist gleich vom Anfange
der Worte des Engels an, die er betreffs der Empfängnis
sprach (ex ipso angeli vocum principio). So auch der
9. Gegenanathematismus des Nestorius. „Wenn jemand
sagt, die forma servi sei dem hl. Geiste gleichwesentlich,
und nicht vielmehr, dass sie durch jenes Vermittelung vom
Augenblick der Empfängnis an (ex ipsa conceptione) die
Verbindung mit dem Gottlogos habe, u. s." Nestorius, wie
auch Theodor, lehrten also nicht, dass die Einwohnung erst
mit der Taufe begonnen habe. (Schell, Dogm. III, 1, p. 34.)
Nicht zu erklären vermag ich mir deshalb trotz der
versuchten Rechtfertigung Kuhns (l. c. p. 22) das postmodum in Leos epistola 102, 3, sowie die Stelle im 59. Briefe
(Mg. lat. 54, 872): „Nicht sagen wir, dass die Jungfrau
Maria einen Menschen ohne Gott empfangen habe, welcher
geschaffen vom hl. Geiste nachher (postea) vom Logos
aufgenommen sei, weshalb wir den dieses lehrenden
Nestorius verdienter Weise verurteilt haben." Nestorius ist
aber in diesem Punkte unverdienter Weise verurteilt:
denn er hat das postmodum und postea nicht gelehrt, was

boren aus Maria, sondern blieb in dem Geborenen. [1] „Der..
welcher geboren ist und zum fortschreitenden Wachstum
der Zeit bedurfte und in den erforderlichen Monaten im
Schosse getragen wurde, dieser hat die menschliche Natur,
jedoch freilich wie mit Gott verbunden." [2] „Du wirst von
der Blasphemie frei sein und kannst leicht und kurz in
folgender Weise das Geheimnis der Religion aussprechen:
„Ein anderer ist der Logos, welcher in dem Tempel war,
den der hl. Geist gebildet hat, etwas anderes der Tempel
neben dem einwohnenden Gotte." [3] Dieser Tempel war
eine menschliche Person und musste es nach dem Lehr-
begriff des Nestorius sein, weil er eben der aktive Träger
(θεοφόρος, θεοδόχος) der göttlichen Hypostase war, während
nach Cyrills Lehre, in der auch das Wort Tempel gebraucht wird, aber für die menschliche Natur, die göttliche Hypostase der Träger dieses ναὸς ἀνυπόστατος war. „Die
Wissenschaft der Frömmigkeit" sagt Nestorius weiter, „besteht in dem Bekenntnis, dass die göttliche Natur einen
„bekörperten" Menschen (corporatus homo) aufgenommen

---

auch Cyrill bezeugt, und was aus seinen eigenen Worten
klar erhellt. Allerdings scheint Nestorius die Erschaffung
der menschlichen Seele durch Gott nicht in den Augenblick der Empfängnis des Leibes zu legen, sondern, wie
er sagt, erst nach der figuratio des Kindes (serm. V. Mg.
48, 786) d. h. nach der Annahme der Kindesgestalt. Nach
dem oben Erwähnten aber fand die Einwohnung des Logos
ex ipsa conceptione statt. Demnach hätte sich nach nestorianischer Lehre der Logos zuerst mit dem in der Bildung
begriffenen Leibe verbunden, und später dann wäre die
Seele erschaffen worden, vielleicht dann durch den einwohnenden Logos selbst. Dem Nestorius ist wahrscheinlich
seine Lehrmeinung, wenigstens was den letzten Punkt angeht, selbst nicht ganz klar gewesen, wie wir überhaupt
des öfteren bei ihm auf Widersprüche stossen. Hervorgehoben sei hier nur noch, dass wir von Nestorius ein
klares Zeugnis für den wohl als sententia communis geltenden Creatianismus besitzen.
　　Der terminus ad quem der Vereinigung der göttlichen
und menschlichen Hypostase ist bei Nestorius, wie bei
Theodor, ein in Ewigkeit fortdauernder; es ist die Vergottung des Menschen Jesus als Vierter in der Trinität.
[1] Nestor. serm. 3. Mg. 48, 768 b f.
[2] l. c. IV. 2.
[3] l. c. 10.

habe, sowie in der Betrachtung des von Gott aufgenommenen vollkommenen Menschen." [1] „Wenn jemand wagt
zu sagen, nach der Aufnahme des Menschen sei ein natürlicher Sohn Gottes, da er doch Emmanuel ist, a. s." [2]
Aehnlich lautet des Nestorius Lehre im 7. Anathem : „Wenn
jemand sagt, der Mensch, der in der Jungfrau erschaffen
ist, dieses sei der aus dem Schosse des Vaters vor aller
Zeit gezeugte Eingeborene, und nicht vielmehr, dass er
mit demselben der Benennung „Eingeborener" teilhaftig
geworden ist, a. s. Die genannte Lehrmeinung des Nestorius werden wir auch ebenso klar ausgesprochen finden,
wenn wir auf die Konsequenzen aus dieser Lehre zu sprechen
kommen. Cyrill also hat nicht Unrecht, wenn er dem
Nestorius den Vorwurf macht, dass er den physisch einen
Christus in zwei persönliche Christi und Söhne teile. Dasselbe Urteil über Nestorii Lehre hören wir auch von anderen Zeugen aus dem 5., 6. und 7. Jahrhundert, auf die
ich nur verweisen will. [3]

Auch in den aus dieser Irrlehre sich ergebenden Konsequenzen hat Cyrill den Nestorius nicht missverstanden
und ihn etwa über Punkte angeklagt, welche Nestorius
nicht vorgetragen hat, wie das wohl vice versa der Fall
gewesen ist. Die zunächt liegende Folgerung war die
Leugnung der communicatio idiomatum, oder folgerichtiger
gesagt, der Schrecken des Nestorius vor der com. idiom.
führte ihn zu jener Lehre. Denn einerseits wollte Nestorius den Arianern gegenüber die Unveränderlichkeit des
göttlichen Wesens bewahren, andererseits die volle Menschheit gegen Apollinaris. Vor einer innigeren Berührung
des Menschlichen mit dem Göttlichen in Christo schreckte

---

[1] l. c. XIII, 2, 3.
[2] Nestor. anath. V. Ms. IV, 1099.
[3] Procli serm. Mg. lat. 48, 780 d; Theodoret. l. c. IV, 12
Mg. 83, 436 c; Ms. IV, 1010 (Parallele zwischen Paul von
Samosatu und Nestorius); Cassianus, de incarn. VII, 14.
V. 1; Secrat. h. e. VII, 32; Justinian. tract. c. Monoph.
Mg. 86 I, 1136 c; unedierte Fragm. von Eulogius (Bardenhewer in Theol. Quartalschr. 1896, p. 387; Leont. Mg. 86,
1221 c. 1276 d.

er stets entsetzt zurück. Deshalb legte er die göttlichen
Prädikate dem Logos, die menschlichen dessen Träger bei.
Ueber diese Folgerung aus der nestorianischen Lehre
schreibt Cyrill an Papst Coelestin (422—432): „Nicht
sagt er, was wir behaupten, dass der Sohn Gottes für uns
gestorben und auferstanden ist, sondern „Der Mensch ist
gestorben, der Mensch ist auferstanden, und nichts von
dem bezieht er auf den Gottlogos. Jener glaubt, das Leiden
und die Auferstehung komme einem Menschen zu.“ [1]) „Sie
fürchten sich,“ so sagt Cyrill an anderer Stelle, „ihm das
Menschliche, τὰ ἀνθρώπινα, beizulegen, damit er dadurch nicht
etwa beleidigt werde und er nicht ins Unrühmliche (δυσκλεές)
versinke. Deshalb sagen sie, er habe einen Menschen angenommen, diesen mit sich verbunden (συνάψαι), damit von
ihm das auf den Menschen Bezughabende gelten und ausgesagt werden könne. Auf diese Weise nehme die Natur
des Logos selbst keinen Schaden.“ [2]) Cyrill giebt dann
ferner noch den Unterschied an zwischen der Lehre des
Nestorius im genannten Punkte und der der unierten
Orientalen. „Sie fürchteten, (wie auch jener,) dass die
Ehre und Natur des Logos durch die infolge der Incarnation von ihm ausgesagten menschlichen Eigentümlichkeiten Schaden leiden könnte. Deshalb teilen sie die
Aussageweisen (διορίζουσι τὰς φωνάς), aber sie zerschneiden
dabei nicht den einen Sohn und Herrn in zwei, sondern
die einen beziehen sie auf die Gottheit (προσνέμοντες) des
Logos, die andern auf seine Menschheit (τῇ ἀνθρωπότητι τῇ αὐτοῦ),
alle aber auf einen (τὰς ἁπάσας ἑνί).“ [3]) Der Unterschied lag
also in den beiden Worten ἄνθρωπος und ἀνθρωπότης. Hören
wir nun, ob Nestorius anders gelehrt hat betreffs der com.
idiom. als Cyrills Worte besagen. Der 4. Gegenanathematismus des Nestorius lautet: „Wenn jemand die Aussagen,
welche in dem Evangelium und den apostolischen Briefen
von Christo, der aus beiden (ex utraque natura = persona)

---

[1]) Commonitor. Cyr. 3, 4. Mg. 77, 88 a b.
[2]) Cyr. quod. unus. Mg. 75, 1317 b, 1333 c d; adv. Nestor.
Mg. 76, 60 d.
[3]) Cyr. ad Acac. Mel. Mg. 77, 197 d.

besteht, geschrieben sind, wie von einer Natur (de una
natura) annimmt und es wagt, dem Logos selbst sowohl
dem Fleische, als der Gottheit nach die Leiden zuzuschreiben, a. s." [1]) Aehnlich lautet sein 12. Anathematismus. Noch bestimmter leugnet Nestorius die com. idiom.
in den Worten: „Bekenne Christus als den Sohn Gottes,
aber als doppelten Sohn, als Menschen und als Gott [2]), so
dass das Leiden der menschlichen Natur (Person) zugeschrieben wird, der Gottheit allein aber die Freisprechung
von dem Leiden, welches an dem Menschen geschehen ist,
der gelitten hat." [6]) Hier haben wir wieder einen Beweis,
dass Nestorius mit der natura hominis immer nur eine
menschliche Person bezeichnet hat. Denn gerade dadurch,
dass er dieser natura die menschlichen Thätigkeiten und
Leiden beilegt, stempelt er die Natur zur Person, denn
eine subsistenzlose Natur kann nicht Trägerin von Handlungen sein. Nestorius verurteilt also die com. idiom.,
weil er sie für eine Vermengung des Menschlichen mit
dem Göttlichen, für Apollinarismus, hält. In gleichem
Irrtum befangen waren auch die Anhänger des Nestorius,
die deshalb nach der Verurteilung ihres Hauptes bis 433
den Kampf gegen Cyrill fortsetzten. „Denn wenn wir,"
sagen sie, „die Redeweisen nicht unterscheiden, wie werden
wir da dem Arius und Eunomius widerstehen können, die
alle Aussagen von Christo auf eine Natur (εἰς μίαν φύσιν) zu-
sammengiessen und das Niedrige der Menschheit auf die
höchste Natur der unveränderlichen Gottheit beziehen?" [4])
Der Grund des Irrtums lag auch hier in der aristotelischen
Gleichstellung von φύσις und ὑπόστασις. Weil also Nestorius
die orthodoxe Lehre von der com. idiom., d. h. der Uebertragung der göttlichen und menschlichen Prädikate auf
die eine Hypostase in Christo, nicht verstand, daher denn
seine Annahme einer Zweipersönlichkeit in Christo, durch

[1]) Ms. IV, 1099.
[2]) Hier widerspricht sich Nestorius, indem er von zwei Söhnen
redet, während er an anderen Stellen nur einen Sohn anerkennt. Serm II. Mg. 48, 764 b.; serm. XII, 3.
[3]) Serm. VIII, 3. Mg. 48. 828 b.
[4]) Cyr. apolog. c. Orient. Mg. 76, 333 b.

welche er der vermeintlichen Vermischung des Göttlichen
und Menschlichen aus dem Wege gehen wollte, daher
ferner sein Kampf gegen Cyrill. „Ich kann keinen geborenen, gestorbenen, zu Grabe getragenen Gott anbeten,‟
sagt Nestorius. [1] „Ist etwa der Logos von den Toten auferstanden? Wenn nun der Lebendigmacher getötet ist, wer
giebt dann das Leben?‟ [2] „Sache des Tempels ist es,
durch den Tod aufgelöst zu werden, Sache des Einwohners
aber, dass er ihn erweckt. Das ist nicht mein Wort, sondern
das Wort des Herrn (Joh. 2, 19). Fliehen also wollen wir
den Irrtum dieser Vermischung.‟ [3] „Der Apostel (Hebr. 3,1)
nennt ihn apostolus, pontifex und damit deutet er auf den
Menschen; denn wenn Gott pontifex ist, wer wird dann
durch seinen Opfertod geehrt? Wenn Gott das Opfer
darbringt, so ist niemand, dem dargebracht wird. Wer
also gelitten hat, jener ist pontifex. Leidensfähig ist nur
der Tempel, nicht Gott der Lebendigmacher. Warum
machst du, Häretiker, das leidensunfähige Wort Gottes
zu einem leidensfähigen pontifex, indem du dasselbe mit
einem irdischen Körper vermischest.‟ [4] „Sie nennen die
lebendigmachende Gottheit sterblich und wagen, den Logos in theatricas fabulas herabzuziehen, als ob ein und
derselbe in Windeln gewickelt oder gestorben sei. Da der
Herr Jesus seine Güte auf uns ausdehnt, läuft er bei jenen
Gefahr, von der Würde der Gottheit abzufallen. Höre
also, Elender, nicht hat Pilatus die Gottheit getötet, sondern das Kleid der Gottheit; nicht das Wort Gottes ist
von Joseph in ein Leintuch gehüllt und beerdigt worden.
Wie konnte jener dieses erleiden, der über dem Erdkreise
thront (Js. 40, 22)! Wer wird in Leintücher gehüllt?
Matth. 27, 58—59 sagt dreimal „Leib (corpus)‟ und denkt
nicht an die Gottheit. Auch haben die Soldaten nicht die
Seite der Gottheit durchstochen. Wenn jener Gott war,
welcher „gelöst‟ wurde, so hätte der Herr gesagt: „Löset

---

[1] Nestor. serm. IV, 2. Mg. 48, 782 b.
[2] l. c. 784 a.
[3] l. c. 785 a.
[4] Nestor. serm. VI, 1, 2, 5, 8.

jenen Gott, und in drei Tagen wird er auferweckt werden!
Wenn Gott tot im Grabe liegt, dann lügt Christus, der da
sagt: „Was suchet ihr mich zu töten, einen Menschen?
(Joh. 8, 40)[1]) Höre, o Apollinaris, den Petrus sprechen,
höre mit Apollinaris auch die arianische Gottlosigkeit!
„Diesen Jesus," sagt er, „hat Gott auferweckt, der mit
Augen geschaut wird, der ans Kreuz geheftet, von den
Händen des Thomas berührt wurde, der selbst zu ihm
sprach: „Fühle und sieh, denn ein Geist hat kein Fleisch
und Bein, wie ihr sehet, dass ich es habe. (Luc. 24. 39).
Und sicher gestellt über die Auferstehung des berührten
und gekreuzigten Leibes verherrlicht er (Thomas) den
dieses Wunder wirkenden Gott, indem er sprach: „Mein
Herr und mein Gott. (Joh. 20. 28.) Nicht nannte er das,
was er berührte, Gott; denn die Gottheit wird nicht durch
jenes Berühren erforscht,"[2]) Aus der ganzen Reihe dieser
Stellen lesen wir, wie sehr Nestorius den Cyrill missverstanden hat. Denn nichts von alledem, was Nestorius dem
Cyrill vorwarf, hat dieser behauptet. Nicht Cyrill hat den
Nestorius falsch verstanden, sondern dieser jenen. „Nestorius," sagt Harnack, „richtete sich in seinem Kampfe
gegen den Apollinarismus, gegen die Vorstellung, als sei
das Fleisch Christi nach der Auferstehung nicht mehr
Fleisch, also gegen die „deificatio" des Fleisches und gegen
die Vermischung (1. Brief an Coelestin.) Das Alles traf
den Cyrill in der That nicht."[3])

Eine weitere Folgerung aus der nestorianischen Zweipersönlichkeitslehre war die Verwerfung des Titels Gottesgebärerin (θεοτόκος) und Gottesmutter. Mit der Bekämpfung
dieses Wortes brach in Konstantinopel der nestorianische
Streit aus, und in Anknüpfung daran „goss Nestorius das
verborgene Gift seines Hasses aus und wagte, noch Gott-

---

[1]) Serm. VII, 3—5 und 22.
[2]) Nestor. serm. VII, 8.
[3]) Harnack. 1 c. 338, n. 1. Hier scheint Harnack den Cyrill
vom Apollinarismus und somit auch vom Monophysitismus
wieder absolvieren zu wollen, nachdem er ihn pag. 334
dieser Lehre beschuldigt hat.

loseres zu lehren." [1]) Das bis dahin wenig beachtete
christologische Lehrsystem der antiochenischen Schule trat
damit an die Oeffentlichkeit und wurde Gegenstand des
Kampfes bis zum Jahre 553. Anfangs hatte es den Anschein, als wenn es sich lediglich um das Wort θεοτόκος
handelte, Nestorius nur dieses anstössig fand und es wie
ein Gespenst (ὡς τὰ μορμολύκια) verabscheuete. [2]) Es wurde indess bald klar, dass sich hinter der Leugnung dieses Titels
ein ganzes System verbarg, und die Verwerfung des θεοτόκος
nur ein teilweiser Ausfluss war. Da es nun wohl von
niemand bestritten wird, dass Nestorius θεοτόκος-Leugner
war, so wäre auch hier wohl nicht der Nachweis nötig,
dass Cyrill den Nestorius in diesem Lehrpunkte nicht
missverstanden habe. Trotzdem aber wollen wir auch
hier wieder von Cyrill ausgehen und seine Behauptung
an der Aussage des Nestorius prüfen. Wer hat den Titel
(θεοτόκος) in Konstantinopel zuerst geleugnet? [3]) Wir haben
3 verschiedene Angaben darüber. Cyrill sagt in seinem
Briefe an die, welche ihm Vorwürfe machten, dass er nicht
im θεοτόκος-Streite geschwiegen habe, folgendes: „Jener
(Nestorius) duldete es, dass der „gute" Bischof Dorotheus
in der Kirche der Orthodoxen offen erklärte: „Anathem
über den, welcher sagt, Maria sei Gottesgebärerin." Und
nicht bloss schwieg er hierüber, sondern liess ihn auch
zur Kommunion zu. So werden w i r in seiner Gegenwart,
um nicht zu sagen von ihm selbst, mit dem Anathem be-
legt." [4]) Aehnlich lesen wir auch in seinem Briefe an
Acacius von Boroea und an Papst Coelestin [5]), wo Cyrill
diesen Dorotheus als einen aus Gewinnsucht der Schmeichelei ergebenen (χρειοκόλαξ) und voreilig redenden Mann
darstellt, weshalb wir obiges Epitheton „gut καλός" wohl
als ironisch gesprochen fassen müssen. Dieser Dorotheus

---

[1]) Evagr. h. e. I, 2 Mg. 86 I, 2124; Gennadius, de script. eccles.
c. 53. Mg. lat. 58, 1089 b.
[2]) Socrat. VII, 32.
[3]) Petav. I, 7, 5.
[4]) Mg. 77, 60 b c.
[5]) Cyr. ad Coelest. Mg. 77, 81 b; ad Acac. Mg. 77, 93.

habe sich in öffentlicher Versammlung in Gegenwart des Nestorius erhoben und mit lauter Stimme erklärt, wenn jemand Maria Gottesgebärerin nenne, so sei er ausgeschlossen. Da sei ein gewaltiger Lärm von seiten des ganzen Volkes erhoben worden. Denn man wollte mit denen, die solches glaubten, keine Gemeinschaft haben. Mit Ausnahme von einigen Leichtgläubigen und Schmeichlern habe das Volk von Kt. die Gemeinschaft mit ihnen aufgegeben. Fast alle Klöster mit ihren Vorstehern und viele der Senatoren kämen mit ihnen nicht mehr zusammen aus Furcht, sie könnten im Glauben Schiffbruch leiden, weil sowohl jener, als auch alle, die mit ihm von Antiochia gekommen wären, Verkehrtes lehrten. Unter letzteren nun befand sich ein Presbyter Anastasius, ein Freund und Ratgeber des Nestorius. Nach Socrates, Evagrius und Liberatus [1]) soll dieser es gewesen sein, der zuerst in einer Predigt gelehrt habe: „Niemand soll Maria Gottesgebärerin nennen. Maria ist ein menschliches Wesen, von dem Gott unmöglich geboren werden kann." „Nestorius habe die Worte des Anastasius gebilligt und selbst fortan den Ausdruck θεοτόκος verworfen. Endlich stellt Nestorius selbst in einem Briefe an Johannes von Antiochia die Sache folgendermassen dar. [2]) Er schreibt, bei seiner Ankunft in Konstantinopel habe er zwei Parteien vorgefunden, von denen die eine Maria Gottesgebärerin, uie andere Menschengebärerin genannt habe. Um beide zu verbinden, habe er den Mittelweg eingeschlagen und sie Christusgebärerin (χριστοτόκος) genannt, so dass damit beides bezeichnet werde, Gott und Mensch. So berichtet auch Evagrius. [3]) Von diesen drei Berichten kann man sagen, dass in jedem Wahrheit liegt, ohne dass sie sich inhaltlich widersprechen. Zunächst liegt kein Grund vor, dem Cyrill keinen Glauben zu schenken. Es ist nicht ausgeschlossen, dass neben Anastasius auch Dorotheus fast gleichzeitig mit der θεοτόκος-Leugnung öffentlich auftrat,

[1]) Socrat. VII, 32; Evagr. de Nestor. I, 2; Liberat. brev. 4.
[2]) Nestor. ad Joh. Ms. V, 754.
[3]) Evagr. I, 7.

dass Zuhörer des letzteren dann nach Alexandria kamen und
Cyrill davon benachrichtigten. Das deutet Cyrill auch im
Eingange seines ersten Briefes an Nestorius an. [1]) Nach
beiden Berichten aber ist Nestorius nicht als erster mit
der Leugnung dieses Titels aufgetreten. Wenn er selbst
nun behauptet, er habe in Konstantinopel eine zweiteilige
Meinung über das θεοτόκος vorgefunden, so entbehrt auch
das nicht der Wahrheit. Denn warum sollte die Lehre
Theodors über die Verwerfung des θεοτόκος, die in Antiochia
bekannt war, nicht auch in Konstantinopel vor Nestorius
im geheimen Anhänger, wenn auch wenige, gefunden haben.
Stand doch der Patriarchenstuhl in Konstantinopel mit
dem in Antiochia gleichsam in geistiger Verwandtschaft.
Oeffentlich war die neue Lehre freilich in Konstantinopel
noch nicht vorgetragen, weil diese dann gewiss unter dem
Volke eine Bewegung hervorgerufen hätte geradeso, wie
unter Nestorius. Welche der drei Ansichten man nun
auch verteidigen mag, dass eine steht fest, dass Nestorius
der moralische Urheber des ganzen Streites gewesen ist. [2])
Deshalb richtet Cyrill mit Recht den Kampf gegen ihn.
Er macht den Nestorius darauf aufmerksam, dass die Väter
kein Bedenken getragen hätten, Maria Gottesgebärerin zu
nennen, nicht etwa so, als ob die Gottheit überhaupt aus
der Jungfrau ihren Anfang genommen hätte, sondern weil
er Logos aus ihr jenen mit einer vernünftigen Seele aus-
gestatteten Leib angenommen hatte, mit welchem hypostatisch vereinigt er dem Fleische nach aus ihr geboren
wurde. [3]) An Papst Coelestin schreibt Cyrill: „Während
alle gläubigen Bischöfe und Laien bekennen, dass Christus
Gott und die Jungfrau, die ihn geboren, Gottesgebärerin
sei, irrt er allein, indem er dieses leugnet. Er glaubt im
Vertrauen auf seine einflussreiche Stellung uns bewegen
zu können, dass auch wir seinen Glauben unterschreiben."[4])
Im Briefe Cyrills an Juvenal von Jerusalem lesen wir:

[1]) Cyr. ad Nest. Mg. 77, 40 c.
[2]) Walch, V, 355 ff.
[3]) Cyr. ad Nest. Mg. 77, 45 d.
[4]) Cyr. ad Coelest. Mg. 77, 84 b.

„Nestorius leugnet offen und frei, dass die hl. Jungfrau Gottesgebärerin genannt werden müsse; was heisst das anders, als dass der Emmanuel, von dem wir die Hoffnung unseres Heiles haben, nicht wahrer Gott sei." [1] In seinem nach der Verurteilung des Nestorius an Acacius von M. gerichteten Briefe erwähnt Cyrill nochmals eingehend die Lehre des Nestorius. Derselbe habe offenbar beabsichtigt, die zeitliche Geburt des eingeborenen Sohnes Gottes aus der Welt zu schaffen, wie seine eigenen Worte besagten: „Ich habe aus der Schrift gelernt, dass Gott aus der Christus gebärenden Jungfrau h e r v o r g e g a n g e n (προ-ελθεῖν) sei; dass ein Gott aus ihr erzeugt sei (γεννηθῆναι) habe ich nicht gelernt." [2] Schliesslich sei noch erwähnt, dass Cyrill zur Verteidigung des Theotokosglaubens eine eigene Schrift verfasste. [3] Hören wir nun Nestorius über die Würde Mariä sprechen. „Ist," so fragt er, „von Maria zu sagen θεοτόκος oder ἀνθρωποτόκος? Hat Gott eine Mutter? Dann ist das Heidentum zu entschuldigen, welches den Göttern Mütter zuschreibt. Dann lügt Paulus, da er von Christus sagt ἀπάτωρ, ἀμήτωρ, ἄνευ γενεαλογίας. Nicht hat Maria Gott geboren; denn was vom Fleische geboren ist, ist Fleisch. Nicht hat das Geschöpf den geboren, der increabilis ist. Nicht hat der Vater aus der Jungfrau einen neuen Gott, das Wort, gezeugt. Maria hat einen Menschen geboren, das werkzeugliche Mittel der Gottheit." [4] Diese Worte lehren klar, wie verkehrt Nestorius die orthodoxe Lehre von der Menschwerdung auffasste. So naiv und rückständig heute noch manche, sogar gebildete Gegner des Katholicismus sind, dass sie glauben, das katholische Dogma kenne eine Marien a n b e t u n g, ebenso verstandes-schwach war Nestorius, wenn er behauptete, nach ortho-doxer Lehre habe der Logos seinen Anfang erst in der Jungfrau genommen. [5] Eine kurze Darstellung s e i n e r

---

[1] Cyr. ad Juven. Mg. 77, 104 c.
[2] Cyr. ad Acac. Mel. Mg. 77, 189 c.
[3] Cyr. lib. adv. nolentes confiteri. S. Virg. esse deiparam Mg. 76, 255 ff.
[4] Nestor. serm. I, 6 –7.
[5] Serm. IV, 13; Nestor. ad Coelest. Ms. IV, 1022.

Anschauung über die rechtgläubige Lehre giebt er im ersten Briefe an Papst Coelestin. Er sagt: „ . . . um kurz zu reden, sie beziehen die Gottheit des Eingeborenen auf den Ursprung des verbundenen Fleisches und töten denselben auch mit dem Fleische." [1] „Sie lästern, das der Gottheit verbundene Fleisch sei zur Gottheit übergegangen, das heisst aber nichts anderes, als beide Naturen vernichten. Auch die jungfräuliche Christusgebärerin wagen sie Gottesgebärerin zu nennen." [2] Wir sehen, welche Verkehrtheiten und Thorheiten Nestorius der Orthodoxie anheftet und andichtet, aber wohl mehr aus Geistesbeschränktheit, denn aus Bosheit. Ja, er schätzt in diesem Punkte die Lehre der Arianer höher, als die der Rechtgläubigen: „Obgleich die Arianer behaupten, das Wort sei geringer, als die Majestät der väterlichen Gottheit, so haben sie doch nicht das Neue gelehrt. Diese aber lehren, dass der Logos auch der Jungfrau zweiter und nachheriger Sohn sei, und setzen eine zeitliche Mutter für die die Zeit erschaffende Gottheit fest; nicht geben sie zu, dass sie C h r i s t i Mutter ist. Wie aber kann jemand die Mutter dessen werden, welcher anderer Natur ist als die Gebärerin?" [3] Nestorius wirft den Orthodoxen vor, sie geben mit ihrer Theotokoslehre den Arianern Grund zum Tadel. „Denn der Häretiker wirft sofort ein: „Also beschuldigt ihr uns ohne Grund, die wir sagen, der Sohn sei geringer als der Vater und geschaffen. Denn auch ihr bekennt ja, dass es Gott sei, der von Maria geboren ist." [4] Auch die Väter des nicaenischen Konzils, behauptet Nestorius, hätten nicht gesagt: „Er ist geboren worden", und zwar deshalb nicht, damit sie nicht zwei Geburten der Gottheit einführten. [5] „Wohl sagen sie, qui descendit . . . et incarnatus est. Hierin folgen sie dem Evangelisten. Sobald dieser auf die Mensch-

---

[1] Sermo VII gegen die, welche entweder die Gottheit töten, oder die Menschheit vergöttern.
[2] Nestor. ad Coelest. Ms. IV, 1022 c.
[3] Serm. III Mg. 48, 768.
[4] Serm. IV, 8.
[5] Serm. III.

werdung zu sprechen kommt, fliehet er es vom Worte die
Generatio zu behaupten, und sagt incarnatio. Was heisst
aber incarnatus? Nicht: „Verwandelt aus der Gottheit in
das Fleisch." Höre: „et Verbum caro factum est, nicht
sagt der Evangelist Verbum per carnem factum. Sobald
die Apostel und Evangelisten aber den Sohn erwähnen,
sagen sie natum ex muliere; wo sie aber von dem Verbum
sprechen, wagt niemand, von einer generatio per humani-
tatem zu reden." [1]) Nestorius lehrt also auch zwei Zeugungen, aber zweier Personen, des Logos aus dem Vater,
des Menschen Jesus aus Maria; nicht aber solle man glauben,
das eine Verbum habe zwei Zeugungen, eine ewige aus
dem Vater, eine zeitliche aus der Jungfrau, erlitten. Denn
wo zwei Zeugungen, sagt er, da seien auch zwei Söhne. [2])
So also sei Maria nicht θεοτόκος zu nennen; „denn niemand
zeugt einen andern, der älter ist, als er selbst." [3]) Als
Analogon für seine Behauptungen führt Nestorius das Verhältnis von Leib und Seele zur Gebärerin an. „Im Leibe,"
sagt er, „wird das Kind gebildet; bevor es Gestalt angenommen hat (figuratus est), hat es noch keine Seele.
Dann aber wird die Seele von Gott hineingebildet (infor-
matur). Wie also das Weib einen Körper gebärt, Gott
aber die Seele giebt, das Weib aber nicht Seelengebärerin,
sondern Menschengebärerin genannt wird, so ist auch die
Jungfrau, obwohl sie einen Menschen mit dem hindurch-
gehenden Logos geboren hat, nicht deshalb Gottesgebärerin;
denn nicht die Gottheit hat aus der Jungfrau den Anfang
genommen. Johannes der Täufer wurde mit dem hl. Geiste
geboren (Luc. 1, 15). Nennt man denn deshalb Elisabeth
Geistgebärerin? [4]) Maria ist also nicht θεοτόκος, θεοτόκος ist
nur der Vater allein." [5])

Wie wollte nun Nestorius Maria genannt wissen?
„Wir haben von der hl. Schrift gelernt," sagt er, „die

[1]) Serm. III.
[2]) l. c.
[3]) Nestor. ad. Coelest. Ms. IV, 1023.
[4]) Serm. V, 5—6.
[5]) Serm. VII, 48.

hl. Jungfrau Christusgebärerin χριστοτόκος, Herrngebärerin κυριοτόκος und Menschengebärerin ἀνθρωποτόκος, aber nicht Gottesgebärerin θεοτόκος zu nennen."[1] „Dass Maria der Tempel des Fleisches des Herrn geworden ist, übersteigt alles Lobenswürdige[2]), aber zur Göttin kann ich sie nicht machen."[3] „Wohl wollen wir die jungfräuliche Gottaufnehmerin (susceptrix Dei) zu Gott in Beziehung stellen, aber nicht mit Gott zum Göttlichen erheben, ich sage θεοδόχος, aber nicht θεοτόκος."[4] Im Briefe an Coelestin nennt Nestorius Maria Christusgebärerin. In dem einen Namen Christus liege sowohl die göttliche, als auch die menschliche Natur (Person) ausgedrückt, und wenn man χριστοτόκος sage, so bekenne man nichts anderes, als einen der Gottheit und Menschheit gemeinsamen Inhalt (communem divinitalis et humanitatis rem).[5] Nestorius will also in χριστοτόκος das θεοτόκος und ἀνθρωποτόκος vereinigen. Ja, in gewissem Sinne will er auch θεοτόκος gelten lassen, um sich nachgiebig zu zeigen, wie ja auch Paulus ähnlich gehandelt habe (1. Cor. 9, 19 f. f.), damit nicht Risse und Spaltungen entständen.[6] „Gebraucht kann dieses Wort werden," so schreibt er an Coelestin, „wegen des unzertrennbaren Tempels des Logos, welcher aus ihr ist, nicht aber weil sie die Mutter des Logos ist."[7] Aehnlich schreibt Nestorius an Johannes von Antiochia: „Ich habe ihnen, die es so wollen, mit Rücksicht auf die Aussage des Evangeliums eingeräumt, die Jungfrau in frommer Weise Gottesgebärerin zu nennen, nicht aber im Sinne des Apollinaris oder Arius, auch nicht in dem Sinne, als ob die Gottheit des Eingeborenen aus der Jungfrau den Anfang genommen, sondern wegen der Art der Vereinigung.[8] Diese Art der Vereinigung versteht Nestorius selbstverständlich

[1] Dialog. c. Nestor. Mg. 76, 249 a.
[2] serm. IV, 1.
[3] serm. V, 4.
[4] serm. VII, 48.
[5] serm. XII, 10.
[6] serm. XII, 8; Socrat. VII, 34.
[7] Nest. ad Coelest. Ms. IV, 1023.
[8] Nestor. ad Joh. Ms. V, 754.

in seinem Sinne, was aus folgenden Worten hervorgeht: „Den Sohn Gottes hat sie geboren als Christusgebärerin; denn weil der Sohn Gottes doppelt der Natur (Hypostase) nach ist, so hat sie auch den Sohn Gottes geboren, weil sie auch den Menschen geboren hat, welcher wegen des ihm verbundenen Sohnes Gottes auch Sohn Gottes ist."[1]) Den Ausdruck Menschengebärerin aber bevorzugt er doch. „Wenn du θεοτόκος sagst, so erinnere dich auch, ἀνθρωποτόκος zu sagen, damit du nicht die Erlösung vernichtest, die der Grund unseres Heiles ist."[2])

Eine weitere Folgerung aus dem nestorianischen Dogma war die Leugnung der Gottheit Christi, die Nestorius aber doch wieder gewahrt wissen wollte. Cyrill schreibt an Nestorius: „Einige ertragen es beinahe nicht mehr zu bekennen, dass Christus Gott sei, sondern vielmehr das Werkzeug (ὄργανον, ἐργαλεῖον) der Gottheit, ein Gott tragender Mensch (ἄνθρωπος θεοφόρος)."[3]) An Coelestin schreibt er: „Er sagt nicht, dass er selbst (Christus) wahrer Gott sei, sondern er sei bloss wegen des Wohlgefallens Gottes mit dem Namen (Gott) belohnt; so sei er auch nur deswegen Herr, weil der Gottlogos ihm diesen Namen gegeben habe."[4]) Die arianische Lehre mit der nestorianischen vergleichend, schreibt Cyrill an Acacius: „Unter Thränen habe ich gehört, dass die einen bis zu dem Grade des Unglaubens und der Unkenntnis gekommen sind, dass sie Christus offen als Gott leugnen, die anderen aber, wenn man sie einmal darauf anfasst, ihn ganz als Gott zu bekennen, nicht Rechtes von ihm glauben, sondern hinzusetzen, er werde Gott genannt aus Wohlgefallen und Gnade."[5]) Cyrill stellt auch, wie wir früher gehört haben, die nestorianische Lehre über Christus mit dem Glauben der Juden auf eine Stufe. Wie Juden und Heiden aus dem Leiden des Gottessohnes Veranlassung nahmen, die

[1]) serm. II.
[2]) serm. XII, 23, 9, 10.
[3]) Cyr. ad Nestor. Mg. 77, 41 a.
[4]) Commonit. Cyr. Mg. 77, 88 a.
[5]) Cyr. ad Acac. Beroeen. Mg. 77, 97 c.

Gottheit Christi zu leugnen, so auch Nestorius. Und da die Lehre von der Gottheit Christi die Lehre von seiner Identität mit dem göttlichen Logos voraussetzt, so konnte Nestorius C h r i s t u s unmöglich Gott nennen. Die Gottheit des L o g o s aber hat er nicht geleugnet, wie man ihn wohl beschuldigt hat. Auch hielt weder er noch Theodor den Logos für eine blosse Gotteskraft, die den Menschen Jesus durchströmt hätte. In diesem Falle hätte sich die nestorianische Lehre mit der des Paul von Samosata gedeckt. Nach Nestorius war der göttliche Logos eine Hypostase, d. h. eine göttliche Person; weil er aber dieselbe infolge der Verwechselung von ὑπόστασις mit φύσις auch als göttliche Natur, Gottheit bezeichnete, [1]) so konnte man wohl bei Nestorius zu der Vermutung gelangen, er fasse die Hypostase des Logos doch mehr als göttliche Kraft auf. [2]) Dass dem aber nicht so ist, beweist schon der Umstand, dass Nestorius gegen die Arianer kämpfte, also muss er doch wohl in diesem Punkte auf dem Boden der nicaenischen Lehre gestanden haben. Leontius von Byzanz geht deshalb in seiner Behauptung zu weit, wenn er sagt: „Die Nestorianer behaupten, die Gottheit im Erlöser sei Schein, wie Eutyches dieses von der Menschheit aussagte."[3]) Die göttliche Hypostase des Logos war nach Nestorius wohl für die göttliche Natur das principium quod, nicht aber für die Menschheit Christi, welche dieses in sich selbst hatte. [4]) Wegen dieser Annahme einer Zweipersönlichkeit m u s s t e Nestorius die Gottheit des sichtbaren Christus leugnen. Deshalb giebt er auch den zu Ephesus versammelten Bischöfen den Bescheid: „Ich kann nicht ein menschliches Wesen von zwei oder drei Monaten Gott nennen; daher bin ich rein von eurem Blute und werde in Zukunft nicht zu euch kommen."[5]) Aehnlich jedoch, wie Nestorius den Titel ϑεοτόκος in gewissem Sinne gelten

---

[1]) serm. XIII, 2.
[2]) ep. Mar. Merc. Mg. 48, 773.
[3]) Leont. c. Nest. et Eutych. Mg. 86, 1276 a.
[4]) serm. XII, 14—15.
[5]) Socrat. h. e. VII, 34; Cyr. ad quosdam ... Mg. 77, 133 b.

lassen will, nennt er den Menschen Jesus auch Gott, und
zwar in Relation zu dem einwohnenden Logos. „Nicht an
sich ist der im Leibe Gebildete Gott; weil aber in dem
Angenommenen Gott ist, so wird derselbe nach dem Auf-
nehmenden benannt und als Gott bezeichnet." [1])

Welche Konsequenzen aus der Zweipersönlichkeit in
Christo trafen ferner das Werk Christi, die Erlösung? Cyrill
antwortet darauf: „Nestorius, der durch seine Predigten
den Erdkreis verdreht [2]) und den frommen Glauben der
Kirche zerstört, hat es gewagt, das hl. Geheimnis der
Menschwerdung und der Erlösung zu vernichten, welches
der hl. Menschenfreund, der eingeborene Sohn Gottes,
unseretwegen erfüllte, indem er sich würdigte, Mensch zu
werden, um uns Alle zu retten und die Welt von Sünde
und Tod zu erlösen." [3]) Ein Gott nur konnte Erlöser sein,
wie auch nur der Beleidigte verzeihen kann. Nach Nestorius
war der Erlöser aber ein mit Gott verknüpfter Mensch.
„Du vernichtest den Grund der Erlösung und weigerst dich
zu bekennen, dass das Wort Gottes für uns im Fleische
gelitten hat und dass der Gottlogos, durch den wir erlöst
sind, der Urheber der uns gewordenen Güter ist. Einem
anderen, als ihm, und zwar denkst du an einen aus uns,
teilst du das zu, weswegen er Ruhm geniesst." [4]) „Wenn
der Emmanuel nur ein gewöhnlicher Mensch ist, wie kann
da der Tod eines Menschen der menschlichen Natur nützen?
Auch die Propheten, welche im Leben Heiligkeit besassen,
sind in den Tod gegangen, aber ihr Tod hat dem Menschengeschlechte keinen Nutzen gebracht. Der Tod Christi aber
hat Rettung gebracht. Denn er hat sein e i g e n e s Fleisch
für uns hingegeben, sich selbst dem Tode überliefert, und
so hat er alle von den Fesseln des Todes erlöst." [5]) „Wenn
aber das W o r t   G o t t e s nicht Fleisch geworden und ver-

---

[1]) serm. I, 11; VII, 38, 39.
[2]) Socrat. VII, 32; Theodoret. haer. fab. IV, 12.
[3]) Cyr. ad quosdam... Mg. 77, 133 a b; Cyr. adv. Nest. I, 1
Mg. 76, 24 b.
[4]) Cyr. adv. Nest. V, 1. Mg. 76, 217 b.
[5]) Cyr. de rect. fid. ad Regin. Mg. 76, 1208 a b.

sucht worden ist, so kann es auch den Versuchten keine
Hülfe bringen. Alles was für uns geschehen ist, ist nichtig:
wenn Christus nicht für uns gestorben und auferstanden
ist, dann ist das Kreuz wertlos, welches das Heil und Leben
der Welt ist; vernichtet ist die ganze Hoffnung der im
Glauben Entschlafenen." [1] „Wir sind also nicht von
Gott erlöst worden; gestorben ist für uns ein unterge-
schobener (ὑποβολιμαῖος) Mensch und ein unechter (ψευδώνυμος)
Sohn. So ist jenes grosse, verehrungswürdige Geheimnis
des Eingeborenen Possenspiel (ἄθλος) und Täuschung (ψενα-
κισμός)." [2] Aehnlich charakterisiert Cyrill diese nestorianische
Halberlösung im Briefe an die Mönche Aegyptens. [3] Hat
aber Cyrill sich in dieser Konsequenz nicht getäuscht? Die
Beantwortung dieser Frage überlasse ich dem Leser, vor
dem ich Nestorius sprechen lassen will. „Durch einen
Menschen," so predigt Nestorius, „bewerkstelligte er die
Erneuerung des Menschengeschlechtes." [4] „Christus nahm
die P e r s o n der schuldenden Natur an und durch sie hat
er gleichsam als Sohn Adams das Schuldige geleistet. Es
musste nämlich der die Schuld Sühnende aus dem Geschlechte dessen sein, welcher die Schuld einstens kontra-
hiert hatte. Vom Weibe kam die Schuld, vom Weibe die
Erlösung. Wegen Ungehorsam am Baume war Adam der
Strafwürdige; Christus gehorsam geworden hat die Schuld
am Holze gesühnt. Der, welcher genugthat, ist Christus,
in ihm hat unsere Natur die Schuld gelöst. Er nahm eben
die Person derjenigen Natur an, deren Leiden er in seinem
Leiden löste, da wir Erlösung haben in seinem Blute." [5]
„Er selbst ist uns aus dem Samen Abrahams gemäss des
versprochenen Segens geschickt worden, um f ü r s i c h und
sein Geschlecht das Opfer des Leibes darzubringen." [6] Den
Charakter der satisfactio vicaria drückt Nestorius in fol-

---

[1] Cyr. de rect. fid. ad Theodos, Mg. 76, 1145 a.
[2] Cyr. quod unus ... Mg. 7b, 1336 a b; 76, 1397 d.
[3] Mg. 77, 37 c.
[4] serm. I, 5. Nestorius leugnete nicht, wie Theodor, die Erb-
sünde, weshalb Coelestin ihn lobt. Ms. IV, 1034 a.
[5] serm. VII, 14, 15, 17,
[6] serm. VI, 8.

genden Worten aus: „Uns Sündern gebührte die Strafe
des Kreuzes, uns erwartete die Verdammung im Gericht,
aber er selbst kam und nahm die Strafe, die uns zukam,
auf sein unschuldiges Fleisch, damit er die Sünde verurteilte." [1]) Wie orthodox klingt diese Erlösungslehre,
wenn nur das „er selbst" der Logos wäre und nicht der
nestorianische Mensch Jesus: „Er ist für uns geworden Fluch
(Gal. 3, 13). Weil er die Sünde unserer Natur auf sich
nahm, so ist auch die Strafe auf ihn gefallen." [2]) Sündentilgung war nach Nestorius Zweck der Incarnation. „Wenn
ein Heide den Grund der Annahme der Menschennatur
wissen will, so sage, es sei die Nachlassung der Sünden." [3])
Der Mensch Christus selbst war sündenlos; er war aber
unserer Sünden wegen geboren und gestorben. [4]) Wenn
nun Nestorius sagt, Christus habe für sich das Opfer des
Leibes dargebracht, dann aber, er werde mit den Räubern
gekreuzigt, aber nicht für sich, so klärt sich dieser schein-
bare Widerspruch auf durch die Annahme, dass Christus
gelitten hat nicht wegen eigener Sündenschuld, sondern
um seiner „menschlichen Person" den Stand der Unveränderlichkeit zu verdienen. Nestorius lässt die menschliche
Person Christi also das Genugthuungswerk der Erlösung
vollbringen, weil er glaubt, dass Gott nicht leiden konnte,
und dass der Sühnende von der Natur des Schuldigen sein
müsste. Ueber den Grad der Teilnahme des Logos an dem
Werke, welches „sein" Mensch Jesus vollführte, äussert
sich Nestorius in einer Homilie: „Gott ist zwar Mensch
geworden, aber nicht gestorben, sondern er hat jenen, in
welchem er Mensch geworden ist, auferweckt. Er hat sich
hingeneigt, um zu erheben, was gefallen war; er selbst
aber ist nicht gefallen, freilich schilt man ihn, als ob er
selbst zusammengebrochen sei, indem er sich neigte, um
den Gefallenen zu erheben. Gott sah die gefallene Natur
und mit göttlicher Macht hob er sie auf, heilte sie und

---

[1]) serm. XII, 18.
[2]) serm. XII, 26.
[3]) serm. VII, 49.
[4]) Nestor. ad Cyr. Mg. 77, 53 a.

selbst bleibend, was er war, zog er sie in die Höhe. Wenn du z. B. einen Daliegenden aufrichten willst, berührst du da nicht Körper mit Körper und dadurch, dass du dich jenem anfügst, richtest du den Gefallenen auf und bleibst dabei doch, was du warst. So denke dir das Geheimnis der Incarnation." [1]) Auch Johannes von Antiochien, welcher für Nestorius Partei nahm, aber nicht so sehr wegen dessen Lehre, als vielmehr wegen der ihm apollinaristisch klingenden Anathematismen Cyrills, findet in der nestorianischen Lehre eine Vernichtung der Erlösung. Er schreibt an Nestorius zurück: „Wenn wir das nicht thuen (gleich den Vätern Maria als Gottesgebärerin bekennen), dann leugnen wir jene unbegreifliche Menschwerdung des eingeborenen Gottessohnes und behaupten, dass jener nicht Gott sei, welcher die Incarnation unseres Heiles wegen angenommen, dass der Logos sich nicht erniedrigt, noch auch Knechtsgestalt annehmend die unaussprechliche Grösse seiner Güte dem Menschengeschlecht erwiesen hat." [2]) Nach all dem ist es also einleuchtend, dass Cyrills Behauptung auf Wahrheit beruht, Nestorius habe das Werk der Erlösung vernichtet. Während die apollinaristische Lehre die zur Erlösung notwendigen Requisite bis in die Natur der Gottheit hineintrug, that die nestorianische das gerade Gegenteil, indem sie Gott und Mensch als gegenseitig unnahbar hinstellte. Nestorius rettete gegen Apollinaris die Integrität der Menschheit Christi, aber auf Kosten des Erlösungsbegriffes.

Kein Mysterium der christlichen Religion steht mit der Incarnation in so enger Beziehung, als das eucharistische Geheimnis. Jede mystische, wie rationalistische Irrung im christologischen Glauben kann nicht ohne Einwirkung auf das Dogma der Eucharistie bleiben. Das zeigt sich auch bei der nestorianischen Lehre. „Wir," so lässt Cyrill den Nestorius sprechen, „glauben, dass es der kostbare Leib und das Blut nicht des Gottlogos, sondern des ihm ver-

---

[1]) serm. I, 8.
[2]) Joh. ad Nestor. Ms. IV, 1065 d.

'bundenen Menschen ist." [1]) Die Einsetzungsworte spricht nach Nestorius nicht der Logos, denn er hat keinen Leib und kein Blut, sondern „sein" Mensch, den er auch zur Rechten des Vaters setzte. Und was folgt daraus? Vernichtung des Geheimnisses der hl. Eucharistie. Ist Christus nicht wahrer Gott, so geht der Kult des unblutigen Opfers in Götzendienst über. „Denn," so sagt Cyrill, „wenn irgend ein Mensch für sich (ἰδικῶς) und nicht vielmehr der Logos selbst uns ähnlich geworden ist, so ist der Gegenstand um den es sich hier handelt, Menschengenuss (ἀνθρωποφαγία), und die Teilnahme daran ist durchaus unnütz, wie Christus selbst sagt: „Das Fleisch nützt nichts, der Geist ist es, der lebendig macht." [2]) Nestorius geniesst in der Eucharistie nicht den Leib des Gottessohnes, sondern den des Menschen, der mit dem Logos verbunden ist. Sobald Nestorius auf die Eucharistie zu sprechen kommt, betont er das σῶμά μου und richtet an seine Gegner die Frage, „Was geniessest du, Häretiker, die Gottheit oder die Menscheit? Nicht hat Christus gesagt: „Wer meine Gottheit isst, sondern mein Fleisch." [3])

In der Kritik der nestorianischen Lehre haben wir bisher festgestellt, dass Nestorius objektiv in Christo zwei vollkommene persönliche Wesen, ein göttliches und ein menschliches, annahm und lehrte. Daraus haben wir dann die Konsequenzen gezogen, die sich ergaben bezüglich der com. idiom., des Titels θεοτόκος, der Gottheit Christi, der Erlösung und der hl. Eucharistie. Es bleibt nun noch die zweite Hauptfrage zu beantworten: Hat Nestorius auch subjektiv diesen persönlichen Dualismus gewollt in Christo? Diese Frage ist zu verneinen, in sofern wenigstens, als er es versucht hat, beide Hypostasen mit einander zu vereinen, nicht durch eine innere und natürliche, sondern durch eine äussere und geistige Verbindung. Das Resultat der erfolgten Vereinigung der beiden Hypostasen sollte

---

[1]) Cyr. quod unus . . . Mg. 75, 1360 b.
[2]) Cyr. adv. Nest. IV, 5. Mg. 76, 192 b.
[3]) Dial. c. Nest. Mg. 76, 258 a; adv. Nest. V, 6 Mg. 76. 205 b;
IV, 3, 5 Mg. 76, 190 a, 197 c d.

nach Nestorius nur e i n πρόσωπον, e i n e Person, sein, die
aber nur in menschlicher Vorstellung, nicht in Wirklichkeit
bestand. Cyrill hat auch darin diese Irrlehre richtig beurteilt. Er sagt: „Der Erfinder allerneuester Gottlosigkeit
stellt sich, als ob er von e i n e m Christus spreche . . . er
erdenkt sich irgend eine Art von Zusammenknüpfung durch
Gleichheit der Würde."[1]) „Nicht ist der Eingeborene
Mensch geworden, wie jener will, durch einfache Verknüpfung, die äusserlich gedacht ist, oder nur in dem gegen-
seitigen Verhältnisse beruht (κατὰ συνάφειαν ἁπλῶς θύραθεν ἐπινο-
ουμένην ἤτοι σχετικήν).[2]) So stellt Cyrill auch dem Papste
Coelestin den Sachverhalt dar. „Wie er (Logos) mit den
Propheten war," sagt Nestorius, „so war er auch mit ihm
(dem Menschen Jesus), aber gemäss innigerer Verbindung
(κατὰ μείζονα συνάφειαν). Deshalb meidet er es, von einer Vereinigung ἕνωσις zu sprechen, er redet von einer Verknüpfung
συνάφεια, wie sie bei einer äusseren Verbindung statt hat,
so wie Gott zu Josua spricht: „Wie ich mit Moses war,
werde ich auch mit dir sein."[3]) Dem Nestorius selbst
stellt Cyrill den Irrtum vor Augen durch Vorhaltung der
wahren Lehre. „Wir behaupten, dass der Logos Mensch
geworden ist, indem er auf unbegreifliche Weise das von
einer vernünftigen Seele beseelte Fleisch mit sich (καθ' ὑπόστασιν) vereinigt hat, nicht aber dem blossen Willen, Wohlgefallen nach, noch auch durch Aufnahme einer Person
(οὐ κατὰ θέλησιν μόνην ἢ εὐδοκίαν, ἀλλ' οὐδὲ ὡς ἐν προσλήψει προσώπου
μόνου).[4]) Auch nach dem Concil zu Ephesus 431, wo es
sich um die Wiedervereinigung der Orientalen mit der
orthodoxen Lehre handelte, charakterisiert Cyrill die nestorianische συνάφεια als eine beziehungsweise Vereinigung
(κατὰ σχέσιν), welche auf geistiger Verwandtschaft und Freundschaft (κατὰ οἰκειότητα τὴν πνευματικήν) beruht und die da besteht
in der Gesinnung und dem Willen, der Gnade und der

---

[1]) adv. Nestor. I, prooem. Mg. 76, 60 c.
[2]) l. c. 60 d.
[3]) Commonit. Cyr. Mg. 77, 85 c. „Infolge der μείζων συνάφεια
war er weit besser, als unser Wesen." serm. IV, 9.
[4]) Cyr. ad Nest. Mg. 77, 45 b.

Heiligung, wie auch wir dem Herrn verbunden sind.[1)]
Aehnlich sagt Cyrill im selben Schreiben: „Sie denken
nur an eine äussere, verhältnisweise Verknüpfung (συνάφειαν
τὴν ἔξωθέν τε καὶ σχετικήν), wie auch wir sie haben, die wir
seiner hl. Natur durch den hl. Geist teilhaftig geworden
sind."[2)] Wie die Nestorianer ihre Incarnationstheorie konstruieren, um trotz der Zweipersönlichkeit in Christo doch
nur von einer Person reden zu können, darüber belehrt
uns Cyrill mit ihren eigenen Worten: „Sage von dem Annehmenden (τὸν ἀναλαβόντα), dass er Gott sei, von dem Angenommenen (τὸν ἀναληφθέντα), dass er Knechtsgestalt sei. Dann
füge hinzu die Würde der Vereinigung (τὸ τῆς συναφείας ἀξίωμα)
und bekenne bei dem Bestehenbleiben der Naturen (Hypostasen) die Einheit der Würde (τὴν τῆς ἀξίας ἑνότητα), weil
das Ansehen beider gemeinschaftlich und die Ehrung beider
dieselbe ist."[3)] Das ist die von den Nestorianern künstlich
fabrizierte geschichtliche Person Christi. Auf der Würden-
gleichheit beruht denn weiter auch die n e s t o r i a n i s c h e
communicatio idomatum, die in den folgenden Worten
Cyrills ausgesprochen liegt. „Der aus dem Samen Davids,
sagen sie, muss ebenso für den Sohn Gottes gehalten
werden, wie das Wort Gottes für den Sohn Davids.[4)] Das
Wort Gottes aber wird Mensch genannt in folgender Weise:
„Wie der von ihm aufgenommene Mensch in Bethlehem
geboren doch Nazarethaner genannt wird wegen seines
Wohnens in Nazareth, so wird auch das Wort Gottes
Mensch genannt wegen des Wohnens in einem Menschen."[5)]
Lehrte Cyrill eine substanzielle Vereinigung der mensch-
lichen N a t u r mit der göttlichen P e r s o n des Logos, so
nahm Nestorius ein accidentelle in Bezug auf Namensgleich-
heit (καθ' ὁμωνυμίαν) an.[6)] Ein und derselbe Name, wie
Christus, Sohn, Herr für beide Hypostasen, das war die

[1)] Cyr. apolog. c. Theod. Mg. 76, 440 b.
[2)] l. c. 445 b; 2. Petr. 1, 4.
[3)] Cyr. apolog. c. Orient. Mg. 76, 238 d f.
[4)] quod unus . . . Mg. 75, 1293 b, 1312 a.
[5)] l. c. 1313 d.
[6)] Cyr. adv. Nestor. V, 1. Mg. 76, 217 b.

ganze Einheit in Christo nach Nestorius. „Es ist ein
Christus und ein Herr. Wenn die hl. Schrift von der
Geburt und dem Tode redet, so setzt sie nie „Gott", sondern
Christus, Sohn, Herr. Dieser Ausdruck bezeichnet beide
Naturen (Hypostasen). Der Name Christus bezeichnet bald
den Tempel, bald den Einwohner. In den Stellen (Matth.
28, 6, Joh. 4, 19; 20, 13 etc.) geht das Wort Herr auf die
Person des Menschen. Anderswo (1. Cor. 8, 6) zeigt das
Wort Herr die Gottheit an, anderswo (Matth. 7, 22, Act.
7. 59. 2 Tim. 4, 8) wieder beides." [1] „Er selbst war sowohl Kind, als Herr des Kindes, ebenderselbe sowohl Kind,
als Einwohner des Kindes." [2] „Denn Christus ist nicht
blosser Mensch (nudus homo), sondern Gott und Mensch
zugleich (homo simul et Deus)." [3] „Es giebt keine Trennung der Macht, Sohnschaft, noch des Namens Christus.
Er ist in seinem Namen unteilbar, so auch im Namen Sohn.
Denn wir haben nicht zwei Christi oder zwei Söhne. Christus
ist der Würde nach einer, der Natur (Hypostase) nach
doppelt." [4] Diese Art der Vereinigung nennt Nestorius
eine unzertrennliche. „Unzertrennlich von dem, welcher
in die Erscheinung ¡tritt (foris paret), ist Gott." [5] Die
nestorianische com. idiom. ist also nichts weiter, als die
Uebertragung der Eigentümlichkeiten beider P e r s o n e n
auf ihren gemeinschaftlichen N a m e n. Der Name Christus,
Sohn, Herr, verträgt es, dass sowohl Göttliches als Menschliches von ihm ausgesagt wird. Denn er ist ja das einigende
Prinzip, in welchem beide Hypostasen sich treffen können,
ohne Schaden zu nehmen. Für diese Lehre sucht Nestorius auch Stütze bei den Vätern. „Wenn die Väter gesagt
hätten „Wir glauben an ein Wort Gottes", dann wäre der
Tod der göttlichen Natur zugeteilt worden. Deswegen
nehmen sie den gemeinsamen Namen Christus, damit sie
sowohl jenen Gestorbenen bezeichnen können, als jenen

---

[1] serm. VII, 40—45; II.
[2] serm. XI, 3.
[3] serm. VII, 23. Dazu Leont. de sect. IV, 4 Mg. 86, 1221 c.
[4] serm. II.
[5] serm. I, 9.

nicht Gestorbenen, gerade so, als wenn jemand sagt: „Jener Mensch ist gestorben," obwohl die Seele doch unsterblich ist. Weil der Name sagt, was die zwei Naturen bezeichnet, sowohl den sterblichen Körper, als die unsterbliche Seele, so liegt keine Gefahr in dem Worte; beides wird nämlich Mensch genannt. Gerade so spricht auch jene grosse Versammlung zu Nicaea über Christus." [1]) Der genannte Vergleich wäre für die com. idiom. nicht ungeschickt gewählt, wenn Nestorius nur nicht zwei Personen in Christo annähme, wodurch das Analogon eben kraftlos wird. In dem Vergleiche ist es nämlich nicht ein blosser Name „Mensch", von dem Körperliches und Seelisches ausgesagt wird, sondern eine wirkliche Person; beim nestorianischen Christus dagegen ist es lediglich der N a m e, dem Göttliches und Menschliches beigelegt wird. Im andern Falle würde man sonst sogar zur Annahme einer noch dritten Person in Christo kommen. Infolge dieser Namen- und Würdenidentität überträgt Nestorius die dem Logos allein zukommende Anbetung auch auf die menschliche Person, was Cyrill ihm zum Vorwurf macht. „Obgleich er, so sagen sie, als Mensch für sich gedacht wird, geniesst er doch von jedem Geschöpfe Anbetung wegen der Beziehung zu Gott. Denn wir beten den aus dem Samen Davids als Gott an, weil wir glauben, dass das Wort unzertrennlich verbunden ist." [2]) Dem gegenüber schreibt Cyrill an Nestorius: „W i r bekennen e i n e n Christum und Herrn, nicht in der Weise, als wenn wir einen Menschen mit dem Logos zugleich anbeteten (συμπροσκυνοῦντες), damit nicht der Schein einer Teilung durch das Wort „mit - συν" herbeigeführt werde, sondern wir beten ein und denselben an." [3]) „Hat Maria aber einen gewöhnlichen Menschen geboren, der in nichts besser ist, als wir, wie wird sich da jedes Knie vor ihm beugen und jede Zunge bekennen, dass unser Herr Jesus Christus in der Herrlichkeit des Vaters ist? Wie beten ihn dann die Engel an? Hat mit uns auch der ganze

[1]) serm. III Mg. 48, 772 a.
[2]) quod unus . . . Mg. 75, 1284 b, 1285 a.
[3]) Cyr. ad Nestor. Mg. 77, 48 b.

Himmel bis jetzt einen gewöhnlichen Menschen angebetet? Das sei fern." [1] „Deshalb, weil sie uns überreden wollen, irgend einen Menschen, der beziehungsweise mit dem Logos verknüpft ist, anzubeten, heften sie nicht bloss den auf Erden Lebenden, sondern auch den himmlischen Mächten den Tadel des Irrtums an, wenn dieselben mit uns einen Menschen aus dem Samen Davids anbeten sollen, welcher nur durch die Willensrichtung allein und durch äusseren Schmuck (τοῖς θύραθεν ἐξωραϊσμοῖς) zu einem Gotte gebildet (εἰδοποιηθέντα θεόν) ist, in Wahrheit aber nicht ist." [2] „Und ist denn in die wesensgleiche Dreieinigkeit etwas hineingebracht worden, was ihr wesensungleich ist, das mit ihr angebetet wird und mit ihr die gleiche Herrlichkeit teilt?" [3] „Wir wollen uns deshalb hüten, von Christo zu sagen „Wegen des Tragenden (φοροῦντα) ehre ich den Getragenen (φορούμενον), wegen des Unsichtbaren bete ich den Sichtbaren an." [4] So urteilt Cyrill über die blasphemische Menschenanbetung des Nestorius. Dieser aber glaubt, den Vorwurf nicht zu verdienen. „Nicht an sich," schreibt er, „ist der im Schosse Gebildete, vom hl. Geist Geschaffene, im Grabe Ruhende, Gott. Sonst wären wir Menschen- und Totenanbeter." [5] Nestorius will also nicht einen unverbundenen Menschen angebetet wissen. „Wenn der Jude dir sagt, dass du einen Menschen anbetest, so greife zum Worte des Apostels (2. Cor. 5, 19)." [6] Wie Nestorius vielmehr den mit dem Logos verbundenen Menschen nur beziehungsweise Gott nennt, Maria deshalb auch nur relative Gottesgebärerin, so will er auch für den Menschen λατρεία σχετική. Aber das reinigt ihn doch nicht von dem Vorwurfe der Menschenanbetung; denn eine relative Anbetung giebt es nicht, sondern nur e i n e, die direkt auf Gott, und zwar nur auf Gott allein geht. Nestorius dagegen sagt: „Wegen

---

[1] Cyr. de rect. fid. ad regin. Mg. 76, 1205 d.
[2] quod unus . . . Mg. 75, 1284 b.
[3] l. c. 1286 a.
[4] Cyr. ad Nestor. Mg. 77, 113 a; quod unus . . Mg. 75, 1284 a; Justinian. tract. c. Monophys. Mg. 86, 1120 a.
[5] serm. VII, 37.
[6] l. c. 49.

des Verborgenen bete ich das an, was äusserlich gesehen wird.*[1] Als einen doppelten wollen wir ihn bekennen, aber anbeten als einen; denn das Doppelte der Naturen (Hypostasen) ist eins wegen der Einheit."[2] „Verehren wollen wir den Menschen, welcher anzubeten ist wegen der sogenannten göttlichen Verbindung mit dem allmächtigen Gotte. Auch Paulus bekennt (Röm. 9, 5) Christus als Menschen; denn wegen der Verbindung mit Gott nennt er den Erschienenen Gott, damit niemand glaube, die Christenheit sei eine Menschenanbeterin."[3] „Wir wollen die Natur, die das Kleid Gottes ist, mit dem, der sie trägt, ehren, wie einen Strahl der Fleisch gewordenen Gottheit (radium divinitatis incarnatae)."[4] „Die Menschheit aber," so schreibt Nestorius an Papst Coelestin, „ist später aus der Jungfrau geboren. Sie wird wegen der Verbindung mit der Gottheit von Engeln und Menschen zugleich angebetet."[5] In seinem 7. sermo legt Nestorius der menschlichen „Person" in Christo vergleichende Titel bei, durch welche er ihre Anbetungsberechtigung nachzuweisen sucht. „Ich bete diesen an mit der Gottheit als einen Teilnehmer an der göttlichen Würde, als belebten Purpur des Königs, als die Hand der Gottheit, die uns dem Tode entrissen hat, als Versöhnung des göttlichen Zornes, ... als Bild des allmächtigen Gottes."[6] Aus alledem sieht man, Nestorius will keine Menschenanbetung, und doch lehrt er sie. Er widerspricht sich, wenn er behauptet, dass die Menschheit in Christo, d. h. der Mensch Christus, zur höchsten Vereinigung geführt sei, aber doch nicht zur Apotheose

[1] serm. I, 9.
[2] serm. I, 12.
[3] serm. II Mg. 48, 766 a.
[4] serm. VII, 48. Dem Ausdrucke (divinitas incarnata, θεότης σεσαρκωμένη) nach lehrt Nestorius hier apollinaristisch. Deswegen aber wird es doch niemandem einfallen, ihn für einen Apollinaristen auszugeben. Ebenso wenig auch ist Cyrill dafür zu halten lediglich deshalb, weil er von der μία φύσις τοῦ θεοῦ Λόγου σεσαρκωμένη redet, einer Redeweise, die auch apollinaristisch klingt.
[5] Nestor. ad Coelest. Ms. IV, 1024 b; Ms. IV, 1099.
[6] serm. VII, 24—36.

(εἰς ἄκραν συνάφειαν, οὐκ εἰς ἀποθέωσιν). [1]) Letzteres hat Nestorius doch gethan. Ein für sich existierendes, menschliches Wesen darf nicht angebetet werden, mag es auch unzertrennlich mit einer göttlichen Hypostase verbunden sein. Die Anbetung gebührt nur allein dem göttlichen Ich, und zwar auch dann, wenn eine menschliche Natur mit demselben physisch vereinigt ist. Theodor und Nestorius hatten mit dem Kampfe gegen Apollinaris begonnen, und nun finden wir sie mit jenem in der Menschenvergottung einig. Ja, Nestorius redet sogar davon, dass Christus dereinstens in der Gestalt eines allmächtigen Menschen zum Gericht kommen werde[2]), und dass dieser dasselbe in gleicher Weise vermöge, wie Gott. [3])

Trotz des persönlichen Dualismus soll Nestorius in Christo doch nur einen Willen gelehrt haben, d. h. einen moralischen. Er that dies zum Zwecke des Nachweises der synaphistischen Vereinigung in Christo. Der durch die συνάφεια κατ᾽ εὐδοκίαν, χάριν, ὁμωνυμίαν, ἰσοτιμίαν, ἐνέργειαν, ἀναφοράν, σχέσιν, δύναμιν, ἀξίαν, προσκύνησιν konstruierte eine Christus, Sohn, Herr,[4]) war der Träger der Thätigkeiten, sowohl des einwohnenden Logos, als auch des bewohnten Tempels. Die Wirkungsweise ist moralisch eine. „Denn nicht geschieht es," sagt Nestorius, „dass der Gottlogos ohne die Menscheit (d. h. den Menschen Jesus) etwas thut."[5]) „Nicht richtet er die Toten ohne jenen, er will, dass die Herrschaft seiner Gottheit mit jenem eins sei."[6]) Das ist das einheitliche Thätigkeitsverhältnis der beiden Hypostasen sowohl vor, als im Stande der Vollendung. Denn auch auf Erden wirkte er die Wunder wegen des ihm einwohnenden Logos, der ihm seinen Ruhm, seine Kraft und Wirksamkeit mitteilte. [7]) Harnack sagt: „Paul von Samosata sowohl, als die alten Antiochener hatten die μία θέλησις von Christo

---

[1]) Cyr. adv. Nest. II, 7. Mg. 76, 89 a.
[2]) serm. VII, 46.
[3]) serm. XII, 2.
[4]) 4. anathem des V. Konz. Ms. IX, 377.
[5]) serm. II. Mg. 48, 765 c, XI, 5.
[6]) serm. XII, 2.
[7]) Cyr. quod unus . . Mg. 75, 1313 b.

ausgesagt."[1] Das kann aber nur von einer moralischen
Willenseinheit gelten, nicht von einer physischen. Denn
da die Antiochener so sehr die Integrität der menschlichen
Seite in Christo betonten, so hätten sie sich doch eines
Widerspruches schuldig gemacht, wenn sie der menschlichen
Hypostase das Willensvermögen abgesprochen hätten.
Ebensowenig hätten sie dann auch gegen den Apollinarismus auftreten können. Nahmen die Nestorianer eine
menschliche Person in Christo an, so mussten sie dieser
auch einen eigenen Willen geben. Denn der Wille ist
gerade das „Person" bildende Princip. Darin aber liegt
bei der orthodoxen Lehre das Wunderbare und Unbegreifliche, dass die menschliche N a t u r in Christo Vernunft und Willen besitzt, ohne aber Person zu sein.[2]
Zum Schluss sei hier noch erwähnt, was Nestorius über
das Verhältnis der Trinität zur Incarnation sagt, woraus
deutlich zu ersehen ist, dass der Trinitätsglaube desselben
voll und ganz intakt war. Er sagt: „Der S o h n wohnte
im Körper, der Vater hat den Getauften empfohlen, der
hl, Geist hat i h n in der Jungfrau gebildet."[3]

Fassen wir die dargestellte Lehre der Uebersicht
wegen zusammen, so spricht sich dieselbe in zwei Haupt-
dogmen aus:

I. Nestorius lehrt im Mensch gewordenen Logos das
   Vorhandensein zweier Personen. Damit leugnet er

   a) die communicatio idiomatum im orthodoxen
      Sinne,
   b) den Titel θεοτόκος,
   c) die Gottheit Christi,
   d) das Wunder der Incarnation und den Wert
      der Erlösung.

II. Das Band, welches die moralische Einheit her-

---

[1] II, 399. So auch das VI allgem. Konzil: „Ταυτοβουλίαν τῶν
ὑπ' αὐτοῦ ἀναπλαστομένων δύο προσώπων ἐδόξασεν." Ms. X, 996 b,
745 d, 1057 b.

[2] Harnack, p. 332 f.: „Hier ist es das Charakteristische, dass
Cyrill etc.

[3] serm. X oder Cyr. adv. Nestor. IV, 2. Mg. 76, 181 a b.

7

stellen soll, besteht in der Zuteilung gleicher Namen
und Würden. Die Vereinigung ist keine ἕνωσις φυσική,
sondern κατὰ συνάφειαν, und das ist nach Harnack
die tiefe Kluft, die Cyrill und Nestorius trennt.[1]

Die Darstellung hat meines Erachtens ergeben, dass
Cyrill die Lehrmeinung des Nestorius richtig erfasst und
das Verderbliche derselben erkannt hat. Cyrill verdient
deshalb die hierauf zielende Anerkennung des Papstes, der
an ihn schreibt: „Alle Fallstricke der schlauen Predigt
hast du entdeckt und den Glauben so gefestigt, dass das
Herz der an Christum Glaubenden nach der andern Seite
nicht hinneigen kann."[2] Nestorius aber hat die weit
schwieriger zu erfassende Lehranschauung Cyrills nicht
verstanden, und daher resultieren die Vorwürfe wegen
Arianismus und Apollinarismus, die Nestorius gegen jenen
erhebt. Dass den Cyrill diese Anschuldigungen nicht
treffen, soll bei der Darstellung der positiven Seite seiner
Christologie nachgewiesen werden. Hier jedoch wollen
wir etwas näher auf das Anklagegebiet eingehen. Die
Tendenz des Nestorius, wie der Antiochener überhaupt,
war die Bekämpfung des Arianismus und Apollinarismus.
Jede christologische Lehrmeinung, die nicht ihrem Dogma
entsprach, war bei ihnen Apollinarismus. „Lasset uns,"
so sagt Nestorius, „den Streit bei Seite legen und einander
verzeihen, nur eins wollen wir ins Auge fassen, dass niemand
behauptet, der Logos sei ein Geschöpf und die aufgenom-

---

[1] Harnack, p. 337. n. 2. Wollen wir schon hier in nuce und
im Gegensatz zur Christologie des Nestorius diejenige Cyrills normieren, so lautet sie:
  I. Im Mensch gewordenen Logos ist nur e i n e Person,
    die des Logos, aber es sind in der einen Person zwei
    wirkliche und unversehrte N a t u r e n.
  II. Die Vereinigung ist eine wahre, natürliche, persön-
    liche. Sie ist erfolgt, ohne dass erst ein Drittes
    zwischen die Person des Logos und die in der Ver-
    einiguug unversehrt gebliebene menschliche Natur
    hätte eingefügt werden müssen. Der Hergang wie
    das Resultat der Vereinigung bleibt für uns ein Ge-
    heimnis. Cfr. Harnack, 332.

[2] Coelest. ad Cyr. Mg. 77, 92 b.

mene Menschheit sei unvollständig." [1]) In beiden Punkten meint er, hätten die Orthodoxen, an ihrer Spitze Proklus und Cyrill, geirrt. Deshalb nannte Nestorius, wie Thomasius sagt, die Cyrillsche Lehre eine apollinaristische, arianisierende, heidnische Homousie, [2]) weil nämlich, wie Nestorius selbst sagt, [3]) auch die Sekte des Apollinaris, Arius und Eunomius die hl. Jungfrau als θεοτόκος bezeichnet hätte, so machte er daraus den Trugschluss, dass auch Cyrill jenen Sekten angehöre, weil er das θεοτόκος verteidigte. „Wenn du," so schreibt er an Cyrill, „die Aussprüche der Väter nachsiehst, so wirst du finden, dass sie nicht gelehrt haben, die dem Vater gleichewige Gottheit sei in der Zeit geboren worden." [4]) Das aber lehrt Cyrill nicht, und man darf wohl hier an Nestorius die Frage richten, ob e r denn die Väter genau gelesen habe, die Maria Gottesgebärerin nennen; darauf wies ihn sogar sein eigener Parteigenosse, Johannes von Antiochia, hin. [5]) Mehr noch beschuldigte Nestorius den Cyrill des Apollinarismus. „Du glaubst, das dem Vater gleichewige Wort sei leidensfähig, so hätten die Väter gelehrt. Aber keiner von ihnen hat behauptet, dass die gleichwesentliche Gottheit leidensfähig sei." [6]) „Gewisse Kirchliche leiden an der Krankheit des Arius und Apollinaris," so schreibt er an Coelestin, „indem sie wagen, die Leiden des Körpers der Gottheit des Eingeborenen und die Unveränderlichkeit der Gottheit auf die Natur des Körpers zu übertragen und beide Naturen, welche durch die höchste und unvermischte Vereinigung in der einen Person des Eingeborenen angebetet werden, durch Vermischung und Veränderung zusammen zu giessen, die Blinden, welche die Ausführung der Väter

---

[1]) serm. XII, 33.
[2]) Thomasius, Dogmengesch. 1874, p. 323.
[3]) serm. XII. 6.
[4]) Nest. ad Cyr. Mg. 77, 49 d.
[5]) Joh. ad Nestor. Ms. IV, 1065 c. „Den Namen θεοτόκος hat keiner von den Kirchenlehrern verwoigert. Die ihn gebraucht haben, und viele sind es und äusserst berühmte, sind nie des Irrtums beschuldigt worden."
[6]) Nestor. ad Cyr. Mg. 77, 49 c, 51 a.

7*

nicht kennen." [1]) „Nicht ist Gott durch die eingegangene
Verbindung mit dem Menschen verändert worden." [2])
„Wenn deshalb der Häretiker zu dir schmähend sagt:
„Dein Gott ist gestorben," so greife zu den Worten des
Apostels, der da sagt (Hebr. 13, 20): „Der Gott des
Friedens, der heraufgeführt hat von den Toten den grossen
Hirten der Schafe durch das Blut des ewigen Bundes,
unsern Herrn Jesum Christum . . ." [3]) Nicht bloss der
genannten Irrlehren klagt Nestorius den Cyrill an, sondern
beschuldigte ihn auch des Widerspruches, und da zeigt
er nun, dass er die Lehre Cyrills nicht verstand. „Darin
lobe ich dich," so schreibt Nestorius an Cyrill, dass die
Unterscheidung der Naturen (er meint aber Hypostasen)
bezüglich der Gottheit und Menschheit und die Verbindung
dieser zu einer Person von dir gelehrt wird, ferner dass
du nicht behauptest, der Gottlogos hätte einer zweiten
Geburt aus dem Weibe bedurft, dass auch die Gottheit
hätte leiden können; aber den du zuvor als leidensunfähig
und einer zweiten Geburt nicht fähig gelehrt hattest, von
dem sagst du nun wieder auf mir unerklärliche Weise
aus, dass er leidensfähig und jüngstens geboren sei." [4])
Hier sehen wir w i e d e r den Grund des nestorianischen
Missverständnisses, die Gleichstellung von Natur und Person.

Bevor wir zur Widerlegung dieser Anschuldigungen
übergehen, wollen wir uns auch von dem äusseren Verlaufe der nestorianischen Wirren ein übersichtliches Bild
zu verschaffen suchen, so dass die Schriften Cyrills möglichst nach chronologischem Gesichtspunkte in den Vordergrund treten.

---

[1]) Nest. ad Coelest. Ms. IV, 1024 b, 1022 b.
[2]) serm. VII, 6.
[3]) serm. VII, 49.
[4]) Nestor. ad Cyr. Mg. 77, 52 c d, 53 a.

4. Kapitel.

Kurze Darstellung des Ganges [1]) der nestorianischen Streitigkeiten unter besonderer Berücksichtigung der Schriften Cyrills. [2])

I. Verlauf des Kampfes bis zum Konzil zu Ephesus 431.

Cyrill hatte in dem christologischen Kampfe einen doppelten Standpunkt zu vertreten, einen offensiven bezüglich der Lehre des Nestorius und einen defensiven gegen die ihm erwachsenen Anschuldigungen. Nachdem Cyrill nämlich dem Nestorius seine 12 Anathematismen zur Unterzeichnung vorgelegt hatte, dieser aber die Anerkennung derselben verweigerte, weil sie die Lehre des Apollinaris enthielten, gestaltete sich der Einzelkampf der beiden Patriarchen von Alexandria und Konstantinopel zu einem Partei- und Schulkampfe. Hatten die Bischöfe des antiochenischen Sprengels bisher für Nestorius keine offene Partei ergriffen, ja denselben sogar zum Widerruf seiner Theotokosleugnung angehalten [3]), so traten sie nach dem Bekanntwerden der Cyrillschen 12 Kapitel zu Nestorius über, aber nicht etwa aus dem Grunde, als hätten sie nunmehr sich für die Leugnung des θεοτόκος entschieden [4]), sondern weil sie in der Lehre Cyrills Apollinarismus erblicken wollten. Zudem glaubten sie auch, ihr Schulgenosse habe nach erfolgter Zurechtweisung durch Johannes von Antiochia den besagten Titel als rechtgläubig anerkannt. [5]) Die Orientalen, wie sie genannt wurden, fanden es geradezu

---

[1]) Petav. I. c. 7, 6 — c. 9; Hefele, 1, c. II, 157 ff.
[2]) Ueber die stilistische Form der Cyrillschen Schriften urteilt Theodorus Metochita: „αὐτὸς χρῆται καὶ συναφαίνει τοὺς λόγους αὐτοῦ χρώματι φωνῆς φεύγοντι τὸ λεῖον ἐπιτηδὲς καὶ τῆς ἀκοῆς ἔθιμον.“ Mg. gr. 144, 949 c.
[3]) Theodoret. haer. fab. Mg. 83, 433 d, 436 a; Joh. ad Nest. Ms. IV, 1061 ff.
[4]) Nach Cyrill glaubten alle daran. Mg. 77, 60 d. 84 b.
[5]) Ep. 112 Theodoreti, Mg. 83, 1309 d; Joh. ad Firmum, Ms. V, 756; Theodoreti reprehens. Mg. 76, 392 ff.; Leont. de sect. IV, 5.

unerhört, wie Cyrill es wagen konnte, ihnen apollinaristische Lehrsätze zur Unterzeichnung zuzumuten, da
sie doch gerade als die schärfsten Bekämpfer dieser Irrlehre gelten wollten. Es ist daher wohl nicht unwahr-
scheinlich, dass der nestorianische Kampf mit dem Konzil
zu Ephesus sein Ende erreicht hätte, wenn Cyrill seine
Anathematismen dem Synodalschreiben an Nestorius nicht
beigefügt hätte, sondern es lediglich mit der Zurück-
weisung der nestorianischen Leugnung des θεοτόκος, sowie
der Einpersönlichkeit in Christo hätte bewendet sein lassen.
Gewiss wäre dann die überwiegende Mehrzahl der Orientalen auf seiner Seite geblieben. Dann wäre aber auch
anderseits die Lösung der Frage nach dem Wie der Vereinigung der Naturen in Christo vorläufig wahrscheinlich
nicht erfolgt, wie sie durch die Cyrillsche ἕνωσις καθ' ὑπόστασιν,
wenn auch nicht gerade e n d g ü l t i g gelöst, so aber doch
der befriedigenden Lösung entgegengeführt worden ist.
So nun standen nach dem Konzil zu Ephesus nach der
Anordnung des Kaisers Theodosius, der dasselbe unter
Zustimmung des Papstes Coelestin ausgeschrieben und
einberufen hatte, zwei Lehrmeinungen, die des Nestorius
und Cyrill zur näheren Prüfung auf der Tagesordnung.
Die anwesenden Bischöfe sollten entscheiden; wessen Lehre
als übereinstimmend mit dem Glauben der Väter befunden
wurde, diese sollte auch als Staatsgesetz sanktioniert
werden. [1] In diesem kaiserlichen Sinne aber hatten Cyrill
und seine Partei die Sache nicht aufgefasst. So entstand
denn auf der Synode der grosse Zwiespalt. Die Irrlehre
des Nestorius wurde als heterodox verworfen, aber eine
Einigung der Parteien kam nicht zu stande, Diese erfolgte erst zwei Jahre später, als Cyrill sich dazu verstand, das allerdings orthodox lautende Symbolum der Orientalen zu unterzeichnen, ohne dass er dabei seiner Anathematismen Erwähnung that. Das ist in Kürze der Gang des
Kampfes, der im folgenden genauer dargestellt werden soll.

---

[1] Liberat. brev. 5; Ep. Theodosii ad Cyr. Ms. IV, 1109;
Leont. l. c. IV, 4.

Man hatte es dem Cyrill stark verdacht, dass er als
Patriarch von Alexandria sich in die Glaubenshändel von
Konstantinopel eingemischt hatte. [1] Betrachtet man aber
mit unparteiischem Auge die damalige Lage der Dinge,
so muss jeder vernünftig Denkende sagen: „Cyrill konnte
und durfte nicht schweigen, wenn er seine oberhirtliche
Pflicht nicht verletzen wollte." Er wurde in den Kampf
hineingezogen. Den Grund seines Einschreitens erfahren
wir aus seinem Briefe an Papst Coelestin. [2] „Da ich in
Erfahrung gebracht hatte, dass seine (des Nestorius) Predigten in Aegypten Eingang gefunden hatten, und einige
Leichtgläubige auf den Irrtum eingegangen waren und
die Frage erörterten, ob er recht rede oder irre, da
fürchtete ich Ansteckung und schickte an die Klöster
Aegyptens ein Hirtenschreiben, um die Mönche im wahren
Glauben zu stärken. Exemplare dieses Briefes sind nach
Konstantinopel gelangt, dort gelesen und haben eine solche
Aufnahme gefunden, dass mir zahlreiche Staatsbeamte
Dankschreiben zusandten. Das aber war ihm im Zorne gegen
mich ein nährendes Mittel; er bekämpft mich als Feind,
indem er keine andere Anschuldigung hat, als die, dass
ich viele zu dem Glauben zurückgeführt habe, den wir
von den Vätern überkommen und aus den hl. Schriften
gelernt haben. Mich nicht im mindesten darum kümmernd,
was er gegen mich ersinnt, sondern dem allwissenden und
allmächtigen Gott alles anheimgebend, habe ich einen zweiten
Brief geschrieben, den wahren Glauben kurz auseinander
gesetzt und ihn gebeten, auch so zu denken und zu reden." [3]
Cyrill hatte also die Mönche über die wahre Lehre unterrichtet. [4] Auch in seiner 17. Osterhomilie vom Jahre 429
hatte er den Titel θεοτόκος gerechtfertigt. [5] In beiden
Fällen aber nennt Cyrill den Nestorius nicht beim Namen.

---

[1] Ep. Cyr. ad eos, quorum . . . Mg. 77, 60 f.
[2] Mg. 77, 81 c.
[3] Cyr. ad Nestor. Mg. 77, 44 c f.; cfr. auch Cyrills Verteidi-
gungsbrief an Theodosius. Mg. 76, 457 f.
[4] Ep. Cyr. ad Monach. Aegypti Mg. 77, 9 — 40.
[5] Mg. 77, 768 ff.

Auch der erste Brief, welchen er an Nestorius richtete [1]), hatte seine Veranlassung ausserhalb Alexandrias gehabt. Wie nach Aegypten, war auch nach Rom die neue Lehre gedrungen. Papst Coelestin, der vielleicht im Interesse des Friedens klüger gehandelt hätte, wenn er sich um Aufklärung an Nestorius selbst oder wenigstens an einen Vertrauensmann in Konstantinopel gewandt hätte, forderte Cyrill zur Berichterstattung auf. Das war aber insofern unklug, als die beiden Patriarchate Alexandria und Konstantinopel sich nicht gerade mit freundlichen Augen angesehen hatten. Man denke nur an den Erzbischof Theophilus von Alexandria, den Onkel Cyrills, einen Mann von nicht reinem Charakter [2]), und an die ungerechte Verurteilung des hl. Chrysostomus, der als Martyrer für die orthodoxe Sache in der Verbannung sterben musste. „Ich muss," so schreibt Cyrill an Nestorius, „betreffs deiner Glaubensgesinnung schlüssig werden, da der Bischof der römischen Kirche bei mir darüber anfragt." [3]) Nicht also stolze Anmassung (Cyrills Charakter war edler als der seines Onkels), sondern Eifer für die Orthodoxie in seinem Sprengel [4]), ferner die Aufforderung des Papstes waren die Veranlassung, welche Cyrill in den Kampf führte. Auf diesen ersten Brief antwortete Nestorius kurz unter Vorwürfen, die er in Konstantinopel von Menschen gehört hatte, welche Cyrill wegen Bedrückung von Blinden und Armen, wegen Mordversuch und Diebstahl bestraft hatte. [5]) Cyrill verteidigt sich gegen diese Vorwürfe und zeigt dem Nestorius, was für einen Charakter seine Verleumder hätten, über deren Behandlung er seinen Gesandten in Konstantinopel ein Schreiben zugehen lässt. [6]) In demselben Verteidigungsbriefe an Nestorius legt er dann diesem

---

[1]) Mg. 77, 40 f.
[2]) Funk, Lehrb. d. Kirchengesch. 1898, p. 130, 2.
[3]) Darauf geht denn auch wohl die Bemerkung des Liberatus (brev. 4) „Cyrillus, cui tunc dabatur primatus, de talibus agendi."
[4]) Cyr. ad quendam . . . Mg. 77, 61.
[5]) Nestor. ad Cyr. Mg. 77, 44; Cyr. ad Nest, Mg. 77, 44.
[6]) Cyr. ad cleric. Mg. 77, 64.

präzis und klar die wahre Lehre von der Menschwerdung aus im Anschluss an das nizäische Symbolum. Cyrill selbst nennt dieses Schreiben in seinem späteren Berichte an den Papst Coelestin τὴν ἔκθεσιν ὡς ἐν συντόμῳ τῆς ὀρθῆς πίστεως. [1] Auf diesen, anfangs 430 abgefassten Brief antwortete Nestorius in einem längeren Schreiben, in welchem er den Cyrill des Arianismus und Apollinarismus beschuldigt. [2] Abermals mahnt Cyrill den Nestorius, von seiner gotteslästerlichen Lehre abzustehen. Darauf erwidert Nestorius unter Beleidigungen. [3] Die Partei Cyrills in Konstantinopel hatte eine Bittschrift an den Kaiser entworfen, doch vor Abgabe dieselbe an Cyrill zur Begutachtung abgeschickt. Dieser arbeitete das Schreiben so um, dass es nicht auf Anklage des Nestorius beim Kaiser lautete; dann schickte er es mit dem Bemerken zurück, dasselbe dem Kaiser nur dann einzuhändigen, wenn es notwendig sei. Er für seine Person werde um des Glaubens willen sich jeder Mühe unterziehen, er sei bereit, Leiden und Folter, ja auch den Tod zu erleiden. [4] Weil Nestorius gehört hatte, Cyrill müsse dem Papste über ihn Bericht erstatten, so säumte er nicht, dem Cyrillschen Schreiben zuvorzukommen und selbst den Papst über die Unruhen in Konstantinopel, sowie über den „Apollinarismus" des Cyrill in Kenntnis zu setzen. [5] Auch Cyrill schrieb um die Mitte des Jahres 430 nach Rom. [6] In diesem Briefe teilte er dem Papste den Ursprung, den Gang des Streites, sowie die Schritte mit, die er zur Bekämpfung des Nestorianismus bis dahin gethan hatte. Dem Schreiben fügte er seine diesbezüglichen Schriften, sowie die des Nestorius bei. In einer Denkschrift, die er dem Briefe beilegt, charakterisiert er kurz die Lehre des Nestorius. Alle diese Schriften übersandte er durch den Diakon Posidonius

---

[1] Cyr. ad Coelest. Mg. 77, 84 a.
[2] Nest. ad Cyr. Mg. 77, 49.
[3] M., 77, 57 f.
[4] Cyr. ad cler. Mg. 77, 68 d.
[5] ep. 1 u. 2, Nestor ad Coelest. Ms. IV, 1021. 1024.
[6] ep. Cyr. ad Coelest. Mg. 77, 80.

nach Rom mit der Anweisung, sie dann zu übergeben, wenn der Papst schon im Besitze des nestorianischen Schreibens sei. Letzeres war der Fall. Cyrill hatte erfahren, dass Nestorius auch den kaiserlichen Hof für sich zu gewinnen suchte. Deshalb richtete er gegen die Mitte des Jahres 430 drei Denkschriften dorthin, die eine an Kaiser Theodosius selbst [1]), die beiden anderen an die kaiserlichen Frauen, Eudoxia, die Gemahlin, und Pulcheria, die Schwester und Mitregentin des Kaisers. [2]) Aus der Ueberschrift dieser Schreiben erkennen wir schon den Inhalt. Cyrill macht den Kaiser aufmerksam, dass es die Pflicht des Regenten sei, den wahren Glauben zu schützen, wie ihn die Väter gelehrt hätten, mit denen Nestorius aber nicht übereinstimme. Papst Coelestin hielt in Rom im August 430 eine Synode ab und teilte in 4 Briefen, an Nestorius, [3]) an die Geistlichen und an das Volk in Konstantinopel.[4]) an Johannes von Antiochia [5]) und an Cyrill das Ergebnis mit. [6]) Er lobt Cyrill wegen seiner wachenden Hirtensorge. „Du hast die Beispiele deiner Amtsvorgänger, die stets Verteidiger des wahren Glaubens gewesen sind, übertroffen." Die Lehre Cyrills sei die Lehre des römischen Bischofs, deshalb habe er nichts hinzuzufügen. „Wir haben dich zur Bekräftigung des Glaubens als einen sehr starken Verteidiger gesehen." Es sei nun Pflicht, den schon am Rande des Abgrundes Stehenden zurückzurufen, damit man ihn nicht zum Falle bringe, wenn man nicht helfe. Wenn er aber bei seiner Meinung beharre, so müsse das eine Glied abgeschnitten werden, damit nicht der ganze Körper der Kirche Wunden empfange. Deshalb möge Cyrill kraft des Ansehens des römischen Stuhles als Stellvertreter desselben mit voller Festigkeit dieses Urteil ausführen, dass Nestorius innerhalb 10 Tagen vom Tage der Mahnung an seine verkehrten

---

[1]) Cyr. de recta fide ad Theodos. imperat. Mg. 76, 1133 ff.
[2]) Cyr. de recta fide ad Reginas Mg. 76, 1201 ff., 1336 ff.
[3]) Coelest. ad Nest. Ms. IV, 1025.
[4]) Ms. IV, 1036 — 48.
[5]) Ms. IV, 1048 — 49.
[6]) Mg. 77, 90.

Lehrsätze schriftlich verurteile und beglaubige, dass er betreffs der Geburt des Herrn mit der römischen und alexandrinischen Kirche, sowie mit dem allgemeinen frommen Glauben übereinstimme; wenn er das nicht thue, so müsse er aus der Kirche entfernt werden. Hatte der Bischof von Rom das Recht, so gegen Nestorius zu verfahren, und durfte er für Cyrill eintreten?" Harnack verdenkt das dem Papste sehr und meint, es gäbe vielleicht kein zweites gleichmässiges Faktum in der Dogmengeschichte, das so sehr als ein Skandalon zu beurteilen sei und zugleich seinem Urheber so wenig Ehre mache, wie das Eintreten des Papstes für Cyrill. [1]) Ueber Cyrills Berechtigung, in den Kampf einzugreifen, haben wir eben das Nähere gehört. Was Coelestin betrifft, so kann das Eingreifen desselben in den nestorianischen Kampf nur für den ein Skandalon sein, der den Primat des römischen Bischofs, welcher im 5. Jahrhundert doch deutlich ausgeprägt war, eben leugnet. Auch Nestorius, sowie die Bischöfe des antiochenischen Patriarchates haben kein Veto gegen diese „Anmassung des römischen Bischofs" eingelegt, wenn sie auch nicht gerade direkt ihr Votum für den Primat bei dieser Gelegenheit abgegeben haben. Warum aber trat der so berechtigte Papst nicht auf die Seite des Nestorius, sondern Cyrills? Die Antwort lautet: „Weil das Dogma Cyrills, und nicht des Nestorius bis dahin der orthodoxe Glaube des Orients und Occidents gewesen war. Es handelte sich hier noch nicht um die Anathematismen Cyrills mit ἕνωσις φυσική, κατὰ φύσιν, καθ' ὑπόστασιν, nicht um die μία φύσις κ. τ. λ., sondern nur um die Aufrechterhaltung des Glaubens an die Gottheit der einen Person Christi und an die Berechtigung Marias, den Titel θεοτόκος zu führen. Und in diesen Lehrpunkten waren der Orient und Occident einer Meinung gewesen. Für den Orient führe ich die Worte des Johannes von Antiochia an. Er schrieb nach Empfang des päpstlichen Schreibens an Nestorius: „Halte die Angelegenheit nicht für unbedeutend, nimm den Namen (θεοτόκος)

---

[1]) Harnack, II, 388.

an, der von so vielen Vätern gelehrt, geschrieben und
gesprochen ist. Kein Kirchenschriftsteller hat ihn verschmäht. Dieses schreibe nicht ich allein dir, sondern viele
anwesende Bischöfe.[1]) Alle bitten dich, dass du den An-
griff auf jene Schriften einstellst."[2]) Für den Glauben
des Occidentes will ich unter anderem nur auf die uns
fragmentarisch erhaltene Rede Coelestins auf der Synode
zu Rom 430 hinweisen, in welcher er sich für die genannten
Lehrpunkte auf Ambrosius, Hilarius und Damasus beruft.[3])
Den besten Beweis für den übereinstimmenden Glauben
zwischen dem Occident und Orient, gerade in diesen „nestorianischen" Punkte giebt uns die Verurteilung der Lehre
des Leporius, der fast gerade so, wie Nestorius betreffs der
Person Christi lehrte. (Petav. I, 12.) Wegen dieser Glau-
benseinheit schrieb der Papst an Cyrill zurück, die Lehre
des Cyrill sei die des römischen Bischofs, und deshalb
habe er nichts hinzuzufügen. Ob der Papst auch so einfach hin geantwortet hätte, wenn ihm Cyrill seine 12 Anathematismen unterbreitet hätte, ob er nicht auch vielleicht
erst stutzig geworden wäre bei der μία φύσις κ. τ. λ., will ich
nicht entscheiden.[4]) Von alledem aber war in dem Cy-

---

[1]) Es werden 6 genannt, darunter auch Theodoret von Cyrus.
[2]) Joh. ad Nestor. Ms. IV, 1061.
[3]) Mg. lat. 50, 457 oder Arnobii catholici et Serapionis con-
flictus . . . Mg. lat. 53, 289. cfr. dazu Bardenhewer. Patrolog.
1894. p. 561 f.
[4]) Reuter schreibt in seinen Augustinischen Studien (Ztschr.
f. Kirchengesch. VI. p. 187): „Ich weiss es wohl, Nestorius
hat im Anfange seines Streites mit Cyrill geurteilt (Ms. V,
762 e), der römische Bischof Coelestin I. sei nicht der Mann,
welcher die Bedeutung der Dogmen zu schätzen verstände,
und in der That sind die von jenem in dieser Angelegenheit geschriebenen Briefe (ep. 11 u. 12. Mg, lat. 50, 459 ff.,
465 f.) der Art, dass wir das Recht der Anklage überzeu-
gend zu widerlegen, nicht in der Lage sind. Aber dass
der abendländischen Kirche das Verständnis der (im Orient
kontrovers gewordenen) Lehre von der Person Christi fehlte,
folgt daraus doch nicht." Meiner Ansicht nach konnte es
auch für den Papst Coelestin gar nicht schwer sein, sofort
zu erkennen, dass die Lehre des Nestorius ein grober Ver-
stoss gegen den allgemeinen Glauben der Kirche war. Er
durfte daher ohne lange Ueberlegung mit ruhigem Gewissen für Cyrill eintreten, welcher weiter vom Papste
nichts verlangte, als dass dieser Glaube gewahrt werde.

rillschen Briefe an Coelestin nicht die Rede. [1]) Dass Coelestin kraft seines Primates berechtigt war, in den nestorianischen Kampf mit einzugreifen, dass er sich auf die Seite Cyrills stellen musste, kann daher nichts Befremdendes haben.

Dem Briefe an Cyrill hatte der Papst die Schreiben an die anderen Bischöfe beigefügt, damit Cyrill dieselben an die einzelnen Adressaten gelangen lasse. Nestorius richtete einen dritten Brief an den Papst, in welchem er den Gebrauch seines χριστοτόκος damit begründete, dass dieser Ausdruck die Blasphemie des Samosateners, wie die Bosheit des Arius und Apollinaris zurückweise. Indessen hätte er nichts dagegen, θεοτόκος zu sagen, wenn man nur den Ausdruck nicht im Sinne des Arius und Apollinaris zur Zusammenschmelzung der Naturen gebrauche. [2]) Wir treffen hier also die gemässigte Lehrform des Nestorius an, die wahrscheinlich die Frucht des Briefes des Johannes von Antiochien an ihn war. Aehnlich antwortet Nestorius auch diesem auf das oben angeführte Schreiben, so dass Johannes der Meinung wurde, Nestorius habe den Titel θεοτόκος anerkannt. [3]) Bevor Cyrill dem Auftrage des Papstes nachkam, hielt er eine Synode in Alexandrien ab im November 430. Dann schrieb er unter Beifügung des päpstlichen Schreibens an Johannes v. Ant. [4]), an Juvenal v. Jerusalem [5]) und an den hochbetagten Bischof Acacius von Beroea. Dieser fordert in seinem Antwortschreiben den Cyrill auf, Milde betreffs des Nestorius walten zu lassen. [6]) An Nestorius sandte Cyrill das auf der Synode abgefasste Schreiben. [7]) In demselben legt er ihm nochmals die christologische Lehre so klar und umfassend vor, dass wir aus diesem Schreiben allein schon die Christologie Cyrills konstruieren könnten. Der Inhalt der ganzen Lehre gipfelt in dem Satze, dass der Logos mit dem Fleische καθ᾽ ὑπόστασιν

[1]) Cyr. ad Coelest. Mg. 77, 80.
[2]) Ep. 3. Nest. ad Coelest. Ms. V, 725.
[3]) Nest. ad Joh. Ms. V, 753.
[4]) Cyr. ad Joh. Mg. 77, 95 f.
[5]) Cyr. ad Juvenal. Mg. 77, 104.
[6]) Cyr. ad Acac. Mg. 77, 97 und 100.
[7]) Cyr. ad Nest. de excom. Mg. 77, 105 ff.

vereinigt sei, somit in Christo nur eine göttliche Person, und Maria deshalb Gottesgebärerin zu nennen sei. Während Cyrill in seinem zweiten Briefe an Nestorius nur von einer ἕνωσις καθ' ὑπόστασιν gesprochen und diese der Zweipersönlichkeitslehre des Nestorius scharf gegenübergestellt hatte (Mg. 77, 48 b, 45 b d), gebraucht er in dieser Excommunicationsepistel zwei neue termini, die ἕνωσις κατὰ φύσιν und φυσική (Mg. 77, 112 b), für die Vereinigung in Christo, die eine so natürliche sei, wie die von Seele und Leib, ohne dass eine Vermischung dabei stattfände. Ebenso finden wir hier das ἓν πρὸς τὴν ἑαυτοῦ σάρκα γέγονεν (Mg. 77, 113 d). Cyrill teilt dem Nestorius in diesem Briefe den Beschluss des Papstes mit und fordert ihn auf, seine irrige Lehre fallen zu lassen und sich zu der im Briefe dargestellten zu bekennen. Ausserdem fügt er noch die bekannten 12 Anathematismen bei, welche in gedrängter Kürze die im Briefe exponierte Lehre zusammenfassen. Zugleich richtete Cyrill im Namen der Synode an Klerus und Volk von Konstantinopel die Mahnung, den ferneren Verkehr mit der Partei des Nestorius aufzugeben, wenn dieser nicht in der festgesetzten Zeit seinem Irrglauben entsagen würde.[1]) Die oben genannten termini in der Synodalepistel und in den Anathematismen Cyrills, welche von Nestorius und den Orientalen im apollinaristischen Sinne gedeutet wurden, verfeindeten den Patriarchen von Alexandria mit der Partei des Nestorius ganz und gar. Letzterer verfasste 12 Gegenanathematismen.[2]) Johannes von Antiochia schrieb an die Bischöfe seines Patriarchates, Nestorius habe auf seine Ermahnungen hin den Titel θεοτόκος anerkannt und in zwei Briefen eine untadelhafte Auslegung des Glaubens gegeben. Nestorius habe ihm aber auch gewisse Lehrsätze mitgeschickt, die von Cyrill stammen sollten, was er jedoch nicht glauben könne, da sie nicht mit Cyrills Charakter übereinstimmten, wohl aber denen glichen, wegen welcher Apol-

---

[1]) Cyr. ad cler. et pop. Ct. Mg. 77, 124, ad monach. Ct. 125.
[2]) Ms. IV, 1099; Petav. VI, 17, der die Anath. beider synoptisch zusammenstellt.

linaris verurteilt sei. Jene Sätze behaupteten, dass der
Leib, den das Wort aus der Jungfrau angenommen hätte,
ein und derselben Natur mit der Gottheit sei, obwohl doch
diese keiner Verwandlung fähig sei. Wenn also diese
Kapitel in den Diözesen in Umlauf kämen, so sollten sie
dafür sorgen, dass dieselben nicht gebilligt würden, damit
der Väterglaube rein bewahrt bliebe. [1]) Den Bischöfen Andreas von Samosata und Theodoret von Cyrus trägt Johannes
auf, gegen diese Kapitel als gegen eine Erneuerung des
apollinaristischen Dogmas zu schreiben. [2]) Theodoret schrieb
eine reprehensio XII cap. Cyr. in 5 Büchern, die er dem
Cyrill durch dessen Freund Euoptius übergeben liess. Cyrill
antwortete darauf in seinem apologeticus contra Theod.
pro XII cap. [3]) Das war die Lage der Dinge, als der Kaiser
auf die Bittschrift der Mönche von Konstantinopel, wie
auf Wunsch des Nestorius am 19. November 430 das allgemeine Konzil ausschrieb, das zu Pfingsten 431 in Ephesus
abgehalten werden sollte. [4]) Der Papst versprach, Gesandte
zum Konzil zu entsenden. [5]) Auch den hl. Augustinus,
dessen Name also auch im Orient damals schon Geltung
und Klang haben musste, hatte der Kaiser zur Synode
eingeladen. Aber das Schreiben traf ihn nicht mehr lebend
an. Indess sandte der Bischof Capreolus von Chartago einen
Gesandten zum Konzil, [6]) damit auch der Glaube der afri-
kanischen Kirche in Ephesus Zeugnis geben könnte für
die wahre Lehre. Um diese war es denn dem Kaiser
thatsächlich und ernstlich zu thun, weshalb er die Lehre
des Nestorius, wie des Cyrill dem Konzil zur Prüfung vorgelegt wissen wollte. Dabei ist aber doch seine grössere
Neigung zur nestorianischen Partei nicht zu verkennen,
wie das aus einem Schreiben an Cyrill hervorgeht. [7]) Der
Kaiser macht ihm darüber Vorwürfe, dass er durch die

[1]) Joh. ad Firm, Ms. V, 756.
[2]) Liberat brev. 4.
[3]) Mg. 76, 392 ff,
[4]) Ms. IV, 1112.
[5]) l. c. 1291.
[6]) l. c. 1207: Liberat. 5; Mg. lat. 53, 843 ff.
[7]) Theodos. ad Cyr. Ms. IV, 1109.

drei Denkschriften an den kaiserlichen Hof gehofft habe,
Uneinigkeit in der Familie zu stiften. Er dürfe nicht eher
wieder auf die Freundschaft des Kaisers rechnen, bis dass
der von ihm angerichtete Wirrwar beseitigt sei, weshalb
er auf dem Konzil erscheinen solle, damit die Synode über
seine und des Nestorius Lehre entscheiden könne.[1] Vor
seiner Abreise nach Ephesus fragte Cyrill beim Papste an,
wie er es mit dem exkommunizierten Nestorius halten sollte.
Dieses Schreiben ist nicht überliefert worden. Sein Inhalt
geht aber aus dem Antwortschreiben des Papstes hervor,
das vom 7. Mai 431 datiert ist.[2] Der Papst antwortet,
versöhnlich mit Nestorius zu verfahren. Nunquam displicet
Deo accelerata in quocunque correctio. Cyrill mit der
Versammlung der Brüder möge Sorge tragen, dass der entstandene Lärm in der Kirche verstumme, und die Angelegenheit geordnet werde. Den zum Konzil entsandten
Legaten gab der Papst die Weisung, in allem nach dem
Urteile Cyrills zu handeln.[3] In all den päpstlichen Schreiben
lag unverkennbar der Wille des Papstes ausgesprochen,
Cyrill solle das Konzil leiten. Das war auch die Auffassung
der Synode selbst.[4] Der Kaiser aber stellte nach Leontius
von Byzanz den Johannes von Antiochia als Richter über
Nestorius und Cyrill auf.[5] Zu seinem Vertreter ernannte
er den Candidian mit der Weisung, für die äussere Ruhe
und Ordnung zu sorgen, neugierige Mönche und Laien von
Ephesus fern zu halten, in den Verhandlungen selbst Partei-
streitigkeiten zu verhüten, ferner zu verhindern, dass kein
Bischof Ephesus verlasse. In die Glaubensverhandlungen
einzugreifen verbot er ihm; denn es sei wider göttliches
Recht, dass jemand, der nicht zur Zahl der Bischöfe gehöre,
sich in kirchliche Beratungen einmische.[6]

[1] Das ganze Verfahren des Kaisers, besonders aber gegen
Cyrill, auf dessen Seite der Papst stand, lässt keinen
Zweifel darüber, dass er es als sein Recht betrachtete,
die Synode zu berufen.
[2] Coelest. ad Cyr. Ms. IV, 1292.
[3] Commonit. Coelest. Ms. IV, 556.
[4] Ms. IV, 1124 b, IX, 62 b.
[5] Leont. de sect. IV, 4.
[6] Sacra Theodos. Ms. IV, 1120 a.

II. Das Konzil zu Ephesus und die Fortsetzung des Kampfes bis zur Union 433. [1])

Am Tage der Konzilseröffnung war der Patriarch Johannes von Antiochia in Ephesus noch nicht anwesend. Die ihm zugestossene Verzögerung auf der Reise war ihm sicher sehr erwünscht, wenn sie nicht sogar von ihm beabsichtigt worden ist, um dadurch vorausgesehener Unannehmlichkeit aus dem Wege zu gehen. [2]) Johannes selbst entschuldigt sich später beim Kaiser unter Angabe des Verzögerungsgrundes. [3]) Cyrill und die mit ihm versammelten Bischöfe hätten nach dem Erlasse des Kaisers, der keine Entschuldigung für etwaige Verspätung gelten lassen wollte,[4]) die Verhandlungen beginnen können; trotzdem warteten sie noch 16 Tage. [5]) In dieser Zeit fertigte Cyrill Auszüge aus den Schriften der Väter [6]) und denen des Nestorius an. [7]) Inzwischen schickte Johannes, 5—6 Tagereisen von Ephesus entfernt, wegen der Verzögerung ein Entschuldigungsschreiben an Cyrill. [8]) Die ganze Synode aber erhob lauten Widerspruch, so schreibt Cyrill, und behauptete, jener wolle der Versammlung nicht beiwohnen, aus Furcht, Nestorius, der aus der Kirche jenes Patriarchen stamme, werde abgesetzt, ein Umstand, der ihn hätte beschämen müssen. Da Johannes zudem noch hatte sagen lassen, sie möchten thun, was sie thun wollten, wenn er sich verspäten sollte, so versammelte sich die Synode. Nestorius wurde zu derselben mündlich geladen, damit er über seine Schriften und seine Lehre Rechenschaft ablegte.[9]) Zuerst antwortete er „Ich werde es mir überlegen". Die zweite Gesandtschaft hielt er durch Soldaten von seinem

---

[1]) Petav. I, c. 8.
[2]) Niceph. h. e. Mg. 146, 1169 c; Petav. I, 8, 1; III, 5, 10.
[3]) Ms. IV, 1272 b f; Evagr. I, 3.
[4]) Ms. IV, 1112 c.
[5]) Mg. 77, 133 c.
[6]) Ms. IV, 1184—96.
[7]) Ms. IV, 1198 ff.
[8]) Joh. ad Cyr. Mg. 77, 132; 76, 469 c f.
[9]) Ms. IV, 1129 d, 1329 c f.

Hause fern. Als dieselbe sich aber nicht abweisen liess,
nahm er zu verschiedenen Entschuldigungsgründen seine
Zuflucht. Auf eine dritte Vorladung antwortete er mit der
Gewalt der Soldaten.

Den kirchlichen Satzungen folgend nahm die Synode
ihren Anfang. Die Briefe und Erklärungen des Nestorius
wurden geprüft, und man fand, dass sie gegen den allgemeinen Glauben und voll von Gotteslästerung seien. Die
Synode setzte Nestorius ab und teilte ihm den Urteilsspruch
mit. [1] So berichtet Cyrill den Hergang der ersten Sitzung,
der auch mit den Akten des Konzils übereinstimmt. Hier
nun möchte ich die Erörterung der Frage einschieben:
„Welche Stellung nahm die Synode zum zweiten und
dritten Briefe Cyrills an Nestorius?" Wir wissen dass der
Kaiser verfügt hatte, es sollte auch über die Lehre Cyrills
verhandelt werden. In der ersten Sitzung wurde der zweite
Brief Cyrills (Mg. 77, 44 f) an Nestorius verlesen und als
γέμουσαν συμβουλῆς καὶ παραινέσεως bezeichnet. [2] Der Inhalt des-
selben stimme mit dem nicaenischen Symbolum überein.
Dieser Brief wurde von den Vätern der Synode als recht-
gläubig unterzeichnet und somit ausdrücklich approbiert.
Papst Leo I. hat diesen Brief Cyrills seiner dogmatischen
Epistel an Flavian als ebenbürtig zur Seite gestellt. An
Anatolius, welcher vom Kaiser als Nachfolger Flavians in
Konstantinopel bestimmt wurde, schrieb Leo, dass er ihn
nur bestätigen könne, wenn er seine Orthodoxie bezeuge.
Er möge durchschauen den mit dem Glauben der früheren
Väter übereinstimmenden Brief Cyrills, durch welchen
dieser den Nestorius bessern und heilen, die falschen Lehren
desselben aufdecken und den Glauben des Nicaenums aus-
einandersetzen wollte. Diesen Brief habe die Bibliothek
des apostolischen Stuhles aufgenommen. [3] Es war das
also der zweite Brief, welchen Cyrill durch Posidonius mit
nach Rom gesandt hatte. Aehnlich schreibt Leo in der-

---

[1] Cyr. ad quosdam . . . Mg. 77, 133.
[2] Ms. IV, 1137 d,
[3] Ms. VI, 84 a b.

selben Angelegenheit und am selben Tage (16. Juli) an
Pulcheria, Anatolius solle entweder dem Briefe Cyrills oder
seinem Schreiben an Flavian beistimmen und weitere Dis-
putation bei Seite lassen. [1]) Was dann den dritten Brief
Cyrills an Nestorius mit den Anathematismen betrifft, in
welchem neben der ἕνωσις καθ' ὑπόστασιν auch von einer ἕνωσις
φυσική, κατὰ φύσιν, von einem ἓν πρὸς τὴν ἑαυτοῦ σάρκα γέγονεν die
Rede ist, so ist das Urteil des Petavius „Verum receptam
et approbatam in Ephesino concilio illam fuisse tertiam
epistolam non est dubium" doch wohl zu gewagt. [2]) Die
Verlesung dieses Briefes fand in der ersten Sitzung zwar
statt, aber es heisst von ihm doch nicht, wie vom zweiten,
dass die Bischöfe denselben feierlich und ausdrücklich durch
Unterzeichnung anerkannt hätten. [3]) Wir besitzen kein
strenges Urteil der allgemeinen Synode über den Inhalt
dieses Synodalschreibens. Vielleicht wollten die Väter,
wie ich glaube, den Bischöfen der antiochenischen Partei,
welche noch nicht erschienen waren, den Weg zur Zustimmung zu den Beschlüssen der ersten Sitzung nicht
erschweren. Denn wir wissen, dass gerade die Cyrillschen
Kapitel ihnen ein Stein des Anstosses waren. Wenn die
Synode von Ephesus diesen Brief Cyrills auch nicht formell
gutgeheissen, so hat sie ihn doch wenigstens gelten lassen,
indem kein Widerspruch dagegen erhoben wurde. Dass
dieses Schreiben Cyrills auf dem Konzil zur Sprache kam,
bezeugen auch die Antiochener in einem Briefe an den
Kaiser, in welchem sie ihn bitten, diese Sätze Cyrills zu
verurteilen, welche derselbe vertrauend auf die Unkenntnis der versammelten Väter, durch Synodalbeschluss bestätigen zu lassen versucht hätte, haec autem... syno-
dica confirmare auctoritate tentavit. [4]) Nach formeller Bestätigung des in Frage stehenden Schreibens klingt allerdings das Urteil des Ibas, der in seinem Briefe an Maris
schreibt: „Als wir bei unserer Ankunft in Ephesus hörten,

[1]) Ms. VI, 86 c f.
[2]) Petav. VI, 16, 3.
[3]) Ms. IV, 1180 b.
[4]) Ms. V, 782 c.

dass sie die dem wahren Glauben zuwider laufenden 12
Kapitel Cyrills aufgestellt (ἀνέθηκαν), bestätigt (ἐβεβαίωσαν) und
ihnen zugestimmt hatten (συνέθεντο), als betreffe es den
wahren Glauben, haben alle orientalischen Bischöfe den
Cyrill ausgeschlossen." [1]) Indes dürfte gerade dieses Zeugnis doch als übertrieben gelten, weil es den Orientalen
erwünscht war, wenn die 12 Kapitel eine feierliche Konzils-
anerkennung gefunden hätten, um dann den Cyrill samt
den Vätern beim Kaiser des Apollinarismus zu beschuldigen.
Bei Ibas war wohl der Wunsch der Vater des Gedankens.
Wenn die gegen den Monotheletismus im Jahre 649 zu
Rom abgehaltene Synode die 12 Anathematismen Cyrills
als ein Symbolum apud Ephesum ducentorum patrum bezeichnet, [2]) so liegt darin doch nicht die Thatsache der
ausdrücklichen Approbation erwiesen. [3]) Dem von Hefele gemachten Schlusse: „Hat man aber zu Chalcedon die Anatheme Cyrills ausdrücklich bestätigt, so hatte man zu Ephesus
noch mehr Grund dazu", [4]) kann ich nicht beistimmen.
In Chalcedon war es unbedingt notwendig, dass man sich
über das Verhältnis der Cyrillschen termini ἕνωσις φυσική, μία
φύσις κ. τ. λ. zur Lehre des Monophysitismus klar wurde,
weil die Anhänger dieser Irrlehre sich auf Cyrill beriefen.
In Ephesus dagegen handelte es sich in erster Linie um
Verwerfung der gegen den allgemeinen Glauben ver-
stossenden Irrlehre des Nestorius, um Rettung des Dogmas
von der Einpersönlichkeit in Christo, seiner Gottheit und
der Berechtigung des θεοτόκος. Und dafür genügte vollkommen die Approbierung des zweiten Cyrillschen Briefes.
Um die Orientalen, wie ich schon bemerkte, nicht vor
ihrer Ankunft zu erbittern, hat man vielleicht in der
ersten Sitzung die Discussion über die Thesen Cyrills
durch feierliche Anerkennung nicht abschliessen wollen.

---

[1]) Ms. VII, 244 c.
[2]) Ms, X, 1040 e.
[3]) Auch die in der confessio fidei von Gregor II. gemachte
Bemerkung (Mg. gr. 91, 1021 c) beweist nicht die feierliche
Approbation.
[4]) Hefele, II, 185, n. 3.

Und es wäre gewiss zu einer eingehenderen Besprechung, zum entscheidenden Für oder Gegen, gekommen, wenn die Antiochener nicht die Thorheit begangen hätten, sich von den Beratungen fern zu halten. Ebenso hätte auch ihr jetzt schon ausgearbeitetes Symbolum, welches Cyrill 433 unterzeichnete, in der späteren Form Anerkennung gefunden. Man mag es mir nicht als Abschweifung vom Thema auslegen, wenn ich an dieser Stelle das Schicksal des dritten Briefes mit seinem Anhange noch weiter bis zum Konzil von Chalcedon verfolge. In einer von Aëtius verlesenen Glaubensformel, welche durch eine eigens dazu gewählte Kommission festgesetzt wurde, werden die ephesinischen Beschlüsse von neuem bestätigt. Dann heisst es weiter: „Wegen derjenigen aber, welche das Geheimnis der Menschwerdung zu verdrehen suchen und irrig behaupten, ein reiner Mensch sei aus Maria geboren, hat die Synode (zu Chalcedon) d i e S y n o d a l b r i e f e des hl. Cyrillus, Vorstehers der alexandrinischen Kirche, a n N e s t o r i u s und an die Orientalen als bestimmend und entscheidend angenommen „συνοδικὰς ἐπιστολὰς πρός τε Νεστόριον καὶ πρὸς τοὺς τῆς ἀνατολῆς ἁρμοδίους οὔσας ἐδέξατο“ zur Widerlegung des Nestorianismus und zur Erklärung für die, welche aus gläubigem Eifer in das Glaubensbekenntnis Einsicht verlangen. Auch hat sie den Brief des hl. Leo, welchen er an Flavian zur Vernichtung der eutychianischen Irrtümer schrieb, als übereinstimmend mit der Lehre des hl. Petrus beigefügt." [1]) Darnach hat also das Konzil von Chalcedon die Synodalbriefe Cyrills in gleichen Rang mit der Epistel Leos gestellt und sie als Norm für den christologischen Glauben bestätigt. Fällt darunter nun auch der dritte Brief mit den Anathemen Cyrills? Ja und ohne Zweifel. Als Synodalbrief im buchstäblichen Sinne gilt gerade der dritte, weil er im Anschluss an die Synode von Alexandria mit Hinzufügung der 12 Kapitel verfasst und dem Nestorius zugeschickt ist. Der zweite Brief Cyrills, an sich keine Synodalepistel, wurde eine solche durch die feierliche Bestätigung zu Ephesus.

---

[1]) Ms. VII, 113 b c, Petav. XV, 3, 6.

Wenn also das Konzil zu Chalcedon von Synodalbrie f e n
Cyrills redet, so müssen diese zwei gemeint sein. Weil
dazu noch die Bestätigung der Briefe Cyrills an die
Orientalen erfolgte, so sind auch damit die Cyrillschen
Vereinigungstermini als orthodox anerkannt. Denn gerade
in diesen Briefen finden wir dieselben. Unhaltbar ist
somit die Behauptung, welche Schaefer aufstellt. [1]) Er
sagt: „Wenn das Konzil (Chalcedon) dann in seiner
Glaubensformel erklärt, die Synodalbriefe Cyrills anzu-
nehmen, so bezieht sich das nur auf die in der zweiten
Sitzung verlesenen und approbierten Briefe. Den dritten
Brief Cyrills an Nestorius hat das Konzil zu Chalcedon
ebensowenig gutgeheissen, wie das von Ephesus.“ In der
zweiten Sitzung aber sind approbiert der zweite Brief an
Nestorius und der an Johannes, also nur e i n Synodalbrief.
Wenn hier aber von Synodalbrie f e n a n N e s t o r i u s die
Rede ist, so gehört dazu auch der dritte, dessen die illy-
rischen und palästinensischen Bischöfe vorher noch Erwähnung gethan hatten. Schaefers Behauptung muss um
so mehr als hinfällig gelten, als auch das Konzil von
Konstantinopel 553 erklärt: „Die hl. Synode von Chalcedon
legt den hl. Cyrillus sich sowohl als Lehrer bei, als auch
nimmt sie seine Synodalbriefe an, von denen dem einen
die 12 Anathematismen angefügt sind.“ [2]) Nicht also Papst
Johannes II. hat die 12 Kapitel Cyrills zuerst als „öffentlich und offiziell“ [3]) anerkannt im Jahre 533, sondern
schon das Konzil zu Chalcedon. Ja, eine Vergleichung
der Glaubensformel des Konzils von ἐπόμενοι an bis καθάπερ
ἄνωθεν [4]) mit den Briefen Cyrills überhaupt lässt mich vermuten, dass die Kommission bei der Ausarbeitung dieses
Abschnittes die Briefe Cyrills sogar sehr stark benutzt hat.
Ich schliesse die Abhandlung über den dritten Brief Cyrills
an Nestorius mit der Behauptung, das Konzil von Chalcedon

---

[1]) Schaefer, die Christologie des hl. Cyrillus in der röm. Kirche
432—534, in Theol. Quartalschr. 1895, p. 430 ff.
[2]) Ms. IX, 341 d, ferner 576 a, 343 a, 97 c, X, 1025 c.
[3]) Schaefer, l. c. p. 447.
[4]) Ms. VII, 116 a—d.

451 hat auch diesen Brief approbiert, allerdings ohne n a m e n t l i c h e H e r v o r h e b u n g der 12 Kapitel; doch darüber vergleiche man die confessio rectae fidei adversus 3 capitula von Justinian (Ms. IX, 576 a). [1]) Kehren wir nunmehr zur weiteren Verfolgung des nestorianischen Kampfes zurück. Die Synode, sowie auch Nestorius setzten den Kaiser über den Ausgang der ersten Sitzung in Kenntnis noch vor der Ankunft des Johannes von Antiochia. [2]) Cyrill hält inzwischen zwei Predigten über die Menschwerdung. [3]) 5 Tage nach der Absetzung des Nestorius, am 27. Juni, kam Johannes in Ephesus an. Die Synode schickte ihm eine Gesandtschaft von Bischöfen entgegen, liess ihm die Absetzung des Nestorius mitteilen und zur Besprechung einladen. [4]) Das vermeintliche voreilige Vorgehen der Synode kränkte den Patriarchen. [5]) Die Gesandten wurden misshandelt. [6]) Die mit Johannes nunmehr zusammengetretenen 43 Bischöfe [7]) setzten den Cyrill und Memnon, Bischof von Ephesus, ab und schickten Bericht an den Kaiser. [8]) Auch die Synode wurde abermals beim Kaiser vorstellig. Sie führte aus, es sei doch absurd, dass sich 30 Bischöfe einer Versammlung von 210 Bischöfen widersetzen wollten. [9]) Dieselbe Synode setzte dann den Johannes ab. Auf einen entstellten Bericht des Candidian an den Kaiser erfolgte sodann ein kaiserliches Schreiben des Inhaltes, [10]) dass alles ohne Streitigkeiten und mit Eifer für die Wahrheit beraten werden sollte, nachdem auch die antiochenischen Bischöfe angekommen seien. Dieser Befehl wurde aber nicht vollzogen. Der Kaiser ernannte einen neuen Kommissar, Johannes, und setzte die Bischöfe Cyrill, Memnon und den Nestorius ab. Am 10. Juli kamen die

---

[1]) Hefele, II, 470, n. 1.
[2]) Ms. IV, 1232, 1236 c f.
[3]) Mg. 77, 992 und 996.
[4]) Ms. IV, 1328 c.
[5]) Joh. ad Hyst. Mg. 77, 164 c.
[6]) Ms. IV, 1440.
[7]) l. c. 1269.
[8]) l. c. 1272.
[9]) l. c. 1329 d f.
[10]) l. c. 1377 d f.

Gesandten des Papstes an und unterschrieben das Ab-
setzungsurteil gegen Nestorius. Auch der neue Kommissar
brachte keine einigende Beratung zustande. Er setzte den
Cyrill, Memnon und Nestorius gefangen. Letzterer erhielt
bald den kaiserlichen Befehl, sich· in sein Kloster bei
Antiochia zurückzuziehen. Es erfolgte nun wieder ein
Schreiben beider Parteien an den Kaiser. Die Orientalen
teilten ihm mit, dass sie die Anatheme Cyrills als der
Lehre des Evangeliums und der Apostel entgegen verurteilt hätten. Dass dieselben mit der Gottlosigkeit des
Apollinaris im Einklange ständen, hätte auch der 110 Jahre
alte Bischof von Beroea, Acacius, ihrer Versammlung mitgeteilt. An den Schluss des Schreibens setzten sie sodann
ihr Glaubensbekenntnis, das spätere Unionssymbol. [1]) Der
Kaiser sah ein, dass keine Verständigung in Ephesus erzielt
wurde; andererseits musste er sich auch sagen, dass die
überwiegende Mehrzahl der Bischöfe auf Seiten Cyrills stand,
und dass hier auch wohl die im wahren Glauben stehende
Partei mit Wahrscheinlichkeit zu suchen sei. Wegen dieser
Majorität hatte das kleine Häuflein der Antiochener es
vorgezogen, den weiteren Verhandlungen fern zu bleiben
und an den Kaiser die Bitte zu richten, es möchten von
jeder Partei die zwei Metropoliten mit je zwei Bischöfen
zur Beratung zusammentreten. Der Kaiser kam diesem
Wunsche insofern nach, als er von beiden Parteien je 8
Mitglieder zuerst nach Konstantinopel, dann nach Chalcedon
vorladen liess; er wollte persönlich den Verhandlungen
beiwohnen. Unter den Abgeordneten der Orientalen war
Theodoret, Bischof von Cyrus. Seine Partei verlangte die
Verurteilung der Anathematismen des Cyrill. Aber sie
drang hier nicht mehr durch. „Von hier aus," so schreibt
Theodoret, „ist nichts Gutes mehr zu hoffen, weil die
Richter selbst behaupten, es sei e i n e Natur der Gottheit
und der Menschheit." [2]) Cyrill hatte im Kerker eine Erklärung seiner Kapitel geschrieben; [3]) diese schickten die

[1]) Ms. V, 781 ff.
[2]) Ms. IV, 1407 d.
[3]) Mg. 76, 293 ff.

Orientalen ihren Abgeordneten nach Chalcedon nach.[1]) In
drei Eingaben an den Kaiser[2]) bitten sie, ihnen Gehör zu
schenken, die apollinaristische Lehre Cyrills zu verwerfen,
keine Zusätze zum nicaenischen Glauben zu dulden. Mit
dem Gedanken an den Kampf gegen die ihnen verhasste
Lehre Cyrills von der ἕνωσις φυσική waren die Antiochener
nach Ephesus gekommen, und in der Verurteilung derselben
hatte ihre ganze Konzilsbestrebung gelegen. Da wäre es
doch ihre Pflicht gewesen, selbst wenn sie von der Synode
nicht nachträglich eingeladen worden wären, in der Versammlung zu erscheinen und Rechenschaft zu fordern sowohl über die Verhandlungen der ersten Sitzung, als auch
über die Lehrmeinung Cyrills. Selbst die 200 Bischöfe
hätten sie nicht zu fürchten brauchen, da sie damals noch
die Gunst des Kaisers in höherem Masse genossen, als die
Synodalpartei.[3]) Aber sie scheinen sich ihrer Sache nicht
sicher gewesen zu sein und zogen es deshalb vor, fern zu
bleiben, obwohl ausserdem noch sogar durch kaiserlichen
Erlass ihnen die Teilnahme anbefohlen war. Somit erfuhren
sie denn jetzt auch eine gerechte Verurteilung. Das Resultat der Verhandlungen in Chalcedon, die in ihren Einzel-
heiten nicht bekannt sind, war, dass die Bischöfe in Ephesus
in ihre Heimat zurückkehren durften,[4]) dass Cyrill und
Memnon wieder in ihr Amt eingesetzt wurden, und an
Stelle des verbannten Nestorius Maximian den Patriarchenstuhl von Konstantinopel erhielt. Cyrill kam am 30. Oktober
431 in Alexandria an; die Stadt nahm ihn unter grossen
Ehrungen auf.[5])

Die Orientalen unter Führung des Patriarchen von
Antiochia beharrten im Kampfe gegen die Cyrillsche Lehre
und wollten nicht eher Frieden schliessen, bis er seinen
Lehrsätzen abgeschworen hätte. Sie hielten gegen Ende
431 zu Tarsus und Antiochia Synoden ab, auf denen sie

[1]) Ms. IV, 1419 d.
[2]) Ms. IV, 1401—1406.
[3]) Apolog. Cyr. ad Theodosium. Mg. 76, 476 d.
[4]) Ms. V, 805 b.
[5]) Ms. V, 659 a; Liberat. brev. 7.

Cyrill von neuem absetzten. [1]) Cyrill richtet nun eine Verteidigungsschrift an den Kaiser [2]), in welcher er sein Verhalten gegen Nestorius und die Orientalen, und zwar sowohl vor, als auch auf der Synode zu Ephesus rechtfertigt, besonders sich gegen den Vorwurf des Johannes von
Antiochia verteidigt, als ob er den Irrtum des Apollinaris,
Arius und Eunomius teile; Zeuginnen seiner Rechtgläubigkeit seien die römische Kirche und die versammelte Synode. Gern wäre er zu seiner Verteidigung mit den Abgeordneten in Chalcedon erschienen, wenn er nicht eingekerkert worden wäre. Es sei bitter für ein Gemüt,
welches sich schuldlos wisse, ohne Grund von denen verleumdet zu werden, welche gar nicht verletzt worden
seien. Jedoch tröste er sich mit dem Worte Christi:
„Haben sie mich verfolgt, so werden sie auch euch verfolgen (Joh. 15, 20).“ Mit allen Bischöfen und Mönchen
Aegyptens wolle er in Zukunft der Gnade des Erlösers
und der Gerechtigkeit des Kaisers danken für die Errettung und den Sieg. Der Kaiser bemühte sich nun, den
Frieden zwischen den beiden Parteien herzustellen. Zu
dem Zwecke richtete er um die Mitte 432 ein Schreiben
an Johannes von Antiochia, in welchem er denselben aufforderte, mit Cyrill Frieden zu schliessen, die Absetzung
des Nestorius zu unterzeichnen und dessen Lehre zu verurteilen. [3]) Eine ähnliche Aufforderung erhielt auch Cyrill.
Die Orientalen stellten nun 6 Sätze auf, welche Cyrill
unterschreiben sollte; vor allem müsse er seine Anathematismen zurückziehen. Der Tribun Aristolaus, welcher dem
Johannes das kaiserliche Schreiben eingehändigt hatte,
überbrachte die Bedingungen nach Alexandria. Aus
einem Briefe Cyrills, welchen er n a c h e r f o l g t e r
Union an Acacius von Melitene schrieb, erfahren wir
den Hergang dieser Angelegenheit. [4]) Auf die gestellten
Bedingungen habe er, so heisst es im Briefe, geant

---

[1]) Ms. V, 1147 a.
[2]) Cyr. apolog. ad Theodos. Mg. 76, 469 c—483.
[3]) Ms. V, 277 e f.
[4]) Mg. 77, 184 ff.

wortet, dass er das nicaenische Symbolum nicht umstossen wolle; seine Schriften gegen die Blasphemie des Nestorius könne er nicht zurücknehmen. Dagegen sollten sie gemäss dem Befehle des Kaisers und dem Beschlusse der ephesinischen Synode die Lehre des Nestorius verurteilen und die Wahl Maximians anerkennen. Denselben Bescheid hatte Cyrill nach der Ankunft des Aristolaus auch dem Bischof Acacius von Beroea gegeben, bei welchem die Orientalen zur Festsetzung der Friedensbedingung sich vorher versammelt hatten (Mg. gr. 77, 184 c.) In diesem Schreiben betont Cyrill, dass er nie apollinaristisch gelehrt habe; wenn sich in seinen Anathemen etwas Unverständliches fände, so wollte er es gern erklären, verwerfen aber könnte er sie nicht.[1] Im selben Sinne schrieb er an Bischof Rabulas von Edessa.[2] Acacius von Beroea war mit den Forderungen Cyrills einverstanden und teilte dieses den Orientalen mit.[3] Infolge dessen entstand unter ihnen Uneinigkeit; es bildeten sich Parteien. Die einen hielten Cyrill für einen Ketzer, so Alexander von Hierapolis, Andreas von Samosata. Die anderen, darunter Johannes von Antiochia und Theodoret von Cyrus glaubten, oder besser gesagt, sie gaben sich den Anschein, als ob sie glaubten, Cyrill habe seine Anathematismen verworfen und dem (vermeintlichen) Apollinarismus entsagt. In die Absetzung des Nestorius wollte jedoch auch diese Partei noch nicht einwilligen. Indess sandte Johannes von Antiochia den Paulus von Emisa nach Alexandrien betreffs weiterer Verhandlung und gab davon den anderen Orientalen Kenntnis. Diese aber waren mit dem Schritte, welchen jener gethan hatte, nicht ganz einverstanden.

III. Die Union und ihre Folgen.

Das Schreiben,[4] welches Johannes durch Paulus von Emisa an Cyrill geschickt hatte, entsprach nicht dem

---

[1] Mg. 77, 157.
[2] Mg. 77, 161.
[3] Ms. V, 880 d f.
[4] Mg. 77, 165 b f.

Wunsche des letzteren. Weil aber Paulus sich bereit erklärte,
die Lehre des Nestorius zu verwerfen, dessen Absetzungs-
urteil zu unterzeichnen, weil er versicherte, er thue dieses
in Vertretung aller Orientalen (ὡς ἐκ προσώπου πάντων τῶν κατὰ
τὴν Ἀνατολὴν θεοσεβεστάτων ἐπισκόπων), so erklärte sich Cyrill
einverstanden, wenn auch Johannes dasselbe Bekenntnis
schriftlich abgebe. [1]) Derselbe that dieses in einem Schreiben
an Cyrill. [2]) Johannes und die Bischöfe seiner Partei unterzeichnen die Absetzung des Nestorius, verurteilen seine
Lehre und erkennen den Maximian an, sie erklären sich
ferner eines Glaubens mit den Bischöfen des ganzen Erdkreises. [3]) Dem Paulus von Emisa hatte Johannes eine
Glaubensformel mitgegeben, welche Cyrill unterzeichnen
sollte. [4]) Es ist dieses jenes Symbolum, welches die Orientalen während des Konzils zu Ephesus dem Kaiser einge-
reicht hatten. Der Wortlaut ist folgender: „Wir bekennen, dass unser Herr Jesus Christus, der eingeborene
Sohn Gottes, vollkommen Gott und vollkommen Mensch
ist aus einer vernünftigen Seele und einem Leibe, dass er
der Gottheit nach von Ewigkeit aus dem Vater gezeugt,
dass ganz derselbe (τὸν αὐτόν) in der Fülle der Zeit
unseretwegen und zu unserer Rettung aus Maria der
Jungfrau der Menschheit nach geboren ist, der Gottheit
nach wesensgleich mit dem Vater, der Menschheit nach
wesensgleich mit uns. Eine Vereinigung zweier Naturen
ist erfolgt (δύο γὰρ φύσεων ἕνωσις γέγονε). Deshalb bekennen
wir einen Christus, einen Sohn, einen Herrn. In
Hinsicht auf die ohne Vermischung geschehene Vereinigung
(τῆς ἀσυγχύτου ἑνώσεως) bekennen wir, dass die hl. Jungfrau
Gottesgebärerin ist (θεοτόκον), weil der Gottlogos Fleisch
und Mensch geworden ist und gleich von der Empfängnis
an (ἐξ αὐτῆς τῆς συλλήψεως) den aus ihr genommenen Tempel
mit sich vereinigt hat (ἑνῶσαι ἑαυτῷ τὸν ἐξ αὐτῆς ληφθέντα ναόν).
Was aber die Aussageweisen von Christo in den Evan-

[1]) Mg. 77, 185 c.
[2]) Mg. 77, 169 d. f., 248.
[3]) Mg. 77, 175 b.
[4]) Mg. 77, 172 c. f.

gelien und apostolischen Schriften betrifft, so wissen wir,
dass die Theologen diejenigen, welche beiden Naturen
eignen (κοινοποιοῦντας), wie auf eine Person (ὡς ἐπ' ἑνὸς προσώπου)
beziehen, die aber, welche die Naturen unterscheiden
(τὰς διαιροῦντας), wie auf zwei Naturen (ὡς ἐπὶ δύο φύσεων), nämlich die göttlichen auf die Gottheit Christi, die erniedrigenden aber auf seine Menschheit übertragen.“ Dieses
Symbolum hat Cyrill als rechtgläubig anerkannt. Denn
er schreibt sofort an Johannes von Antiochia im Anschluss
an dieses untadelhafte Bekenntnis des Glaubens (ἀδιάβλητον
τῆς πίστεως τήν ὁμολογίαν) [1] wie Cyrill es nennt : „Als wir
eure hl. Worte lasen und fanden, dass auch wir so denken
(οὕτω τε καὶ ἑαυτούς φρονοῦντας), da haben wir Gott, den Erlöser
Aller, gepriesen, dass unsere und eure Kirche einen Glauben
haben, der mit der hl. Schrift und den Ueberlieferungen
der Väter übereinstimmt.“ [2] Somit war Anfang 433 der
Friede zwischen der antiochenischen Kirche, zum Teil
wenigstens, und der alexandrinischen und somit auch
römischen wiederhergestellt. Gehen wir nun etwas näher
auf dieses Sybolum ein, prüfen wir dasselbe auf seine Orthodoxie, [und betrachten wir es in seinem Verhältnis zu
dem schon in Ephesus vorliegenden, zur Lehre Cyrills,
deren Hauptinhalt wir hier antizipieren müssen, und zum
Symbolum Chalcedonense. Im Gegensatz zum Nestorianismus lehrt diese Glaubensformel unzweideutig die natürliche Einpersönlichkeit in Christo, die Indentität (τὸν αὐτόν)
des vom Vater von Ewigkeit Gezeugten mit dem in der
Zeit von Maria dem Fleische nach Geborenen. Deswegen
gebührt der hl. Jungfrau der Titel Gottesgebärerin. Die
Einpersönlichkeit ist durch die unvermischte Vereinigung
zweier Naturen, der Gottheit und Menschheit, nicht ge-
stört worden. Soweit hat das Symbolum f o r m e l l und
m a t e r i e l l einen rechtgläubigen Charakter. Ebenso scharf
formell aber ist derselbe nicht ausgeprägt in dem τὸν ἐξ
αὐτῆς ληφθέντα ναόν und in der communicatio idiomatum, dem

---

[1] ep. Cyr. ad Joh. Mg. 77, 176 c.
[2] Mg. 77, 177 b.

τὰς δὲ διαιροῦντας ὡς ἐπὶ δύο φύσεων. Aus beiden Ausdrücken könnte man immer noch Nestorianismus herausrechnen, wie aus der μία φύσις κ. τ. λ. des Cyrill Monophysitismus. Aber materiell ist doch nicht daran zu denken weder im einen, noch im anderen Falle. Die physische Einpersönlichkeit ist doch zu sehr im Symbolum betont durch das τὸν αὐτόν, das δύο φύσεων ἔνωσις γέγονε und durch θεοτόκος. Von einer συνάφεια ist nicht mehr die Rede, und das Wort ναός kann man auch als eine Bezeichnung der menschlichen Natur gelten lassen; auch Cyrill braucht diesen Ausdruck einige Mal als solche. Mehr beanstanden könnte man dagegen meiner Ansicht nach die etwas zu scharfe Abgrenzung der göttlichen und menschlichen Aussageweisen. Das Symbolum will nur die gemeinsamen Redeweisen, in denen beide Naturen thätig sind, wie z. B. das Aeussere bei einer Wunderwirkung, auf die eine Person bezogen und von ihr ausgesagt wissen; die rein göttlichen Thätigkeiten sollen dagegen mehr der Gottheit Christi, die erniedrigenden mehr der Menschheit desselben beigelegt werden, während Cyrill letztere auch direkt auf die göttliche Person des Logos, jedoch nur des Fleisch gewordenen, bezieht. Aber trotz der gewollten Abgrenzung legt das Symbolum sogar selbst die ταπεινὰς φωνάς direkt dem Eingeborenen bei in den Worten: „Ganz derselbe τὸν αὐτόν ist seiner Menschheit nach aus der Jungfrau g e b o r e n. Man muss also allem nach dieses Symbolum als orthodox und antinestorianisch gelten lassen, wenn es auch nicht die Höhe ¦der Cyrillschen Vereinigungstheorie erreicht. Man könnte sagen, wenn man einen Vergleich gebrauchen will, es verhält sich zu dieser, wie die somatischen Evangelien der 3 Synoptiker zu dem pneumatischen des Johannes. Die Form, in welcher dasselbe Symbolum schon zu Ephesus den Orientalen vorlag,[1]) war dieselbe, wie die oben angegebene; es fehlte aber dort der Schlusssatz, welcher die communicatio idiomatum betraf. Dieser Satz wurde meiner Meinung nach hauptsächlich wohl wegen des vermeint-

---

[1]) Ms. V, 783 c.

lichen Apollinarismus des Cyrill hinzugefügt, weil die
Orientalen meinten, Cyrill liesse die göttliche Natur in
abstracto leiden und sterben. Nur so erklärt sich die
oben besprochene Abgrenzung der Natureneigentümlich-
keiten an dieser Stelle des Symbolums. Ziehen wir auch
hier zugleich einen Vergleich zwischen dieser Glaubensformel und jener zu Chalcedon,[1]) so können wir sagen,
dass dieselbe bis zur Stelle δύο γὰρ φύσεων in das Chalcedonense aufgenommen ist mit dem Zusatze „per omnia
nobis similem absque peccato", um noch mehr gegen die
Monophysiten die Gleichwesentlichkeit der menschlichen
Natur Christi mit der unsrigen, sowie auch den einzigen
Unterschied hervorzuheben. Dann aber folgt im Chalcedonense eine Erklärung des δύο φύσεων ἕνωσις γέγονε durch ἐν
δύο φύσεσιν (nicht ἐκ δύο φύσεων[2]) ἀσυγχύτως ἀτρέπτως ἀδιαιρέτως
ἀχωρίστως γνωριζόμενον· οὐδαμοῦ τῆς τῶν φύσεων διαφορᾶς ἀνηρημένης
διὰ τὴν ἕνωσιν, σωζομένης δὲ μᾶλλον τῆς ἰδιότητος ἑκατέρας φύσεως καὶ
εἰς ἓν πρόσωπον καὶ μίαν ὑπόστασιν συντρεχούσης, οὐκ εἰς δύο πρόσωπα μερι-
ζόμενον ἢ διαιρούμενον, ἀλλ' ἕνα καὶ τὸν αὐτὸν υἱὸν καὶ μονογενῆ θεὸν
λόγον, κύριον Ἰησοῦν Χριστόν.

In diesem Teile wird das Symbolum der Lehrmeinung
Cyrills gerecht, indem es sich über das Wie der Vereinigung der zwei Naturen präcis ausspricht und die ἕνωσις καθ'
ὑπόστασιν Cyrills unter der dieser z u n ä c h s t nur eine w a h r e
und n a t ü r l i c h e Vereinigung (ἕνωσις κατ' ἀλήθειαν) verstand,
als eine Vereinigung der beiden Naturen in der einen
Person Christi (εἰς ἓν πρόσωπον καὶ μίαν ὑπόστασιν συντρεχούσης)
erklärte. Erst auf dem Konzil zu Chalcedon sind diese
christologischen Gedanken Cyrills, die sich näher mit der
Lösung der Frage nach der Art und Weise der Vereinigung seit Ausbruch des Nestorianischen Streites beschäftigt hatten, vollends zur Geltung und zum Abschluss
gelangt. Das Unionssymbol erwähnt die Frage nach dem
Wie der Vereinigung nicht, sagt nur, dass eine unvermischte Verbindung der Naturen stattgefunden habe. Von

---

[1]) Ms. VII, 111—118.
[2]) Hefele, II, 470 n. 1.

den Cyrillschen Vereinigungstermini lesen wir nichts. Der Grund ist klar. Cyrill selbst hat auch nicht auf eine Aufnahme derselben in das Symbolum gedrungen, sondern gab sich mit der vorliegenden Fassung zufrieden. Das aber fassten die Orientalen als eine Lehränderung Cyrills, als eine Verwerfung des Apollinarismus seinerseits auf. [1]) Hat Cyrill dadurch nun, dass er jenes Symbolum als orthodox unterzeichnete, seinen Glaubensstandpunkt verlassen? Ich antworte: „Materiell nicht, wohl aber formell und letzteres auch wiederum nur bezüglich des Symbolums, damit endlich der Friede zustande käme." Man muss nämlich in der Christologie Cyrills nach ihrem Standpunkte zur Zeit der Union 433 unterscheiden zwischen dem Dogma d. h. dem allgemeinen damaligen Glauben der Kirche und der spekulativen Erklärung Cyrills. Zum Dogma gehörte die Einpersönlichkeit in dem Mensch gewordenen Gottessohne und seine Geburt aus der Jungfrau, welcher daher der Titel Gottesgebärerin gebührte. Darauf hatte auch Johannes mit den versammelten Bischöfen den Nestorius hingewiesen (Ms. IV, 1061), und gegen diesen allgemeinen Glauben verstiess das Unionssymbol wenigstens in seinem Wortlaute [2]) nicht. Jedermann hätte es mit Recht dem Cyrill verdenken müssen, wenn er die Orthodoxie dieser Glaubensformel nicht hätte anerkennen wollen. Anders verhielt es sich mit der spekulativen Erörterung der Vereinigungstermini, wie sie sich im 3. Briefe Cyrills an Nestorius und in den Anathemen vorfanden. Wie wir hörten, hatte auch das Konzil zu Ephesus sich nicht entscheidend darüber ausgesprochen, obwohl der Brief zur Verlesung gekommen war. Somit konnte Cyrill auch nicht auf Anerkennung seiner Lehre in dieser Hinsicht von seiten der Orientalen dringen und er hat sie für das Symbolum fallen lassen, nicht aber für seine Person. Denn er redet nach wie vor vor der Union von der ἕνωσις καθ' ὑπόστασιν, φυσική, von der μία φύσις τοῦ Θεοῦ Λόγου σεσαρκωμένη neben δύο φύσεις

---

[1]) Theodoret ad Joh. Ms. V, 381 d. f.

nach der Union. [1]) Cyrill schreibt an Donatus, Bischof von
Nicopolis im alten Epirus, man habe an ihn das thörichte
Verlangen gestellt, er solle a l l e s, was er gegen Nestorius
geschrieben hätte, zurücknehmen; das könne er nicht; denn
alles sei dem wahren Glauben konform. [2]) Man lese ferner
nur Cyrills Briefe nach der Union, welche er an Valerian [3])
und Successus schrieb. [4])

Durch Anerkennung des antiochenischen Symbolums
von seiten Cyrills war der Friede wenigstens mit einem
grossen Teile der Orientalen wieder hergestellt. Cyrill
gab seiner Freude über dieses Friedenswerk in mehreren
Schreiben Ausdruck, in denen wir auch seine Ansicht über
das besprochene Symbolum, sowie über seine spekulative
Lehrmeinung erfahren. Zunächst richtet er an Johannes
von Antiochia einen Brief, [5]) den er mit den Jubelworten
beginnt: „εὐφραινέσθωσαν οἱ οὐρανοὶ καὶ ἀγαλλιάσθω ἡ γῆ." Im
zweiten Teile des Schreibens verteidigt er sich gegen
apollinaristische Vorwürfe, die ihm gemacht seien. Sodann
schrieb er an Papst Xystus, wie aus dessen Antwort vom
17. September 433 hervorgeht. [6]) Zwei andere Schreiben
richtete Cyrill an Maximian [7]) und an Donatus. [8]) Auch
drückt er seine Freude aus in einer Homilie am Feste
Johannes des Täufers. [9])

Wir haben zum Schluss nun noch die Frage zu erörtern: „Welchen Eindruck machte die Union auf die
Parteigenossen Cyrills, sowie auf die strengere Partei der
Orientalen?" Liberatus berichtet [10]), einige von den Parteigenossen Cyrills, so Acacius von Melitene, hätten ihn be-

---

[1]) Cyr. ad Acac. Melit. Ms. V, 320 a c; ad Eulogium Ms. V
344 e. 345 c.
[2]) Ms. V, 348 d; Mg. 77, 169 c.
[3]) Ms. V, 353 ff.
[4]) Mg. 77, 228—245; Justinian adv. Theodor. Mops. Mg. 86, 1077 b.
[5]) Mg. 77, 173.
[6]) Mg. 77, 277 c.
[7]) Mg. 77, 253.
[8]) Mg. 77, 249.
[9]) Mg. 77, 1096 b c.
[10]) Liberat. brev. c. 8.

schuldigt, dass er von den Orientalen das Bekenntnis der zwei Naturen angenommen hätte; so habe aber Nestorius gelehrt. Cyrill redet freilich nach der Union von δύο φύσεις, jedoch ἑνωθεῖσαι, nicht im Sinne des Nestorius, der unter den φύσεις Hypostasen verstand, die durch συνάφεια verbunden waren. Cyrills Freunde, unter ihnen auch die Mönche Aegyptens, welche entschiedene Feinde des Nestorianismus waren, neigten schon zum Monophysitismus hin und wollten in der Unterzeichnung des Symbolums durch Cyrill einen Abfall zum Nestorianismus erkennen. Das Wort φύσις fassten sie eben als Personenbegriff. Acacius, Bischof von Melitene, schrieb nach der Union an Cyrill [1]): „Möge jeder gezwungen werden, öffentlich das Anathem über die Dogmen des Nestorius und des Theodor auszusprechen, die da sagen. nach der Vereinigung seien noch zwei Naturen, von denen jede für sich besonders wirke, denn wenn man lehrt, die eine Natur habe gelitten, die andere sei leidensunfähig, so heisst das nichts anderes, als zwei Söhne bekennen.“ Cyrill belehrt den Acacius darüber in einem Schreiben [2]), ebenso die übrigen monophysitisch Denkenden. [3]) Infolge seines Glaubensanschlusses an die Orientalen hatte Cyrill auch den Vorwurf seines „geistigen Vaters“ Isidor von Pelusium [4]) zu ertragen. Man komme, so schreibt er ihm, bei dem Vergleiche seiner jetzigen Schriften mit den früheren zu dem Gedanken, entweder sei er der Schmeichelei erlegen, oder er sei ein Mann von leichter Gesinnung; er gleiche nicht mehr jenen hl. Athleten, die lieber die Verbannung ertrugen, als dass sie eine verkehrte Glaubenssentenz auch nur bis an ihr Ohr hätten gelangen lassen. [5]) Der Friede, welchen Johannes mit Cyrill geschlossen hatte, rief auch unter der strengeren Partei der Orientalen, den Feinden des Apollinarismus, arges Missvergnügen hervor,

[1]) Ms. V, 860 d.
[2]) Cyr. ad Acac. Mg. 77, 192 a d, 193 c.
[3]) Cyr. ad Eulog. Mg. 77, 224; Cyr. ad Succens. Mg. 77, 228 u. 237.
[4]) ep. Isid. I, 370, Mg. 78, 392 c.
[5]) ep. Isid. 324 Mg. gr. 78, 369.

so dass auch Johannes von Antiochia sich zu verteidigen hatte.[1] Sie warfen demselben vor, dass er von Cyrill nicht ausdrücklich die Verwerfung seiner Anatheme verlangt hatte. Sie halten Cyrill nach wie vor für einen Apollinaristen. Deshalb richten sie an den Papst Xystus ein Schreiben[2], in welchem sie sich gegen Johannes und Cyrill über den Hergang der Angelegenheit beklagen. Sie fordern den Papst auf, auf ihre Seite zu treten. Auch hielten sie eine Versammlung zu Zeugma ab. Cyrill schreibt zur Verteidigung der Union an Valerian, Bischof von Iconium; er legt ihm das Irrige des Nestorianismus dar unter Abwehr des Vorwurfes wegen Arianismus und Apollinarismus.[3]

Die fortgesetzten Unruhen im Orient veranlassten nun den Patriarchen von Antiochia, die Macht des Kaisers anzurufen.[4] Dieser erliess ein Edikt, in welchem den orientalischen Bischöfen die Alternative gestellt wurde, entweder der Union beizutreten, oder ihr Amt niederzulegen.[5] Viele traten der Union bei unter geheimer Beibehaltung ihrer nestorianischen Gesinnung. Deshalb schrieb Cyrill zwei Briefe an den kaiserlichen Tribun Aristolaus[6] und an Johannes von Antiochia.[7] In denselben stellt er 3 Punkte auf, welche die Uebertretenden unterzeichnen sollten. a) dass Maria Gottesgebärerin, b) dass nicht zwei, sondern ein Christus sei, c) dass der eine Christus seiner göttlichen Natur nach leidensunfähig sei, aber in seiner menschlichen Natur gelitten habe. Wir haben in diesen Punkten einen Auszug aus dem Unionssymbol. Zugleich ermahnt Cyrill den Johannes, durch Liebe und Sanftmut auf die Irrlehrer einzuwirken. Mittels der kaiserlichen Macht war der Nestorianismus für die Oeffentlichkeit unterdrückt und verboten. Im geheimen aber gab es noch viele Anhänger

[1] Joh. ad Theodoret. Ms. V, 867.
[2] Synodicon Cass. c. 117. Ms. V.
[3] Cyr. ad Valer. Mg. 77, 256.
[4] Ms. V, 904.
[5] Ms. V, 920.
[6] Mg. 77, 323.
[7] Mg. 77, 325.

dieser Lehre. Sie tauchte denn auch bald in einer neuen Form als Theodorianismus wieder auf, worüber im vorhergehenden bereits gehandelt wurde.

Mit der Darstellung des nestorianischen Kampfes schliessen wir den ersten Teil der Gesamtabhandlung, die negative Seite der Christologie Cyrills, wie ich sie in der Einleitung bezeichnet habe. In dem nun folgenden II. Hauptteile wollen wir uns das christologische Gebäude des Patriarchen von Alexandrien nach seiner positiven Seite näher ansehen. Während wir bisher Cyrills Ansicht über die christologischen Irrlehrer kennen lernten, werden wir nunmehr die Frage zu beantworten haben: „War Cyrill selbst Arianer oder Apollinarist?"

Zweiter Teil.

Die Christologie Cyrills nach ihrer positiven Seite. [1)

—◦◦❀◦◦—

I. Abschnitt.

Der göttliche Logos vor der Incarnation.

—◦◦❰▤❱◦◦—

1. Kapitel.

Die Gottheit des Logos.

Ἦν γὰρ φύσει καὶ ἀληθῶς Θεὸς καὶ πρὸ τῶν τῆς κενώσεως χρόνων. [2)

Auf die Frage: „Was und wer ist der Logos?" giebt uns Cyrill in Anlehnung an das schon von Athanasius formulierte Dogma über die Homousie des Sohnes mit dem Vater eine kurze und klare Darstellung. Er sagt: „Wir folgen dem Glauben der hl. Väter und sagen, dass der Sohn wahrhaft gezeugt sei aus dem Wesen Gottes des Vaters auf Gottes würdige und unaussprechliche Weise, dass er in eigener Hypostase (ἐν ἰδίᾳ ὑποστάσει) erkannt wird, dass er durch die Gleichheit des Wesens (τῇ ταυτότητι τῆς οὐσίας) mit dem Erzeuger vereinigt sei, dass er im Vater, und der Vater in ihm sei. Wir bekennen auch, dass er Licht aus

---

[1) Die gesamte christologische Arbeit Cyrills nach ihrer positiven Seite erstreckt sich auf drei Punkte, nämlich nachzuweisen: 1. die wahre Gottheit Christi gegen die Arianer; 2. die wahre und volle Menschheit gegen die Doketen und Apollinaristen; 3. die physische Vereinigung der beiden Naturen gegen die Nestorianer.

[2) Cyr. de s. s. Trinit. dial. V, Mg. 75. 976 a.

dem Lichte, Gott von Gott der Natur nach, gleicher Herrlichkeit und Macht, das Bild und der Glanz, dass er in allem, selbst dem Geringsten, dem Vater gleich sei, ihm in keiner Weise nachstehe. Nachdem man den hl. Geist hinzugezählt hat, wird die hl. und wesensgleiche Dreifaltigkeit zu einer Natur der Gottheit vereinigt (εἰς μίαν θεότητος ἑνοῦται φύσιν)." [1]) Neben der hypostatischen Verschiedenheit des Sohnes vom Vater, die Cyrill an anderer Stelle deutlicher hervorhebt, betont er hier vornehmlich seine Natur- und Wesensgleichheit mit dem Vater, also seine Gottheit. Im Anschluss an die hl. Schrift nennt er den Sohn die unversehrte Schönheit (ἀκραιφνέστατον κάλλος), das Bild und den Abglanz des Vaters. [2]) Und da der Sohn durch vollständige Gleichheit ausgezeichnet sei, da er zugleich mit dem Vater existiere, gleich ewig (συναΐδιος) sei, gleiche Macht (ἰσοσθενής) und Thätigkeit (ἰσουργός), gleichen Ruhm, gleiche Herrschaft (ὁμόθρονος) besitze, so hielt der Sohn es auch nicht für einen Raub, Gott gleich zu sein, [3]) wie der Apostel sagt (Philip. 2, 6). Die körper- materie- gestaltlose Gottheit [4]) besitzt nur e i n e und e i n f a c h e Natur (μία καὶ ἁπλῆ φύσις). Sie ist Leben (ζωή), Kraft (δύναμις), Weisheit (σοφία) und Ruhm (δόξα). [5]) Diese eine Natur ist Vater und Sohn gemeinschaftlich, und zwar beruht diese Einheit auf der Identität des Wesens (ἡ τῆς οὐσίας ταυτότης). Es ist eine natürliche und unaussprechliche Einheit, nicht bestehend in der Verschmelzung der Hypostasen, so dass Vater und Sohn d e r selbe sei. [6]) Dieses Einssein ist ein physisches und beruht nicht etwa auf der Gleichheit des Denkens und Wollens, dann würde, sagt Cyrill, der Logos sich nicht von den Adoptivsöhnen Gottes unterscheiden, die sich

---

[1]) Cyr. ad monach. Aeg. Mg. 77, 17 b c; vergleiche obigen terminus mit der μία φύσις τοῦ Θεοῦ Λόγου σεσαρκωμένη. Ueber eine Beschuldigung Cyrills wegen Tritheimus cfr. Petav. de incarn. VI, 3, 1—3.
[2]) Cyr. hom. Mg. 77, 984 d.
[3]) l. c. 773 b.
[4]) Cyr. in Js. Mg. 70, 1084 a.
[5]) Cyr. de s. s. Trinit dial. II, Mg. 75, 756 b.
[6]) l. c. dial. I, Mg. 75, 697 d.

durch den Glanz der Tugend diesen ehrenvollen Titel er-
werben. [1] „Nicht in eigener Wesenheit existiert der Sohn,“
sagt Cyrill, „wohl in eigener Hypostase, nämlich der des
Sohnes.“ Diese dem Vater wie dem Sohne gemeinsame
Natureinheit bezeichnet man richtig mit dem auf dem
Konzil zu Nicaea festgesetzten Ausdrucke ὁμοούσιος. „Zwar
steht er,“ sagt Cyrill, „nirgends in den hl. Schriften, weshalb die Gegner ihn verwerfen. Aber man pflegt der
Natur Gottes noch andere Ausdrücke beizulegen, obwohl
sie den hl. Schriften unbekannt sind. Der Ausdruck ὁμοούσιος
ist ein sehr bezeichnender, philosophischer terminus und
besagt, dass der aus der Wesenheit des Vaters selbst gezeugte Sohn nicht anderer Abstammung ist (οὐκ ἑτερούσιος),
wie jene (Arianer) wollen, noch auch dem Erzeuger fern
stehend, sondern wesensgleich, d. h. von gleicher Beschaffenheit und Natur σύμμορφός τε καὶ ὁμοφυής). [2] „Gott hat
sein Wesen bezeichnet, indem er zu Moses sprach: „Ich
bin der Seiende, ἐγώ εἰμι ὁ ὤν.“ So zu heissen geziemt sich
für ihn allein im höchsten und eigentlichen Sinne. Daraus
aber, so sagen wir, ist der Name οὐσία von den Alten gebildet worden und mit vollem Rechte. Wenn deshalb
jemand den Sohn natur- und seinsgleich (ὁμοφυᾶ καὶ ὁμοούσιον)
mit dem Vater nennt, so denken wir nicht von ihm, dass
er mit der Namengebung eine ungewohnte Neuerung eingeführt habe, sondern dass er einen Ausdruck gebraucht,
welcher der Wurzel nach schon in der hl. Schrift steht.
Denn von dem ὤν stammt οὐσία und ὁμοούσιος.“ [3] Um die
Wesenseinheit des Sohnes mit dem Vater auszudrücken,
gebraucht Cyrill neben ὁμοούσιος auch das Wort ὁμοφυής.
Nach ihm sind also οὐσία und φύσις identisch. Der Gedanke
an die Wesens- und Naturgleichheit des Sohnes mit dem
Vater, welche Cyrill unter anderem aus dem Gezeugtsein
des Sohnes herleitet, [4] zieht sich durch die sämtlichen
trinitarischen Schriften Cyrills, und auch in den christo-

[1] l. c. 696 a f.
[2] l. c. 669 d.
[3] l. c. 672 b c.
[4] Cyr. in ep. ad Hebr. Mg. 74, 960 a, Pus. in Joh. III. 375 n. 2.

logischen kehrt er wiederholt wieder, indem Cyrill den
Mensch gewordenen Logos mit dem aus dem Vater gezeugten und ihm gleichwesentlichen Sohne identifiziert.
Diese Homousie des Sohnes mit dem Vater beweist Cyrill
gegen Eunomius aus der hl. Schrift.[1] „Vom Vater
heisst es in der hl. Schrift, dass er Licht sei; auch vom
Sohne wird gesagt, dass er das wahre Licht sei. Dass
nun aber auch der Vater wahrhaft Licht sei, wenn der
Evangelist (Joh. 1, 2.) dieses dem Sohne besonders zuschreibt, das wird wohl niemand leugnen. Vater und
Sohn sind also wahrhaft Licht, welche Bezeichnung auf
das Wesen der Gottheit geht. Wo aber Naturenidentität
ist, da wird auch Gleichwesentlichkeit sein." „Es wird
ferner," so beweist Cyrill, „der Vater im Sohne, der Sohn
im Vater geschaut. Wenn nun aber das Aehnliche im
Aehnlichen sich zeigt, so ist der Sohn nicht anderen (ἑτερο-
ούσιος), sondern gleichen Wesens, weil er das vollständige
Ebenbild (χαρακτήρ) des Vaters ist. Auch der Umstand
hebt die Homousie nicht auf, dass der Sohn im Vater den
Grund seines Seins hat. Denn der Sohn geht hervor (προ-
ελθών) aus dem Vater ohne Zeit, anfanglos (ἀχρόνως), von
Ewigkeit her hei ihm seiend. So zerstört auch das ἀγέννητος des Vaters und das γέννητος des Sohnes[2] die Wesensgleichheit beider nicht. Denn wir finden oft, dass das,
was nach der einen Seite hin unter einander unähnlich ist, in
Bezug auf das Wesen sich gleicht. Ein schwarzer Mensch
ist verschieden von einem weissen, und doch teilt dieses
bei ihnen das Wesen nicht. So auch ist beim Vater und
Sohne die Gottheit e i n e , welche sich vom ungezeugten
Vater auf natürliche Weise dem gezeugten Sohne mitteilt."[3]
Einen anderen Beweis leitet Cyrill aus der einen Anbetung
des Vaters und Sohnes her.[4] „Während also jene, welche

[1] Cyr. Thesaur. X, Mg. 75, 124. Ueber die Echtheit des
Thesaur cfr. Petav. VI, 13, 5 ff.
[2] Ueber ἀγέννητος und ἀγέννητος vergleiche Euthym. Zig.
Panopl. Mg. gr. 130, 105 a f.
[3] Thesaur. X. Mg. 75, 128 b d.
[4] l. c. 129 c.

der Zeugung des Sohnes Anfang und Ende beilegen, den
Sohn von der Aehnlichkeit mit dem Vater ausschliessen,
teilen wir, die wir weder Anfang noch Ende in der
Zeugung des Sohnes kennen, demselben eine unveränderliche Aehnlichkeit mit dem Vater zu. Was aber in allem
Aehnlichkeit hat, ist auch wesensgleich." [1] „Wenn der
Sohn nicht aus dem Wesen des Vaters ist, sondern
aus dem freien Willen, wenn er selbst aber die Weisheit
und die Macht des Vaters ist, so ist der Vater der Natur
nach weder weise noch mächtig. Wenn nun aber, was
doch der Fall ist, der Vater von Natur weise und mächtig
ist, so muss der Sohn aus dem Wesen der Vaters, und
wenn das, dann auch gleichwesentlich sein. [2] Denn was
der Natur nach aus Gott hervorgeht, ist ihm nicht fremd. [3]
Das aus dem Wesen Gezeugte hat teil am Wesen des
Zeugenden, hat dieses in sich; der Sohn aber besitzt alles,
was der Vater hat, also ist er auch aus dem Wesen gezeugt. Auch deswegen ist der Sohn desselben Wesens
mit dem Vater, weil er mit ihm dieselbe Wirkungsweise
hat, denn wo die Gleichheit der Macht unverändert gesehen wird, dort ist auch das gleiche Wesen. [4] Wenn
ferner der Sohn nicht von Natur (οὐ φύσει) Gott ist, sondern
durch Teilnahme (μετοχῇ), viele aber sind durch Teilnahme
Gott gleich (θεοί), dann hat er vor den vielen keinen Vorzug betreffs der Würde seines Wesens. Wenn er aber Gott
ist nicht durch Teilnahme, — er selbst ist der Schöpfer
aller Teilhabenden — dann wird er mit dem V a t e r
derselben Natur sein, nicht mit dem Teilnehmenden." [5]

Wie wir aus der voraufgehenden Beweisführung sehen,
leitet Cyrill die Wesensgleichheit des Sohnes mit dem Vater
aus der Gleichheit der göttlichen Eigenschaften und Thätigkeiten ab, besonders aus der Ewigkeit. Damit sind auch
die übrigen Eigenschaften, somit das e i n e unteilbare gött-

---

[1] l. c. 132 b, 133 d.
[2] l. c. 136 a.
[3] l. c. 136 c.
[4] Cyr. in Ps. 47 Mg. 69 1065 d.
[5] Cyr. Thesaur. X. Mg. 75, 137 a – c.

liche Wesen, gegeben. Cyrill bezeichnet die Ewigkeit des Logos durch die Epitheta ὑπάρχων πρὸ παντὸς αἰῶνος und συναΐδιος. „Ein Merkmal der göttlichen Natur, von der wir nicht wissen, was sie ist (τί κατὰ φύσιν ἐστίν),[1] ist das, dass sie immer ist und besteht. Was aber immer ist, das ist ohne Anfang (ἀνάρχως) und ohne Ende (ἀκαταλήκτως), das flieht auch die Befleckung, die dem Geschaffenen anhaftet und bezeugt durch sich selbst, dass es das Sein nicht vom andern habe. Ungeschaffen und ungezeugt ist Gott der Vater, welcher den Gleichwesentlichen und mitewigen Sohn aus seinem eigenen Wesen gezeugt hat, durch den er die Zeit gemacht hat."[2] Wenn der Sohn aber älter ist, als die Zeit (und das ist er nach Joh. 1, 1), so kann er in der Zeit nicht gezeugt sein, sondern er war immer im Vater, wie in einer Quelle, wie er selbst sagt: „Ich bin aus dem Vater ausgegangen" (Joh. 16, 28). Wenn aber der Vater als Quelle gedacht wird, so war der Logos in ihm Weisheit, Macht, Ebenbild, Glanz, Gleichbild. Und wenn der Vater keinen Augenblick ohne Logos, ohne Weisheit war, so muss der Sohn, welcher ganz dasselbe ist, wie der ewige Vater auch ewig sein."[3] „Wenn es in Gott nichts Dazugeborenes (ἐπιγεννητόν) giebt, so ist auch der Sohn nicht nachträglich geboren, sondern er war dem Vater gleich ewig."[4] „Wird der Sohn im Vater geschaut, und ist derselbe nach der hl. Schrift das unveränderliche Bild vom Wesen des Erzeugers, so muss er mit dem Vater auch alle natürlichen Eigenschaften teilen. Nur so ist er das genaue Abbild. Der Vater ist ewig, unsterblich, König, Schöpfer, Herrscher, Gott. Und dieses alles ist auch der Sohn. Wie könnte in einem Geschöpfe das Ewige geschaut werden?"[5] „Auch wir," sagen die Häretiker, „behaupten, dass der Sohn dem Vater gleich

---

[1] Cyr. hom. pasch. XII, Mg. 77, 680 c.
[2] l. c. 681 b.
[3] Cyr. in Joh. Mg. 73, 25 d, Pus. in Joh. I. p. 18.
[4] Cyr. Thesaur. IV, Mg. 75, 45 d, eine andere Beweisführung Thesaur IV, Mg. 75, 48.
[5] l. c. 52 a.

ewig sei, nicht weil er immer bei ihm war, sondern weil
der Vater in sich immer den Willen hatte, einen Sohn zu
haben." Das ist aber eitles Geschwätz. Denn wer wüsste
nicht, dass Gott auch den Willen hatte, die Geschöpfe zu
machen. Denn wollend hat er alles geschaffen, und ohne
seinen Willen existieren die Geschöpfe nicht. Wo bleibt
demnach ein Unterschied zwischen dem Sohne und dem
Geschöpfe, da in Gott das Wollen beider liegt? Das heisst
nichts anderes, als den Sohn zu den Geschöpfen zählen." [1]
Von den Beweisen aus der hl. Schrift führt Cyrill für die
Ewigkeit des Logos unter anderem besonders das ἐν ἀρχῇ
ἦν ὁ λόγος an, welches er Julian gegenüber als ἀχρόνως erklärt, [2] und welchem er eine ausführliche Exegese widmet, [3]
ferner das εἰμί (Joh. 8,58) in der Stelle „Ehe denn Abraham
war, bin ich." [4] Die Beweisführung hierüber können wir
mit Cyrills eigenen Worten schliessen: „Wenn jemand noch
länger dabei verweilen wollte, so wäre es nicht schwer,
die Geschosse der arianischen Gottlosigkeit durch Zeugnisse
der hl. Schrift zurückzuweisen." [5] Die Ewigkeit des Logos
ist also eine unbedingt mit der Homousie gegebene göttliche Vollkommenheit, und umgekehrt. Wir wollen nun
noch einen Blick werfen auf die Propositionen, welche
durch die Ewigkeit und Wesensgleichheit des Logos mit
dem Vater eo ipso ausgeschlossen werden.

Dahin gehört zunächst die arianische Geschöpflichkeit
des Logos oder seine Stellung als Mittelwesen zwischen
Gott und der Kreatur. Dagegen richtet sich Cyrill in
seiner Erklärung des nicaenischen Symbolums. [6] „Die Väter
sagen, der Sohn sei gezeugt und nicht gemacht (γεγεννῆσθαι,
οὐ πεποιῆσθαι), und weil er nicht erschaffen sei, so dürfe er
auch nicht seinem Wesen nach (οὐσιωδῶς) in die Reihe der
Geschöpfe gesetzt werden, sondern er sei der Natur nach

---

[1] Thesaur V, Mg. 75, 62 d, 64 a.
[2] Cyr. c. Jul. Mg. 76, 912 d.
[3] Cyr. in Joh. l, 1. Mg. 73, 24.
[4] Cyr. de rect. fid. ad Theod. Mg. 76, 1152 c.
[5] l. c. 1152 d.
[6] Cyr. in Symb. Mg. 77, 297 c.

aus dem Wesen des Vaters ewig auf nicht zu begreifende
Weise; denn er war der Logos von Anfang schon. Betreffs
seiner natürlichen Geburt lehren die Väter, dass der Sohn
aus Gott geboren sei. Wo aber eine wahre Geburt stattfindet, da muss man sagen, dass das Gezeugte von dem
Wesen des Zeugers nicht verschieden, sondern demselben
eigentümlich (ἴδιον) sei. Denn das Unkörperliche zeugt
nicht körperlich, sondern vielmehr wie Licht aus Licht,
sodass man erkennt, dass der aus dem leuchtenden Lichte
wiederstrahlende Glanz sowohl a u s jenem sei gemäss
eines unaussprechlichen Ausganges, als auch i n jenem
gemäss der Vereinigung (καθ᾽ ἕνωσιν) und der physischen
Gleichheit (κατὰ ταυτότητα φυσικήν). So, sagen wir, ist der
Sohn im Vater und der Vater im Sohne". "Der Sohn kann
kein Geschöpf sein, weil er aus dem Wesen des Vaters
gezeugt ist, nicht erschaffen. Etwas anderes ist Zeugen,
etwas anderes Schaffen. Wenn beides dasselbe wäre, so
wäre ja Gott auch Vater von dem, dessen Schöpfer er ist;
und was von ihm geschaffen wäre (πεποιημένον), das wäre
auch dann sein Erzeugnis (γέννημα). [1]) Auf weitere Beweise
für die Nichtkreatürlichkeit des Logos, deren Cyrill noch
viele anführt, [2]) brauchen wir weiter nicht einzugehen.
Ebenso weist Cyrill auch die Behauptung zurück, der
Logos sei ein Mittelwesen". "Giebt es denn etwas zwischen
Gezeugt und Ungezeugt, zwischen Erschaffen und Un-
erschaffen? Entweder ist etwas von oben, und das ist
Gott, allein aber und einzig von oben ist der Sohn, oder
es ist unten und von unten her, und das ist das Geschöpf
und das von ihm Stammende. In der Mitte aber ist völlig
nichts." [3]) "Wenn der Sohn aber dennoch Mittler genannt
wird, so geht das nicht auf sein Wesen, sondern auf den
Gehorsam Christi." [4])

Die Ewigkeit des Loges schliesst sodann die Behauptung anderer Irrlehrer aus, dass er seinen Anfang erst

[1]) Cyr. de s. s. Trinit. dial. II, Mg. 75, 745 b.
[2]) l. c. IV und Thesaur. assert. 15; 16; 32.
[3]) Cyr. de s. s. Trinit. I, Mg. 75, 764 a c.
[4]) l. c. 681 d.

im Schosse der Jungfrau genommen habe. [1] „Aber wer
ist", so sagt Cyrill, „so schriftunkundig, dass er solches
behaupten könnte? Schon Isaias sagt: „Wer kann seine
Abstammung angeben?" und Johannes sagt: „Im Anfang
war das Wort." [2] Thöricht ist es zu behaupten, dass der,
welcher vor aller Zeit dem Vater gleichewig ist, einer
zweiten Geburt bedurft hätte." [3]

Der Wesensgleichheit widerstrebt sodann die Annahme, der Logos sei dem Vater blos ähnlich, oder er sei
geringer als der Vater. Bezüglich dessen sagt Cyrill:
„Indem sie (Arianer) das Wesensgleich, obwohl es die
Identität der Natur aufs vorzüglichste bezeichnet, leugnen,
lassen sie das von ihnen erfundene Wesensähnlich (ὁμοιούσιος)
zu und legen dem Worte eine bloss äusserliche Ebenbildlichkeit (θύραθεν ἐξεικονισμόν) bei . . . . und stellen ihn den
Menschen gleich, die durch Willensähnlichkeit nach Gott
gestaltet sind, und rechnen ihn zu den Geschöpfen, ohne
Scheu vor dem Schöpfer des All, indem sie sagen, wesensgleich sei er nicht, aber wesensähnlich." [4]

Die Wesensgleichheit schliesst endlich aus, dass der
Vater grösser sei als der Sohn oder letzterer geringer als
der Vater. „Denn wo ist bei einer Wesensgleichheit ein
Geringerer oder Grösserer zu sehen? [5] Weil das Wort
Gottes durch jenes „ἦν" die Ewigkeit, durch jenes „εἶναι θεόν"
die Gleichwesentlichkeit mit dem Vater hat, so sind jene
Behauptungen zu strafen, der Logos sei geringer oder
unähnlich dem Vater. Das ist in keiner Weise der Fall.
Im anderen Falle würden wir zwei Götter anbeten." [6]
„Wenn Christus nun doch sagt, der Vater sei grösser als
er, so geht diese Rede auf seine Menschheit und nicht
auf seine göttliche Wesenheit." [7]

[1] Cyr. de rect. fid. ad Theodos. Mg. 76, 1152 a.
[2] Cyr. adv. Nestor. II, 9 Mg. 76, 56 d.
[3] Cyr. ad Nestor. Mg. 77, 45 c; 73, 29.
[4] Cyr. de s. s. Trinit. Mg. 75, 676 c d, 702 c.
[5] Cyr. in Symb. Mg. 77, 800 b; 74, 12
[6] Cyr. in Joh. Mg. 73, 40 ff; de s. s. Trinit. Mg. 75, 1001 c.
[7] Cyr. Thesaur. XI, Mg. 75, 141 a, 25 b c; Cyr. in Joh. Mg. 74, 317 ff.

Infolge der Homousie mit dem Vater eignen dem Sohne neben der Ewigkeit auch alle anderen Eigenschaften in demselben Grade und in derselben Zahl, wie sie der Vater besitzt. Besonders hebt Cyrill die Allmacht des Logos hervor, sowie mit Rücksicht auf seine Menschwerdung die Unveränderlichkeit. „Was der Sohn thut,“ sagt Cyrill, „das ist auch Werk des Vaters. Da zwischen ihnen bezüglich der göttlichen Natur kein Unterschied ist, so kann man ungehindert die Werke des Sohnes auch Werke des Vaters nennen, sowie umgekehrt.“[1] „Der Vater heisst in der hl. Schrift Herr und Allherrscher, aber nicht so, als ob der Sohn mit unter die vom Vater beherrschten Wesen gehörte. Denn mit dem Vater herrscht er und ist Herr über alles, weil er selbst allmächtig ist.“[2] Vollständig führt Cyrill den Gedanken von der gleichmächtigen Thätigkeit des Sohnes mit dem Vater durch im ersten Buche seines Kommentars zum Johannes-Evangelium bei der Exegese der Worte: „Alles ist durch ihn gemacht, und ohne ihn ist nichts gemacht worden.“ „Weil der eine im anderen der Natur nach und notwendig ist, so wirkt der Sohn als die natürliche, wesensgleiche und im Vater hypostatisierende Macht zugleich mit dem Vater. Und wenn der Sohn wirkt, so wirkt auch der Vater als die Quelle des wirkenden Logos, die dem eigenen Gezeugten natürlich innewohnt, wie das Feuer der aus ihm hervorgehenden Wärme. Es verleumden daher die Häretiker den Sohn, wenn sie ihn deswegen einen Diener (ὑπουργον) nennen, weil es heisst: „Durch ihn ist alles gemacht.“ Denn es heisst auch: „Lasset uns den Menschen machen!“ Nicht spricht Gott hier befehlend zum Logos: „Mache den Menschen!“ Er spricht als zu einem, welcher der Natur nach mit ihm ist ohne Ausdehnung in ihm seiend mitwirkt, der betreffs des Menschen gemeinschaftlichen Rat pflegt . . . Wir sagen, dass der Vater mit dem Sohne wirkt, nicht an zwei Getrennte denkend, als ob es zwei Götter wären,

---

[1] Cyr. Thesaur. XII, Mg. 75, 185 b.
[2] l. c. I, Mg. 75, 25 c.

auch nicht beides zugleich als eins hinstellend, damit weder
der Sohn im Vater, noch der Vater im Sohne zusammen-
gezogen wird, sondern so wie das Licht, aus welchem der
Glanz hervorgeht, im Glanze ist. [1]) Ueber die Unveränderlichkeit des Logos sagt Cyrill: „Unwandelbar und unveränderlich ist die Natur des Logos, und nicht fällt auf
ihn auch nur der Schatten der Veränderung." [2])

Ohne weitere Zeugnisse aus Cyrills Schriften anführen zu müssen, werden die bisherigen vollends genügen,
um unwiderleglich feststellen zu können: „Cyrill lehrt
gegen die Arianer klar und deutlich das ὁμοούσιος des Sohnes
mit dem Vater und somit auch seine wahre Gottheit, [3])
welche das Grunddogma in allen Cyrillschen Schriften
bildet, und die er in seiner Doxologie wieder und wieder
ausspricht: „Μεθ' οὗ τῷ Πατρὶ ἡ δόξα καὶ τὸ κράτος σὺν ἁγίῳ Πνεύματι
εἰς τοὺς αἰῶνας τῶν αἰώνων. Ἀμήν." [4])

Haben wir im vorhergehenden vornehmlich unsere
Aufmerksamkeit dem zugewandt, was als gemeinschaftlich dem Sohne und dem Vater (wie auch dem hl. Geiste)
zukommt, die göttliche Natur des Sohnes, so ist nun
auch der Unterschied zwischen beiden, die Persönlichkeit, Hypostase des Sohnes, noch zu berücksichtigen,
und zwar um so mehr, als die Person des Logos das principium quod für die angenommene menschliche Natur
Christi wurde. Denn nicht in die göttliche Natur ist die
menschliche aufgenommen worden, wie das monophysiti-
tische Dogma lautete, sondern sie ist physisch vereinigt
worden mit der Hypostase, der Person des Logos,
weshalb man auch nur von der Menschwerdung des Sohnes,
nicht von einer Incarnation des Vaters oder hl. Geistes
reden kann.

— —

[1]) Cyr. in Joh. V, Mg. 73, 84.
[2]) Cyr. hom. Mg. 77, 989 a; 76, 257 c; 75, 212 a ff.
[3]) Cyr. in Joh. III, Mg. 73, 37 d f.
[4]) Cyr. hom. Mg. 77, 989 b.

2. Kapitel.

Die göttliche Hypostase des Logos.

Ἔστιν ἐξ Ὄντος ὁ Ὤν καὶ ὄνομα τοῦτο προσφυέστατον αὐτῷ. [1]

„Einer nur," sagt Cyrill, „ist nach der Lehre der Väter von Nicaea wahrer Gott von Natur, und an den einen Gott glauben sie. Ebendenselben anerkennen sie aber auch als allmächtigen Vater, damit zugleich mit dem Vater auch die Bezeichnung Sohn hervortrete, dessenwegen er Vater ist, und der mit ihm als Person ewiges Sein hat." (συνυφεστῶτός τε καὶ συνυπάρχοντος ἀεί). [2] Mit diesen Worten leitet Cyrill von der Einheit des göttlichen Wesens über zu der Mehrpersönlichkeit in Gott. „Denn nicht sind," so sagt er, „eins und dasselbe der Zahl nach Vater und Sohn, sondern sie haben jeder eine eigene Seinsweise (ἰδιοσύστατοι), und es wird der eine im anderen geschaut gemäss der Identität des Wesens. „Ich und der Vater, wir sind eins," sagt der Erlöser, weil er wusste, dass er eigens existiere (ἰδίως ὑφεστηκότα), wie auch der Vater. Im andern Falle hätte er sagen müssen: „Ich und der Vater, ich bin eins." Da er dieses aber in der Mehrzahl ausdrückt, so vernichtet er die Meinung der Häretiker. [3] Denn das „Wir sind" kann man doch nicht von einem sagen." [4] Von der Bezeichnung der Seinsweise als ὑφεστῆναι ist der Ausdruck für die Bezeichnung des Seienden als ὑπόστασις im Gegensatz zu φύσις und οὐσία entnommen. Ὑπόστασις und φύσις waren aber in der Vätersprache nicht von vornherein schon scharf abgegrenzte Begriffe. „Fast alle Väter vor dem nicänischen Konzil und auch eine Zeit lang nachher bis auf Basilius" (Erzbischof von Caesarea in Kappadozien 370—379), sagt Petavius, [5] „nahmen ὑπόστασις im Sinne von φύσις Natur, selten oder vielmehr niemals in der Bedeutung von Person." So

---

[1] Cyr. c. Julian. VIII. Mg. 76, 908 a.
[2] Cyr. in Symb. Mg. 77, 297 a.
[3] Cyr. meint die Monarchianer.
[4] Cyr. in Joh. I, 2. Mg. 73, 33 c d.
[5] Petav. de incarn. II, 3, 3 und 10—14.

schwankten im Gebrauch dieser termini das Konzil von
Nicaea, Athanasius, Epiphanius, Cyrill von Jerusalem,
Gregor von Nazianz, das römische Konzil unter Damasus.[1]
Eine genaue Unterscheidung machte vor allen wohl zuerst
Basilius der Grosse.[2] Er bezeichnet mit οὐσία etwas Allgemeines, Gemeinschaftliches, keineswegs Abgegrenztes,
mit ὑπόστασις aber etwas für sich Bestehendes, ein bestimmtes
Einzelne, welches sich durch das ihm Eigentümliche von
andern Wesen derselben οὐσία unterscheidet. Diese Auffassung wurde dann bald allgemein angenommen, so von
dem Konzil zu Konstantinopel 381, zu Chalcedon 451 und
den folgenden.[3] Demnach sollte man glauben, auch Cyrill
hätte zwischen οὐσία und φύσις einerseits, und ὑπόστασις anderseits stets scharf unterschieden. Das ist aber nicht der
Fall. Wir müssen aber hier unterscheiden die trinitarischen
Schriften Cyrills von den christologischen. In ersteren
unterscheidet er die beiden termini ὑπόστασις und φύσις genau[4],
während er es hier bei den christologischen Gedanken oft
an Korrektheit fehlen lässt. In den christologischen Trak-
taten dagegen gebraucht er beide Ausdrücke promiscue,[5]
jedoch vielfach in dem einen Sinne von „wahrhaft, wirklich, natürlich".[6] Petavius meint, er habe dieses aus
Verehrung gegen seinen Landsmann und Vorgänger Athanasius gethan.[7] Es ist zwar wahr, dass Cyrill sich auf
Athanasius als einen gefeierten und hochverdienten Lehrer
des wahren Glaubens besonders beruft,[8] von ihm, wenn
auch irrtümlich, die μία φύσις τοῦ Θεοῦ Λόγου σεσαρκωμένη in sein
Lehrsystem herübernimmt, aber bis zu dem oben ausge-

---

[1] Petav. de trinit. IV, 1, 6—8.
[2] Petav. l c. IV, 1, 12; IV, 2, 6. Vergl. ferner Braun, Der
Begriff Person, Mainz 1876; Leont. de sect. I, Mg. 86, 1193 a;
Stentrup, Zum Begriffe der Hypostase, in Ztschr. für
kathol. Theolog. 1877, p. 57 ff.
[3] Petav. de trinit. IV, 1, 11.
[4] Petav. de trinit. IV, 1, 13; IV, 2, 7; de inc. VI, 2, 1.
[5] Petav. de incarn. II, 3, 3; de trinit. IV, 1, 8—10; IV, 2, 3 f.
[6] Petav. de trinit. IV, 2, 3; de incarn. VI, 2, 3.
[7] Petav. de trinit. IV, 1, 9.
[8] Cyr. ad Monach. Mg. 77, 13 b; apolog. c. Orient. Mg. 76,
384 c; de rect. fid. ad Regin. Mg. 76, 1212 a.

sprochenen Gedanken des Petavius dürfte sich die Liebe
Cyrills zu Athanasius doch wohl nicht erstreckt haben.
Eher möchte ich einen andern Grund, welchen Petavius
für die Verwechselung von ὑπόστασις und φύσις bei den
Vätern überhaupt anführt, gelten lassen. [1] Er sagt:
„Meistens haben die Väter beim Gebrauche derartiger termini nicht auf den Begriff Rücksicht genommen, welchen
s i e denselben beilegten, sondern auf den Sinn, in welchem
die ihn fassten, gegen welche oder zu welchen sie sprachen.
Und da Athanasius und die andern Väter, ebenso auch
Nestorius und die Orientalen ὑπόστασις für φύσις ohne Unterschied setzten, so hat auch Cyrillus nach der Weise jener
gesprochen." Was die nähere Klarstellung dieser Cyrillschen Verwechselung angeht, so werde ich im Verlauf der
Darstellung noch darauf zu sprechen kommen. Hier wollen
wir nun Cyrills Unterscheidung beider termini hören. Auf
die ihm im Dialoge gestellte Frage: „Ist die οὐσία etwas
anderes als die ὑπόστασις?" antwortet er: „Gross ist der
Unterschied und Abstand zwischen jenen, da ja die Wesenheit das Einzelne in sich fasst. Ich bin zwar nicht geübt,
darüber zu reden, aber man muss doch an die Untersuchung
gehen. Die Bedeutung der Wesenheit scheint auf eine
gemeinsame Sache zu gehen, der Name Hypostase wird
aber im einzelnen von dem ausgesagt, was unter diesem
Gemeinsamen begriffen ist." [2] Cyrill erläutert den Unterschied nun an der Definition von Mensch und macht dann
die Anwendung auf die Hypostase des Logos. „Bekennend,
dass der Sohn wesensgleich sei mit Gott dem Vater und
in eigener Hypostase, sagen wir, dass er verbunden und
zugleich unterschieden, mit ihm eins sei, indem wir mit
Rücksicht auf die Identität notwendig innigst verbinden
den Unterschied der Personen oder Namen und die Verschiedenheit der Hypostasen, welche wie im Vater, ebenso
auch im Sohne da ist, damit nicht die durchgängige
Gleichheit und unwandelbare Dieselbigkeit und Identität

[1] Petav. de incarn. VI, 1, 8.
[2] Cyr. de ss. Trinit. dial. I, Mg. 75, 700 a.

des Wesens sowohl im Vater, als im Sohne irgendwie den Unterschied verwische und die besondere Eigenheit eines jeden von beiden ganz ununterscheidbar mache. Denn der eine ist Vater, und nicht Sohn, der andere aber wieder Sohn, und nicht Vater." [1]) Der Logos ist eine göttliche Hypostase, d. h. die göttliche, allen drei Personen gleiche, vollkommene Wesens- und Natureinheit hat in ihm eine besondere Art des Seins, nämlich die des von Ewigkeit her aus dem Wesen des Vaters hervorgehenden Gezeugtseins. Hierin gerade liegt der Grund für die Hypostase des Sohnes, für den Personenunterschied vom Vater, sowie für die Bezeichnung $\Lambda\acute{o}\gamma o\varsigma$ und Sohn, indem ersterer Begriff mehr auf die Art und Weise der Zeugung, Sohn aber auf das Produkt derselben hinweist. Wie drückt Cyrill nun dieses hypostatische Sein des Sohnes aus, und wie beweist er dasselbe? Cyrill nennt den Logos gemäss der hl. Schrift die Gestalt ($\epsilon\tilde{\iota}\delta o\varsigma$), den Abglanz, das Gleichbild ($\chi\alpha\rho\alpha\kappa\tau\acute{\eta}\rho$), den Sohn, den der Natur nach aus dem Vater Gezeugten, den Mitseienden, den Mitewigen, den an Macht, Stärke, Ehre und Ruhm Gleichen. [2]) Alle diese Bezeichnungen deuten an, dass es neben dem Vater einen ihm wesensgleichen, zweiten Seienden giebt. Die Präposition $\tau\acute{o}\nu$ bezieht sich auf die Homousie, der Artikel $\acute{o}$ und $\tau\acute{o}$ auf das eigene Sein des Logos. Beides zugleich drückt Cyrill aus durch zwei andere Präpositionen $\acute{\epsilon}\kappa$ und $\acute{\epsilon}\nu$. Aus ihm ($\acute{\epsilon}\xi$ $\alpha\grave{\upsilon}\tau o\widetilde{\upsilon}$) ist er gemäss eines nicht näher auszudrückenden Ausganges, und in ihm ($\acute{\epsilon}\nu$ $\alpha\grave{\upsilon}\tau\widetilde{\wp}$) ist er gemäss der Vereinigung und der physischen Dieselbigkeit ($\kappa\alpha\vartheta'$ $\acute{\epsilon}\nu\omega\sigma\iota\nu$ $\kappa\alpha\acute{\iota}$ $\tau\alpha\upsilon\tau\acute{o}\tau\eta\tau\alpha$ $\varphi\upsilon\sigma\iota\kappa\acute{\eta}\nu$)." [3]) Die Hypostasie des Logos betont Cyrill ferner, wenn er gegen Julian sagt, dass ein jedes (in der Trinität) sein ihm eigenes Sein habe ($\acute{\epsilon}\kappa\alpha\sigma\tau o\nu$ $\acute{\iota}\delta\iota o\sigma\upsilon\sigma\tau\acute{\alpha}\tau\omega\varsigma$ $\acute{\upsilon}\varphi$$\epsilon\sigma\tau\acute{\alpha}\nu\alpha\iota$). [4]) „Julian erkühnt sich nämlich, das Sein des Gottlogos zu leugnen." [5]) Die Behauptung nun: „Wir

[1]) Cyr. de ss. Trinit. Mg. 75, 700 c d; Cyr. de rect. fid. ad Theod. Mg. 76, 1153 a.
[2]) Cyr. hom. pasch. 17 Mg. 77, 473 b.
[3]) Cyr. in Symb. Mg. 77, 297 d.
[4]) Cyr. c. Jul. VIII, Mg. 76, 904 d.
[5]) l. c. 917 b.

sagen, dass der Logos ein hypostatisches Sein habe, dass er aber auch im Erzeuger sei, wie er den Erzeuger in sich hat,"[1] beweist Cyrill im zweiten Kapitel seines Kommentars zum Johannesevangelium bei der Exegese der Worte: „Und das Wort war bei Gott." „Das bei Gott." sagt Cyrill, „ist nicht örtlich zu fassen, weil das Göttliche über jede körperliche Vorstellung erhaben ist, sondern so, dass der Logos μετὰ Θεοῦ mit Gott, d. h. in der Natur der Gottheit ist."[2] „Das πρὸς Θεόν zeigt uns auf der einen Seite ein Seiendes, und zwar den Sohn, auf der andern den Vater, bei dem der Logos ist."[3] „Der Sohn zeigt, dass er aus dem Wesen des Vaters ist, wenn er sagt: „Ich bin vom Vater ausgegangen." Wird er also nicht ein anderer sein betreffs Hypostase und Zahl, als dieser? Lehrt uns doch die Vernunft, dass das, was aus einem andern hervorgegangen ist, etwas anderes ist, als jenes, aus dem es hervorging."[4] „Wenn es ferner heisst, dass durch den Sohn alles gemacht ist, muss dann nicht der, welcher macht und thut, ein anderer sein als der, durch den alles gemacht ist? Notwendig führt uns das δι' Υἱοῦ zur Aufstellung von zwei Personen (δύο προσώπων) . . . Das aber hebt die Wesensgleichheit nicht auf,[5] noch die physische Einheit des Wesens. Denn während jeder von den beiden für sich existiert, bewirkt die Identität der Wesenheit die Einheit".[6] Cyrill beweist die Persönlichkeit des Logos aus den Praepositionen ἐκ, διά, πρός; diese weisen nämlich auf die Zeugung des Sohnes aus dem Vater hin, auf die wir nun näher einzugehen haben, weil wir später auch von der zeitlichen Geburt des Logos aus der Jungfrau handeln müssen. „Weil der Sohn gezeugt ist, wie die hl. Schrift lehrt," sagt Cyrill, „so existiert er auch bezüglich seiner selbst (ὑφέστηκεν ἄρα καὶ καθ᾽ ἑαυτόν).[7] Was nun die

---

[1] Cyr. in Joh. XI, Mg. 74, 540 d.
[2] Cyr. c. Jul. Mg. 76, 912 d.
[3] Cyr. in Joh. I, Mg. 73, 52 c.
[4] l. c. 36 a b.
[5] l. c. 37 c. oder Pus. I, p. 27 und 29.
[6] Cyr. de ss. Trinit I, Mg. 75, 697 d.
[7] Cyr. in Joh. Mg. 73, 33 b; Pus. I, 26.

Zeugung des Sohnes aus dem Vater betrifft, so ist das ein
unbegreifliches Geheimnis, welchem wir nur durch kaum
annähernde Vergleiche in etwa näher rücken können.
„Die Art und Weise der göttlichen Zeugung," sagt Cyrill,
„übersteigt unsere Erkenntnis und unterliegt nicht menschlichen Gesetzen. Und wie die göttliche Natur weit erhaben
ist über unsere niedere Denkungsart, so überragt auch ihr
Wirken das unsrige." [1]) „Denn unsere Natur hat weder
Vorstellungen noch Worte, welche zur vollen Erklärung
der tiefen Geheimnisse dienen könnten oder das Göttliche
vorwurfsfrei zu erklären vermöchten. Wir müssen daher
bekennen, dass die göttliche Natur sowohl unsern Verstand,
als unsern Ausdruck vollständig übersteigt." [2]) Wegen
dieser Unbegreiflichkeit gebraucht Cyrill stets die Beiworte
ἀποῤῥήτως. ἀφράστως. ὑπὲρ νοῦν, ἐπέκεινα νοῦ καὶ λόγου παντός, wenn
er von dem Geheimnis der Trinität oder Incarnation redet.
Cyrill giebt uns daher auch keine Essential- sondern nur
eine Accidentaldefinition von der göttlichen Zeugung,
d. h. er erklärt, wie dieselbe dem göttlichen Wesen entsprechend sein muss und wie sie nicht sein kann. „Wie
könnte einer die Art und Weise wissen, wie Gott zeugt,
wenn er nicht vorher weiss, was er seiner Natur nach ist?
Das aber wissen wir nicht; denn niemand kennt den Vater
als der Sohn." [3]) Deshalb müssen wir uns mit dem Glauben
begnügen, der da lehrt, dass der Vater Gott ist und aus
seinem eigenen Wesen uns den Sohn wahrhaft gezeugt
hat. Das besiegelt auch die von Gott inspirierte Schrift
(θεόπνευστος γραφή), indem sie von einem Vater und von Zeugung redet. [4]) Und so wissen wir, dass zugleich mit ihm
der ihm eigene Logos besteht, aus ihm auf unaussprechliche Weise der Natur nach gezeugt ist, wie das aus dem
Lichte hervorleuchtende Licht und wie das Wort zum
Geiste hin und aus dem Geiste (εἰς νοῦν καὶ ἐκ νοῦ). Denn
sehr fein ist jene Zeugung, der Herrlichkeit Gottes ge-

[1]) Cyr. Thesaur. V, Mg. 75, 57 c.
[2]) Cyr. in Joh. Mg. 73, 61 b.
[3]) Cyr. de ss. Trinit. II, Mg. 75, 760 c.
[4]) l. c. 756 d.

ziemend und jegliche körperliche Vorstellung überragend." [1]
Cyrill versucht, die mangelnde Erklärung durch Vergleiche
mit dem Lichte, dem Worte und der Farbe zu ersetzen,
von denen wir zwei wegen ihrer trefflichen Ausführung
wiedergeben wollen. „Man muss zur hl. Schrift selbst
gehen", sagt er; „indem wir aber Bienen gleich auf diese
schöne, blühende, mit Frühlingsblumen bunt geschmückte
Wiese fliegen und uns auf die am meisten passenden
Gleichnisse betreffs unserer Untersuchung setzen, wollen
wir uns die Weise der unbegreiflichen Zeugung vorstellig
machen, und wie die, welche das Auge des Leibes auf
feine Buchstaben heften, so wollen auch wir mit
angestrengtem Geiste, wenn auch nur teilweise und
wie im Rätsel, die göttliche Natur betrachten. „Indem der Vater den Sohn mit einem Worte vergleicht,
sagt er: „Es ergoss mein Herz ein gutes Wort" (Ps. 44,1).
An was für eine Absonderung und einen Abfluss kann
hier nur gedacht werden? Es erzeugt der Mensch das
Wort und bringt es hervor [2] aus seinem Verstande und
in freier Gebärung ergiesst er, was er will; in seinem
Ausgange aus der Tiefe [3] nach aussen und oben bildet
das Wort gewissermassen die wesenhafte Erzeugung. Und
es scheint von dem Hervorbringer verschieden zu sein,
abgetrennt wird es aber keineswegs. Das Wort ist immer
aus dem Verstande und zum Verstande hin, und gewiss
auch der Verstand im Worte. Im andern Falle wird der
Verstand wortlos (ἄλογος) und das Wort verstandlos (ἄνους),
und das, was das Wesen und den Grund von beiden erklärt,
wird sich verflüchtigen. Denn der Verstand ist immer
Wurzel und Quelle des Wortes, das Wort aber die Frucht
und das Erzeugnis des Verstandes. Dieser aber ist nie
wortlos, obwohl er das Wort erzeugt, dieses aber hat die
Qualität und Form (ποιότητα καὶ ἰδέαν) des Erzeugers als eigene
Natur gleichsam und geht hervor, ohne ihn zu verletzen. [4]

---

[1] Cyr. c. Jul. Mg. 76. 905 b.
[2] λόγος προφορικός Cyr. Thesaur. VI, Mg. 75, 80 c.
[3] λόγος ἐνδιάθετος.
[4] Cyr. de ss. Trinit 75, 768 c f.

Und wie passt dieses Beispiel auf Vater und Sohn? Dass
das Wort aus dem Verstande entspringt und dessen Erzeugung leidenslos ist, dass der Erzeuger nicht abgetrennt
wird, sondern sowohl in dem erzeugenden Verstande bleibt,
als auch den erzeugenden Verstand in sich hat, ist wohl
hinreichend klar ersichtlich, und ausserdem, dass es mit
ihm eine unmittelbare, zugleich seiende Existenz im
Geiste hat. So wird auch mit dem Vater zugleich die
Hervorbringung und Existenz des Gezeugten erkannt, die
nicht zeitlich später ist, noch auch hinter der Herrlichkeit des Erzeugers zurücksteht, weil bei Gott durchaus
der Sohn immer zugleich gedacht werden und zugleich
sein muss mit dem Vater, und der Vater mit dem Sohne,
der für sein anfangloses Alter für sich selbst Zeugnis
giebt, obgleich er gezeugt ist aus dem Vater der
Natur nach." [1]) Während Cyrill den genannten Vergleich
aus dem Gebiete des Geistigen entlehnt, nimmt er den
zweiten aus dem Gebiete des Sichtbarkörperlichen, von
der Sonne und ihrem Lichte. „Was ihrer Natur nach
die Sonne ist, zeigt der von ihr ausgehende Strahl. Von
einer Teilung oder Trennung, von Abfluss und Leiden
weiss die Sonnennatur nichts, obwohl sie wesenhaft und
in Menge das Licht von sich entsendet, sondern sie ist
ganz in ihm, wiewohl sie es ausgiesst, und hat hinwiederum
in sich ihr Licht, welches nicht von ihr getrennt wird,
während es sich ausgiesst und in eine e i g e n e Verschiedenheit (εἰς ἰδικὴν ἑτερότητα) fortzulaufen scheint. Thöricht
aber wäre es, sich die Sonne älter zu denken, als die ihr
innewohnende Lichtkraft." [2])

Das tertium comparationis in beiden Vergleichen ist
folgendes: a) der Sohn geht aus dem Wesen des Vaters hervor,
b) er hat sein eigenes Sein wie der Vater, c) der Sohn
ist deswegen aber nicht getrennt vom Vater, d) die Zeugung ist eine leidenslose, aktive, dauernde, ewige, e) der

[1]) l. c. 772 b c.
[2]) l. c. 772 d f.

Vater wird durch den Sohn erkannt, f) die Wesenheit und Herrlichkeit beider ist gleich, g) sie unterscheiden sich nur durch die Art und Weise ihres ihnen eigentümlichen Seins. Diese aus den beiden Vergleichen sich ergebenden Schlüsse spricht Cyrill auch in anderer Weise aus, sowohl nach negativer, als positiver Seite hin. „Denn auf zweifache Weise," sagt er, „pflegen wir die der göttlichen Natur innewohnenden Vollkommenheiten zu bezeichnen; entweder wird sie aus dem, was sie ist, oder aus dem, was sie nicht ist, erkannt." [1]) So nennt Cyrill unter Berücksichtigung des ersten Vergleiches den Ausgang und die Zeugung des Sohnes aus dem Vater eine andere, als die des Körpers aus dem Körper, eine einfache und geistige, ähnlich wie das Wort aus dem Verstande ohne Teilung und ohne Trennung (οὐ κατὰ μέρισμον ἢ διαίρεσιν). [2]) Die Zeugung erfolgt aus dem Vater, d. h. aus dem Wesen desselben, [3]) welches alles beherrscht. [4]) Weil der Sohn aus dem Wesen des Vaters gezeugt ist, deshalb ist er ὁμοούσιος τῷ Πατρί, und weil er gezeugt ist, deshalb ist er göttliche Person (ὑπόστασις, πρόσωπον). „Der Vater also," sagt Cyrill, „ist so zu sagen der natürliche Ort für den Sohn (τόπος αὐτῷ φυσικός). Wenn aber die Häretiker sagen, der Sohn sei aus dem Willen des Vaters gezeugt und der Wille sei der Zeugung voraufgegangen, warum spricht die hl. Schrift denn nicht von ihm, wie von den Geschöpfen? Denn dem von Gott Geschaffenen ging der Wille voraus, wie es heisst: „Lasset uns machen." Aber wir lesen nicht, dass beim Sohne ein Wille oder Ratschluss voraufgegangen sei. Wir hören nur: „Er war, er ist." [5]) „Als Ursprung seines Sohnes bezeichnet Gott selbst seinen Schoss. Das ist zwar menschlich gesprochen, deutet uns aber nur an, dass die Zeugung eine wirkliche uud wahre ist, dass der

---

[1]) l. c. 709 c.
[2]) Cyr. in Ps. 44 Mg. 69, 1028 a.
[3]) Cyr. in Symb. Mg. 77, 296 b.
[4]) Cyr. in Js. Mg. 70, 1040 c.
[5]) Cyr. Thesaur. Mg. 75, 85 a, 780 a.

Sohn unmittelbar aus dem Wesen des Vaters gezeugt ist."[1] „Denn nicht darf man das der göttlichen Natur Eigene und sie Auszeichnende nach menschlicher Weise messen, weil es nicht der Gewohnheit der Geschöpfe folgt, sondern über ihnen steht."[2] „Wir sind Väter unserer Söhne durch Mitteilung des Samens und durch Teilung, nicht so aber ist der Sohn aus Gott gezeugt; er strahlt aus dem Wesen des Vaters und leuchtet aus ihm wie Licht; denn nicht ist er ausserhalb des Vaters geschaffen, sondern ist aus ihm und in ihm. Die Eltern sind älter als die Söhne, bei Gott verhält es sich nicht so. Zugleich und immer ist der Sohn mit dem Vater und hat mit ihm ewiges Fürsichsein (συνάναρχον ὕπαξιν), verschieden von ihm ist er nur bezüglich des Sohnseins."[3] „Freilich finden wir den Namen Zeugung auch auf die Geschöpfe angewendet; denn es heisst (Is. 1, 2): „Söhne habe ich erzeugt und erzogen." Diese Benennung aber erhält das Geschöpf nur mit Rücksicht auf die Gnade. Vom natürlichen Sohne wird so etwas im uneigentlichen Sinne (καταχρηστικῶς) aber nicht gesagt."[4] „Zeugen und Schaffen," sagt Cyrill an anderer Stelle, „ist nicht identisch; denn sonst wäre auch das Geschaffene das Erzeugnis des Vaters. Dann dürfte auch unser Lehrer Johannes ein falsches Wort gesagt haben, da er das „Eingeboren" dem Sohne als etwas Geheimnisvolles beilegt, von dem er sagt (Joh. 1, 18). er sei im Schosse des Vaters[5]), indem er auch hierdurch, wie ich glaube, seine Geburt als eine wahre darstellt."[6] „Wenn Zeugen und Schaffen dasselbe wäre, so wäre der Sohn auch den Engeln gleich. Der Sohn ist aber Mitregent (ὁμόθρονος) des Vaters gemäss der hl. Schrift. „Zu welchem Engel aber," fragt der Apostel, „hat Gott gesagt:

---

[1] Cyr. de ss. Trinit. Mg. 75, 757 b.
[2] Cyr. adv. Anthropomorph. 18 Mg. 76, 1112 a; c. Jul. Mg. 76, 905 c.
[3] adv. Anthrop. 1112 b c.
[4] Cyr. in Symb. Mg. 77, 300 a.
[5] Cyr. in Joh. X Mg. 73, 180 ff.
[6] Cyr. de ss. Trinit. Mg. 75, 745 a c.

„Du bist mein Sohn, heute habe ich dich gezeugt," oder:
„Setze dich zu meiner Rechten?" Ein unermesslicher
Abstand besteht also zwischen dem Gezeugten und dem
Geschöpf." [1]) „Diejenigen, welche sagen, der Sohn sei von
der Wesenheit des Vaters abgeschnitten, weil er aus ihm
hervorgeht, und sei nur ein Teil, nicht aber ganz und unversehrt, die können auch sagen, der Glanz sei vom Lichte
getrennt, die Wärme vom Feuer, das Wort vom Verstande,
und sie könnten beweisen, dass das Licht einmal ohne
Glanz, das Feuer ohne Wärme, der Verstand ohne Wort
gewesen sei. Wenn sie aber das zu beweisen imstande
wären, dann könnten sie auch solches vom Logos behaupten. Wenn diese aber (Glanz, Wärme, Wort) immer
den Substanzen, aus denen sie hervorgehen, innewohnen
und ohne Trennung dieses thun, wie kann man da der
göttlichen Natur etwas zuschreiben, was nicht einmal
bei kreatürlichen Dingen der Fall ist." [2]) Wie ohne
Trennung [3]), so geschieht die Zeugung auch ohne Verminderung und Verwandlung. Der Vater erleidet keinen
Verlust, und wie der Vater, sagt Cyrill, einer Verwandlung
oder Veränderung unfähig, immer Vater bleibt und nicht
in den Sohn verwandelt wird, so auch das Wort, der Sohn,
welcher die Unveränderlichkeit des Vaters an sich darstellt." [4]) Hören wir nun weiter neben den angeführten
negativen Momenten auch die positiven, durch welche
Cyrill uns die göttliche Zeugung, welche für die Hypostase
des Sohnes Grund und Wurzel ist, zu erläutern sucht.
„Die Zeugung ist unkörperlich, einfach [5]), aktiv, weil der Vater
nicht leidend geboren hat. Wie eine aktive (ἐνεργητική),
so ist sie auch eine physische und wesenhafte (φυσικὴ καὶ
οὐσιωδής), von der Hypostase unzertrennlich (τῆς ὑποστάσεως
ἀχώριστος). Obgleich der Vater den Sohn aktiv zeugt, so
muss der Sohn doch gleich ewig sein; denn das Zeugen.

---

[1]) l. c. 752 b c; Thesaur. Mg. 75, 77 d.
[2]) Thesaur. Mg. 75, 297 b.
[3]) l. c. 80 d.
[4]) Thesaur. Mg. 75, 208 b; Cyr. in Joh. Mg. 73, 65 c.
[5]) Cyr. in Symb. Mg. 77, 300 b.

kann von der Hypostase nicht getrennt werden; da aber diese ewig ist, so muss auch die aus seiner Natur hervorgehende Frucht ewig sein."[1] Von Ewigkeit her wird der Sohn gezeugt,[2] und seine Zeugung dauert fort.[3] Da die Zeugung aus dem Wesen des göttlichen Vaters erfolgt, das Wesen aber unveränderlich und ewig ist, sowohl im Sein, als im Akt, so muss auch die Zeugung des Sohnes von Ewigkeit ausgehen und in Ewigkeit sich fortsetzen. So ergiebt sich denn auch hier das Resultat, dass der Logos nicht blos wegen seiner Homousie mit dem Vater, sondern auch wegen des Gezeugtseins aus ihm wahrer Gott sein muss,[4] trotzdem er infolge der Zeugung eine andere Hypostase ist als die des Vaters (μόνῳ διαφέρων τῷ εἶναι υἱός[5]) (κατὰ πᾶν ἰσομέτρως ἔχοντα δίχα μόνου τοῦ τεκεῖν.[6]) Der Vater ist der Vater und nicht der Sohn, der Sohn aber ist der Gezeugte und nicht der Vater.[7] Infolge der Homousie und der Zeugung werden der zweiten göttlichen Hypostase auch Namen beigelegt, welche bald die Natur, bald die Hypostase näher bezeichnen. Und welches sind die Epitheta, welche dem nicht incarnierten Logos beigelegt werden? „Namen, wie der Mensch sie hat", sagt Cyrill, „hat Gott nicht. Nach dem aber, was er seiner Natur nach ist, wird der Gottlogos benannt als Licht, Leben, Macht, Wahrheit, Abglanz, Abbild des Erzeugers, Erbarmen, Weisheit, Gerechtigkeit."[8] „Diese Namen hat er mit dem Vater gemeinsam mit Ausnahme, dass er nicht Vater ist, und mit Ausnahme der Namen, welche sich auf das persönliche Verhältnis zum Vater beziehen.[9] Diese Namen eignen auch seiner Natur vor der Menschwerdung, wie Gott, Weisheit, Licht, Leben, Kraft.[10] Auch heisst

[1] Thesaur. Mg. 75, 72 a.
[2] Cyr. hom. pasch. 17 Mg. 77, 773 c.
[3] Thesaur. Mg. 75, 61 a; de ss. Trinit. Mg. 75, 785 b c.
[4] Cyr. c. Jul. Mg. 76, 912 d; 75, 789 a.
[5] c. Jul. 75, 908 a.
[6] de ss. Trinit. Mg. 75, 721 d.
[7] Cyr. in Symb. Mg. 77, 300 b.
[8] Cyr. Glaphyr. in Gen. Mg. 69, 277 a.
[9] Thesaur. Mg. 75, 184 b.
[10] Cyr. in Is. Mg. 70, 1036 c.

er das Antlitz (πρόσωπον) des Vaters, in ihm allein erscheint
die Schönheit desselben [1]) und in ihm schauen wir den
Vater." [2]) Wegen der gleichen Macht trägt er den Namen
Arm des Vaters; [3]) Licht, Leben und Wahrheit sind so-
wohl seine Wesenseigenschaften, als auch Thätigkeiten.
Der Logos ist Leben, Licht und Wahrheit, und er spendet
auch Leben, Licht und Wahrheit. [4]) Letztere drei Eigenschaften drücken somit auch sein Verhältnis zur Welt aus.
Wegen des Gezeugtseins aber eignen ihm allein zwei
Namen, nämlich Sohn und Wort, oder auch Eingeborener
und Weisheit. Λόγος und Σοφία sind hier nicht abstrakte
Begriffe, sondern wie Υἱός und Μονογενής konkrete. „Der
Name Sohn," sagt Cyrill, „zeigt an, dass er wesenhaft aus
dem Vater gezeugt sei. [5]) Nicht beigelegt ist dem Eingeborenen der Name Sohn, sondern der Name dürfte für
ihn wohl ebenso bezeichnend sein, dass er ein solcher sei
(τοῦ εἶναι τοιωσδὲ), wie für Gott den Vater der Name Vater. [6])
Er ist der natürliche, wahre Sohn des Vaters ὁ κατὰ φύσιν
υἱός [7]), φύσει καὶ ἀληθῶς υἱὸς τοῦ Πατρός. [8]) Das aber schliesst
jede Adoption aus, weil er aus dem Wesen und nicht aus
dem Wollen des Vaters ist. Gross und ohne Mass ist der
Unterschied zwischen uns, die wir Söhne aus Gnade κατὰ
χάριν, θέσιν [9]) genannt werden, und ihm, welcher der natürliche und wahre Sohn ist." [10]) „Dass aber der Eingeborene
sich selbst nicht unter die Adoptivsöhne rechnen wollte,
sondern dass er sich im Besitze göttlicher und unaussprechlicher Erhabenheit über alle und über die wahre Würde
der Adoption wusste, kannst du leicht erkennen," sagt Cyrill,
„als er zu den Juden von Moses und den Propheten sprach
(Joh. 10, 34): „Wenn die Schrift diejenigen Götter nennt,

[1]) Cyr. in Ps. 79 Mg. 69, 1097 c.
[2]) l. c. 1201 a; 71, 161 a.
[3]) Cyr. in Joh. Mg. 73, 36 d.
[4]) l. c. 87, 94 f; c. Jul. Mg. 76, 908 a.
[5]) de ss. Trinit. Mg. 75, 977 a; 716 d.
[6]) l. c. 709 b.
[7]) l. c. 749 d.
[8]) Cyr. Quod unus . . Mg. 75, 1297 d.
[9]) Cyr. adv. Nestor. Mg 76, 209 d.
[10]) Cyr. in Joh. Mg. 74, 32 a.

an welche das Wort Gottes ergangen ist, sagt ihr da zu dem, den der Vater geheiligt und in die Welt gesandt hat: „Du lästerst," weil ich gesagt habe: „Ich bin der Sohn Gottes?" Wenn sie nämlich diejenigen, an welche das Wort Gottes ergangen ist, als Söhne und Götter darstellte, wie sollte nicht um so mehr in höherem und wahrem Sinne er selbst Sohn sein und Gott, er, durch welchen jene Söhne und Götter sind?" [1] „Anderseits aber verletzt es den, der wahrhaft von Natur Gott ist und Sohn, der aus der Wesenheit des Vaters hervorgeht, nicht an der Ehre oder seiner Seinsweise, wenn auch wir, obwohl von Natur aus Erde, ausnahmsweise Söhne oder Götter genannt sind." [2] „Weil er aber allein aus dem Wesen des Vaters hervorging und niemandem beigezählt wird, so ist er der Eingeborene, Μονογενής." [3] „Er ist der Eine aus dem Einen. μόνος ἐκ μόνου. [4] Eingeboren ist er, weil kein anderer ausser ihm ist von Natur. [5] Er ist einer und allein, nicht wie einer (Sohn) neben einem anderen, damit auch seine eine Person (ἓν πρόσωπον) erkannt werde." [6] Der zweite Name, welcher auf die Art und Weise der Zeugung hindeutet, ist Λόγος. Die Auffassung des Logos als Hypostase wurde, wie wir gehört haben, von Eunomius geleugnet, und der Λόγος wurde von ihm nur als ein inneres Wort des Vaters ohne persönliche Seinsweise als λόγος ἐνδιάθετος gedacht. [7] Cyrill aber beweist, wie wir im vorhergehenden gesehen haben, dass dieses Wort Hypostase ist, ein Λόγος ἐνυπόστατος. [8] „Λόγος aber nennt Johannes den Sohn," sagt Cyrill, „indem er ihm diese als am meisten eignende und das Wesen am besten ausdrückende Bezeichnung zuteilt. Indem er Λόγος sagt, drückt er etwas Wunderbares und Uebernatürliches aus und fügt nichts anderes

[1] Cyr. de ss. Trinit. Mg. 75, 719 a.
[2] l. c. 885 d f.
[3] l. c. 892 a.
[4] l. c. 885 b.
[5] l. c. 884 d.
[6] Cyr. Quod unus . . Mg. 75, 1297 d.
[7] Cyr. in Joh. Mg. 73, 56 f.
[8] Cyr. Thesaur. Mg. 75, 80 e.

ihm bei. Es genügt ihm zu sagen „Λόγος, um die Wesenheit des Sohnes zu erklären. Dieser ist das wahre Wort des Vaters, und nicht ein anderer ausser ihm." [1]) Der Name Sohn und Wort ist demnach inhaltlich gleich. [2]) Auch als persönliche Weisheit wird der Logos im alten Testamente geschildert. „Genannt wird er," sagt Cyrill, „Gott und Sohn und Weisheit." [3]) „Alles ist durch ihn gemacht, wie durch die Kraft und Weisheit Gottes, die aber nicht in der Natur des Erzeugers verborgen ist, wie beim Menschen, sondern die bezüglich ihrer selbst (καθ' ἑαυτὴν ὁφεστώσης) besteht, die aber auf unaussprechliche Weise der Zeugung aus dem Vater hervorgeht, damit der Sohn auch in Wahrheit als die Weisheit und Kraft des Vaters erkannt wird." [4])

Auf das Verhältnis des Sohnes zum hl. Geiste werde ich später bei der Incarnationslehre Cyrills näher zu sprechen kommen; hier sei nur bemerkt, dass Cyrill deutlich den Ausgang des hl. Geistes auch vom Sohne lehrt, m. a. W. das filioque, und zwar in dem Ausdrucke τὸ ἐξ αὐτοῦ προχεόμενον Πνεῦμα. [5]) Auch in seinem Briefe an Johannes von Antiochia weist Cyrill darauf hin. [6]) Cyrill als Zeugen für das filioque führt auch Papst Gregor II (715—731) in der confessio fidei Latinorum an. [7])

Hiermit will ich die Darstellung über das immanente Leben des Logos in Gott schliessen, nachdem ich die Logoslehre nur insoweit berücksichtigt habe, als sie für das Verständnis des Incarnationsgeheimnisses notwendig ist. Fassen wir das im ersten und zweiten Kapitel Gesagte zusammen, so lautet das Cyrillsche Dogma über den Logos: „Der Λόγος ist die von Ewigkeit aus dem Wesen des ihm völlig naturgleichen Vaters natürlich gezeugte zweite Person in der Gottheit, der natürliche Sohn Gottes in eigener,

---

[1]) Cyr. in Joh. Mg. 74, 32 b c.
[2]) l. c. 73, 72 b und 69 c.
[3]) Cyr. Thesaur. Mg. 75, 45 a.
[4]) Cyr. in Joh. Mg. 73, 80 b.
[5]) Cyr. Is. Mg. 70, 1349 d.
[6]) Cyr. ad Joh. Mg. 77, 181 a.
[7]) Mg. gr. 91, 1022 a.

vom Vater aber wegen der Wesensgleichheit nicht getrennter, göttlicher Hypostase." Ist aber der Λόγος Hypostase, so muss er auch zu anderen ausser ihm in Beziehung stehen, denn das gehört mit zum Begriffe der Persönlichkeit. Somit gehen wir, indem wir uns dem Zeitpunkte der Menschwerdung mehr und mehr nähern, zur Darstellung des Verhältnisses über, welches der Logos vor der Incarnation zu den vernünftigen Geschöpfen einnahm.

3. Kapitel.

Die Beziehung des Logos zur Kreatur.

'Ο ὣν ἐν ἀρχῇ Θεὸς Λόγος, ἐν κόλποις ὢν τοῦ Πατρός, ὁ δι' οὗ τὰ πάντα καὶ ἐν ᾧ τὰ πάντα. [1]

Wie wir im zweiten Kapitel gehört haben, ist das Wesen des Logos Leben, Licht und Wahrheit. Diese Eigenschaften weisen uns hin auf die Beziehung des Logos zu allem, was ausserhalb seiner Natur, d. h. der Gottheit überhaupt, existiert. Denn wo Leben und Licht ist, da muss auch eine Mitteilung, eine Einwirkung nach aussen hin stattfinden. Und so strahlt denn auch in der That das Leben und Licht des Logos in der gesamten Schöpfung bis zur göttlichen Ebenbildlichkeit des Menschen aufsteigend mehr oder weniger wider, sodass die Vernunft von der Schöpfung aus auf das Wesen des Logos zurückschliessen kann, wenn sie dasselbe auch nicht begreift. „Denn schon Plato," so sagt Cyrill, „erklärt, dass der menschliche Verstand zu gering sei, als dass er eine genaue Kenntnis über den Logos erlangen könnte." [2] „Wie aus der Schönheit des Geschaffenen die Macht des Allschöpfers verhältnisweise (ἀναλόγως) erkannt wird, so wird der Eingeborene ruhmreicher dastehen, wenn er aus dem, worin er die Schöpfung überragt, als über sie stehend erkannt

---

[1] Cyr. hom. Mg. 77, 989 c.
[2] Cyr. c. Jul. Mg. 76, 917 a.

wird, weil er eben als Gott der Wahrnehmung des Auges
sich entzieht." [1]) Das Leben, Licht und die Wahrheit des
Logos offenbart uns ihn als Spender dieser göttlichen
Gaben, als solchen, der den Geschöpfen das Leben und
Sein verliehen, der die durch Abwendung von Gott ver-
finsterte Kreatur von neuem mit dem Lichte der e i n e n
Wahrheit wieder beglückt hat, kurz, diese Vollkommenheiten im Wesen des Logos stellen ihn uns dar als Schöpfer
und Erlöser. [2]) Und in dieser doppelten Hinsicht, in der
Welt schöpfenden und Welt erneuernden Thätigkeit, haben
wir den Logos zu betrachten. Was erstere angeht, so ist
er Weltschöpfer, Weltbildner und Weltregierer. Er hat
der Welt das Dasein durch Schaffung aus dem Nichts
gegeben, den Urstoff durch Kräfte belebt und die Einzeldinge gebildet. Das Gesamtwerk in seiner Vollendung
erhält und leitet er. Indes ist das nicht so zu verstehen,
als ob diese Thätigkeit der göttlichen Hypostase des Logos
allein eigne, wie etwa die Erlösung; denn das Wirken
der Trinität ist ein und dasselbe. „Dasselbe, was der
Vater will und thut," sagt Cyrill, „will und thut auch der
Sohn, wie der hl. Geist. Den einzelnen Hypostasen ihr
eigenes Wirken zuschreiben, heisst nichts anderes, als
drei von einander verschiedene Götter zum Vorschein
bringen. Denn wegen der physischen Einheit zeigt die hl.
Dreifaltigkeit nur e i n e Willensthätigkeit (μίαν κίνησιν) in
allem Thun, nämlich die, dass alles vom Vater durch den
Sohn im hl. Geiste geschieht. [3]) Und so ist auch die
Weltschöpfung erfolgt. Der Sohn ist der Wille, die Weisheit, die Macht des Vaters. Deshalb thut der Vater auch
alles durch den Sohn als seinen Willen und seine Weisheit. [4]) Ja, der Vater kann wegen seiner Natur nicht
anders wirken, als durch den Sohn, und so hat er auch
durch ihn die Dinge aus dem Nichtsein in das Dasein

---

[1]) Cyr. in Joh. Mg. 73, 177 d; Pus. I, 156.
[2]) Cyr. hom. pasch. 17 Mg. 77, 799 b c.
[3]) Cyr. adv. Nestor. Mg. 76, 180 c a.
[4]) l. c. 180 a.

geführt. ¹) Auch der Sohn ist ὁ χρόνου παντὸς ποιητὴς καὶ τεχνίτης ²) καὶ δημιουργός. ³) „Schon Plato," so beweist Cyrill dem Irrtum Julians gegenüber, „sagt, dass der κόσμος vom göttlichen Worte geordnet worden sei. Denn es schafft alles, giebt Ordnung und Harmonie, weil es die Macht und Weisheit des Vaters ist. Mit ihm führt es die Hegemonie über das Geschaffene. Glücklich und selig nennt Plato den, welcher den Logos bewundert, aber auch fragt, um zu lernen, wer er sei und wie gross er sei."⁴) Auch andere griechische Weise haben das erkannt. Es sagt bei ihnen der Trismegistos Hermes von dem alles wohlbildenden Gotte: „τὸ κατωφερέστερον τοῦ νοεροῦ καὶ βρίθον, Λόγον ἐν ἑαυτῷ σοφὸν ἔχει δημιουργικόν." „Dieser sein Logos hat schöpferische Natur," sagt Cyrill, „da er fruchtbar ist und Leben spendend. Auch wir behaupten, dass der Gottlogos als Lebensspender in allem ist, was sich bewegt. Denn nicht anders kann das Gewordene in seinem fortwährenden Bestande bleiben, wenn es nicht des unvergänglichen und wahrhaft seienden Gottes teilhaftig würde (μετεσχηκός). Er (Hermes) weiss, dass der Sohn schöpferische Natur hat, fruchtbar, Leben spendend ist, aber verschiedener Natur mit dem, was Leben von ihm empfängt. Was aber des Lebens entbehrt, belebt er im hl. Geiste."⁵) Wenn auch das Geschaffene des unvergänglichen Gottes teilhaftig geworden ist, so ist der Logos doch verschieden. Denn alles, was im Himmel und auf der Erde ist, ist vom Logos gemacht worden, damit daraus eben seine Verschiedenheit (τὸ ἀσύμφοιτ᾽ αὐτοῦ) von der ganzen Schöpfung erkannt werde. ⁶) Und es muss das Geschöpf von Natur aus etwas anderes sein als der Schöpfer. Denn im andern Falle würde das Geschaffene in die Natur des Schöpfers übergehen, und der Schöpfer zur Natur der Geschöpfe."⁷) „Trotz der Verschiedenheit

---

¹) Cyr. in Joh. Mg. 73, 84 c.
²) Cyr. hom. pasch. 17 Mg. 77, 773 c.
³) Cyr. in Joh. Mg. 145 b.
⁴) Cyr. c. Jul. Mg. 76, 917 a.
⁵) l. c. 920 d f.
⁶) Cyr. in Symb. Mg. 77, 297 b.
⁷) Cyr. in Joh. Mg. 73, 145 d.

von Schöpfer und Geschöpf war in dem Geschaffenen doch
das Leben, d. h. der eingeborene Logos, welcher der Anfang und die Grundlage (σύστασις) des Sichtbaren und
Unsichtbaren, des Ueberirdischen und Irdischen und Unter-
irdischen ist. Denn er selbst, das Leben von Natur, giebt
den Dingen auf vielfache Weise Sein, Leben und Bewegung,
nicht indem er etwa eine Teilung oder Verwandlung in
die von Natur aus verschiedenen Einzeldinge eingeht,
sondern indem die Schöpfung durch die unaussprechliche
Weisheit und Macht des Weltbildners verschieden gestaltet
wird. Eins ist das Leben von allen. Es geht aber auf
das Einzelne über je nach dessen Fassungskraft." [1]) Der
Logos hat also die Dinge nicht blos ins Leben gerufen,
sondern giebt ihnen auch Leben, damit sie bestehen können.
Denn „da das aus dem Nichts Geschaffene notwendig ver-
gehen muss, und das, was einen Anfang genommen hat,
auch dem Ende zustrebt, so hilft der Logos der Schwäche
der Geschöpfe und giebt ihnen künstlich eine gewisse
Dauer." [2]) „Jedes Geschöpf nämlich hält die göttliche
Hand umfasst und bewahrt die geschaffenen Dinge im Sein,
indem sie zum Leben zusammenhält, was des Lebens bedarf, und den der Einsicht Fähigen das geistige Licht
eingiesst." [3]) Letztere nun sind Engel und Menschen.
Von diesen steht der Logos zu den Menschen in eminenter
Beziehung nicht blos dadurch, dass er als persönliche
Weisheit des Vaters denselben das Licht der Vernunft
durch Einhauchung einer ihm ähnlichen Seele gegeben
hat, sondern noch mehr dadurch, dass er mit den Menschen
in persönlichen Verkehr getreten und zu dem Zwecke die
menschliche Natur mit seiner göttlichen Hypostase innigst
vereinigt hat. „Denn während der Evangelist," sagt Cyrill,
„bisher gezeigt hat, dass der Logos als Leben von Natur
existierend, selbst in allem durch ihn Geschaffenen ist,
dasselbe erhält und belebt, geht er nun zur andern Be-

[1]) l. c. 88 a.
[2]) l. c. 88 b.
[3]) l. c. 129 c.

trachtung über. Da der Mensch unter den Geschöpfen
ein vernünftiges Wesen ist, fähig der Erkenntnis, des
Wissens und der Weisheit von Gott teilhaftig, so zeigt
der Evangelist uns, dass der Logos auch der Verleiher
der im Menschen befindlichen Weisheit ist. Deshalb sagt
er: „Und das Leben war das Licht der Menschen," d. h.
der alles lebendig machende Gottlogos. Von Haus aus
ist die geschaffene Natur nicht reich; was sie hat, hat sie
von Gott, der das Sein und die Art des Seins verleiht." [1])
„Aber auch die Engel erleuchten den Menschen, und auch
der eine Mensch ist dem andern Licht und Lehrer. Aber
die geschaffenen Wesen sind nicht einfach, und darum ist
auch das Licht in ihnen nicht ein eigenes und einfaches,
ohne Zusammensetzung, sondern der Mensch empfängt es
durch die Mitteilung mit den übrigen von Gott. Das
wahre Licht dagegen, welches erleuchtet, wird nicht erst
von einem andern erleuchtet. Das ist der Eingeborene,
der in einfacher und nicht zusammengesetzter Natur ist,
da es bei Gott keine Zusammensetzung giebt." [2]) „Das
Wort Gottes erleuchtet jeden Menschen, der in diese Welt
kommt, nicht durch Unterweisen, wie es die Engel und
Menschen thun, sondern der Logos legt auf schöpferischem
Wege einem jeden den Samen der Weisheit und Gotteserkenntnis (θεογνωσίας) ein, [3]) senkt ein die Wurzel des Verstandes und macht das Wesen zu einem vernünftigen,
indem er es seiner eigenen Natur teilhaftig darstellt und
gleichsam einen gewissen erleuchtenden Atem seines un-
aussprechlichen Glanzes in den Geist hineinlässt auf eine
Weise, die er allein kennt." [4]) Cyrill weist in den letzten
Worten hin auf den Logos als Urheber der übernatürlichen
Erkenntnis und der heiligmachenden Gnade im ersten
Menschen vor dem Sündenfalle, wie auch aus folgenden
Worten hervorgeht. [5]) „Adam hat nicht erst im Laufe

[1]) l. c. 93 a.
[2]) l. c. 124 c. 125 d.
[3]) Cyrill spricht hier von der natürlichen Gotteserkenntnis.
[4]) Cyr. in Joh. Mg. 73, 128 b f.
[5]) l. c. 128 c.

der Zeit, wie wir, die Weisheit erlangt, sondern ist gleich
vom Anfange seiner Erschaffung an im Besitze derselben
gewesen, so lange er die von Gott empfangene Erleuchtung
unvermindert bewahrte und die Würde seiner Natur
unversehrt erhielt." Wir wissen aber, dass Adam diese
Gnadenvorzüge seiner Erkenntnis, seines Willens, seiner
übernatürlichen Ebenbildlichkeit mit dem Logos nicht bewahrt hat, dass er in Sünde fiel, wodurch seine Erkenntnis getrübt, sein Wille geschwächt wurde, und die heiligmachende
Gnade verloren ging, dass ferner diese Schäden und Mängel
in der Natur Adams als des Hauptes der ganzen Menschheit auch auf diese sich forterbten. Somit war das vom
Logos dem Menschen verliehene übernatürliche Licht für
alle verloren gegangen und das eingegossene Licht der
Vernunft getrübt. Infolgedessen neigt auch der Wille
des Menschen mehr den Werken der Finsternis zu, als
denen des Lichtes. Wollte nun der Logos sein schöpferisches
Werk nicht in diesem Zustande belassen, so konnte nur
von seiner Seite her eine Wiederbelebung der menschlichen
Natur, eine Kräftigung des Geistes und Willens erfolgen.
Dieses Werk der Erneuerung hat der Logos durch Annahme
der Menschennatur vollbracht. Bevor er aber diesen von
Ewigkeit her bestimmten göttlichen Plan (οἰκονομία) zur
Ausführung brachte, bereitete er selbst wiederum die
Menschheit darauf vor. Schon als unsichtbarer Logos
trat er mit dem menschlichen Geschlechte durch das aus-
erwählte israelitische Volk in Verbindung, indem er sich
demselben in Vorbildern und Weissagungen als verheissenen
Messias darstellte. Demgemäss haben wir im folgenden
Teile dieses Kapitels zu handeln von Cyrills Lehre über
den ewigen Ratschluss der Erlösung, der Notwendigkeit,
dem Zwecke, der Freiwilligkeit der Incarnation seitens des
Logos, sowie von seiner vorbereitenden Heilsveranstaltung
im alten Bunde.

    Was den göttlichen Ratschluss der Erlösung betrifft,
so konnte derselbe gemäss der Unveränderlichkeit Gottes
nur ein ewiger sein. Das sagt Cyrill wiederholt. „Dieses

grosse und wahrhaft ehrwürdige Geheimnis ist nicht erst
jüngst erschienen, nicht neu, nicht erfunden infolge streit-
süchtiger Meinung, sondern es ist sehr alt, schon vor der
Weltgründung in Gott gemäss Voraussicht.“ [1] Als Objekt der
Voraussicht giebt Cyrill an: „Gott, der das Zukünftige weiss,
und es nicht erst weiss, wenn die Thatsache vorliegt, wusste
schon vor der Erschaffung der Welt, was sich ereignen
würde. Deswegen that er das ihm Geziemende und ging
betreffs unser mit sich zu Rate; nicht erst, als wir geworden
waren, sondern bevor die Erde und die Zeit wurde, hatte
er in sich Kenntnis von uns. Deswegen hat er vorher
seinen Sohn als Grund gelegt, damit wir auf ihm auf-
gebaut wieder aufständen vom Verderben, in welches wir
durch Uebertretung gefallen waren. Da nun aber auch
schon von alters her der Schöpfer das für uns Nutzbringende
vorher beriet, so sah er und bestimmte vorher den, der
unsertwegen Mensch werden sollte, d. h. seinen eigenen
Logos, damit er als der Anfang der Wege und als Fundament erfunden würde für die in ihm zur Unverdorben-
heit wieder hergestellte menschliche Natur, damit er genannt werde der Erstgeborene unter vielen Brüdern.“ [2]
Und so bestimmte er uns v o r h e r zur Sohnschaft durch
ihn und machte uns, obwohl noch nicht erschaffen, jeglicher
geistigen Segnung würdig, damit, wenn der Fall zum Tode
durch Uebertretung erfolgte, wie aus einer alten Wurzel
das Leben wieder aufblühe. [3] Aelter also ist für uns der
Segen, als der Fluch, älter die Verheissung zum Leben,
als die Verurteilung zum Tode, älter die Freiheit der
Sohnschaft, als die Knechtung des Teufels. Es kehrt die
Natur zum alten Stande zurück, nachdem sie das inzwischen
Vorgefallene überwunden hat durch die Gnade dessen, der
der sie befestigt hat in den Gütern in Christo. [4] Wie ein
Baumeister, der beim Beginn eines Hausbaues überlegt,
dass das Haus mit der Zeit nicht Schaden leidet, ein sehr

[1] Cyr. c. Jul. Mg. 76, 929 c; glaphyr. Mg. 69, 424 b.
[2] Cyr. Thesaur. Mg. 75, 292 b; Petav. de incarn. II, 17, 9.
[3] Cyr. Thesaur. Mg. 75, 293 d.
[4] l. c. 296 a.

festes Fundament setzt und gleichsam eine unerschütter-
liche Wurzel aussinnt, damit er, wenn Schaden eintritt,
auf dem unverletzten Fundamente ein neues Haus errichten
könnte, auf dieselbe Weise hat der Schöpfer aller Dinge
Christum zum Fundamente unseres Heiles schon vor
Schaffung der Welt gemacht, damit, wenn dasselbe durch
die Sünde ins Wanken geriete, wir auf ihm erneuert würden.
Gemäss dem Plane des Vaters ist Christus vor der Zeit
gegründet worden. Das Werk dagegen ist zur Zeit ausgeführt, als die Notwendigkeit der Lage es erforderte." [1])
Wenn Cyrill ferner sagt [2]), Christus sei zur Erneuerung
(ἐπανόρθωσις) der ganzen Schöpfung schon vor der Erschaffung der Welt vorher erkannt und vorher bestimmt
(προώρισto) worden, weil der Vater beschlossen hatte, wie
der Apostel (Eph. 1, 10) sagt, alles im Himmel und auf
Erden in ihm wieder zu erneuern (ἀνακεφαλαιώσασθαι, d. h.
Christum, den ersten Schöpfer zum Haupte der Neuschöpfung machen), so ist dieser ewige Ratschluss doch
mit voller Freiheit und unter Zustimmung des Sohnes
erfolgt, d. h. der Sohn hat sich der Ausführung desselben
freiwillig unterzogen [3]), nicht von jemandem gezwungen.
sondern gemäss eigenen Wollens mit dem Wunsche des
Vaters übereinstimmend. [4]) Denn er ist frei von eigener
Natur aus. [5]) „Sagt der Sohn doch selbst (Joh. 10, 18):
„Ich habe die Macht, mein Leben hinzugeben, und die
Macht, es zu empfangen." Dadurch zeigt er, dass er nicht
geheissen wie ein Diener oder Knecht, aber auch nicht aus
Notwendigkeit oder Zwang, sondern freiwillig gekommen
ist. Wenn der Sohn aber sagt: „Diesen Auftrag habe ich
von meinem Vater empfangen," so redet er eben vom
Standpunkte seiner menschlichen Natur aus (ταπεινῶς λαλεῖ).
Seiner göttlichen Natur nach aber ist er bezüglich des
Heilsratschlusses gleichen Wollens mit dem Vater." [6]).

---

[1]) l. c. 296 b; Petav. II, 17, 10.
[2]) Cyr. in Jonam, Mg. 71, 604 a, Pus. in XII, proph. I, 565.
[3]) Cyr. in Joh. Mg. 74, 373 b d.
[4]) Cyr. de ss. Trinit. Mg. 75, 693 a.
[5]) Cyr. hom. Mg. 77, 1092 b.
[6]) Cyr. in Joh. Mg. 74, 12 a b.

„Wie nämlich die Sonne dem aus ihr hervorgehenden
Lichte aufträgt, alles zu erleuchten, und der Macht der
Strahlen gleichsam das Geschäft überträgt, die Wärmkraft
allem Fähigen mitzuteilen, und wir nicht sagen, dass der
Strahl der Sonne diene, denn beide wirken durch das,
was ihrer Natur nach eigen ist, so muss man auch denken,
wenn der Vergleich auch nicht in allem zutrifft, von Gott
dem Vater und dem aus ihm natürlich gezeugten Logos,
wenn ihm etwas übertragen werden soll, was auf uns Bezug
hat." [1] Ja, der Sohn hat nicht blos frei zugestimmt,
sondern sogar sehnlichst nach seiner Menschwerdung verlangt. „Christus," sagt Cyrill, „spricht vielleicht so zu
seinem Vater: „Um das gemeinsame Gut, d. h. den
Menschen, mache ich mir Sorge, dass er gleichsam als
Gefangener wieder in Freiheit gesetzt werde. Erhöre mich
schnell, da das ihn betreffende Geheimnis Eile erfordert." [2]
Wir finden also klar bei Cyrill ausgesprochen, dass der
Heilsratschluss im ewigen Plane Gottes lag, und der Sohn
ihn mit allen erforderlichen Umständen freiwillig zur Ausführung brachte. Cyrill bezeichnet gemäss der hl. Schrift
diesen Erlösungsplan in der ewigen Idee Gottes, als auch
dessen Ausführung in der Menschwerdung des Logos, also
die Heilsveranstaltung Gottes, mit dem einen Worte
οἰκονομία. Er definiert aber ohne Rücksicht auf den Erlösungsplan οἰκονόμος, indem er sagt: „οἰκονόμοι werden die
genannt, welche einem jeden das ihm Gebührende (οἰκεῖα)
zuteilen (νέμειν)." [3] Insofern kann man auch Gott als
οἰκονόμος bezeichnen; denn wer teilt im ganzen Hause der
Schöpfung wohl gerechter einem jeden zu, was ihm gebührt,
als gerade er? Gottes οἰκονομία umfasst aber insbesondere
die vernünftigen Wesen, Engel und Menschen, wie im
einzelnen, so in der Gesamtheit. Und in den Bereich der
οἰκονομία fällt ganz besonders wieder seine Fürsorge für die
Wiederherstellung des gefallenen Menschengeschlechtes.

[1] l. c. 493 b c.
[2] Cyr. in Ps. 68 Mg. 69, 1169 a.
[3] Cyr. in Luc. Mg. 72, 812 c. οἰκονόμοι δὲ λέγονται παρὰ τῷ τὰ
οἰκεῖα ἑκάστῳ νέμειν.

wie auch ein Hausvater sich eines erkrankten Gliedes seiner Familie besonders annimmt. Daher wird der Ausdruck οἰκονομία auch passend für den Erlösungsplan und dessen Ausführung gebraucht. [1]

Musste Gott nun den ewigen Ratschluss der Erlösung fassen in seiner Voraussicht, dass der Mensch sündigen werde? Cyrill giebt uns darüber folgenden soteriologischen Aufschluss, indem er von der Anthropologie ausgeht und das allgemeine Verderben schildert. „Nachdem Himmel und Erde und alles in ihnen erschaffen war, wurde der Leib des Menschen aus Erde gebildet und durch die unaussprechliche Kraft des Schöpfers belebt. Es ging plötzlich ein vernünftiges, Gott sehr ähnliches (θεοειδέστατον) Wesen hervor. Gebildet aber wurde der Mensch selbständig, frei und mächtig, sich nach dem Zuge seines Willens hin zu bewegen, wie es ihn beliebte, sei es zum Guten, sei es zum Bösen. Nachdem er aber von Gott das Gebot zur Uebung des Gehorsams und der Tugend empfangen hatte, gab er sich der Sorglosigkeit hin und kam jählings zum Bösen. Er verachtete das Gebot, und so in kurzem von der Lust besiegt, gab er der Unenthaltsamkeit nach. Da er hoffte, er werde auch Gott sein, so zog er sich den Fluch zu, weil er das göttliche Gesetz verletzt und auf das Uebernatürliche seinen Geist gerichtet hatte. Da ist er zum Tode verurteilt worden, und es zeigte sich, wer er von Natur war, obgleich er geschaffen war, nicht, damit er den Banden des Todes unterliege, sondern jenes Uebel über seine Natur hinaus besiege. Nichts Unausführbares aber giebt es für den Schöpfer, auch nicht schwierig möchte es für ihn sein, das dem Verderben Unterworfene vom Verderben zu befreien und ein sehr langes Leben zu erhalten. Da also der erste Mensch Adam des Ungehorsams überführt und in die Bande des Todes verstrickt durch die gottlosen

---

[1] Ueber den Begriff οἰκονομία cfr. Petav. II, 1. 3—6; IV. 1, 1. Hurter, Theol. dogm. comp. 1896, II, 355 n. 1. Theol. Quartalschr. 1896 p. 363 und 378.

Ratschläge der unreinen Schlange und des Urhebers des
Bösen, des Satans, unter die Gewalt der Sünde gebracht
war, da das Böse sich über das ganze Geschlecht Adams verbreitet hatte (κατανεμηθέντος τοῦ κακοῦ τῷ Ἀδὰμ σύμπαν γένος),[1]) und
bis auf Moses oder die Zeit des Gesetzes der Tod geherrscht
hatte, da brachte der Schöpfer selbst uns Unterdrückten
Hülfe. Es musste aber Gott, da er Gott ist und gut, den
Verlorengegangenen helfen, den Neid des Teufels vernichten und den entstellten Menschen auf Erden zur Unsterblichkeit wieder umprägen, die Grenze des Verderbens
aufstellen, indem er Verzeihung für das ehemals geschehene
Verbrechen walten liess und einen Wärter für Tugend
und rechtschaffenes Handeln aufstellte. Denn nicht war
einer, der Gutes that, wie David sagt (Ps. 13, 3). Die
Heiden kannten den Schöpfer nicht und waren von dem
natürlichen Gotte abgeirrt, hatten sich in ihrem Unverstande zum Dienste falscher Götter gewandt und führten
ein tierisches und vergnügungsvolles Leben. Die Juden
aber, belastet mit dem verurteilenden Gesetze, verachteten
das Gesetz des Moses, waren der Strafe der Uebertretung
unterworfen und über die Gelegenheit zum Falle am wenigsten erhaben. Da nun also alle Menschen in das tiefste
Unglück geraten waren, und Moses offen bekennt, er genüge nicht, um sie zu retten, und auch die Propheten
dieses nicht vermochten, und David sagt: „Erscheine doch,
der du thronst über die Cherubim, rege deine Macht an
und komme, damit du uns beglückest,“ und so auch Isaias
und Jeremias, was wollte da der Schöpfer des All thun?
Sollte er die Menschen der Gewalt der bösen Geister überlassen, sollte der Neid des Teufels stärker sein, als sein
Wollen, sollte er nicht die in Gefahr Schwebenden retten,
nicht seine heilende Hand den Daniederliegenden reichen,

---

[1]) Die Lehre von den sittlichen Folgen der ersten Sünde
treffen wir oft in den Schriften Cyrills an, so im Com. zu
Ps. 44. 50. 67. 68. 79. Mg. 69. 1033 a, 1089 c, 1092 d, 1100 a,
1157 b, 1168 c, 1197 a, und in Quod unus . . Mg. 75, 1328 a,
ὥσπερ εἰς ὅλην τὴν ἀνθρώπου φύσιν, καθάπερ ἐκ ῥίζης τῆς πρώτης,
φημὶ τοῦ Ἀδὰμ, διέβη τὰ ἐξ ὀργῆς: ferner adv. Nest. Mg. 76,
164 b, 209 a b, adv. Anthropomorph. Mg. 76, 1096 c f. 1130 a.

sollte er nicht den Sinn derer, die in Finsternis wandelten,. erleuchten, die Irrenden nicht wieder zurückführen? Wie wäre er gut, wenn er uns keiner Berücksichtigung gewür- digt hätte, da er dieses doch ohne jegliche Mühe thun konnte? Denn warum hatte er die Menschen im Anfange ins Leben geführt, wenn er nicht Mitleid mit ihnen nehmen wollte, welche wider Erwarten litten und sich in unglück- licher Lage befanden?" [1]) Cyrill hält Gott also gleichsam. für moralisch verpflichtet, dass er sich des gefallenen Menschen annahm, und zwar folgert er die Notwendigkeit aus dem Wesen, besonders der Güte Gottes (ἔδει γὰρ ἔδει θεὸν ὄντα καὶ ἀγαθόν). Zudem war eine Selbsterlösung durch einen Menschen ausgeschlossen, weil alles, was das Menschen- geschlecht durch den Fall Adams verloren hatte, ein über die menschliche Natur hinausliegendes, freies Geschenk Gottes war. „Man muss wissen," sagt Cyrill, „welches die Art unserer geistigen Armut war, und welchen Reichtum der Mensch verloren hatte. Die menschliche Natur war ent- blösst von allem Guten, verlassen von den himmlischen Geschenken, von Gottes Freundschaft ausgeschlossen. In Christo aber sind wir wieder reich geworden, indem wir das Ursprüngliche wiedererlangt haben." [2]) „Solche Güter durch eigene Kraft wiederzuerwerben, ging über mensch- liches Vermögen." [3]) „Da nun jeder Heilige zur Rettung der Menschen fehlte, und diese nur als Mittel die Los- bittung hatten — denn ihm allein war die Macht eigen,. die grausame Herrschaft des Todes zu zerstören, die Strafe nachzulassen, von Sünde zu befreien, die Herzen zu er- neuern, jenes verderbenbringende Tier zu zähmen, die feindliche Schar der Dämonen niederzuwerfen, und den auf Abwege geratenen Menschen wieder auf den rechten Pfad zurückzuführen — so sandte der Vater zur rechten Zeit seinen Sohn." [4])

---

[1]) Cyr. c. Jul. Mg. 76, 925 f.
[2]) Cyr. in Ps. 79, Mg. 69, 1179 a.
[3]) Cyr. in Joh. Mg. 74, 373 b, Pus. II, 569.
[4]) Cyr. c. Jul. Mg. 76, 928 d. Aus dem Umstande, dass die Erlösung durch keinen Menschen erfolgen konnte, beweist

War nun aber als einziges Mittel zur Erlösung unbedingt die Menschwerdung des Logos notwendig, die doch eine so furchtbar tiefe Selbstherabwürdigung in sich schloss, „oder,“ so fragt Cyrill, „ist das am Kreuze Hängen etwa ehrenhaft, übersteigt das nicht vielmehr jede Schmach?“ [1]) Ueber diese Frage verbreitet sich Cyrill wiederum in seiner Schrift gegen Julian. [2]) „Warum, so werden die Gegner fragen, ist er denn sogar Mensch geworden und hat das Fleisch und unsere Armseligkeit (φύσιν) ertragen, da er doch sehr leicht als wahrer Gott durch seinen Willen allein und seine Kraft die Herzen der Menschen hätte lenken können, damit sie das annehmen und glauben, was er will, und damit sie Gott wohlgefällig lebten? Darauf möchte ich antworten mit dem Propheten: „Wer hat den Sinn des Herrn erkannt?“ Es heisst weise sein, ihm allein die Einsicht über das zuzuschreiben, was ihm allein zukommt. Es liegt aber noch ein anderer Grund vor. Wenn Gott seine Macht dazu gebrauchte, den Sinn eines jeden Menschen zum Guthandeln zu bestimmen, und auch dem Nichtwollenden das Gute vorschriebe, so wäre es nicht Frucht des Willens und als solches lobenswert, sondern Frucht des Zwanges. Wie wäre da der Schöpfer vom Tadel frei, der im Anfange gestattete, dass der Mensch durch den Antrieb seines eigenen Willens regiert werde, der ihn nachher aber einem notwendigen Wechsel unterworfen und ihn gleichsam an ein unvermeidliches Wollen dessen gebunden hätte, was ihm gut schiene. Somit würde der Mensch sich nicht mehr frei, sondern gezwungen zum Glauben bekennen. Fort mit solchem Wahnsinn! Es ziemte sich also nicht, mit Gewalt, sondern durch Ueberzeugung die Verächter eines frommen Lebens und die Gott Widerstrebenden zum Gehorsam zu führen. Und deswegen ist der eingeborene Gottlogos auf wunderbare, die Fassungskraft des mensch-

---

Cyrill anderseits wieder die Gottheit Christi. „Wir hatten einen unsündlichen Gott zur Menschwerdung notwendig. der für uns den ‚Tod im Fleische aufnahm.‘ Cyr. hom. Mg. 77, 1060 b. Der Erlöser konnte also nur Gott sein.
[1]) Cyr. in Joh. Mg. 74, 373 b.
[2]) Cyr. c. Jul. Mg. 76, 936 d f.

lichen Geistes übersteigende Weise hervorgegangen und
hat mit dem Menschen verkehrt, teils um durch Wunder
und Zeichen, welche die Natur und Kraft der Menschen
übersteigen, diese von seiner Gottheit zu überzeugen, teils
um durch Lehren, welche das Gesetz überragen, den Grund
wahrer Tugend zu zeigen, jene von der jüdischen Beob-
achtung abzuziehen und durch Mitteilung der wahren Religion die Herzen der Gläubigen zu erleuchten. Aber beschränkt, sagen sie weiter, ist der menschliche Körper und
voll von Niedrigkeit. Dagegen nun mögen sie bedenken,
dass der Logos unerfasslich ist und nicht durch das Mass
des Körpers beschränkt wird. Er wohnt in jenem hl. und
reinen Körper; denn wie der Strahl der Sonne, wenn er
auf Schmutz fällt, nichts von ihm annimmt, so auch jene
unbefleckte und ungetrübte Natur, wenn sie mit den irdischen Körpern verkehrt, nützt vielmehr, als dass sie eine
Befleckung in sich aufnimmt. Unsere Körper unterliegen
den Affekten, fallen leicht in Lust und leiden unter dem
Gesetze der Sünde. Aber in jenem göttlichen und hl. Leibe
Christi sind keine Leidenschaften, er ist durch die Heiligkeit bereichert. Denn heilig war sein Tempel, welcher
jede andere Kreatur heiligt. Ja, die Heiden glauben doch
auch von ihren Göttern, dass sie sich zu Zeiten in Menschen
verwandeln, und Julian sagt, dass Aesculap seine Heilkunst
unter den Menschen geübt habe." „Sehr nützlich," so
schreibt Cyrill gegen Nestorius, „ist die Fleisch- oder
Menschwerdung. Wenn er nicht uns ähnlich dem Fleische
nach geboren wäre, so hätte er niemals die Natur des
Menschen von der in Adam zugezogenen Schuld befreit,
nicht das Verderben von unserm Körper ferngehalten, und
die Macht jenes Fluches, welcher das erste Weib traf,
hätte nicht aufgehört. Die Natur des Menschen litt an dem
Ungehorsam des Adam, in Christo aber ist sie wohlgefällig
geworden durch seinen Gehorsam in allem. Es herrschte
über uns Tod und Sünde, und jener Erfinder und Vater
der Sünde triumphierte über alle, aber in Christo hat die
menschliche Natur gleichsam wie im zweiten Beginne des

Geschlechtes Vertrauen zu Gott."[1] Aus dem Gesagten zieht Cyrill den Schluss, dass die Menschwerdung des Logos nicht blos zweckentsprechend, sondern auch notwendig war, wenn auch nicht absolute notwendig. „So und nicht anders war das ins Verderben gesunkene Geschlecht zu erneuern."[2] Cyrill verneint auch ferner die Kontroversfrage, ob die Incarnation auch ohne Sündenfall stattgefunden hätte.[3] „Wenn wir nicht gesündigt hätten, wäre er nicht unter uns erschienen."[4] Ueber den Zweck der Menschwerdung sagt Cyrill: „Wenn man sagt, dass unsere Erlösung lediglich des Aufenthaltes auf Erden bedurft hätte, und dass der Logos nur deswegen das uns ähnliche Fleisch angenommen habe, weil er von den Menschen nur gesehen werden, mit ihnen freundschaftlich verkehren und uns den Weg des Lebens nach dem Evangelium zeigen wollte, so verstehen sie (Doketen) den Zweck der Menschwerdung nicht und sehen jenes grosse Geheimnis des Glaubens nicht ein. Denn wenn der Eingeborene nur deswegen Mensch geworden ist, damit er von den Menschen geschaut werden könnte, so hat die Menschwerdung der menschlichen Natur keinen andern Vorteil gebracht. Wie sehr diese aber irren, kann man leicht erkennen. Wenn, so sage ich, das Wort, obwohl Fleisch geworden, der menschlichen Natur keinen andern Vorteil gebracht hat, wird man da nicht besser sagen, er hätte sich der fleischlichen Unreinigkeit durchaus entledigt, es habe blos geschienen, als ob er einen irdischen Leib gebraucht und so seinen Zweck ausgeführt habe. Dagegen sagt der Apostel Paulus aber: „Weil die Kinder teilhaftig waren des Fleisches und Blutes, so ist er selbst desselben teilhaftig geworden, damit er durch den Tod den vernichtete, der des Todes Gewalt hatte, den Teufel, und damit er die befreiete, welche das

---

[1] Cyr. adv. Nestor. Mg. 76, 21 c.
[2] Cyr. de incarn. Unigen. Mg. 75, 1201 b oder de recta fid. Mg. 76, 1149 d. cfr. serm. Procli Mg. 65, 685 c.
[3] Schell, Dogmatik III, 1, pag. 24; Einig, Tract. de Verbo incarnato pag. 11.
[4] Cyr. de ss. Trinit. Mg. 75, 968 c; Petav. de incarn. II, 17, 9.

ganze Leben hindurch der Knechtschaft unterworfen waren
(Hebr. 2, 14—15). Derselbe Apostel giebt noch einen andern
Grund an, indem er schreibt: „Was dem Gesetze unmöglich
war, weil es durch das Fleisch geschwächt war, das hat
Gott bewirkt, indem er seinen Sohn in die Aehnlichkeit
des sündhaften Fleisches geschickt, und wegen der Sünde
die Sünde im Fleische verdammte, damit die Satzung des
Gesetzes in uns erfüllt werde, indem wir nicht nach dem
Fleische wandeln, sondern nach dem Geiste" (Röm. 8, 3—4).[1]
Als Zweck der Menschwerdung giebt Cyrill an die Befreiung aus der Knechtschaft des Teufels und die Vernichtung der Sünde. Dem Wesen des Logos als Leben
entsprach ferner der Zweck, die Zerstörung der Herrschaft
des Todes.[2] Der positive Zweck der Menschwerdung lag
in der Aufrichtung der ganzen menschlichen Natur, in der
Zurückführung in den status gratiae. „Der Logos," sagt
Cyrill, „nahm Fleisch an und verschleierte seine Herrlich-
lichkeit (ὀπίσω δόξης γέγονεν) aus keinem andern Grunde, als
um das Zerschmetterte zu verbinden, dem Geschwächten
Kraft zu geben, das Niedergeworfene aufzurichten, das
Kraftlose zu stärken, das Verlorene zu retten."[3] „Und
das bewirkte er, indem er all seine Kraft unseren Schwächen
gewissermassen beimischte, die menschliche Natur stärkte
und in seine Kraft verwandelte."[4] „Von ihm sollten wir
lernen, an ihm ein Beispiel nehmen; das war aber nur
möglich, wenn er sichtbar wurde. Nicht der reine Logos
ohne Erniedrigung, sondern der Logos in den Tagen des
Fleisches ist uns zum Beispiel geworden."[5] „Er erschien
in einer uns ähnlichen Gestalt und half der menschlichen
Natur auf die mannigfachste Weise und zeigte uns am
vollkommensten den Weg, der zu allem Guten führt. Und
so war es notwendig, um zu lernen, wie man sich verhalten müsste, wenn die Versuchung diejenigen befiel,

---

[1] Cyr. de rect. fid. Mg. 76, 1160 c f.
[2] Cyr. adv. Nestor. Mg. 76, 209 a; Petav. II, 6, 4; 6, 14; 6, 19.
[3] Pus. in XII proph. 309 oder Mg. 72, 37 d f.
[4] Cyr. in Luc. Mg. 72, 924 a; Mg. 75, 389 d f.
[5] Cyr. Quod unus . . . Mg. 75, 1324 a.

welche wegen der Liebe zu Gott Gefahr laufen, ferner wenn man ein rühmliches Leben einrichten wollte, ob zur Sorglosigkeit neigend, den Lüsten ergeben, der Heiterkeit und Freude den Geist überlassend, oder zum Gebete angestrengt, mit dem Erlöser weinend, nach Rettung dürstend und sich stark zeigend, wenn auch wir nach seinem Willen leiden sollten. Zudem war es nützlich zu wissen, wohin endlich der Gehorsam führe, welcher und ein wie grosser Lohn der Beharrlichkeit bestimmt sei. In alledem ist Christus uns ein Vorbild geworden, wie auch Petrus sagt (1 Petr. 2, 20 — 21): „In allem ist er vorangegangen, damit auch wir seinen Fusstapfen folgend sein Abgestorbensein in uns haben, d. h. die nichts mehr im Fleische vermögende Macht der Sünde." [1]) Warum nun ging der Logos nach seiner Incarnation soweit, dass er sich dem Tode unterwarf? Darüber sagt Cyrill [2]): „Er wollte durch seinen Tod den Teufel bekriegen, durch dessen Neid der Tod in die Welt gekommen war. Denn Christi Tod ist die Wurzel des Lebens, die Vernichtung des Verderbens, die Ausrottung der Sünde, die Grenze des Zornes. Dem Fluche und Tode waren wir durch Adam verfallen, gelöst aber ist die Schuld des ersten Sünders durch Christus. Als geheilt ist die menschliche Natur in Christus erschienen. Und diese Unsündlichkeit (Christi) hat die Menschen gerettet.

Die Universalität der Erlösung spricht Cyrill aus, indem er sagt: „Gott ist Mensch geworden, damit er die ganze Welt, vor allem aber sie (Juden) errettete." [3])

Nachdem wir nunmehr die Ansicht Cyrills über den Ratschluss der Erlösung, die Einwilligung seitens des Logos, die Möglichkeit der Erlösung nur durch Gott und die Ausführung derselben durch die Incarnation, sowie deren Zweck kennen gelernt haben, gehen wir über zu der Darstellung der die Menschwerdung vorbereitenden Thätigkeit des Logos

[1]) Cyr. quod unus . . Mg. 75, 1321 c d; Cyr. in ep. II ad Corinth. Pus. III, 345. oder Mg. 74, 936 d.
[2]) Cyr. in ep. ad Hebr. Mg. 74, 965 b.
[3]) Cyr. in Jonam, Pus. I, 567; Petav. XIII, 1, 4 und 2, 4.

im alten Bunde. Nicht sofort nach dem Sündenfalle erfolgte die Sendung des Logos in die Welt, sondern erst
eine geraume Zeit nacher, und warum so? Cyrill berührt
diese Frage kurz in seiner Erklärung des ersten Petrus-
briefes (3, 19—20). [1]) Ausführlich aber handelt er darüber
im 24. Kapitel seiner Schrift gegen die Anthropomorphiten. [2])
„Da der Logos“, sagt Cyrill, „in das menschliche Leben
hineinverpflanzt werden wollte zur Ausrottung des Bösen,
so wartete er notwendig, bis das Böse, das vom Feinde seine
Wurzel hatte, in seinem ganzen Umfange aufgesprosst
war. Daher, sagt das Evangelium, legte er die Axt an
die Wurzel. Denn wie auch die Aerzte, wenn das Fieber
im Körper wallt, und allmählich sich die Krankheit aus den
Keimen entwickelt, mit der Heilung warten, bis die Krankheit
zur Reife vorgeschritten ist, und dann erst ihre Kunst an-
wenden, so wartete auch der Seelenarzt mit der Heilung
von dem Bösen, bis die Natur alles Böse, was sie in sich
hatte, aufgedeckt, damit nicht etwas ungeheilt sitzen bliebe,
da auch der Arzt nur das heilt, was nach aussen hin in
die Erscheinung tritt. Deshalb hatte er keine Heilung gebracht zur Zeit des Noe, weil die sodomitische Schlechtigkeit noch nicht gross geworden, weil noch viele Sünden
in der menschlichen Seele verborgen lagen, nicht zu Pharaos
Zeit. Auch musste erst offenbar werden der Ungehorsam
der Israeliten, der Stolz der Assyrer, die Wut der Juden
gegen die Propheten, die sie steinigten und töteten. Als
aber jegliche Kraft der Schlechtigkeit aus der bösen
Wurzel hervorgegangen und auf vielfache Weise in dem
Wollen und Trachten eines jeden Geschlechtes in Ueber-
wucherung der Bosheit ausgewachsen war, da erst, wie
Paulus sagt, in der Fülle der Zeiten kam Gott, auf die
Unwissenheit herabschauend, als niemand war, der Einsicht hatte, niemand gefunden wurde, der Gott suchte, als
alle abgewichen und unnütz geworden waren, als das Mass

---

[1]) Cyr. in I Petr. Mg. 74, 1013 c.
[2]) Mg. 76, 1121; Petav. II, 17, 2, scheint diese Schrift dem
Cyrill abzusprechen; cfr. Schanz, Apolog. d. Christentums
1898, II, 10 f.

der Sünde voll war, da erschien die Gnade, da leuchtete
der Strahl des wahren Lichtes, da ging auf die Sonne der
Gerechtigkeit denen in Finsternis, da hatte e r das Haupt
des Drachen zertreten . . . . die Bewegung aber noch in
ihm zurücklassend, damit er dem kommenden Geschlechte
Gelegenheit zum Kampfe gäbe." Wenn Gott nun auch
den Zeitpunkt der Incarnation noch hinausschob, so hat
der Logos doch schon seit dem Sündenfalle in der Welt
und besonders unter den Israeliten vorbereitend auf die
Menschwerdung gewirkt, so dass die Messiasahnung der
Urpatriarchen zu klarer Messiashoffnung und diese sich
bald zu festem Messiasglauben entwickelte. „Immer deutlicher trat das Bild des erwarteten Messias aus den allgemeinen Umrissen hervor, je näher der von Gott in seinem
ewigen Ratschlusse bestimmte Zeitpunkt der Erlösung heran
kam." [1]) Und dieses immer deutlicher werdende Hervortreten
war die immer mehr erleuchtende Thätigkeit des Logos, der
sich in Bildern und Weissagungen schon im voraus als
Λόγος σαρχικός darstellte. Ueber dieses Walten des Logos
im alten Bunde giebt uns Cyrill in meist dem Geiste der
alexandrinischen Schule entsprechender, mystisch-allego-
rischer Erklärung einen sehr weitläufigen Aufschluss, besonders in den Schriften de adoratione in spiritu et veritate [2])
und Glaphyra. [3]) Hier finden wir, sagt Scheeben, das Be-
deutendste und Umfangreichste über diesen Gegenstand. [4])
An dieser Stelle mögen einige Zeugnisse aus anderen
Schriften Cyrills genügen. Dass der Logos sein sichtbares
Erscheinen auf Erden durch hl. Männer des alten Bundes
hat weissagen lassen, drückt Cyrill aus, wie folgt: „Sage,
o Jude, haben nicht alle Propheten uns den Kommenden
verkündigt, und zwar als Gott?" [5]) „Durchforsche die von
Gott eingegebene Schrift, denke eifrig nach über die Worte
der Propheten, siehe die Schriften des Moses nach, und

---

[1]) Schanz, l. c. III, 1.
[2]) Mg. 68.
[3]) Mg. 69, 13—677.
[4]) Scheeben, Dogm. II, 715.
[5]) Cyr. hom. Mg. 77, 1057 b, 1060 u.

du wirst finden, wie durch sie das herrliche Erscheinen des eingeborenen Gottlogos auf Erden verkündet wurde."[1]) „Schon Abraham hatte Kenntnis von dem Geheimnis nach Christi eigenen Worten (Joh. 8, 56), seine Söhne und deren Nachkommen bis auf Moses haben die Kraft jenes Geheimnisses dunkel kennen gelernt. Moses hat ihn in der Anordnung des Paschalammes vorgebildet, Josua ist ein wahrer Typus von Christus. Auch der übrige Chor der Propheten hat ihn vorausgesagt."[2]) Cyrill weist besonders die Juden auf die zahlreichen alttestamentlichen Bilder vom Erlöser hin, um ihre Unentschuldbarkeit darzuthun. „Viele Bilder von den Thaten des Erlösers kann man in den Worten des hl. Geistes finden, welche das kräftigste Zeugnis für den Aufenthalt des Erlösers unter uns enthalten."[3]) Besonders drei Typen von Christus erwähnt Cyrill, Abraham, Isaak und Jakob, und führt die einzelnen Züge durch.[4]) Er erinnert die Juden sodann an die Worte des Moses (Deut. 18, 18.) und richtet an sie die Frage: „Ist er also nicht für einen Bruder der Israeliten ausgegeben worden und nachher aus ihrem Geschlechte geboren?"[5]) Cyrill führt noch mehrere Aussprüche der Propheten an und schliesst dann mit den Worten: „Mehrere andere Aussprüche der hl. Männer, von denen die Schrift voll ist, hätte ich aufgehäuft, wenn ich mir nicht vorgenommen hätte, nicht überdrüssig zu werden. Das Angeführte aber genüge jedem, der nach Wahrheit strebt."[6])

[1]) Cyr. hom. pasch. 22 Mg. 77, 869 b.
[2]) Cyr. Schol. de incarn. II Mg. 75, 1373 a.
[3]) Cyr. hom. pasch. 5 Mg. 77, 477 c.
[4]) 1 c. 480 ff. 306 a.
[5]) de ss. Trinit Mg. 75, 816 c.
[6]) c. Jul. Mg. 76, 933 d.

II. Abschnitt.

Der menschgewordene Logos.

—◄◄◆►►—

1. Kapitel.

Die Menschwerdung nach ihrer formellen Seite.

Καί ἐστιν ἀληθῶς σοφίας ἔμπλεων τὸ
Χριστοῦ μυστήριον. [1]

Die Verwirklichung des ewigen Ratschlusses, die
Menschheit zu erlösen, geschah durch die Annahme der
menschlichen Natur von seiten des göttlichen Logos. Wie
nun fast alle Veranstaltungen Gottes für den Menschen
mehr oder weniger den Charakter eines Geheimnisses tragen,
weil ihr Ausgangspunkt ein übermenschlicher, ihr Inhalt
vielfach ein die Grenzen der Vernunft überragender, ihr
Zweck ein auf Gott zielender ist, so trifft dieses auch bei
der Incarnation des Logos zu, in welcher sich so zu sagen
Gott und Mensch zur Versöhnung die Hand reichen. In
diesem Geheimnisse konzentrieren sich alle anderen, die
auf die Erlösung des Menschen Bezug haben. „Das Mysterium der Incarnation wird nach dem Vorgange der hl.
Schrift als das Grundgeheimnis betrachtet. Was mit demselben zusammenhängt, gilt gleichfalls als Geheimnis." [2]
Ueber den mysteriösen Charakter des Geheimnisses sagt
Cyrill: „Tief, wahrhaft unaussprechlich und von unseren Gedanken nicht zu erfassen ist die Art und Weise der Menschwerdung. Gleichwohl ist es passend, jene vergleichend zu
erwägen. Denn das Uebermenschliche n e u g i e r i g a u s-
f o r s c h e n zu wollen, ist nicht straflos. Durchaus unver-

---

[1] Cyr. in Ps. 46 Mg. 69, 1056 c.
[2] Schanz, Die Lehre von den hl. Sakramenten der kathol.
Kirche, 1893 p. 27.

nünftig aber ist es, das Uebervernünftige der Prüfung zu
unterwerfen und zu versuchen, das einzusehen, was nicht
möglich ist. Oder weisst du nicht, dass dieses tiefe Geheimnis nur durch unseren Glauben geehrt wird, der nicht
vorwitzig handelt. Darum wollen wir jene uneinsichtige
Frage: „Wie kann das geschehen?" dem Nicodemus und
denen überlassen, die wie er denken; wir wollen das durch
den göttlichen Geist Geweissagte annehmen und Christo
glauben, der da sagt: „Wahrlich, wahrlich ich sage euch,
was wir verstehen, das sprechen wir aus und, was wir gesehen haben, das bezeugen wir." Fort also mit allem
Geschwätz, kraftlosen Fabeleien, falschen Meinungen, ge-
schmückten Redensarten. Nichts, was Verderben zu bringen
pflegt, lassen wir zu, wenn auch die Gegner mit den ge-
übtesten und schärfsten Worten uns zu besiegen suchen.
Denn göttlich ist unser Geheimnis, nicht beruhend auf
überzeugenden Worten menschlicher Weisheit, sondern auf
der Unterweisung des Geistes." [1] „Und nur denen ist es
gegeben, dieses tiefe und ehrwürdige Geheimnis Christi zu
erkennen, welchen es der Vater selbst geoffenbart hat." [2]
„Denn dieses Geheimnis ist so verhüllt, dass eine Unterweisung von oben und eine Enthüllung von seiten Gottes
notwendig ist. Deshalb hörte auch Petrus, als er den im
Fleische erschienenen Gottlogos und Sohn erkannte, die
Worte: „Selig Simon, Sohn des Jonas, bist du; denn nicht
Fleisch und Blut hat dir das offenbart, sondern mein Vater
im Himmel." Und auch Paulus (Gal. 1, 15—16) versichert,
dass ihm dieses Geheimnis durch Offenbarung Gottes bekannt gegeben sei." [3] Cyrill nennt dieses Geheimnis ferner
gross und wunderbar wegen der Erhabenheit, wegen der
wunderbaren Verbindung des Göttlichen mit dem Menschlichen, wegen der sich darin zeigenden Güte Gottes und
wegen des Zweckes. „Wunderbar, über Erkennen und Er-

---

[1] Cyr. de rect. fid. ad Theodos. Mg. 76, 1165 c d; apolog. ad
eundem Mg. 76, 460 d; Petav. III, 1, 1 und 5.
[2] Cyr. in Ps. 91 Mg. 69, 1228 a.
[3] Cyr. Glaphyr. Mg. 69, 505 b, 284 d f.

klären hinaus ist die Art und Weise der Menschwerdung." [1] „Denn was ist in ihm, das nicht passend die Bezeichnung Gross verdiente? Aus einer Jungfrau eine Geburt, auf dem Meere das Wandeln, im Tode Unverweslichkeit und anderes diesem Aehnliche." [2] „Das ganze Geheimnis der Heilsveranstaltung mittels des Fleisches ist Erniedrigung gemäss den Worten des Propheten Isaias (53, 2—3)." [3] „Dass Christi Geheimnis wunderbar ist, sowohl wegen des ausserordentlichen Charakters des Heilsratschlusses, als wegen der grossen Güte gegen uns, wird niemand von denen bezweifeln, welche dasselbe einmal kennen gelernt haben: denn obwohl der Eingeborene, von Natur Gott und aus dem Vater, aufleuchtete, erniedrigte er sich und nahm Knechtsgestalt an, um die der Gewaltherrschaft des Satans Unterliegenden zu befreien und sie unter sein Scepter zu bringen." [4] „Ein in Wahrheit entzückendes Staunen erregt das Geheimnis Christi und es übersteigt wegen seiner Erhabenheit jegliche Bewunderung seiner Güte gegen uns. Deshalb rief der Prophet Habacuc aus: „Herr, ich habe deine Stimme gehört und mich gefürchtet, ich habe deine Werke betrachtet und bin erstaunt." Denn der Eingeborene, da er in Gottes Gestalt war und reich, ist arm geworden, damit wir durch seinen Mangel reich würden, damit er errettete, was verloren war . . . damit er, was von Natur Knecht war, mit Ehre und Sohnschaft schmückte . . .: zur Zeit des irdischen Wandels hat er gleichsam im Meere die Sünden aller versenkt." [5] „Neu und noch nie dagewesen", sagt Cyrill ferner, „ist das Auffallende und Seltsame an Christo (τὸ παράδοξον), in der Knechtsgestalt Herrschaft, in der menschlichen Armseligkeit göttlicher Ruhm; mit königlicher Würde ist das unter dem Joch Stehende geschmückt. Das Niedrige strahlt im höchsten Glanze." [6] „Und wegen der Grösse dieses Wunders läuft

[1] Cyr. c. Jul. Mg. 76, 929 c.
[2] Cyr. in Ps. 8 Mg. 69, 757 b.
[3] Glaphyr. Mg. 69, 396 b.
[4] Cyr. in Is. Mg. 70, 901 d f.
[5] Cyr. in Mich. Mg. 71, 773 b d, Pus. in XII proph. I, 739.
[6] Cyr. Quod unus . . . Mg. 75, 1320 c.

das Geheimnis Christi Gefahr, dass ihm kein Glaube geschenkt wird, wie der Prophet (Hab. 1, 5) schon vorher-
gesagt hat: „Schauet, wundert euch und staunet; denn
ein Werk thue ich in euren Tagen, welches ihr nicht
glaubet, wenn es einer erzählet." Gott, welcher über aller
Kreatur ist, ist uns ähnlich geworden, der Unsichtbare ist
im Fleische sichtbar, der aus dem Himmel hat die Gestalt
des Irdischen angenommen, fassbar ist der Unerfassliche, der
von Natur aus Freie hat die Gestalt des Knechtes angenommen, der die Geschöpfe Segnende ist geworden Fluch,
unter den Gesetzesübertretern ist der, welcher ganz Gerechtigkeit ist, das Leben selbst hat sich dem Tode unterworfen."[1] „Wegen der tiefen Erniedrigung, die sich in
dem Geheimnis kund giebt, ist dasselbe vielen dunkel geblieben, und weil der Sohn Gottes als Mensch gesehen wurde,
blieb er den Einsichtslosen unbekannt, weshalb er auch
den aus Unwissenheit gegen ihn Sündigenden Verzeihung
gewährt, während die Sünden gegen den hl. Geist keine
Verzeihung finden."[2] Cyrill folgert also aus dem Nicht-
erkennen dieses Geheimnisses die grössere Leichtigkeit, Verzeihung der Sünden gegen den Sohn Gottes zu erlangen.
Und er hat Recht; denn Christus selbst betet am Kreuze:
„Vater, vergieb ihnen; denn sie wissen nicht, was sie
thun." Selbst den Engeln war dieses Geheimnis unbekannt, wie Cyrill meint.[3] Aber nichtsdestoweniger wurde
er heftig von ihnen ersehnt der Menschen wegen. Alle
daher, die auf dieses Geheimnis voll Einsicht herabblickten,
als Christus im Fleische geboren war, sprachen für uns
den Dank: „Ehre sei Gott in der Höhe, Friede auf Erden,
in den Menschen göttliches Wohlgefallen." Und wie sollten
sich die nicht freuen über die Geburt des Heilandes, welche
schon wegen eines bussfertigen Sünders sich freuen. Es

---

[1] l. c. 1269 d f.
[2] Cyr. in Matth. Mg. 72, 409 b c.
[3] Cyr. in Ps. 68 Mg. 69, 1169 b. Im Com. zum Lucasevang.
(Mg. 72, 533 c) sagt er, dass auch der Teufel nicht gewusst
habe, dass der Versuchte der Gottlogos war; denn er hielt
ihn für einen gewöhnlichen Menschen oder hl. Propheten.

jubelte also unseretwegen die Schar der hl. Geister. Und
welches ist der Grund? Die Menschwerdung des Eingeborenen, die Geburt dem Fleische nach, die Fülle der
Güte gegen uns, die unvergleichliche Grösse der Gnade."[1]
Freude also hat dieses grosse, wunderbare, unbegreifliche
Geheimnis Engeln und Menschen bereitet. Deshalb fordert
Cyrill seine Leser auf: „Nimm also dieses Geheimnis dank-
bar an, ehre es durch Glauben, forsche nicht ängstlich
über das nach, was über der Vernunft liegt. glaube (Nestorius) mit uns!"

Die Ausdrücke und Wendungen, in denen Cyrill im
Anschluss an die hl. Schrift dieses unerforschliche Ge-.
heimnis, das Menschwerden des Logos, bezeichnet, gehen
teils auf die Form, teils auf den Inhalt der Incarnation
In ersterem Sinne nennt er die mit dem Fleische eingegangene Verbindung des Logos einen Eintritt (εἴσοδον)
in die Welt, durch den der unsichtbare Gott sichtbar und
wahrnehmbar wurde, wie es auch im Ps. 49, 3 von ihm
heisst: „Unser Gott wird sichtbar kommen und nicht
schweigen."[2] „Der an sich unsichtbare Logos ist durch
das sichtbare, fassbare und konkrete Fleisch wahrnehmbar
geworden, wie auch Johannes in seinem Briefe schreibt:
„Was von Anfang an war, was wir gehört, was wir mit
Augen gesehen, und was unsere Hände berührt haben vom
lebendigen Logos, und das Leben ist offenbar geworden . . ."
Hörst du nicht, dass von ihm das Leben als fassbar bezeichnet wird, damit du weisst, dass der Sohn Gottes
Mensch geworden ist, welcher dem Fleische nach sichtbar.
der Gottheit nach unsichtbar ist?"[3] Cyrill bezeichnet die
Menschwerdung ferner als einen Aufenthalt (ἐπιστροφήν),[4]
als ein Hinneigen, ein Herablassen zum zeitlichen Sein,[5]
als eine Hingabe des Sohnes von seiten des Vaters,[6] als

---

[1] Cyr. hom. Mg. 77, 1089 c d; 69, 1129 b c.
[2] Cyr. in Malach. Mg. 72, 333 a.
[3] Cyr. in Luc. Mg. 72, 476 a b.
[4] Cyr. in Mich. Mg. 71, 773 d.
[5] Cyr. de rect. fid. Mg. 76, 1152 c.
[6] Cyr. in Zachar. Mg. 72, 40 d.

eine Sendung. „Durch das Wort „Gesandt werden" wird
uns die Offenbarung des Heilsratschlusses mittels des
Fleisches voll und ganz bezeichnet."[1]) „Wenn man aber
hört, dass das Wort „Gesandt werden" vom Logos ausgesagt wird, so soll darüber keiner unwillig sein; denn die
vom Logos inspirierte Schrift gebraucht bisweilen solche
Ausdrücke, nicht als wenn sie die göttliche und himmlische
Natur einer örtlichen Begrenzung unterwerfen wollte,
sondern weil sie uns durch derartige menschliche Redeweisen kund thun will, was über menschlichen Begriffen
liegt."[2]) Die nicaenischen Väter gebrauchen als Ausdruck
für die Menschwerdung auch κατελθεῖν, „damit wir," sagt
Cyrill, „erkennen, dass er der Herr ist sowohl von Natur,
als dem Glauben nach. Er ist unseretwegen herabgestiegen,
um uns ähnlich zu werden und der Welt im Fleische zu
erscheinen."[3]) Nach ihrer inhaltlichen Seite hin bezeichnet
Cyrill die Menschwerdung als eine Annahme des Samens
Abrahams σπέρματος Ἀβραὰμ ἐπιλαμβάνειν.[4]) Paulus (Hebr. 2, 6)
gebraucht zwar diesen Ausdruck im Sinne von „sich des
Geschlechtes Abrahams annehmen, ihm helfen," Cyrill aber
fasst ihn als σπέρμα Ἀβραὰμ λαμβάνειν, d. h. des Fleisches und
Blutes teilhaftig werden,[5]) was nichts anderes bedeutet,
als dass der Logos gleich uns mit Fleisch und Blut geboren
ist, und zwar aus der Gottesgebärerin Maria.[6]) „Und
dadurch ist er den Brüdern in allem ähnlich geworden
ἐν ὁμοιώματι ἀνθρώπων γενόμενος καὶ σχήματι εὑρεθεὶς ὡς ἄνθρωπος."[7])
Ferner bezeichnet Cyrill die Incarnation mit den Ausdrücken
ἀνθρωπείαν ὑπέδυ μορφήν, γέγονεν ὑπὸ νόμον, γεγένηται καθ' ἡμᾶς ἐκ
γυναικός.[8]) Am treffendsten aber giebt er den Inhalt des
Geheimnisses wieder in den termini σάρκωσις Fleischwerdung

---

[1]) Cyr. in Joh. Mg. 74, 409 a.
[2]) de rect. fid. Mg. 76, 1352 a; Schell, l. c. III, 1 p. 30.
[3]) Cyr. in Symb. Mg. 77, 301 a; 73, 529 b.
[4]) Cyr. in Luc. Mg. 72, 480 d; 76, 125 a; 76, 1149 d; 77, 28 c;
75, 1396 b.
[5]) Cyr. ep. ad Monach. Mg. 77, 28 c.
[6]) Cyr. hom. Mg. 77, 1092 a.
[7]) l. c. 1092 b; 77, 28 c.
[8]) Cyr. in Matth. Mg. 72, 409 a.

(σαρκοῦσθαι, σάρξ ἐγένετο) und ἐνανθρώπησις Einreihung (ἐν) in
die Menschheit (ἀνθρώπησις); er bezeichnet damit zugleich
die tiefe Erniedrigung, die dem Geheimnisse zu Grunde
liegt. Auf die genauere Erklärung des σάρξ ἐγένετο d. h. auf
die Bedeutung des ἐγένετο werden wir später bei der Behandlung der Frage nach der Identität des göttlichen Logos
mit Christus zurückkommen. Hier soll nur die Bedeutung
von σάρξ im allgemeinen hervorgehoben werden. „Die da
wissen wollen," sagt Cyrill, „wie und auf welche Weise
er in unserer Gestalt erschienen ist, denen sagt es der
Evangelist: „Und das Wort ist Fleisch geworden und hat
unter uns gewohnt."[1]) Deutlich lehrt er hier, dass der
Eingeborene Menschensohn geworden ist und genannt wird:
das bezeichnet jener Ausdruck, dass das Wort Fleisch geworden sei. Es ist ähnlich, als wenn er sagte, das Wort
sei Mensch geworden."[2]) Cyrill setzt deshalb überall, wo
der Ausdruck „Fleisch geworden" vorkommt, ergänzend
hinzu τουτέστιν ἄνθρωπος. „Denn die hl. Schrift nennt meistens
den Menschen Fleisch und bezeichnet von einem Teile aus
das ganze Wesen, und auch mit der Seele für sich allein
thut sie ganz dasselbe. So heisst es: „Alles Fleisch wird
das Heil Gottes schauen" (Luc. 3, 6), und Paulus sagt
(Gal. 1, 16): „Dem Fleische und Blute habe ich nicht zugestimmt." Moses sagt: „Mit 75 Seelen sind deine Väter
nach Aegypten gekommen" (Deut. 10, 22). Daraus möchtest
du doch wohl nicht folgern, dass reine und fleischlose
Seelen nach Aegypten gekommen wären, und ferner dass
seelenlosen Leibern oder purem Fleische Gott sein Heil
geschenkt habe. So oft wir also hören, dass das Wort
Fleisch geworden ist, verstehen wir darunter homo ex anima
et corpore."[3]) „Christus sagt: „Das Brot, welches ich
euch geben werde, ist mein Fleisch." „Erwäge diese
Worte!" so schreibt Cyrill an Theodoret. Er nennt allein
das Fleisch und thut dabei der vernünftigen Seele keine

---

[1]) Quod unus . . . Mg. 75, 1260 b.
[2]) Cyr. in Joh. Mg. 73, 157 d; 77, 240 c.
[3]) Cyr. Schol. de incarn. Mg. 75, 1396 c d; explic. XII. cap.
Mg. 76, 304 b; adv. Anthrop. Mg. 76, 1104 b.

Erwähnung. Du wirst aber wohl wissen, dass das aus Seele und Leib bestehende Wesen bisweilen mit dem Fleische allein bezeichnet wird."[1]) Mit einem Teile also bezeichnet der Evangelist das Ganze, und es musste so sein. Es ist nämlich der Mensch ein vernünftiges Wesen, zusammengesetzt aus der Seele und dem gebrechlichen, irdischen Fleische. Da er bei seiner Erschaffung seiner Natur nach nichts Unverwesliches und Unsterbliches hatte, so wurde er besiegelt mit dem Geiste des Lebens, indem er durch das Verhältnis zu Gott ein übernatürliches Gut erlangte (σχέσει τῇ πρὸς Θεὸν ἀποκερδαίνων τὸ ὑπὲρ τὴν φύσιν ἀγαθόν). Denn er hauchte in das Antlitz (πρόσωπον) desselben den Geist des Lebens.[2]) Als er aber wegen der Uebertretung gestraft ward, und er mit Recht hörte: „Staub bist du und du wirst zum Staube zurückkehren," als er der Gnade entblösst ward, und vom irdischen Fleische der Hauch des Lebens zurückwich . . . und das lebende Wesen dem Fleische nach in den Tod fiel, während die Seele in Unsterblichkeit erhalten wurde, da er ja auch nur zum Fleische gesprochen hatte: „Staub bist du . . . ." da musste auch das, was im Menschen am meisten der Gefahr unterworfen war, zuerst gerettet und durch Verbindung mit dem Leben von Natur (ζωὴ κατὰ φύσιν) zur Unsterblichkeit zurückgerufen werden. Es musste das, was krank war, von der Krankheit befreit werden, es musste endlich das „Du bist Staub . . ." aufhören durch die unaussprechliche Vereinigung des alles belebenden Logos mit dem gefallenen Körper . . . . Aus diesem Grunde glaube ich, dass der Evangelist unter Bezeichnung des Menschen vorzüglich nach seiner angegriffenen Seite hin gesagt hat: „Das Wort Gottes ist Fleisch geworden," damit man zugleich die Wunde und das Heilmittel, den Kranken und den Arzt, das dem Tode Anheimgefallene und den Lebendigmacher, das Verderbte und den Verderbens-Beseitiger, das des Lebens Beraubte

---

[1]) Cyr. Apolog. c. Theodoret. Mg. 76, 448 d f.
[2]) Cyrill legt demnach die Verleihung der übernatürlichen Gaben an den ersten Menschen in den Augenblick der Seeleneinhauchung.

und den Lebensspender schauen könnte."[1] „Wer nun
also sagt, dass das Wort Fleisch geworden sei, bekennt,
dass das Fleisch mit der vernünftigen Seele mit ihm vereinigt sei."[2] Und so haben es auch die in Nicaea versammelten Väter verstanden und gesagt, dass das Wort
selbst, aus Gott dem Vater geboren, Fleisch und Mensch
geworden sei, d. h. dass es vereinigt sei mit dem von
einer vernünftigen Seele belebten Fleische und dass es
mit diesem Gott geblieben sei."[3] Demnach kann man
die Menschwerdung des göttlichen Wortes definieren als
die Verbindung verschiedener Naturen zur Einheit, ohne
dass der Unterschied oder die Eigentümlichkeit der Naturen
aufgehoben ist.[4]

Ehe wir dieses Kapitel schliessen, müssen wir noch
einen Blick werfen auf die tiefe Erniedrigung, die dem
Geheimnisse der Menschwerdung an sich schon im Beginn
des status exinanitionis wegen des unendlichen Abstandes
zwischen Gott und dem Geschaffenen oder speziell zwischen
der göttlichen und der menschlichen Natur zu Grunde
liegt. „Zwischen der Menschheit und Gottheit," sagt
Cyrill, „besteht der grösste Unterschied und Abstand;
denn verschieden ist beides bezüglich der Wesenheit, und
nichts erscheint in ihnen ähnlich."[5] „Verschieden von
dem Logos aus Gott ist das Fleisch."[6] Wenn nun der
Logos mit dieser so unendlich von ihm verschiedenen
Natur in engste Verbindung trat, so liegt darin eben eine
sehr tiefe Erniedrigung für ihn; denn die Menschheit ist
doch etwas Niedriges[7], Aermliches, Unrühmliches gegenüber der göttlichen Eminenz und der strahlenden Schönheit der alles überragenden Natur.[8] Dem erniedrigenden

---

[1] Cyr. in Joh. Pus. 1, 138 f. Mg. 73, 160 a d.
[2] Cyr. ad Succ. Mg. 77, 240 b; Cyr. ad Monach. Mg. 77, 17 c.
[3] Cyr. apolog. pro XII cap. c. Orient. Mg. 76, 320 b.
[4] J. Spörlein, Die Gegensätze der Lehre des hl. Cyrillus und
des Nestorius von der Menschwerdung Gottes. Bamberg.
Progr. 1852/53 p. 3.
[5] Cyr. adv. Nest. Mg. 76, 85 a.
[6] l. c. 61 a.
[7] Cyr. Thesaur. Mg. 75, 829 c.
[8] Cyr. in Is. Mg. 70, 1172 a.

Charakter giebt Cyrill Ausdruck in den Worten ὑπομεῖναι κένωσιν, τεταπείνωκεν ἑαυτόν, μορφὴν δούλου λαβεῖν,[1] εἰς ἀτιμίαν βεβηκὼς[2]). Den Inhalt und den Grad der Erniedrigung bezeichnet Cyrill in folgender Weise, meist hinweisend auf die Worte des Apostels (Philipp. 2, 6—8). „Obwohl der Logos seiner Natur nach wahrer Gott ist und in der Hoheit seiner eigenen Würde strahlt und es für keinen Raub hielt, Gott gleich zu sein, so erniedrigte er sich doch, indem er Knechtsgestalt annahm aus der hl. Maria, dem Menschen ähnlich und als Mensch erfunden wurde; er erniedrigte sich bis zum Kreuze, bis zum Tode; so hat er sich freiwillig zur Niedrigkeit herabgelassen, der aus seiner eigenen Fülle allen mitteilt."[3] „Was Armseligeres aber kann von Gott ausgesagt werden, als Knechtsgestalt? Der König der Könige und Herr der Herrscher nimmt eine solche an; der Richter aller wird tributpflichtig den Fürsten, der Herr der Schöpfung nimmt Herberge in einer Grotte, der Reinste und Heiligste schreckt nicht zurück vor der Makel der menschlichen Natur und jeden Grad der Armut durchmachend erduldet er zuletzt noch den Tod," so lässt Cyrill den Gregor von Nyssa gegen Theodoret sprechen.[4] „Es kam das eingeborene Wort in die Welt," sagt Cyrill, „in der Aehnlichkeit mit dem sündigen Fleische, nicht mit dem offenen Ruhme der Gott geziemenden Erhabenheit, nicht in dem ihm eigenen unzugänglichen Lichte, noch in Begleitung der Engelscharen,[5] sondern er hatte die Würde seiner Natur durch Niedrigkeit und durch das Gewand des Fleisches verhüllt.[6] In seiner Erniedrigung ist er geworden aus einem Eingeborenen ein Erstgeborener, und der, welcher alle Geschöpfe überragt, ist mit uns unter den Geschöpfen.[7] Ja, unter den Menschen selbst nimmt er eine verachtete Stellung ein; denn man sieht unter ihnen einige, welche

[1]) Cyr. ad Monach. Mg. 77, 28 c.
[2]) Thesaur. Mg. 75, 829 a.
[3]) Cyr. hom. Mg. 77, 1092 b.
[4]) Cyr. apolog. c. Theodoret. Mg. 76, 334 a.
[5]) Cyr. in Is. Mg. 70, 225 c.
[6]) Cyr. in Matth. Mg. 72, 409 a.
[7]) Cyr. de ss. Trinit. Mg. 75, 885 c.

sich durch den Glanz der Würde hervorthun, durch Gefolgschaften und Leibwächter hoch erhoben oder auf andere Weise in irdischen Würden stehen; zu diesen aber gehört nicht der Emmanuel, er ist niedrigen und armen Standes, nicht ist er von einer reichen Mutter geboren, sondern er ging durch jeden Grad der Niedrigkeit hindurch, damit er das Niedrige erhöhete; [1] er wurde ein Knecht, ein Diener der Menschen. [2] Und das war ihm noch nicht genug, er unterzog sich noch dem Kreuze und dessen Leiden und gab sein eigenes Leben für das Leben aller hin." [3] „Solltest du nun," so schreibt Cyrill an Theodoret, „Anstoss nehmen an der tiefen Erniedrigung, so bewundere um so mehr die Liebe des Sohnes zu uns. Was du niedrig nennst, das hat er freiwillig deinetwegen gethan." [4] Das war nämlich der wundeste Punkt, der den Nestorianern Schmerzen machte, dass Cyrill die tiefe Erniedrigung der Person, oder wie sie meinten, der göttlichen Natur an sich, der Gottheit in abstracto, zuschrieb. Nestorius legte das ganze Werk der Entäusserung dem von Maria geborenen Menschen bei und sagte, man könne von einer Erniedrigung des Gottlogos nur insofern reden, als er in diesem Menschen gewohnt habe. Auf dieses Einwohnen beziehe sich die κένωσις καὶ τὸ τῆς ταπεινώσεως χρῆμα καὶ τὸ ἐν τῇ τοῦ δούλου καθιστανεῖσθαι μορφῇ. [5] Darauf aber fragt Cyrill: „Wem eignet diese Erniedrigung, und wer hat sie freiwillig ertragen? Denn wenn, wie jene wollen, die forma servi oder der aus dem Samen Davids sie ertragen hat, wie und auf welche Weise ist derselbe dann erniedrigt worden, da er doch von Gott aufgenommen ist; wenn dagegen das Wort selbst, welches in Gestalt und Gleichheit des Vaters ist, sich selbst erniedrigt hat, wie ist es dann erniedrigt worden, wenn es die Erniedrigung vermied? Die Entäusserung für den Gottlogos aber, der keine Veränderung

[1] Cyr. in Is. Mg. 70, 1172b.
[2] l. c. 1045c.
[3] l. c. 1049b.
[4] Cyr. apolog. c. Teod. Mg. 76, 441b.
[5] Cyr. ad Monach. Mg. 77, 24c.

und kein Leiden kennt, besteht darin, dass er Menschliches
thut und spricht wegen der vom ewigen Ratschluss bestimmten Vereinigung mit dem Fleische. Obwohl er aber
Mensch geworden ist, so hat die Art und Weise des Geheimnisses seine Natur (εἰς τὴν αὐτοῦ φύσιν) durchaus nicht
verletzt. Denn er blieb, was er war (μεμένηκεν γὰρ ὃ ἦν),
obwohl er sich zur Menschheit zum Zwecke der Rettung
der Welt herabliess." [1])

Wir haben zum Schlusse gesehen, wie die Nestorianer
den Begriff κένωσις fassten, und wie Cyrill ihn fasst. Nachdem wir in diesem Kapitel die formelle Seite der Menschwerdung, d. h. das Geheimnisvoll-Wunderbare derselben,
die verschiedenen termini für das Geheimnis, ferner die
demselben zu Grunde liegende tiefe Entsagung und Entäusserung behandelt haben, gehen wir nunmehr über zur
Untersuchung des Inhaltes, und da liegt keine Frage näher,
als die: „Wer ist der Menschgewordene?"

------

2. Kapitel.

Das Subjekt der Menschwerdung.

§ 1.

Die Identität des menschgewordenen und des immanenten Logos.

> Εἷς τε καὶ ὁ αὐτὸς πρὸ μὲν τῆς σαρκώσεως γυμνὸς ἔτι
> Λόγος, μετὰ δὲ τὴν ἀπότεξιν τὴν ἐκ τῆς ἁγίας Παρ-
> θένου σεσαρκωμένος. [2])

Die Antwort auf die Frage: „Wer ist Mensch geworden?" lautet allgemein: „Gott". Denn wenn eine
Menschwerdung nun einmal gleichsam das Arzneimittel für
die sündenkranke Menschheit sein sollte, so konnte nur

------

[1] Cyr. apolog. c. Theod. Mg. 76, 417 b c; Justinian ep. adv.
Theod. Mops. Mg. 86, 1067 c d.
[2] Cyr. in Symb. Mg. 77, 808 c.

Gott allein der Arzt sein. Welche von den drei göttlichen Personen aber von Ewigkeit zur Incarnation unter freier Zustimmung bestimmt war, haben wir schon öfter in der vorhergehenden Darstellung gehört, und Cyrill sagt es uns in obigen Worten: Der Logos, die zweite Person der Gottheit. „Die von Gott eingegebene Schrift sagt, dass der Logos aus Gott Fleisch geworden, d. h. dass er mit dem von einer vernünftigen Seele belebten Fleische vereinigt sei. Und diesen Worten des Evangeliums gemäss sagt auch jene hl. und grosse Synode von Nicaea, dass der aus dem Wesen Gottes, des Vaters, gezeugte Eingeborene, unseret- und unseres Heiles wegen vom Himmel gestiegen, durch die Annahme des Fleisches Mensch geworden sei, gelitten hat und auferstanden ist." [1] Und dem Bekenntnis der Väter folgend und nicht davon abweichend bekennen auch wir, dass der Logos aus dem Vater, der eingeborene Sohn Fleisch und Mensch geworden ist, gelitten hat und auferstanden ist." [2] „Nichts von all dem hat sich der Vater unterzogen, er blieb in dem, was er von Anfang an war." [3] „Denn nicht sagen wir, dass Gott der Vater Fleisch geworden, auch nicht, dass die Natur der Gottheit (τὴν τῆς θεότητος φύσιν) vom Weibe geboren sei, da sie noch nie das Menschliche zu sich aufgenommen hat." [4] Cyrill schreibt also die Menschwerdung der Hypostase des Logos zu, nicht der des Vaters, obwohl diese auch möglich gewesen wäre. [5] Auch die eine göttliche Natur an sich, als ἀνυπόστατος gedacht, konnte die menschliche Natur nicht mit sich vereinigen, da dann beide ohne Träger gewesen wären, oder es hätten alle drei göttliche Personen zugleich eine menschliche Natur annehmen müssen, welche Möglichkeit aber die Mehrzahl der Theologen verneint. [6] Wenn Cyril nun doch von der Menschwerdung der **N a t u r** des Logos

---

[1] Cyr. ad Monach Mg. 77, 17 c.
[2] Cyr. in Symb. Mg. 77, 312 b; hom. pasch. 24 Mg. 77, 896 c.
[3] Cyr. in Joh. Mg. 74, 316 a
[4] Cvr. ad Mon. Mg. 77, 28 d
[5] Hurter l. c. 358.
[6] l. c. 358; Petav. V, 1.

redet,[1]) so ist das eben ein Beispiel von der bei Cyrill vorkommenden Verwechselung von φύσις und ὑπόστασις, wie er überhaupt das Wort φύσις mehr in den Vordergrund stellt im Gegensatz zu der nestorianischen Betonung der ὑπόστασις und des πρόσωπον. Trotzdem verstösst an dieser Stelle das Wort φύσις durchaus nicht gegen die Orthodoxie wegen des dazu gesetzten Genitivus subiectivus Λόγου. Cyrill sagt nicht, dass die göttliche Natur Mensch geworden sei, sondern die göttliche Natur des Logos, somit also dieser selbst, da die göttliche Natur mit der Hypostase des Logos unzertrennlich verbunden ist. Betreffs des Subjektes der Menschwerdung verteidigt Cyrill die Hypostase des göttlichen Logos auch gegen jene, welche die Persönlichkeit des Logos überhaupt leugnen und ihn wie ein einfaches Wort auffassen, welches von Gott blos ausgesprochen sei und in einem Menschen gewohnt habe. Nachdem Cyrill ihnen die Persönlichkeit des Logos bewiesen hat, sagt er: „Worin zeigt sich denn diese bewährte Liebe des Vaters zu uns? Doch in der Hingabe des Sohnes. Wenn der aber, wie ihr glaubt, nicht in eigener Hypostase ist, dann hat er für uns auch nichts hingegeben, und weder ist der Logos Fleisch geworden, noch hat er die Macht des Todes überwunden. Alles das aber konnte das Wort nicht leisten, wenn es ohne eigenes Sein (ἀνύπαρκτος), wenn es das Nichts ist (τὸ μηδέν). Wir sind betrogen, und unser Glaube ist eitel."[2]) Die Menschwerdung setzt also unbedingt die Hypostase des Logos voraus. Die Nestorianer in ihrer bekannten Furcht vor einer apollinaristischen Vermischung des Göttlichen mit dem Menschlichen nahmen eine menschliche Hypostase an. Cyrill weist ihnen das Widersinnige dieser Annahme nach: „Wer ist also jener Fleisch Gewordene, oder auf welche Weise ist er Fleisch geworden, oder welche Gottheit ist Mensch geworden? Sage es denen, die es wissen wollen. Sollen wir annehmen, dass der Gottlogos Fleisch geworden und er selbst uns in der Mensch-

---

[1]) Cyr. adv. Nest. Mg. 76, 33 d.
[2]) Cyr. de incarn. Unigen. Mg. 75, 1204 b f.

werdung ähnlich geworden und im Fleische geboren ist,
oder werden wir das nicht zugeben, sondern glauben, wie
du, dass ein Gott Verbundener ($\Theta\epsilon\tilde{\omega}$ $\sigma\upsilon\nu\eta\mu\mu\acute{\epsilon}\nu\upsilon\nu$) zu diesem
Zwecke gekommen sei? Aber ich glaube, auch du sagtest,
es sei besser und weiser, zu denken wie die heil. Schrift,
dass der Logos aus Gott Mensch und Fleisch geworden sei.
Denn man sieht doch nicht, dass einer das annimmt, worin
er schon ist. Wenn nun aber jemand das wird, worin er
anfangs nicht war, so sagt man, dass bei ihm eine Neuerung
eingetreten sei. Thöricht ist es zu sagen, einer aus unserem
Geschlecht sei Mensch oder Fleisch geworden und habe
die Grenzen der Menschheit überstiegen. Die Mensch-
w e r d u n g passt nur auf die über die Menschheit hinaus-
gehende Natur. Wenn also einer Mensch geworden ist,
so muss man sich ihn auch als Menschen denken, und nicht
als einen, der nach Art einer Einwohnung ($\kappa\alpha\tau'$ $\dot{\epsilon}\nu\upsilon\acute{\iota}\kappa\eta\sigma\iota\nu$) mit
einem Menschen verbunden ist durch irgend eine äussere
Verknüpfung ($\kappa\alpha\tau\grave{\alpha}$ $\sigma\upsilon\nu\acute{\alpha}\varphi\epsilon\iota\alpha\nu$), wie du sagst". [1]   „Wenn er
als reiner Mensch gedacht wird, wie hat er dann den Samen
Abrahams als etwas anderes, was er noch nicht war, angenommen? Wie kann man da sagen, er habe sich des
eigenen Fleisches teilhaftig gemacht, damit er in Allem
den Brüdern gleiche? Was einem andern ähnlich werden
soll, muss doch aus der unähnlichen Form in die ähnliche
übergehen". [2]   Mensch geworden ist also nur die göttliche
Hypostase des Sohnes. Warum aber gerade diese von
Ewigkeit dazu ausersehen war, entzieht sich unserer Einsicht. Wir können nur post factum die Kongruenz dieser
Wahl bewundern. Cyrill sagt darüber: „Alles hat Gott
nach dem Psalmisten (Ps. 123,24) in Weisheit $\dot{\epsilon}\nu$ $\sigma\upsilon\varphi\acute{\iota}\alpha$ gemacht, und ohne Einsicht und Weisheit ist unseretwegen
nichts gemacht worden." [3]   „Voll Weisheit aber ist das
Geheimnis Christi." [4]   „Denn vor allem ist es ein Werk
göttlicher Weisheit, dass das eingeborene Wort Fleisch

[1] Cyr. adv. Nest. Mg. 76, 32 d f.
[2] Cyr. ad Mon. Mg. 77, 28 c.
[3] Cyr. in Is. Mg. 70, 1165 b.
[4] Cyr. in Ps. 46 Mg. 69, 1056 c; Petav. II, 15. 3 und 8.

wurde." [1] Wem also, so fragen wir, ziemte die Incarnation mehr, als der persönlichen Weisheit und Macht des Vaters, d. h. dem Sohne, damit er als wesensgleicher Sohn des Vaters auch ein wesensgleicher Menschensohn sei.

Dieser sichtbare Menschensohn auf Erden kann also kein anderer sein, als der göttliche Logos selbst, der vor der Incarnation ein reiner Logos (γυμνὸς Λόγος) war, durch dieselbe aber ein Λόγος σαρκωθεὶς καὶ ἐνανθρωπήσας wurde. Der Logos im Schosse des Vaters ist also identisch mit dem im Schosse der Jungfrau, mit dem aus ihr geborenen, unter dem Namen Jesus Christus auf Erden wandelnden, am Kreuze gestorbenen, dem auferstandenen und in den Himmel mit seiner aufgenommenen Menschheit zurückkehrenden. Diese Identität Jesu Christi mit dem aus dem Vater gezeugten Logos, diese Gleichpersönlichkeit des Sohnes der Jungfrau mit dem Sohne Gottes beweist Cyrill fast in jedem seiner Werke, wo er nur der Menschwerdung Erwähnung thut, besonders aber den Nestorianern gegenüber, welche diese Identität leugneten. [2] Cyrill begründet

[1] Cyr. in Is. Mg. 70, 1165 a.
[2] Gerade in dem Nachweise dieser Identität, der ὁμοϋπόστασις, lag im Kampfe gegen Nestorius die erste Hauptaufgabe Cyrills, welcher sich dann die zweite anschloss, nämlich gegen den Apollinarismus zu kämpfen, d. h. das Verhältnis der menschlichen Natur in Christo zur göttlichen Hypostase darzuthun. Um diese beiden Pole dreht sich die ganze Christologie Cyrills. Denn er wollte einerseits die Annahme einer menschlichen Person in Christo, anderseits eine Vermischung der beiden Naturen, eine Absorbierung der einen durch die andere entschieden vermieden wissen. Cyrill hat beides erreicht. Er hat den Nestorianismus mit Erfolg bekämpft und den Apollinarismus von seinem Lehrsystem abgewiesen. Allerdings hat er zur Wahrung des ersten Zweckes sehr verfängliche Ausdrücke gebraucht, die apollinaristisch klingen, ja, sie unbewusster Weise dem Apollinarismus entlehnt. Das ist zu bedauern, und das wird auf der Cyrillschen Christologie immer einen Schatten, aber auch nur einen Schatten, zurücklassen. Denn es ist nicht zu leugnen, dass Cyrill nie an eine Hineinmischung der göttlichen in die menschliche Natur, oder umgekehrt, nur gedacht hat. Und das müssen auch die Gegner Cyrills zugeben, wenn sie den Grundsatz anerkennen wollen, dass man bei zweideutiger Form eines Ausdruckes stets dessen Bedeutung und Inhalt aus dem ganzen Zusammenhange eruieren muss.

diese Identität zunächst damit, dass der Logos durch die Annahme der menschlichen Natur weder in seiner göttlichen Natur, noch Hypostase irgend welche Veränderung oder Verwandlung erfahren habe; denn die göttliche Natur sei unveränderbar, stetig, und das σάρξ ἐγένετο bedeute keine Verwandlung des Wesens. Der Logos sei in der Incarnation geblieben, was er war und wo er war. Zahlreiche Stellen hierüber sind in den Schriften Cyrills zu finden: von diesen will ich nur die wichtigsten anführen, auf andere blos verweisen. Schon in seinen trinitarischen Abhandlungen spricht Cyrill von dieser Personenidentität zwischen dem Logos und Christus, wenngleich hier das Dogma der Menschwerdung nur beiläufig erwähnt und nicht immer präzis formuliert wird. Im fünften Dialoge über die Trinität lesen wir: „Glaubst du, die Erniedrigung habe dem Logos Abbruch gethan an dem, was ihm von Ewigkeit natureigen war, sodass er in die Gefahr einer Veränderung oder Verwandlung gekommen ist? Keineswegs glaube ich das; denn wir wissen, dass der Sohn über eine Verwandlung erhaben ist, da auch Paulus schreibt (Hebr. 13, 8): „Jesus Christus gestern und heute derselbe, so auch in Ewigkeit." Denn wenn er etwas angenommen hätte, was seinen Ruhm und seine Ehre verletzte, wie könnte er dann von uns noch als derselbe ὁ αὐτός gedacht werden? Man muss aber daran festhalten, dass der Eingeborene fortwährend darin geblieben ist, worin er von Anfang an war, obwohl er Fleisch geworden ist und unter uns gewohnt hat." [1] „Indem wir also an dem Unveränderlichsein des Eingeborenen festhalten, werden wir erkennen, dass er eben derselbe ist, sowohl vor seiner Zusammenkunft mit dem Fleische, wie auch da, als er Fleisch geworden ist, mag auch etwas von dem Niedrichsten wegen der Menschheit von ihm ausgesagt werden." [2] „Wenn er auch in Wahrheit Mensch geworden ist, so hat

---

[1] Cyr. de ss. Trinit. Mg. 75, 937 a b; in Ps. 44 Mg. 69, 1029 b; in Joh. Mg. 73, 132 a.
[2] Cyr. de ss. Trinit. Mg. 75, 940 b.

er doch nicht von dem Gottsein Abstand genommen, und
wenn er auch als Mensch menschlich spricht, so hat er
doch seine göttliche Würde nicht eingebüsst. Er ist ein
und derselbe, und die Niedrigkeit, die in den Worten liegt,
bezieht sich auf die Menschwerdung."[1] Noch deutlicher
spricht Cyrill über die Identität in seinem Incarnations-
schriften gegen die Nestorianer. „Obwohl er Mensch geworden ist, hörte er doch nicht auf, Gott zu sein. Denn
weder ist das Fleisch in die Natur der Gottheit umgewandelt, noch hat auch das Umgekehrte stattgefunden.
Es blieb die Natur des Logos dasselbe, was sie ist, auch
in der Vereinigung mit dem Fleische."[2] „Er ist Mensch
geworden und der Sohn Abrahams, Davids genannt worden,
aber wegen der Menschheit verlor er nicht, dass er der
wahre Sohn Gottes des Vaters war. Obwohl Mensch geworden, blieb er doch in der Natur, der Herrlichkeit und
dem Glanze der Gottheit. Es ist also nur e i n Sohn, und
zwar ein und derselbe (εἴς τε καὶ ὁ αὐτὸς Υἱός), sowohl vor, als
nach der Menschwerdung."[3] „Indes giebt es einige, die
da behaupten, der eingeborene Sohn sei während seines
Wandels auf Erden zwar hinsichtlich der göttlichen Würde
und Wesenheit beim Vater gewesen, weil er ihm wesensgleich sei, nicht aber rücksichtlich seiner Hypostase. Denn
diese sei doch vom Himmel und vom Schosse des Vaters
weg erniedrigt worden. Nicht dürften die in einer Wesenheit bestehenden Hypostasen verbunden werden. Demnach wird von ihnen das Wesen Gottes nach der Weite
und Länge gemessen, und sie glauben, dasselbe sei begrenzt
und erfassbar und nicht vielmehr unbegrenzt und unfass-
bar. Da stehen die Heiden doch weit über ihnen, die da
glauben, dass die Gottheit unkörperlich, ohne Gestalt, ohne
Raum, ohne Teile, in jedem Raume und von keinem Wesen

---

[1] Cyr. Thes. Mg. 75, 117 b c.
[2] Cyr. adv. Nest. Mg. 76, 33 a b; adv. Anthrop. Mg. 76, 1116 b;
explic. XII cap. Mg. 76, 297 d; ep. ad Mon. Mg. 77, 27 b;
hom. pasch. 17 Mg. 77, 773 c.
[3] Cyr. apolog. c. Orient. Mg. 76, 328 b; de rect. fid. Mg. 76,
12C5 b; in Matth. Mg. 72, 393 a; in Luc. Mg. 72, 476 b.

fern ist. Wenn aber der dem Vater wesensgleiche Sohn den Himmel seiner Gegenwart entfremdet hat, als er auf Erden wandelte, dann muss die Erde frei sein auch von der Hypostase des Vaters, weil er nicht Mensch geworden ist und mit Menschen gewandelt hat, sondern im Himmel geblieben ist. Dagegen wissen wir, dass der aus dem Vater natürlich gezeugte Christus [1]) zugleich mit dem Vater alles erfüllt. Und war denn der hl. Geist nicht im Himmel etwa, als er zur Heiligung der Menschen auf die Erde herniederstieg? Ja, obwohl Christus zum Vater zurückkehren wollte, sagte er doch: „Ich bin bei euch alle Tage bis zur Vollendung der Zeiten." Sind also die Himmel leer, und ist der Schoss des Vaters verlassen, wenn Christus auf Erden bei uns weilt? Unmöglich kann also der eine vom andern ein getrenntes Sein haben, sondern wo der Vater ist, da ist auch der Sohn." [2]) Klar also beweist Cyrill die Allgegenwart der Hypostase des Sohnes trotz dessen Menschwerdung. Der Sohn blieb also auch nach seiner Menschwerdung dort, wo er vorher war, selbst wenn man das Wort Christi: „Ich bin vom Vater ausgegangen", auf die Incarnation beziehen will. [3]) Sogar der Psalmist erkennt im voraus die Gleichpersönlichkeit Christi mit dem Logos, indem er ihn anredet: „Obwohl du von einigen wegen deiner Menschwerdung nicht anerkannt wirst, so erkenne ich doch deinen Ruhm, weiss deine alles überragende Würde, bekenne dich auch im Fleische als den Weltenschöpfer, vor dem Sonne und Mond hinfällig sind." [4]) Hören wir weitere Zeugnisse Cyrills: „Obgleich er sich zur freiwilligen Erniedrigung unseretwegen herabliess, so hat diese Entäusserung ihm 'den göttlichen Ruhm nicht genommen und ihn von der überirdischen Hoheit in keiner Weise ausgeschlossen." [5]) „Was also von Natur dem Logos

---

[1]) Gerade in diesen Worten spricht Cyrill treffend die Identität Christi mit dem göttlichen Logos aus.
[2]) Cyr. adv. Anthrop. Mg. 76, 1108 f; in Symb. Mg. 77, 305 a.
[3]) Cyr. in Joh. Mg. 74, 465 b.
[4]) Cyr. in Ps. 8 Mg. 69, 760 b.
[5]) Cyr. ad Mon. Mg. 77, 36 a, 28 b; hom. pasch. 17 Mg. 77, 773 c d.

eigen ist, das hat er auch in seiner Fleischwerdung bewahrt."[1] Für die in Frage stehende Identität führt Cyrill mehrere Vergleiche aus dem alten Testamente, so vom propitiatorium, vom Stabe und der Hand des Moses[2]), dazu noch folgenden Vergleich an. „Wenn ein König einmal in der Gestalt des Konsuls erscheinen will, so hört er doch nicht auf, König zu sein und verliert nicht seine frühere Würde, sondern er ist ein und derselbe, obwohl er neben der königlichen auch die konsularische Würde hat; wenn ihn jemand König nennt, so weiss er, dass er derselbe ist, der in Gestalt des Konsuls erscheint, und wenn er ihn Konsul nennt, so weiss er, dass er auch König ist. So war unser Herr Jesus Christus, der ewige Sohn Gottes, wahrer Gott. Und auch nach der Annahme des Fleisches ist er ein und derselbe, mag er Gott, Mensch oder Jesus genannt werden."[3])

Die Identität des immanenten Logos mit dem Fleischgewordenen, die Cyrill aus der Unveränderlichkeit der göttlichen Natur und Hypostase noch durch viele andere Stellen[4]) begründet, wird ferner nicht verletzt durch das σάρξ ἐγένετο. Der Apollinarismus findet in diesem ἐγένετο beim Evangelisten keinen Beweis für sein Dogma. Wie also ist dieser Ausdruck nicht aufzufassen? „Manche sagen", so schreibt Cyrill, „wenn der Logos Fleisch g e - w o r d e n ist, so ist er nicht mehr der Logos geblieben, sondern hat vielmehr aufgehört zu sein, was er war. Das aber ist wahnsinniges Geschwätz und verstandlose Erfindung. Denn sie glauben, dass ἐγένετο bezeichne unbedingt und notwendig Verwandlung und Veränderung. Und dafür wollen sie die heilige Schrift zur Erhärtung ihrer Ansicht anführen. Es heisse vom Weibe Lots, dass sie eine Salzsäule, und vom Stabe des Moses, dass er eine Schlange geworden sei. Dem näm-

---

[1]) Cyr. de incarn. Unig. 75, 1245 c.
[2]) Cyr. Schol. de incarn. Mg. 75, 1387 ff.
[3]) Cyr. adv. Nol. conf. . . . Mg. 76, 272 c.
[4]) Cyr. de incarn. Unigen. Mg. 75, 1200 b; in Joh. Mg. 73, 161 b; schol. Mg. 75, 1371 c; de incar. Unig. Mg. 75, 1229 b; schol. Mg. 75, 1374 c.

lich liegt eine natürliche Verwandlung zu Grunde.
Wenn nun aber der Psalmist sagt: „Geworden ist mir der
Herr zur Zuflucht," was werden sie da antworten? Hat
Gott hier auch aufgehört, Gott zu sein, und ist in Zuflucht
verwandelt worden?" [1] Diese letztere Widerlegung Cyrills
kann nicht als eine treffende bezeichnet werden, da es sich
hier um einen abstrakten Begriff und um eine figürliche
Redeweise handelt. Hier bleibt er den Apollinaristen den
Beweis schuldig, obgleich derselbe doch nicht schwer zu
führen gewesen wäre. Besser ist sein Gegenbeweis im
folgenden: „Wenn der Evangelist sagt: „Das Wort ist
Fleisch geworden," so fügt er sofort bei: „Und hat unter
uns gewohnt," damit niemand glaube, er sei aus seiner
eigenen Natur herausgegangen und in Wirklichkeit ins
Fleisch verwandelt worden, es habe erlitten, was es nicht
erleiden konnte, da die Gottheit jeglicher Veränderung, geschweige denn Verwandlung unfähig ist. Deshalb macht
der Evangelist den Zusatz, damit du, während du ein
Doppeltes siehst, sowohl d e n Wohnenden (τὸν σκηνοῦντα), als
auch d a s, worin gewohnt wird (τὸ ἐν ᾧ ἡ σκήνωσις), glaubst,
dass er nicht in das Fleisch übergegangen sei, sondern
vielmehr im Fleische wohne und jenen Tempel aus der
Jungfrau, den Leib, als seinen eigenen in Gebrauch genommen habe." [2] „Nicht hat das Wort also eine Verwandlung oder Veränderung, nicht die vielfach schon
erwähnte Vermischung, nicht eine Umwandlung in das
erfahren, was es nicht war, es blieb vielmehr auch in
unserer menschlichen Natur, was es war." [3] Ebenso ver-
wegen ist es zu sagen, „dass die irdische Natur zur Natur
der Gottheit hätte hinaufsteigen können (τὴν ἀπὸ τῆς σάρκα
πρὸς τὴν τῆς Θεότητος φύσιν ἀναφοιτᾷν), und dass sie eine Vereinigung mit der höchsten Wesenheit eingegangen sei.
Denn wenn die Natur der Gottheit in die Natur des
Fleisches hinübergegangen ist, so kann man auch umge-

[1] Cyr. Quod unus . . . Mg. 75, 1260 c d.
[2] Cyr. in Joh. Mg. 73, 161 b, Pus I, 140.
[3] Cyr. ad Maximum. Mg. 77, 152 b; c. Jul. Mg. 76, 1012 a.

kehrt sagen, dass unsere niedere Natur das Fleisch übersprungen hat und in die Gottheit und höchste Wesenheit umgebildet ist (μεταπλάττεσθαι πρὸς θεότητα)." [1] Trotzdem Cyrill das σὰρξ ἐγένετο so entschieden und deutlich gegen die Auffassung einer Verwandlung verteidigt, so unterläuft ihm doch einmal infolge seines Hanges zum Allegorisieren die Behauptung: „Man sagt auch vom Eingeborenen, dass er verändert worden sei (λέγεται δὲ καὶ Μονογενὴς ἀλλοιωθῆναι), indem gleichsam die göttliche Natur herniederstieg und in unsere Erscheinung und Gestalt umgebildet wurde, nicht aber durch Verlust, sondern durch Aufnahme (ὡς τῆς θείας φύσεως συγκαταβάσεσι πρὸς τὸ ἡμέτερον σχῆμά τε καὶ εἶδος ἀλλοιωθείσης, οὐ κατὰ βολὴν ἀλλὰ κατὰ πρόσληψιν)." [2] Dass diese Stelle den Bekämpfer des Apollinarismus nicht zu einem Verteidiger desselben plötzlich umwandelt, wird jeder unbefangene Kritiker einräumen müssen. Cyrill führt diesen Satz an, nachdem er die sittliche Umwandlung des Menschen, die ihm durch die Erlösung möglich geworden ist, als eine Veränderung und den Fortschritt des Menschen in der Tugend als eine Verwandlung bezeichnet hat. Bei dieser moralischen Umwandlung bleibt aber der Mensch physisch doch derselbe. So hat, und dahin müssen wir die Worte Cyrills verstehen, auch die göttliche Hypostase des Logos in dem Sichtbarwerden keine physische Veränderung erfahren; er hat von seiner göttlichen Natur und Person nichts verloren, wohl etwas hinzugenommen und so sich gewissermassen accidentell verändert. Wir haben hier eine Probe von der Ungenauigkeit im Ausdrucke in den vornestorianischen Schriften Cyrills. Wie wenig Cyrill in obigen Worten an Apollinarismus gedacht hat, bezeugen uns seine sonstigen christologischen Ausführungen. „Wenn der Evangelist sagt," so schreibt Cyrill, „dass das Wort Fleisch geworden, so behauptet er damit nicht, dass es von den Schwächen des Fleisches überwältigt (νενικῆσθαι) worden sei, noch seine

---

[1] de incarn. Unigen. Mg. 75, 1200 d f. Cyrill bekämpft hier im voraus schon den spätern Monophysitismus.
[2] Cyr. in Ps. 76 Mg. 69, 1192 b c.

frühere Kraft und Herrlichkeit verloren habe, weil es unseren
schwachen und unrühmlichen Körper anzog (περιεβάλετο);
denn wir haben ja seine Herrlichkeit gesehen, als die
Herrlichkeit des Eingeborenen vom Vater."[1] In dem ἐγένετο
liegt ferner nicht, als ob die unaussprechliche Wesenheit des Eingeborenen eine Frucht des Fleisches geworden,
auch nicht, als ob er im Menschen (ἐν ἀνθρώπῳ) geworden,
sondern dass er Mensch geworden sei.[2] Nestorius selbst,
so führt Cyrill weiter aus, bekenne ja sehr oft, dass das
Wort Fleisch geworden, und meine diesen Ausdruck
nicht verwerfen zu dürfen; ausserdem sage er, dass die
Gottheit des Eingeborenen Mensch geworden sei.[3] Warum
aber die Gegner das σάρξ ἐγένετο nicht buchstäblich fassen
wollen, daran sei ihre Furcht schuld, dass, wenn das ἐγένετο
seine eigentliche Bedeutung behalte, man darunter eine
gewisse Verwandlung der göttlichen Natur des Logos
verstehen könnte. Ihre Furcht sei zu loben. Aber der
Evangelist füge doch hinzu: „Und hat unter uns gewohnt:"
dadurch nehme er den Verdacht der Verwandlung hinweg.
Wenn es aber heisse, der Logos sei Fluch, sei Sünde
geworden, so bedeute das, dass er unter die Sünder ge-
rechnet sei, in Wahrheit aber sei er nicht Fluch und Sünde
geworden.[4] „Wenn wir behaupten," so schreibt Cyrill
gegen Theodoret, „das Wort ist Fleisch geworden, so sagen
wir nicht, dass irgend welche Vermischung, Verwandlung
oder Veränderung eingetreten sei mit dem Logos, sondern
dass er auf unaussprechliche Weise mit einem von einer
vernünftigen Seele belebten Körper vereinigt sei (ἡνῶσθαι
σώματι ψυχὴν ἔχοντι νοεράν)."[5] „Es ist also abgeschmackt zu
glauben, dass mit dem ἐγένετο eine Verwandlung gemeint
sei, und dass man nicht vielmehr versucht, es auf andere
Weise zu verstehen und es dem unveränderlichen Gotte so
beizulegen, wie es ihm am besten geziemt. Das ἐγένετο

[1] Cyr. in Joh. Mg. 73, 164 b.
[2] Cyr. Quod unus. Mg. 75, 1260 b; hom. Mg. 77, 989 a.
[3] Cyr. adv. Nestor. Mg. 76, 82 b
[4] apolog. c. Orient. Mg. 76, 321 c f.
[5] Mg. 76, 396 c d.

bedeutet, dass er sich zur Erniedrigung herablassend, das
Elend und die Dürftigkeit der Menschheit nicht verachtet
hat."[1]) Cyrill fügt zu dem ἐγένετο meist die Erklärung
bei durch τοῦτ' ἔστιν, d. h. er hat sich mit einem Fleische
verbunden, welches von einer vernünftigen Seele belebt
ist, oder auch, er ist Mensch geworden und dabei doch
(μετὰ τοῦ) Gott geblieben. „Dass also das Werk der Vereinigung," sagt Cyrill, „ohne Verwandlung und Vermischung
(ἀτρέπτως καὶ ἀσυγχύτως) geschehen ist, indem der Gottlogos
blieb, was er war, auch da er Fleisch wurde, das wird
niemandem zweifelhaft sein."[2]) Im Briefe an Nestorius
schreibt Cyrill klar und deutlich über die Identität Christi
mit dem göttlichen Logos, sowie über den Begriff des
σαρκωθῆναι καὶ ἐνανθρωπῆσαι, wie folgt: „Dem Bekenntnisse der
hl. Väter folgend und gleichsam den königlichen Weg
wandelnd, sagen wir, dass der eingeborene Gottlogos selbst,
der aus dem Wesen des Vaters gezeugt ist, ... unserer
Rettung wegen herabgekommen ist, sich selbst in die Erniedrigung herabliess, Fleisch und Mensch wurde, d. h.
aus der hl. Jungfrau Fleisch annahm, dasselbe zu seinem
persönlich eigenen (ἰδίαν αὐτὴν ποιησάμενος) machte, sich der
Geburt aus dem Mutterschoss gleich uns unterzog, als
Mensch aus dem Weibe hervorging, nicht abwerfend das,
was er war, sondern, wenn auch Fleisch und Blut annehmend, doch blieb, was er war, Gott von Natur und in
Wahrheit. Nicht sagen wir, dass das Fleisch in die Natur
der Gottheit verwandelt sei (Monophysitismus), noch auch,
dass die unaussprechliche Natur des Gottlogos in die Natur
des Fleisches hinübergegangen sei (Apollinarismus). Unwandelbar und unveränderlich ist er nach der hl. Schrift,
ebenderselbe immer seiend (ὁ αὐτὸς ἀεὶ ὤν [μένων]). Sichtbar
als Kind in Windeln und auf dem Schosse der Mutter erfüllt er als Gott die ganze Schöpfung und herrscht zugleich
mit dem Vater. Die Gottheit kennt keinen Raum, keine

---

[1]) Quod unus . . Mg. 75, 1269 d f.
[2]) Cyr. apolog. c. Orient. Mg. 76, 320 b; explic. XII cap.
Mg. 76, 304 b c.

Grösse, keine Einschränkung."[1]) Diese kurze christologische
Erklärung Cyrills lehrt uns einerseits, dass er in Christo
im Gegensatz zu Nestorius nur eine physische göttliche
Person annahm, anderseits, dass ihm jeglicher Apollinarismus
oder Monophysitismus fern lag. Es könnte überflüssig erscheinen, diese doppelte Lehrmeinung Cyrills noch durch
weitere Zeugnisse zu erhärten, da wir aus den bisherigen
schon einen klaren Einblick in die Orthodoxie des alexandrinischen Patriarchen gewonnen haben. Weil es sich aber
hier gerade um den Differenzpunkt in der Lehre Cyrills
und des Nestorius handelt, so dürfte die Anführung noch
einiger Zeugnisse wohl berechtigt sein. „Dieses Kind,"
sagt Cyrill, „welches man sieht, welches seiner Zeit erschien,
welches der körperlichen Windeln bedarf, ist der ewige
Sohn, der Weltenschöpfer, der Sohn, welcher mit den
Windeln seiner Macht die auflösbare Natur der Schöpfung
umfasst."[2]) „Denn nicht war der „Vor dem Fleische" ein
anderer Sohn, ein anderer aber neben ihm (παρ' αὐτόν) der
„Aus dem Samen Davids", sondern es ist einer und ganz
derselbe (εἷς τε καὶ ὁ αὐτός), vor der Fleischwerdung der
fleischlose, nach der Geburt aus der Jungfrau der fleischgewordene Logos."[3]) „Nicht ein anderer war der Logos,
welcher vor dem Morgensterne aus dem Vater gezeugt
ist, und ein anderer, der in Bethlehem aus der Mutter geboren wurde."[4]) „Denn indem der Logos nicht dem ent-
lief, was er war, wurde er Mensch; er blieb aber auch in
der Erscheinung unserer Gestalt der Logos. Nicht denkt
man sich unter Christus erst einen Menschen, der dann
zum Gottsein vorgeschritten sei, sondern der Gott seiende
Logos wurde Mensch, damit in ein und demselben (ἐν ταὐτῷ)
ebenderselbe (ὁ αὐτός) als Gott und Mensch zugleich erkannt
werde."[5]) Auch die Stelle Bar. 3, 18: „Darnach erschien

---

[1]) Cyr. ad Nestor. de excom. Mg. 77, 109 b—d; in Symb·
Mg. 77, 301 ff.
[2]) adv. Nestor. Mg. 76, 33 d f.
[3]) in Symb. Mg. 77, 308 b c.
[4]) hom. Mg. 77, 1061 c.
[5]) Cyr. in Symb. Mg. 77, 304 a b.

er auf Erden und wandelte unter den Menschen,“ zieht
Cyrill zum Beweise heran, [1] ebenso die Worte des himmlischen Vaters bei der Taufe Jesu. „Der Vater sagt nicht:
„In diesem ist mein geliebter Sohn, damit man nicht glaubt,
der eine sei im andern, sondern, dass es ein und derselbe
ist gemäss der Vereinigung in der Menschwerdung (καθ'
ἕνωσιν οἰκονομικήν).“ [2] „Auch hören wir ferner den Täufer
sprechen: „Nach mir kommt ein Mann, der vor mir gewesen
ist; denn er war eher als ich.“ Wie also ist der, der nach
ihm kam, eher gewesen als er selbst? Der Erlöser selbst
erklärt es uns: „Wahrlich ich sage euch, ehe denn Abraham
wurde, bin ich.“ Er war vor Abraham der Gottheit
nach, nach ihm aber durch sein Erscheinen als Mensch.“ [3]
Cyrill benutzt ferner zur Beweisführung das Bekenntnis
Petri. „Nicht hat Petrus gesagt: „Du bist Christus, oder
Sohn Gottes,“ sondern, „Du bist Christus, der Sohn Gottes.“ [4]
Demnach bezeichnet der Name Christus und Sohn Gottes
dieselbe Person. Er ist Jesus Christus, d. h. der Logos im
Fleische und mit dem Fleische; denn wegen der Incarnation
hat er nicht aufgehört, Gott zu sein.“ [5] „Und wenn
jemand behaupten sollte, Jesus Christus sei von Ewigkeit
her, so ist er von der Wahrheit nicht abgewichen.“ [6]
Cyrill beruft sich endlich auch auf das Zeugnis des Athanasius, dessen Lehre man unbedingt annehmen könne;
denn er habe nichts gelehrt, was gegen die hl. Schrift
verstosse. [7] Derselbe sage: „Wie wollen diejenigen sich
Christen nennen, die da behaupten, das Wort sei in einen
hl. Menschen, wie in einen der Propheten, gekommen, und
nicht sei es selbst Mensch geworden, sondern ein anderer
sei Christus, ein anderer der Gottlogos, welcher vor Maria
und von Ewigkeit der Sohn des Vaters ist.“ [8] Das bisher

---

[1] Cyr. ad Maxim. Mg. 77, 152 b c; explic. Mg. 76, 297 b.
[2] Cyr. de incarn. Unig. Mg. 75, 1240 a.
[3] Cyr. in Symb. Mg. 77, 309 d f; 75, 1373 a.
[4] Cyr. in Matth. Mg. 72, 421 d.
[5] Cyr. de incarn. Unig. Mg. 75, 1245 b.
[6] Cyr. Quod unus. Mg. 75, 1309 b c.
[7] Cyr. ad Mon. Mg. 77, 13 b f.
[8] apolog. c. Orient. Mg. 76, 325 a.

ausführlich behandelte Identitätsdogma fasst Cyrill kurz in
den Wortlaut seines zweiten Anathematismus zusammen,
indem er gegen Nestorius schreibt: „Wenn jemand nicht
bekennt, dass der Logos aus Gott Vater gemäss der Hypostase (καθ' ὑπόστασιν) mit dem Fleische geeint sei, dass
also mit dem eigenen Fleische ein Christus (ἵνα Χριστόν) sei,
ebenderselbe Gott und Mensch zugleich (τὸν αὐτὸν Θεὸν ὁμοῦ
καὶ ἄνθρωπον), a. s." [1]) Den Inhalt dieses Anathems hat
Cyrill dann näher erklärt in der explicatio XII capitum [2])
und verteidigt gegen Theodoret im apologeticus. [3]) Auch
in dem von Cyrill unterzeichneten Unionssymbol vom Jahre
433 wird, wie wir schon gehört haben, die Identität (τὸν
αὐτόν) des Logos mit Christus gelehrt. Cyrill verteidigt
die Rechtgläubigkeit dieser Glaubensformel im Briefe an
Bischof Acacius von Melitene, welchem er auch später
seine Erklärung des nicaenischen Symbolums zuschickt. [4])
„Nestorius," so schreibt Cyrill, „lehrt, dass ein anderer der
Logos für sich, ein anderer für sich der Sohn aus der
Jungfrau sei; jene aber (die unierten Orientalen) lehren,
dass ein Sohn, Christus und Herr sei, vollkommen in der
Gottheit, vollkommen in der Menschheit; nicht ist ein
anderer der Sohn aus dem Vater und ein anderer der aus
der Jungfrau geborene, sondern er ist vielmehr einer (ἵνα),
und zwar derselbe (τὸν αὐτόν)." [5]) Auch die schon angeführten Stellen aus der Cyrillschen Erklärung des nicaenischen Symbolums, welches aus der Zeit nach 433 stammt,
zeigen uns, dass der Bekämpfer des Nestorianimus betreffs
der Identität nach der Wiedervereinigung mit den Orientalen
genau so lehrt, wie vordem. [6])

Aus der Identität der Person Christi mit der Hypostase
des Logos ergiebt sich die Folgerung: „Christus, der Menschensohn, ist wahrer Gott, der natürliche Sohn Gottes, des Vaters."
Darüber haben wir im folgenden nun Cyrills Ansicht zu hören.

[1]) Cyr. ad Nest. Mg. 77, 120 c; Petav. VI, 17, anath. 2.
[2]) Mg. 76, 297 ff.
[3]) Mg. 76, 400 ff.
[4]) Cyr. ad Acac. Mel. Mg. 77, 181 ff; 77, 340 d.
[5]) l. c. 189 c f.
[6]) Mg. 77, 301 c.

§ 2.

Die Gottheit Jesu Christi, des Menschensohnes aus Nazareth.

Θεὸς δὲ μᾶλλον ἀληθινὸς ἐν ἀνθρωπείᾳ
μορφῇ πεφηνὼς δι' ἡμᾶς. [1])

„Der hl. Geist wird über dich kommen, und die Kraft
des Allerhöchsten wird dich überschatten. Darum wird
auch das Heilige, welches aus dir geboren wird, Sohn
Gottes genannt" (Luc. 1, 34—35). So hatte der Engel der
allerseligsten Jungfrau Maria den Eintritt des göttlichen
Logos in die Welt angekündigt. Im Anschluss an diese
Worte nun fragt Cyrill: „Ist also der aus der Jungfrau
durch den hl. Geist Geborene nur Sohn g e n a n n t worden
oder i s t er auch von Natur aus und in Wirklichkeit Sohn
und Gott? Ohne Zweifel ist letzteres wahr. Man soll
eben erkennen, dass der Logos seiner Person nach Fleisch
geworden ist, d. h. dass er durch den hl. Geist aus der
hl. Jungfrau das Fleisch sich zu eigen gemacht hat. Denn
so wird er als wahrer Gott erkannt." [2])   „Er war Gott im
Fleische (Θεὸς ἦν ἐν σαρκί) [3]), (Θεὸς ἦν ὁ σαρκούμενος) [4]) Schon
der Prophet Jesaias (35, 3) weissagt die Ankunft des noch
nicht Mensch gewordenen Sohnes: „Gott selbst wird
kommen und euch erlösen." Siehe also, wie er im hl.
Geiste redend ihn Herr und Gott nennt; denn er wusste,
dass der Emmanuel nicht einfach ein Gott tragender
Mensch (ἄνθρωπος θεοφόρος), noch auch als ein Werkzeug
(ἐν ὀργάνου τάξει) aufgenommen, sondern dass er auch nach
der Menschwerdung wahrhaft Gott sei." [5])   „Auch David
weiss, dass Christus den ewigen Thron der Gottheit inne
hat wegen der unaussprechlichen Geburt aus dem Vater
(Ps. 44, 7). Er weiss auch, dass derselbe infolge der neuen
Heilsveranstaltung in der Zeit die Herrschaft nach mensch-

[1]) Cyr. ad Mon. Mg. 77, 29 a.
[2]) de rect. fid. Mg. 76, 1276 a b.
[3]) l. c. 1348 b.
[4]) Quod unus . . Mg. 75, 1273 d.
[5]) Cyr. ad Mon. Mg. 77, 29 c; in Is. Mg. 70, 204 d.

licher Weise erlangt hat. Und wiederum hinweisend auf
die ewige Geburt sagt er: „Mein Sohn bist du.“ Denn
er war immer Sohn. Dann aber zeigt er seine Geburt
dem Fleische nach, indem er hinzufügt: „Heute habe ich
dich gezeugt.“ Das Heute aber deutet auf die Zeit hin.
Gott gab ihm als Menschen einen Namen, der da ist über
jeden Namen, nämlich den Namen des Sohnes.“[1]) Zum
ersten Male erwähnt dann der Erschienene selbst seinen
Vater und zeigt so offenbar seine Gottheit in den Worten:
„Wusstet ihr nicht, dass ich in dem sein musste, was
meines Vaters ist?[2]) Ausführlich behandelt Cyrill die
Beweise für die Gottheit Christi in seiner Schrift de recta
fide ad reginas.[3]) Ausserdem betont er dieselbe den Juden
und Irrlehrern gegenüber und beweist sie gegen die Behauptung des Kaisers Julian (361—363), welcher Christum
für einen gewöhnlichen Menschen aus Nazareth gehalten
hatte.

Christus selbst stellt die Frage (Luc. 18, 8): „Wird
wohl der Menschensohn, wenn er kommt, auf Erden
Glauben finden?“ „Ja“, so antwortet Cyrill, „wenn er
blos als ein gewöhnlicher Mensch anerkannt sein will, der
nichts vor den andern voraus hat, und nicht etwa als
wahrer Gott. Da wird er bei den Heiden und Juden ohne
Zweifel mehr Anhang finden, als bei uns Denn sie sind
Bildanbeter und Götzendiener; wenn sie von dem Kreuze
und dem Tode hören, denen er sich unterworfen hat, dann
lachen sie. Wenn Jemand ihn aber Gott nennt, dann
springen sie sofort unwillkürlich auf und erklären das als
Menschenanbetung. So erheben sich die Juden gegen ihn
und sagen: „Nicht wegen des guten Werkes steinigen wir
dich, sondern weil du, da du ein Mensch bist, dich zu
Gott machst“. Wir aber müssen bekennen, dass er auch

[1]) Cyr. in Ps. 2 Mg. 69, 721 a. Wie Theodor von Mopsuestia,
so fasst auch Cyrill das hodie, welches sonst als terminus
der ewigen Zeugung gilt, als den Zeitpunkt der Incarnation.
Fragm. in act. apost. Mg. 74, 769 a. In derselben Weise
erklärt Cyrill auch das „Dominus creavit me“ (Prov. 8. 22).
[2]) Cyr. in Luc. Mg. 72, 509 a.
[3]) Mg. 76, 1223—1282.

Gott ist, nachdem er der Menschensohn geworden."[1]
Denn nicht richtet sich unser Glaube an einen gewöhnlichen Menschen, sondern an den von Natur wahren Gott
in der Person Christi. Deshalb sagt auch Christus: „Wer
mich sieht, der sieht auch den Vater, ich und der Vater
sind eins." Das göttliche Abbild ist nicht körperlich,
sondern liegt in der Macht und Herrlichkeit, wie sie Gott
zukommt. Das aber ist in Christo unversehrt, und dadurch
wollte er anerkannt werden und die Zuhörer durch den
Ruhm seiner Thaten aufmerksam machen auf seine Person,
weil das sichtbare Fleisch ihn ein wenig herabsetzte. Deshalb wies Christus die Juden auf seine Werke als die
seines Vaters hin. Da sie nämlich nicht glaubten, dass
er von Natur Gott sei, welcher unseretwegen Mensch geworden, sondern ihn für einen einfachen Menschen hielten,
so nahm er ihnen die Furcht und das Zaudern im
Glauben, indem er sie zum Glauben an die göttliche Natur,
wie sie in der Person des Vaters ist, ermahnte und sagte:
„Wer an mich glaubt, glaubt nicht an mich, sondern an
den, der mich gesandt hat." Das heisst soviel als: „Ihr,
die ihr mein Wort höret, denket nicht niedrig und gering
über mich, sondern seid überzeugt, dass ihr, die ihr mich
im Fleische schauet, nicht an mich als an einen einfachen
Menschen glaubet, sondern an den Vater selbst und zwar
durch mich, der ich mit dem Vater volle Gleichheit habe.
Ich bin zwar euretwegen Mensch geworden und habe mir
eine niedrige Kleidung zugelegt, die menschliche Natur
(τὴν ἀνθρωπότητα), dennoch aber bin ich dem Vater an Natur
völlig gleich."[2] In diesen trefflichen Worten lässt Cyrill
Christus selbst den Juden seine Gottheit beweisen. „Nachdem nun die Juden mit dem Tode des Herrn gerichtet
sind, da haben sich unsere Gegner (Nestorianer) einen
thörichten Glauben gebildet, indem sie ihn für einen gewöhnlichen Menschen halten, wenn sie sagen, der Logos
wohne in demselben."[3] „Aber die hl. Schrift zeigt uns

[1] Cyr. de rect. fid. Mg. 76, 1412 b c.
[2] Cyr. de incarnat. Unig. Mg. 75, 1233 c f.
[3] Cyr. adv. nolent. confit. Mg. 76, 276 b.

durch eine Menge von Beweisen die Wahrheit, dass der
aus Maria Geborene ein menschgewordener Gott ist."[1]
Cyrill verteidigt die Gottheit Christi unter Betonung der
Identität und Einpersönlichkeit sowohl gegen Nestorius, als
gegen die Orientalen, und unter ihnen wieder besonders
gegen Theodoret im Anschluss an seinen ersten, fünften
und siebenten Anathematismus. Der erste lautet: „Wenn
jemand nicht bekennt, dass der Emmanuel wahrer Gott
ist . . . a. s." Der fünfte heisst: „Wenn jemand zu sagen
wagt, Christus sei ein Gott tragender Mensch und nicht vielmehr Gott in Wahrheit und Sohn von Natur, insofern der
Logos Fleisch geworden und gleich uns des Fleisches und
Blutes teilhaftig geworden ist a. s." Der siebente lautet:
„Wenn jemand sagt, der Jesus (τὸν Ἰησοῦν) sei als Mensch vom
Gottlogos in Thätigkeit gesetzt worden und habe die
Herrlichkeit des Eingeborenen sich umgehängt als einem
zweiten neben dem Logos a. s."[2] In diesen drei Thesen
stellt Cyrill das Dogma von der Gottheit Christi und seiner
Einpersönlichkeit auf. In seinem ersten Briefe an Nestorius
schreibt er sodann: „Einige können es nicht vertragen,
dass Christus Gott genannt wird, sondern sie nennen ihn
ein Werkzeug der Gottheit (ὄργανον καὶ ἐργαλεῖον), einen Gottesträger."[3] Diese aber denken thöricht, weil sie den göttlichen und menschenfreundlichen Ratschluss tadeln und
den aus dem Weibe angenommenen Tempel von der
wahren Sohnschaft ausschliessen und die Erniedrigung
nicht anerkennen. Sie hegen eine Meinung, die von der
Wahrheit weit abweicht, und glauben, ein anderer sei der
eingeborene Sohn aus dem Vater, ein anderer der vom
Weibe geborene. Da nun aber die hl. Schrift den Sohn
und Christus als einen bekennt, machen sie sich da nicht
der Gottlosigkeit schuldig, wenn sie den einen Sohn in
zwei teilen? Der Logos an sich ist zwar ein anderer
als das Fleisch, und das Fleisch ist etwas anderes als der
Logos; sofern aber der Logos aus dem Vater Fleisch ge-

[1] l. c. 277 b.
[2] Mg. 76, 317 c, 417 d, 425b.
[3] Cyr. ad Nestor. Mg. 77, 41 a.

worden ist, so ist das ἕτερος καὶ ἕτερος hinfällig wegen der
unaussprechlichen Vereinigung. Denn einer und nur einer
allein ist Sohn, sowohl v o r der Zusammenkunft mit dem
Fleische, als i m Zusammenkommen mit demselben. Wegen
der Vollständigkeit des Fleisches sprechen wir von einem
Menschen, der aus Leib und Seele besteht." [1]) Auch durch
den Namen Emmanuel, sagt Cyrill, habe Gott kund gethan,
dass der, welcher dem Fleische nach aus der Jungfrau geboren sei, ein menschgewordener Gott genannt werden
müsse. [2]) „Als wahren, menschgewordenen Gott hat ihn
auch der Apostel Thomas bekannt, der ihm nach der Berührung der Hände und Seite dieses Bekenntnis entgegen-
bringt, nicht so, dass er den Emmanuel in zwei Söhne
teilt, sondern ihn als ein und denselben mit dem Fleische
anerkennt." [3]) „Denn nicht ein Mensch hat unter uns geherrscht, sondern Gott, der Sohn in sichtbarer Menschennatur, ohne dass er durch Annahme derselben seine Sohnes-
würde abgelegt hätte." [4]) „Wenn der Gottlogos nicht
Fleisch geworden ist, sondern der Gott tragende Mensch
die Durchstechung der Seite erduldet hat, wird er da nicht
auf dem Throne der höchsten Gottheit uns als ein vierter [5]),
neu eingeführter Gott nach der hl. Dreifaltigkeit gezeigt?
Schreckst du (Nestorius) da nicht zurück, von einem gewöhnlichen Menschen so zu sprechen, indem du der Kreatur göttliche Ehre erweisest? . . . Wir wissen, dass er
trotz der Menschwerdung Gott geblieben ist und einen
ihm dienenden Himmel und eine ihn anbetende Erde hat.
Du aber redest von einem Gott tragenden Menschen und
tadelst uns, als ob wir die Natur der Gottheit und das
Fleisch in eins vermischten, obwohl niemand ist, der jenes
unter einander mischt." [6]) Wenn nun aber der Menschensohn nach der hl. Schrift zur Rechten des Vaters sitzt,

---

[1]) Cyr. in Joh. Mg. 73. 1009 d f.
[2]) Quod unus . . Mg. 75, 1257 d.
[3]) In Joh. Mg. 74, 733 d; cfr. dazu Einig, tract. de Verbo
incarn. p. 21 n. 3.
[4]) Cyr. hom. pasch. 17 Mg. 77, 785 a.
[5]) Petav. de incarn. V, 10, 3—6.
[6]) Cyr. adv. Nestor. Mg. 76, 204 b f; 236 a.

ist Christus da nicht Gott, weil er mit dem höchsten Throne des Vaters geschmückt dasselbe Ansehen mit dem Vater hat? Denn nicht kann mit dem Gott von Natur eine gewordene Natur (Hypostase) zusammen herrschen (συνεδρεύειν). Es herrscht mit ihm aber der Menschensohn gemäss der Vereinigung mit dem Logos, der Fleisch geworden ist." [1] „O Uneinsichtiger, nicht verstehst du das Geheimnis. Denn nicht hat ein Mensch sich zu Gott gemacht, sondern da er Gott von Natur ist, ist er ohne alle Veränderung und Vermischung Mensch geworden, ist dem Fleische nach aus der Jungfrau geboren und Menschensohn genannt worden. Erkenne daher den Eingeborenen im Fleische an und bekenne, dass jener Gott sei, der unseretwegen Mensch geworden ist." [2] Aehnliche Gedanken finden wir auch in der Widerlegung Cyrills gegen die Behauptungen Theodorets, der nur einen ἄνθρωπος θεοφόρος gelten lassen will, einen Menschen, so genannt, weil er die vereinigte Gottheit des Sohnes besitzt, anstatt zu reden von dem Sohne Gottes, der die vereinigte Menschheit besitzt. Theodoret fasst den Cyrillschen Begriff von der Menschwerdung als eine Verwandlung des Göttlichen ins Menschliche auf. Dagegen aber sagt Cyrill: „Ich wiederhole, was ich nun schon so oft gesagt habe, nun aber notwendig wieder sagen muss. Da niemand behauptet, dass die göttliche und unveränderliche Natur des Logos ins Fleisch verwandelt ist, alle aber einstimmig bezeugen, dass sie unwandelbar sei, so höret doch auf, unnötig Last zu machen! Wer ist denn so wahnsinnig, so etwas zu behaupten? Er (Theodoret) behauptet, jener sei ein Gott tragender Mensch, aber nicht ist es identisch zu sagen, das Wort ist Mensch geworden, und zu glauben, Gott habe im Menschen gewohnt. Die hl. Schrift sagt: „Das Wort ist Fleisch geworden und hat unter uns gewohnt," damit niemand glaube, er sei gemäss einer Verwandlung in die Natur seines Fleisches umgeändert worden. Was aber Fleisch geworden ist, ist nicht ein Gott tragender

---

[1] Cyr. de rect. fid. Mg. 76, 1280 d f.
[2] Cyr. hom. Mg. 77, 997 d f; explic. XII cap. Mg. 76, 304.

Mensch, sondern Gott vielmehr, der sich selbst freiwillig zur Erniedrigung herabliess, das Fleisch zu seinem eigenen machte, welches er aus der Jungfrau annahm. Wohl wissen wir, dass sein Leib von ihm Tempel genannt ist (Joh. 2, 19). aber nicht in dem Verhältnis und der Beziehung, wie er in uns durch den hl. Geist die Einwohnung vollzieht, sondern es ist gemäss der Vereinigung ein Christus, ein Sohn und Herr." [1]) Wie entschieden also weist Cyrill den Vorwurf des Apollinarismus von sich ab und wie klar stellt er das wahre Dogma auf!

In inniger Beziehung zu der nestorianischen Annahme des ἄνθρωπος θεοφόρος, welche die Gottheit Christi vollständig leugnet, steht sodann ihre von Cyrill im siebenten Anathem verworfene Lehrmeinung. Nach dieser ist der von Maria geborene Mensch vom innewohnenden Logos in allem zum Handeln angeregt worden und hat sich die Herrlichkeit desselben als eine ihm fremde zugeeignet. Theodoret schrieb gegen dieses Anathem Cyrills: „Wenn die menschliche Natur sterblich ist, der Gottlogos aber, da er das Leben ist und lebendig macht, den von den Juden zerstörten Tempel auferweckt und in den Himmel geführt hat, wie ist da nicht die Knechtsgestalt durch die Gottesgestalt verherrlicht worden? Und wenn die Knechtsgestalt von Natur aus sterblich ist, so ist sie eben durch die Vereinigung mit dem Logos unsterblich geworden, nahm also an, was sie nicht hatte. Wenn sie aber empfing, was sie nicht hatte, und verherrlicht worden ist, so ist sie eben von dem verherrlicht worden, der die Herrlichkeit verlieh. Deshalb sagt auch der Apostel (Eph. 1, 19): „Gemäss der Wirkung der Macht, die er in Christo gewirkt hat, indem er ihn von den Toten auferweckt hat." [2]) Obwohl Theodoret hier von der menschlichen Natur (φύσις) spricht, so versteht er doch nach der ganzen Fassung unter der μορφή δούλου eine menschliche Hypostase. Demgegenüber betont Cyrill die physische Einheit der Person Christi. „Die, welche

[1]) Cyr. apolog. c. Theodoret. Mg. 76, 420 c f.
[2]) l. c. 425 b c.

Christum nennen, bezeichnen damit nicht einen beliebigen
Menschen (κοινὸν ἄνθρωπον), sondern den aus Gott gezeugten,
aber mensch- und fleischgewordenen Logos; und wenn
man sagt, dass er Gott Ziemendes durch seinen Körper,
den er sich als organisches Werkzeug ausersehen hat,
wirke, so ist er selbst, Christus, der Herr der Gewalten,
der Wirkende, und nicht übergiebt er dieses Wirken einem
andern, wie er etwa den Aposteln Macht gegen die bösen
Geister und Wunderwirkung verliehen hat . . . . Deshalb
sagen auch die Apostel, dass sie in seinem Namen die
Dämonen ausgetrieben haben. Die Heiligen sind durch
Christus im Geiste zum Wirken angeregt worden, weil sie
von ihm verschiedener Person sind; nicht aber ist der Jesus
vom Logos etwa als ein anderer Sohn neben dem Eingeborenen aus Gott im Geiste zum Wirken angeregt worden.
Denn die Vereinigung ergiebt als Resultat einen (ἕνα), und
wir verbitten uns das Teilen in zwei. Deshalb wirkt auch
der eine, und zwar der eine Jesus Christus allein (ὁ εἷς τε
καὶ μόνος Χριστὸς Ἰησοῦς) durch seinen Körper als Werkzeug. [1]
Wenn er nun aber seinen Leib von den Toten auferweckt
hat, sofern er das Leben und der Lebendigmacher ist, so
sieht man ihn eben sich selbst verherrlichen, indem er
seine lebendigmachende Natur an den Tag legt und er
nicht einem andern neben ihm den Ruhm verleiht. Dass
aber der mit ihm vereinigte Leib nicht ohne vollständige
Seele ist, glauben wir, und sehr oft haben wir es schon
ausgesprochen, dass er eine vernünftige Seele hat." [2] In
gleicher Weise verteidigt Cyrill dieselbe Wahrheit gegen
die Orientalen, die scheinbar dem Cyrillschen Anathem
beipflichteten, aber doch zwei vollständige Hypostasen in
Christo lehrten, die ihre Einheit im Namen Christus finden. [3] Bei dieser Gelegenheit betont Cyrill neben der Gottheit des einen menschgewordenen Christus mehr seine

---

[1] Zu beachten ist, dass Cyrill stets das Wirken Christi durch
seinen Körper betont, nicht durch die Knechtsgestalt:
er thut es, um jeden Gedanken an eine Zweipersönlichkeit
fernzuhalten.

[2] Cyr. apolog. c. Theodoret. Mg. 76, 425 b f.

[3] apolog. c. Oriental. Mg. 76, 344 f.

Wunderwirkung aus eigener Macht und in eigener Person. „Gott bin ich in Fleisch und Blut und werde dem Fleische gemäss erkannt, die göttliche Natur und Macht aber habe ich mit dem Vater in gleichem Masse, und das steigt über jeden menschlichen Begriff empor." „Wenn man sagt, der Vater habe unsern Herrn Jesus Christus von den Toten auferweckt, so ist das wahr bezüglich des Fleisches. Aber auch er selbst als das Leben, als der Lebendigmacher, als die wirkende Kraft des Vaters, hat seinen eigenen Tempel lebendig gemacht. „Löset diesen Tempel, und ich werde ihn in drei Tagen wieder aufbauen", sagt er. Es war nämlich der lebendig gemachte, nicht ein fremder, nicht der eines Menschen aus unserer Reihe, sondern der höchst eigene Leib des Logos."

Aus dieser entschiedenen und klaren Darstellung Cyrills erkennen wir nicht blos die Hervorhebung der Einheit der göttlichen Person in Christo, sondern auch die Betonung der menschlichen N a t u r gegenüber der menschlichen Hypostase der Nestorianer. Doch hierüber später.

Auch gegen die Arianer verteidigt Cyrill die Gottheit Christi. Während die Nestorianer bei ihrem persönlichen Dualismus blos die Gottheit C h r i s t i leugneten, sprachen die Arianer dem Logos schon vor seiner Menschwerdung die Gottheit ab, wie wir im ersten Hauptteile der Darstellung gesehen haben. Sie liessen diesen ihren Halbgott, dieses Mittelwesen, zur Menschwerdung nur einen Leib ohne jegliche Seele annehmen. Cyrill benutzt daher jede Gelegenheit, besonders bei der Erklärung der Psalmen, die Arianer auf die Gottheit des Logos, sowie die Gottheit Christi hinzuweisen. „Gott war in menschlicher Gestalt." [1]) „Christo eigen ist das Göttliche, er ist mächtig, d. h. Herr der Gewalten. Nicht von einem andern hat er die Macht empfangen, sondern sie ist ihm mit den übrigen göttlichen Würden von Natur aus eigen." [2]) „Ohne Furcht bekennen wir festen und wahren Glaubens, dass unser Gott der

---

[1]) Cyr. in Ps. 44 Mg. 69, 1037 b, 1045 d.
[2]) l. c. 1033 b.

Emmanuel ist, welchen die hl. Jungfrau geboren hat." [1)]
„Christus ist jener Allerhöchste (Luc. 1, 76), welchem
Johannes an Verheissung und Geburt vorausgegangen ist.
Was sagen dazu nun jene, welche die Gottheit jenes
(Christi) herabsetzen?" [2)] „Wir wissen, dass Herr von
Natur und in Wahrheit nur der Gottlogos ist, welcher mit
Gott dem Vater zugleich herrscht." [3)] Auch aus jenen drei
Büchern Julians, jenes heidnischen Christenkaisers, die der-
selbe zur Vernichtung des christlichen Grunddogmas von
der Gottheit Christi geschrieben hatte, nahm Cyrill Ver-
anlassung, unter anderem besonders die Gottheit Christi,
die erste und letzte Existenzbedingung des ganzen Christentums, zu beweisen unter Hinweis auf die Wunder Christi,
denen Julian nämlich die Heldenthaten der mythischen
Heroen gleichgestellt hatte. [4)] Zunächst weist Cyrill die
Gottheit Christi nach aus den Propheten. [5)] „David hat
das Geheimnis der Menschwerdung vorausgesagt in den
Worten (Ps. 49, 3): „Gott wird sichtbar kommen, unser
Gott, und nicht wird er schweigen." So auch lesen wir
beim Propheten Isaias (40,10), welcher gleichsam mit aus-
gestreckter Hand auf die Incarnation hinweist: „Siehe,
unser Gott, der Herr, wird mit Macht kommen, und als
ein mächtiger Arm." „Ich füge hinzu den Propheten
Baruch (3, 36—38), der mit den Worten des Propheten
Isaias übereinstimmt: „Dieser ist Gott, und nicht ein anderer neben ihm zu vergleichen. Er erfand jeden Weg
der Weisheit und gab sie Jakob seinem Knechte und
Israel seinem Lieblinge, und darnach erschien e r auf Erden
und wandelte unter den Menschen." „Wir haben also den
Sohn auf Erden als Mensch mit Menschen verkehren sehen,
den Unsichtbaren mit dem Vater gemäss der Natur der
Gottheit, sichtbar aber und in geistig wahrnehmbarer Weise
mit dem Vater durch den Glanz der Gottheit und der Wunder-

[1)] In Ps. 61 Mg. 69, 1117 b; Ps. 90 Mg. 69, 1217 c; 1220 c f.
[2)] Cyr. in Luc. Mg. 72, 481 b.
[3)] l. c. 605 c.
[4)] Cyr. c Julian. Mg. 76, 793 ff.
[5)] l. c. 1016 a f; 77, 1000.

thaten. Göttliche Zeichen wirkte er durch blossen Wink
und Willen (κατανεὖσας μόνον)." Cyrill verweist ferner auf
die Bezeugung der Gottheit Christi durch die Apostel.[1])
Johannes erklärt den Eingeborenen für den Schöpfer
Himmels und der Erde. Paulus nennt Christus, der dem
Fleische nach aus den Juden stammt, Gott über alle, hoch-
gelobt in Ewigkeit. Als die Jünger den Herrn auf dem
Meere wandeln sahen, bekräftigten sie, durch das Wunder
in Staunen gesetzt, ihr Bekenntnis mit einem Eide: „Wahr-
lich, du bist der Sohn Gottes!" Das bestätigt die Schrift,
und kein Weiser der Griechen kann da widersprechen."
„Ich wundere mich", sagt Cyrill an anderer Stelle [2]), „dass
Julian, der doch die Worte der hl. Schrift hin und her-
wendet und nach einem nicht gewöhnlichen Ruhme in der
Wissenschaft strebt, noch sagen kann, weder Paulus, noch
Marcus, Matthaeus, noch Lucas hätten gesagt, dass Christus
Gott sei. Dagegen braucht man nur ihre Schriften einzusehen und man wird klar erkennen, dass Christus von
ihnen mit Wundern der Gottheit geschmückt wird und mit
allem, was der höchsten Natur zukommt, ja, dass sie ihn
auch Gott nennen." Cyrill führt nunmehr die Stellen
einzeln an; auch das Johannesevangelium übergeht er
nicht. Von der Bekanntgebung dieser Stellen kann ich
hier absehen, ohne dass wir aber dieses Gebiet von der
Gottheit Christi nach Cyrillscher Darstellung verlassen. Ja,
gerade in gegenwärtiger Zeit, der Wende des 19. Jahrhunderts, thut es dringend not, das Grunddogma des
Christentums, die Gottheit des historischen Christus,
wieder und wieder vorzuführen, zu beleuchten, zu beweisen
und dieselbe gegen das moderne Juden- und Heidentum
mit seiner voraussetzungslosesten Wissenschaft und den
blasphemischsten Pamphleten zu verteidigen. Auch das
20. Jahrhundert fängt an, sich bezüglich der Kernfrage
des Christentums julianisch-apostatisch zu färben; nicht
mit roher Gewalt will man den wahren Christusglauben

---

[1]) Cyr. c. Julian. Mg. 76, 832 a; in Joh. Mg. 73, 628 b f.
[2]) Cyr. c. Jul. Mg. 76, 1004 c f; in Joh. Mg. 73, 213.

aus dem religiösen Boden der christlichen Gesellschaft
herausreissen, sondern ihn durch allgemein klingende
Phrasen und Wendungen unter Vorführung der wissen-
schaftlichen Errungenschaften allmählich schwächen, über-
bieten und durch eine heidnische Philosophie und unchrist-
liche Moral ersetzen. Der lehrende historische Christus der
Neuzeit ist die freithätige personifizierte Vernunft; die
Stelle des Dogmas vertritt das verschiedengestaltigste Ergebnis der freien Forschung auf religiösem Gebiete; darum
kann auch die neuzeitliche, rationalistische Erscheinung
auf dem religiösen Kampfplatze nicht mehr frappieren:
Soviel Forschungen der alleingeltenden Vernunft, so viele
Zersplitterungen der einen Wahrheit; soviel Forscher, soviel
Götter! Kein Wunder deshalb, wenn man sich heute in
gewissen Kreisen für den christologischen Rationalismus
eines Paul von Samosata, oder will man etwas christlicher
scheinen, für den eines Nestorius so sehr erwärmt und
begeistert, den die wahre Gottheit Christi ausrufenden
und verteidigenden Cyrill dagegen wohl als einen Kämpen
für die Rechtgläubigkeit ohne gleichen, als einen voll-
endeten Dogmatiker, aber als einen grundschlechten Menschen [1]) erklärt und ihn unter den grossen Vertretern
christlicher Religion und Theologie im Orient für keine
der sympatischsten, wenn auch imponierendsten Gestalten
hält [2]) und dergl. mehr.

Wie wir schon gehört haben, führt Cyrill als Haupt-
beweis für die Gottheit Christi die ihm eigene Macht-
vollkommenheit an, in der und mit welcher der Menschensohn im Gegensatze zu den Propheten und Aposteln die
Wunder wirkte. Christus selbst weist zu dem Zwecke auf
seine Wunderwerke hin, er erteilt ferner andern die Macht,
Wunder zu thun, und endlich werden zur Beglaubigung
seiner Gottheit Wunder gewirkt. „Christus," sagt Cyrill,
„hielt es für überflüssig, bei denen, die so oft gehört und
nicht geglaubt hatten, eben dasselbe zu wiederholen. Ein

---

[1]) Gfroerer, Geschichte der christl. Kirche, II, 450.
[2]) Herzog, Realencyklopädie B. IV p. 378.

jeder nun muss nach der Beschaffenheit der Werke beurteilt
werden, und man darf nicht lediglich auf die Worte sehen.
Christus sagt, dass er die Werke im Namen seines Vaters
thue, nicht aber, als ob er, wie irgend ein Heiliger, die
Macht von oben empfinge, auch nicht, als wenn er sich
als machtlos hinstellen wollte, er, die Macht des ihm
wesensgleichen Vaters, sondern dem göttlichen Ruhme die
Kraft der Werke gleichsam zuteilend sagt er, dass er die
Werke im Namen des Vaters thue." [1]) „Denn er hat die
Macht, alles thuen zu können, nicht von einem andern
empfangen, sondern er ist der Herr der Macht." [2])   „Er
wirkte die Wunder, nicht etwa von aussen her oder vom
hl. Geiste, wie es bei den Heiligen der Fall ist, die Gnade
empfangend, sondern als natürlicher und wahrer Sohn des
Vaters und als Erbe seines Eigentums.   Denn er sagt ja:
„Alles Meinige ist dein, und das Deinige ist mein, und
darum bin ich verherrlicht." (Joh. 17, 10).   Verherrlicht
also ist er, indem er die Kraft und Wirkung des ihm
wesensgleichen Geistes als seine persönliche gebraucht." [3])
„Es erschien uns unser Herr Jesus Christus mit göttlicher
Macht, mit dem Arme der Herrschaft.   Deshalb sagt er
dem Aussätzigen: „Ich will, sei rein!"   Er berührte die
Bahre, und der Sohn der Witwe stand wieder zum Leben
auf." [4])   „Die Zuschauer seiner Wunder staunten über die
Macht seines Wortes.   Denn nicht betete er und erbat sich
die Macht von einem anderen, wenn er Wunder wirkte.
Weil er selbst das lebendige und lebendigmachende,
wirkende Wort des Vaters ist, deshalb vernichtete er den
Satan und verstopfte den Mund der bösen Geister." [5])
„Christus wirkte als wahrer Gott, und nicht ist es recht
zu sagen, er sei das Werkzeug der göttlichen Gnade gewesen, wie die Apostel und Propheten.   Er selbst vernichtete durch eigene, d. h. göttliche Macht den Satan.

[1]) Cyr. in Joh. Mg. 74, 17 c d.
[2]) hom. pasch. 8 Mg. 77, 568 a.
[3]) in Luc. Mg. 72, 556 a b.
[4]) Cyr. ad Mon. Mg. 77, 32 a.
[5]) in Luc. Mg. 72, 549 a.

In seinem Namen vertrieben die Apostel die Dämonen." [1]
„Weil er aber Fleisch geworden ist, so sieht man auch
durch das eigene Fleisch die ganze göttliche Kraft seines
Wirkens." [2] „Deshalb, wenn er Wunder wirkt, trenne
nicht von seinem Fleische das göttliche Wort, indem du
ihm allein das Wunder zuschreibst; denke, dass das eingeborene Wort Gottes Mensch geworden und durch sein
eigenes Fleisch thätig ist, weil er es sich zu eigen gemacht
hat, nicht aber durch Vermischung und Vermengung.
Auch die Seele wirkt mit Hülfe des Leibes. Niemand
aber sagt, dass es Werke der Seele seien, obgleich jene den
Körper zum Werke anregt, sondern Werke beider; so
muss man auch von Christus glauben; denn vor der Incarnation wirkte er als einfaches Wort an sich, nach seiner
Menschwerdung aber durch sein Fleisch." [3] „Er legt
irgend einem Kranken die Hand auf und giebt zu erkennen,
dass die Wirkung des mächtigen Logos vom hl. Fleische
ausgeführt wird, indem er die Gott zukommende Kraft
jenem verleihet. Wir sollen daran sehen, dass er, der
eingeborene Gottlogos, auch als Mensch noch Gott ist,
der alles leicht bewirkt durch sein Fleisch. Wundere dich
darüber nicht, denke vielmehr daran, dass auch das Feuer
in einem Kessel von Erz jenem die Kraft der eigenen
Wärme mitteilt. So teilt auch der allmächtige Logos dem
ihm wahrhaft vereinigten, vernünftig beseelten Tempel
aus der Jungfrau die Wirkung der eigenen, Gott ziemenden
Kraft zu." [4] „So zeigte er sein Heilung wirkendes Fleisch,
als er die Schwiegermutter des Petrus heilte. Er erfasste
ihre Hand, und sofort wich das Fieber. Siehe also, wie
nutzbringend die Berührung seines Fleisches ist! Es ver-
treibt vielfältige Krankheiten, die Schar der bösen Geister,
zerstört die Macht des Satans und heilt soviel Volk in
einem Augenblicke. Obwohl er durch blosse Worte und
Winke Wunder wirken konnte, so legte er doch den

[1] Cyr. de rect. fid. Mg. 76, 1280 a b.
[2] in Is. Mg. 70, 181 c.
[3] adv. Anthropomorph. Mg. 76, 1117 c d.
[4] Cyr. in Luc. Mg. 72, 549 d.

Kranken die Hände auf. Denn wir müssen wissen, dass das hl. Fleisch des Logos, welches er zu dem seinigen gemacht hatte, eine Kraft in sich führte, die er ihm verlieh. Möge Jesus deshalb auch uns berühren durch die geheimnisvolle Danksagung (μυστικῆς εὐλογίας), damit er zugleich auch unsere Seele von der Krankheit befreie, von dem Ansturm und der Herrschaft der Teufel!"[1]) Welch herrliche Darlegung giebt uns Cyrill in diesen wenigen Worten über die wunderbare Wirkung der hl. Eucharistie, indem er sie als unfehlbar wirkendes Heilmittel preist, einerseits gegen die der Seele infolge der ersten Sünde anhaftende Verwundung und zurückgebliebene Schwäche, andererseits gleichsam als Schild gegen die erneueten Angriffe des nie ruhenden Teufels!

Christus besass aber nicht blos die ihm von Natur eigene Wundermacht, sondern er hat dieselbe auch andern verliehen, und das ist ein unwiderlegbarer Beweis für seine Gottheit. Denn giebt es Wunder, d. h. Zeichen und Erscheinungen übernatürlicher Ordnung, dann kann auch nur der Herr und Gebieter d i e s e r Ordnung allein dieselben ins Werk setzen, und nur er allein andere mit solcher Machtbefugnis ausrüsten. Und so hat der menschgewordene Logos seine sich im alten Bunde schon bethätigende Wundermacht[2]) im neuen Bunde nicht blos selbst ausgeübt, sondern sie auch anderen verliehen. Die Macht über die bösen Geister hat er auch seinen Aposteln mitgeteilt, damit sie dieselben austrieben, jede Krankheit und Schwäche im Volke heilten. Im N a m e n Jesu von Nazareth wurde der Lahmgeborene an der goldenen Pforte geheilt; auf gleiche Weise wurde Aeneas gesund, der von einer fast unheilbaren Krankheit befreit wurde, als Petrus ihn anredete: „Aeneas, es heilt dich der Herr Jesus Christus."[3])

Um die Menschen von der Gottheit Christi zu überzeugen, g e s c h a h e n ferner auch Wunder. Der himm-

---

[1]) l. c. 552 b f.
[2]) Cyr. in Is. Mg. 70, 1088 b.
[3]) de rect. fid. Mg. 76, 12x0 b.

lische Vater selbst hat Jesum von Nazareth als seinen
Sohn bezeugt. Er hat bezeugt: „Dieser," welcher im
Fleische und in der Knechtsgestalt geschaut wird, „ist
mein einziger (μοναδικῶς), höchst eigener (ἰδικῶς), wahrer
Sohn." [1] So auch geschahen Wunder in dem Augenblicke,
als die Erniedrigung Christi ihren Gipfel in dem schmach-
vollen Tode am Kreuze erreicht hatte. „Jesus rief mit
l a u t e r Stimme und gab seinen Geist auf, der Vorhang
des Tempels zerriss von oben bis unten in zwei Teile, die
Erde bebte, die Felsen spalteten sich, die Gräber öffneten
sich, und viele Leiber der Entschlafenen standen auf"
(Matth. 27, 50—52). Wenn nun Christus ein gewöhnlicher
Mensch war, warum entstand bei dem Aushauchen seines
Geistes eine so grosse Erschütterung der Elemente? Die
Sonne zog ihre Strahlen zurück und goss Finsternis über
die Erde, die ihren Herrn von den Juden mit Schmach
beladen sah; sie zerbarst, und selbst die Unterwelt entliess
die Seelen der H e i l i g e n. Auf wessen Wink geschah
das alles? Nicht etwa Gottes? Gott war im Fleische,
und über seine so schmähliche Behandlung zürnte die
Schöpfung." [2]

Welches war nun der Zweck aller Wunder Jesu?
Der Evangelist Johannes, welcher den Schwerpunkt seines
Evangeliums in den Nachweis der Identität des auf Erden
erschienenen Christus mit dem immanenten Logos, sowie
in die Zeugnisgabe für die Gottheit Christi verlegt, sagt,
Christus habe noch viele andere Wunder gewirkt, diese
aber, welche er in seinem Evangelium berichte, seien deshalb aufgezeichnet worden, damit man glaube, dass Christus
der Sohn des lebendigen Gottes sei, und damit man durch
den Glauben das ewige Leben habe in seinem Namen
(Joh. 20, 30—31). „Es war leicht," sagt Cyrill, „aus den
Grossthaten zu erkennen, dass jener wahrhaft Gott und
Sohn Gottes von Natur ist. Deshalb verstehe ich nicht,
dass die Israeliten bis zu dem Grade der Stumpfheit des

[1] de incarn. Unig. Mg. 75, 1240 b.
[2] Cyr. de rect. fid. Mg. 76, 1268 d.

Geistes kommen konnten, dass sie ihn nicht erkannten . . .
Aus dem Glanze seiner Thaten hätten sie die übernatürliche
und über alles Mass gehende Herrlichkeit der ihm angeborenen Kraft erkennen müssen."[1] Die Wunder Christi
sind also nach Cyrill die feste Brücke, auf der man unbedingt zum Glauben an die Gottheit Christi gelangen
muss. Die Leugner der Gottheit Christi und die Bestreiter
der Wunder-Fakta oder der Möglichkeit überhaupt vereinigen sich gewöhnlich in einer Person. Und diese
Wunderscheu und Gottheitsangst hat meist mehr einen
moralischen, als einen intellektuellen Grund zur Vor-
aussetzung.

Zum Schlusse dieses Paragraphen will ich noch ein
zusammenfassendes Urteil Cyrills über die Gottheit Christi
anführen. Es lautet: „Wir wissen, dass nicht ein Mensch
mit Gott vereinigt ist, sondern dass Gott die Menschennatur (τὰ ἀνθρώπινα) ohne die Sünde aus der hl. Jungfrau
mit sich vereinigt hat. Und der ist Christus. Wenn du
daher hörst, dass Christus Mensch genannt wird, so ver-
giss nicht, dass er auch Gott ist."[2]

Aus dem Namen Christus nun wollen wir Veranlassung
nehmen, im folgenden überhaupt etwas näher auf die verschiedenen Incarnationsnamen einzugehen. Diese Namen
weisen teils auf die menschliche Natur, teils auf die erlösende Thätigkeit, teils auf beide zugleich.

§ 3.
Die Benennungen des incarnierten Gottlogos.

Ἐκ κοιλίας μητρός μου ἐκάλεσε τὸ ὄνομά μου.[3]

Die Antiochener stützten sich zum Beweise ihrer
Lehre von der Zweipersönlichkeit in Christo unter anderem

---

[1] Cyr. hom. pasch. 24 Mg. 77, 803 c d. Weitere Zeugnisse
für die Gottheit Christi finden wir bei Cyrill in de rect. fid.
Mg. 76, 1261 c; in Is. Mg. 70, 804 c; adv. Nol. conf. Mg. 76,
285 c; ad Monach. Mg. 77, 32 c d; in Luc. Mg. 72, 524 c, 649 b;
in Matth. Mg. 72, 421 d; in Joh. Mg. 73, 224 a; de rect. fid.
Mg. 76, 1268 c, 1265 b.
[2] Cyr. Nol. confit. Mg. 76, 265 c d.
[3] Cyr. in Is. Mg. 70, 1036 c; schol. de incarn. cap. 28.

auch auf die verschiedenen Namen, welche dem Menschgewordenen von der hl. Schrift beigelegt werden. Sie beziehen die Namen Christus, Jesus, Erstgeborener, Emmanuel,
Menschensohn, auf den von Maria geborenen Menschen; indes gebraucht Nestorius den Namen Christus auch als mora-
lisches Bindemittel zur Herstellung der gedachten Einheit
zwischen den beiden Hypostasen, um sowohl die göttlichen,
als menschlichen Eigentümlichkeiten von einem Prinzipe
(Christus) aussagen und so Maria in gewissem Sinne auch
θεοτόκος nennen zu können. Denn der Name Christus,
Jesus, Sohn, Herr, bezeichnet sowohl die göttliche, als
menschliche Hypostase. Um demgegenüber wieder die
physische Einpersönlichkeit in Christo darzuthun, widmet
Cyrill diesen Namen eine besondere Aufmerksamkeit, indem
er neben der Erklärung derselben die Personenidentität des
Logos mit Christus, Jesus, Emmanuel, Menschensohn, hinweist. Wir haben also in diesem Paragraphen sowohl die
Beweise für die persönliche Einheit in Christo und seine
Identität mit dem Logos fortzusetzten, als auch den Ursprung und die Bedeutung der Incarnationsnamen zu erklären. „Einer," sagt Cyrill, „ist derjenige, welcher vor
der Incarnation genannt wird Eingeborener, Logos, Bild,
Abbild der Hypostase des Vaters . . . . der nach der
Incarnation aber genannt wird Mensch, Christus, Jesus,
Versöhnung, Mittler, Erstling der Entschlafenen, Erstgeborener von den Toten, zweiter Adam, Haupt des Leibes
der Kirche. Dabei folgen ihm auch die ehemaligen Namen.
Denn alles ist ihm eigen, sowohl das frühere, als auch das
in der Fülle der Zeiten." [1]) „Die Namen vor der Menschwerdung beziehen sich auf seine Natur; als er aber sich
zur Niedrigkeit herabliess und als Mensch befunden wurde,
nahm er auch den gemeinsamen (τὸ κοινόν) Namen an, d. h.
Christus, Jesus, Emmanuel (Μεθ' ἡμῶν ὁ Θεός)." [2]) Durch diese
Namen wurde er allen Erdenbewohnern bekannt; denn
ehemals war der Ruhm Gottes in Judaea fast eingeschlossen.

[1]) Cyr. schol. de incarn. 13 Mg. 75, 1385 b.
[2]) in Is. Mg. 70, 1036 d.

nur dort war Gott bekannt und in Israel sein grosser Name.
Nachdem er uns aber erschienen ist, da wird sein Name
bewundert von allen auf der Erde. Deshalb staunt der
Prophet (Ps. 8, 2) über die weitverbreitete Kenntnis des
Namens Gottes." [1] „Durch den Namen Christus Jesus
wird der im Fleische erschienene Gottlogos geoffenbart." [2]
„Die Namen Christus, Jesus, Emmanuel bedeuten nämlich
dasselbe in ihrer objektiven Beziehung auf den einen
Sohn Gottes." [3] „Auch die hl. Schrift nennt den Logos·
aus Gott den einen Herrn Jesus Christus." [4]

Schon vor der Ausführung des Incarnationsplanes
hatte Gott den Juden durch den Propheten Isaias den
Namen des menschgewordenen Logos bekannt gegeben als

EMMANUEL.

„Dieses Wort bedeutet," sagt Cyrill, „dass Gott in menschlicher Gestalt erschienen ist. Damals, als das eingeborene
Wort Gottes erschien, wie wir καθ' ἡμᾶς, da wurde es auch
mit uns μεθ' ἡμῶν." [5] „Das μεθ' ἡμῶν aber bezeichnet das
Sein und Leben in unsern Verhältnissen und unserer Natur
(ἐν τοῖς καθ' ἡμᾶς)." [6] Schon David habe, sagt Cyrill, den
menschgewordenen Gott gesehen, er sah den aus der Jungfrau geborenen Emmanuel und deswegen rief er im prophetischen Geiste (Ps. 46, 8): „Der mächtige Herr mit
uns, Κύριος τῶν δυνάμεων μεθ' ἡμῶν." David zeige, dass dieser
es sei, welcher schon den Patriarchen und Propheten erschien. Mit uns aber sei der mächtige Herr gewesen, als
er nach Annahme der Knechtsgestalt unter uns weilte [7],
und nachdem er ohne Körper als Wort bis dahin durch
die Propheten geredet hatte, kam er mit einem Körper." [8]
Cyrill beweist aus dem Worte Emmanuel die wahre Gottheit und Menschheit des Logos. Dieses Wort fasst sum-·

[1] Cyr. in Ps. 8 Mg. 69, 757 b.
[2] In ep. II ad Cor. Mg. 74, 917 c.
[3] Schol. de incarn. Mg. 75, 1373 a.
[4] Ad Monach. Mg. 77, 17 d.
[5] In Is. Mg. 70, 204 d f.
[6] l. c. 1036 d.
[7] In Ps. 46 Mg. 69, 1049 b.
[8] Cyr. schol. de incarn. Mg. 75, 1373 a.

marisch den Inhalt des ganzen Incarnationsbegriffes in sich.
Gegen die Arianer beweist Cyrill die Gottheit Christi aus
dieser Bezeichnung, wie folgt: „Wenn der Sohn nicht Gott
seiner Natur nach gewesen wäre, so wäre er nicht genannt
worden „Gott mit uns", was er geworden ist, als er aus
dem Weibe geboren wurde, indem er unsere Aehnlichkeit
annahm. Denn nicht eines Engels oder eines anderen
Geschöpfes Erfindung ist der Name Emmanuel, sondern
der Vater hat den Sohn so genannt. Das bezeugt auch
der Prophet vom Sohne Gottes, da er sagt: „Man wird
seinen neuen Namen nennen, mit dem ihn der Herr benannt hat. Neu aber ist für den Sohn der Name Emmanuel. Denn vor seinem Erscheinen in der Welt im Fleische
war er und wurde er reinweg (γυμνῶς) Gott genannt: nach
der Geburt aus der Jungfrau war er aber nicht mehr nur
Gott, sondern „mit uns", d. h. ein Mensch gewordener
Gott. Indem nun also der Vater seinen eigenen Sohn
benennt, so mögen die sich schämen, welche gottlos und
ohne Einsicht sagen, er sei geschaffen worden; denn der,
welcher von Natur Gott ist, ist nicht ein Geschöpf." [1]
Die Gottheit des Emmanuel spricht Cyrill sodann in seinem
ersten Anathem aus und verteidigt sie gegen die Orientalen
und gegen Thedoret. Letzterer erklärte: „Das Wort Emmanuel zeigt uns sowohl den aus uns und für uns Aufgenommenen, als auch den Gottlogos, der aufgenommen hat." [2]
Aehnlich erklärt auch Theodoret in seinem Werke de incarnatione Domini, welches man bislang dem Cyrill zuschrieb,
das Wort Emmanuel als einheitliche Bezeichnung für den
Logos und den Menschen aus der Jungfrau (τὸ κύημα τῆς
Παρθένου, τοῦ ἀνθρώπου τὸ τέλειον), mit welchem der Logos
war." [3] Cyrill dagegen sagt: „Emmanuel wird der Gottlogos genannt, weil er den Samen Abrahams angenommen

---

[1] Thesaur. Mg. 75, 516 b.
[2] Cyr. apolog. c. Theodoret. Mg. 76, 393 c.
[3] Mg. 75, 1453 c. Wenn Cyrill Verfasser dieses Werkes wäre,
so würde er schon in diesem Punkte mit seinen anderen
Schriften im Widerspruch stehen; cfr. Ehrhard l. c. p. 48
n. 6.

hat und des Fleisches und Blutes teilhaftig geworden ist
gleich uns. Emmanuel heisst Gott mit uns. Wir glauben
aber. dass das Wort Gottes mit uns gewesen ist, nicht
örtlich (non localiter); denn an welchem Orte ist Gott
nicht. der alles erfüllt, noch auch, dass er uns beigestanden
hat helfenderweise (auxilii ratione). Denn auf diese Weise
ist zu Jesus, dem Sohne Naves gesagt worden: „Wie ich
mit Moses war, werde ich auch mit dir sein", sondern
dass er geworden ist unter uns, d. h. in der menschlichen
Natur (in humanitate), ohne seine eigene Natur zu verlassen. Nicht also, wie mit irgend einem Heiligen, ist der
Logos gewesen, sondern wie Baruch sagt: „Er ist auf
Erden sichtbar geworden, hat mit den Menschen gewandelt." [1]) Cyrill unterscheidet die Bedeutung des Wortes
Emmanuel in seinem historischen Sinne als helfenden Gott
von dem messianischen als im Fleische erschienenen Gott.
„Wenn wir also den dem Sohne gegebenen Namen „Gott
mit uns" hören, so wollen wir bedenken, dass er nicht so
mit uns in der Fülle der Zeiten gewesen ist, wie einstmals
mit den Heiligen. Jenen war er nur ein Helfer, mit uns
aber ist er gewesen, d. h. er ist unseresgleichen geworden,
ohne dass er seine eigene Natur verloren hätte." [2]) „Es
hat", so sagt Cyrill dann weiter, „um die numerische
Einheit des Emmanuel darzuthun, „vor ihm viele Heilige
gegeben. Aber niemand von ihnen ist Emmanuel genannt
worden. Weshalb? Noch nicht war die Zeit gekommen,
in welcher der „Mit uns" sein, d. h. in unserer Natur auf
dem Wege des Fleisches kommen sollte (in nostram venire
naturam per carnem), welcher über jeder Kreatur steht.
E i n e n Emmanuel also giebt es nur; denn nur einmal ist
der Eingeborene Mensch geworden, damals als er durch
die hl. Jungfrau sich der fleischlichen Geburt unterzog." [3])
Neben der numerischen Einheit des Emmanuel betont
Cyrill auch die Identität mit dem Gottlogos. Denn der

---

[1]) Cyr. schol. Mg. 75, 1371 c.
[2]) l. c. 1376 b.
[3]) l. c. 1376 a b; Petav. VII, 11, 10.

Logos ist nicht Emmanuel mit dem aus der Jungfrau geborenen Menschen geworden durch Aufnahme desselben, wie die Nestorianer wollen, dann wäre er kein Gott mit uns, sondern ein Gott mit ihm; der Logos ist Emmanuel geworden durch Annahme unserer menschlichen Natur, wie die Ausdrücke, in humanitate, in nostram venire naturam per carnem, participavit carne et sanguine besagen.

Wie der Name Emmanuel sich auf den Incarnationsakt bezieht, so deutet der bei seiner Empfängnis ihm beigelegte Name

JESUS

auf die erlösende Thätigkeit des Menschgewordenen hin. „Dieser Name stellt ihn am meisten als wahren und natürlichen Herrn aller dar." [1]) Der Engel Gabriel offenbart der Jungfrau Maria das Geheimnis. „Fürchte dich nicht," sagt er, „du hast Gnade gefunden bei Gott. Siehe, du wirst im Leibe empfangen und einen Sohn gebären und du sollst seinen Namen Jesus nennen. Denn er wird sein Volk erlösen von seinen Sünden." „Haben nun etwa," so fragt Cyrill, „der Engel und der Prophet (Is. 7, 14), der ihn Emmanuel nennt, etwas gesagt, was sich widerspricht? Keineswegs. Der Prophet hat ihn vorher bezeichnet als „Gott mit uns", indem er ihn sowohl in Hinsicht auf seine Natur, als auch mit Rücksicht auf die Menschwerdung so nennt. Der Engel aber legt ihm den Namen bei in Beziehung auf seine Thätigkeit (ἐκ τῆς ἐνεργείας). Er hat nämlich sein Volk errettet und deshalb ist er Retter genannt worden. Emmanuel heisst er, weil er, Gott von Natur, mit uns, d. h. Mensch geworden ist, Jesus aber, weil er als menschgewordener Gott den Erdkreis erretten wollte." [2]) „Dieser neue Name ist dem Logos vom Vater durch die Stimme des Engels beigelegt worden. Denn als der eingeborene Sohn Mensch und aus der Jungfrau geboren wurde, da bestimmte der natürliche Vater (ὁ φύσει Πατήρ)

---

[1]) Cyr. schol. Mg. 75, 1373 b.
[2]) in Is. Mg. 70, 1036 d f.

den Namen. indem er so zu sagen dem Brauche der Vater-
schaft folgte." [1] „Diesen Namen empfing der Mensch gewordene Logos gesetzlich erst am achten Tage bei
der Beschneidung. So wurde er die Rettung des Volkes,
jedoch nicht eines, sondern aller Völker und der ganzen
Erde." [2] Auch bei diesem Namen betont Cyrill wiederum
die persönliche Identität zwischen Jesus und Logos. Schon
Theodor v. M. hatte Jesus für den von Maria geborenen
Menschen erklärt, mit welchem der Logos sich dann vereinigt habe. Hören wir seine Worte: „Weil der Name
Jesus die Benennung des Aufgenommenen ist, wie unter
den Aposteln der Name Petrus und Paulus, so ist er auch
ihm nach der Geburt aus Maria beigelegt worden. Aber
man wendet ein: „Jesus bedeutet Retter; wie aber kann
ein Mensch Retter (salvator) genannt werden?" Sie
haben vergessen, dass auch der Sohn des Nave Jesus genannt wurde infolge der Namensänderung durch Moses.
Letzterer aber würde es nicht geduldet haben, dass dieser
Name einem Menschen beigelegt werde, wenn er die göttliche Natur bezeichnete." [3] Auch Nestorius sah in Jesus
den von Maria geborenen Menschen, indes diente ihm auch
dieser Name als Einigungsmittel zwischen den beiden
Hypostasen. Dem gegenüber fragt Cyrill: „Wer ist jener
Jesus? Ist es nicht etwa der fleischgewordene Logos, der
unseretwegen die Geburt aus dem Weibe nicht ver-
schmähete? [4] Denn nicht war der aus ihr geborene Jesus
ein gewöhnlicher Mensch. Die hl. Schrift hat nämlich auch
das, was vor seinem leiblichen Aufenthalte auf Erden
geschehen ist, auf seine Macht und Thätigkeit übertragen.
So schreibt der Apostel Judas, dass Jesus das Volk aus
dem Lande Aegypten errettet, hernach aber die Un-
gläubigen vernichtet hat. [5] Wenn nun also die Jungfrau

---

[1] de rect. fid. Mg. 76, 1176 d.
[2] in Luc. Mg. 72, 496 d f; schol. Mg. 75, 1373 b c. Cyrill bezeugt hier auch die Universalität der Erlösung.
[3] Fragm. op. Theodor. X Mg. gr. 66, 985 d.
[4] Cyr. de rect. fid. Mg. 76, 1176 c.
[5] Cyrill bezeugt den kanonischen Charakter des Judasbriefes.

„Jesus als blossen Menschen geboren hätte, der Apostel
aber sagt, dass dieser die Israeliten aus der Hand der
Aegypter befreit, das Volk durch die Wüste geführt, ja
sogar viele Wunder vor der Zeit seiner Geburt aus der
Jungfrau gewirkt habe, wo werden sie zugeben, dass jener
in jenen Zeiten gewesen sei?" [1])

Ein anderer Name ferner, der auf die menschliche
Geburt des Logos hinweist, ist

ERSTGEBORENER.

Auch auf die Erklärung dieses Namens geht Cyrill näher
ein, weil einerseits die Arianer aus dieser Bezeichnung die
Geschöpflichkeit des Logos, andererseits die Nestorianer
die persönliche Verschiedenheit des Erstgeborenen vom
Eingeborenen folgerten, endlich weil man Anlass daraus
nahm, die virginitas Mariae post partum zu leugnen. Der
menschgewordene Logos wird der Erstgeborene und Eingeborene genannt. Was die Bedeutung' der Ausdrücke
angeht, so heisst derjenige Erstgeborener, welcher unter
mehreren Brüdern zuerst geboren ist, Eingeborener aber
ist der Einziggeborene. Beides ist Christus in verschiedener
Beziehung. Erstgeborener ist er unter sehr vielen Brüdern
wegen seiner Menschheit, Eingeborener aber ist ebenderselbe, weil er allein aus Gott dem Vater geboren ist. [2])
Auch nach dem Apostel (Röm. 8, 29) ist er Erstgeborener
unter vielen Brüdern, Erstgeborener unter den Toten, Erstgeborener jeglicher Kreatur (Colos. 1, 15, 18). Ja, der
Erlöser selbst sagt der Maria: „Gehe hin und sage meinen
Brüdern: „Ich gehe hin zu meinem Vater und eurem Vater,
zu meinem Gott und eurem Gott." Er ist nämlich der
Eingeborene als Gott, der Erstgeborene als Mensch. Als
Brüder hat er die Gläubigen, und Gott nennt er als Gott
seinen Vater, als Mensch aber nennt er ihn seinen Gott." [3])
Beide Ausdrücke heben die persönliche Einheit Christi
nicht auf. Denn ebenderselbe ist Eingeborener und Erst-

---

[1]) Cyr. adv. Nolent, conflt. Mg. 76, 260 d.
[2]) Schol. Mg. 75, 1406 d f.
[3]) Cyr. in Ps. 88 Mg. 69, 1213 b.

geborener. „Dadurch sollen wir gleichsam in ihm und durch ihn sowohl auf natürliche Weise, als aus Gnade (φυσικῶς τε καὶ κατὰ χάριν) Söhne Gottes werden, auf natürliche Weise gleichsam in ihm selbst, durch Teilnahme aber und aus Gnade durch ihn im hl. Geiste. Wie nämlich der Menschheit Christi, weil sie mit dem Logos durch den Zusammengang in der Menschwerdung (κατὰ σύμβασιν οἰκονομικήν) vereinigt ist, das Eingeborensein in Christo eigen wird, so wird dem Logos wegen der Vereinigung mit dem Fleische auch das Erstgeboren eigen." [1]) „Christus ist beides, weil er ein und derselbe ist (κατὰ ταυτὸν ἀμφότερα). Niemand soll den einen und alleinigen Sohn teilen und dem einen etwa das πρωτότοκος und dem andern das μονογενής zuschreiben. Dem widerstreitet die hl. Schrift, welche beides von Christo aussagt." [2]) Auf das πρωτότοκος beriefen sich die Arianer. „Wenn der Sohn nicht ein Geschöpf ist, so wäre er nicht der Erstgeborene jeder Kreatur genannt worden. Denn diese Benennung hat er deshalb erhalten, weil er grosse Verwandtschaft mit den Geschöpfen hat, obwohl er der Zeit und Würde nach der erste unter ihnen ist." Cyrill hält es nicht für schwer, diese Behauptung zu widerlegen. Er sagt: „Wenn der Name Erstgeborener den Sohn in gleichen Rang mit den Geschöpfen stellt, so wird die Bezeichnung Eingeborener ihn doch von ihrer Zahl ausschliessen. Denn wie niemand Erstgeborener sein kann, wenn er nicht Brüder hat, so ist auch niemand Eingeborener, wenn er nicht ganz allein ist und nicht den andern beigezählt wird. Wie also ist er nun zugleich Erstgeborener und Eingeborener? Notwendig muss er in dem einen oder anderen den Vorzug haben. Da ihn aber die hl. Schrift mit beiden Namen nennt, so müssen alle, welche die hl. Schrift gebrauchen, untersuchen, in welcher Hinsicht er der Erstgeborene, und in welcher er der Eingeborene ist. Eingeboren wird er genannt, sofern er das Wort aus dem

---

[1]) Cyr. de rect. fid. Mg. 76, 1177 a; de incarn. Unig. Mg. 75, 1229 b; de ss. Trinit. Mg. 75, 693 b.
[2]) hom. pasch. 8 Mg. 77, 572 b c.

Vater ist und keine Brüder seiner Natur nach hat, auch nicht einem anderen beigezählt wird; denn nur einer und einer allein ist der Sohn Gottes. Erstgeborener aber wird er genannt, nicht einfachhin (οὐχ ἁπλῶς) absolut, sondern unter vielen Brüdern, wie geschrieben steht. Wann anders aber ist er unser Bruder geworden, als da er unser Fleisch annahm? Und damals wurde er Erstgeborener genannt, als er viele Söhne Gottes aus Gnade erschuf."[1] Der Erstgeborene jeder Kreatur werde er genannt, so argumentiert Cyrill weiter, nicht weil er der Zeit nach als erstes Geschöpft existiere, noch gleichen Wesens mit ihnen sei, sondern weil er sich zu den Geschöpfen herabgelassen habe, ihnen ähnlich geworden sei, und da er schon als natürlicher Sohn Gottes einen Vorrang besessen habe, so hätte er denselben doch auch da nicht verlieren dürfen, als er Mensch wurde, und darum wurde er als Schöpfer unter den Geschöpfen der Erstgeborene genannt.[2] Erstgeborener unter vielen Brüdern werde er genannt, weil er uns in allem ausser der Sünde ähnlich geworden sei; sofern er unser Fleisch sei, sei er unser Bruder genannt worden. Erstgeborener von den Toten aber heisse er, weil er selbst zuerst sein eigenes Fleisch zur Unsterblichkeit erhoben und es zuerst in den Himmel geführt habe. Deshalb sage er: „Ich bin der Weg, ich bin das Thor." Durch ihn habe die menschliche Natur gelernt, einen neuen Weg zu wandeln, und durch ihn wie durch eine Thür gehe sie in den Himmel ein.[3] „Erstgeborener," sagt Cyrill, „ist er unseretwegen, und alle sind ihm gleichsam als der unsterblichen Wurzel eingepfropft und sprossen aus dem Ewigen hervor."[4]

Cyrill verteidigt endlich auch die Jungfräulichkeit Mariä gegen die, welche aus dem πρωτότοκος schliessen wollen, dass Maria nach ihrem Erstgeborenen noch andere Brüder Christi geboren habe. In Lucas 2, 7: „Sie gebar ihren erstgeborenen Sohn," bemerkt Cyrill: „Sie nennt ihn den

[1] Cyr. Thesaur. Mg. 75, 401 e f.
[2] l. c. 404 a b.
[3] l. c. 405 b.
[4] l. c. 405 c.

Erstgeborenen, nicht als ersten unter Brüdern, sondern als
ersten und einzigen (καὶ πρῶτον καὶ μόνον); denn das ist der
Sinn des πρωτότοκος. Der „Erste" wird von der hl. Schrift
auch der genannt, welcher allein ist, so bei Isaias (44, 6):
„Ich bin der erste Gott, θεὸς πρῶτος, und neben mir ist kein
anderer." Um aber zu zeigen, dass nicht ein gewöhnlicher
Mensch von der Jungfrau geboren sei, fügt sie das πρωτότοκος
hinzu. Nicht hat die Jungfrau einen anderen Sohn gehabt,
als den des Vaters, indem sie Jungfrau blieb. Von ihm
sagt Gott der Vater durch Davids Mund (Ps. 88, 28):
„Ich werde ihn zum Erstgeborenen machen, erheben vor
den Königen der Erde." Von ihm sagt Paulus (Hebr. 1, 6):
„Als er den Erstgeborenen auf Erden einführte, sagte er:
„Es sollen ihn anbeten alle Engel Gottes." In die Welt
ist er eingetreten, als er Mensch wurde. Obgleich er göttlicherseits (θεϊκῶς) der Eingeborene ist, so wurde er dennoch
als u n s e r Bruder der Erstgeborene genannt, damit er als
Erstling der adoptierten Menschen uns zu Söhnen Gottes
machte." [1])

Ein anderer Name, welchen der Mensch gewordene
Logos selbst unter Bezugnahme auf Daniel VII, 13 als
„solenne Selbstbezeichnung" sich beilegt, ist

MENSCHENSOHN.

Cyrill sagt darüber folgendes, indem er wiederum gegen
Nestorius die Identität des Menschensohnes und des Logos
hervorhebt. „Schon Daniel sagt, dass er das eingeborene
Wort des Vaters in Menschengestalt als eines Menschen
Sohn (ὡς υἱὸς ἀνθρώπου) gesehen habe. Er nennt ihn also
nicht einen einfachen Menschen, sondern wie eines Menschen
Sohn. [2]) Dieser ist kein anderer, als der Logos selbst.
Denn er selbst sagt: „Niemand steigt in den Himmel, als
der vom Himmel herabgestiegen ist, der Menschensohn
(Joh. 3, 13). Der Logos selbst also muss der Menschen-
sohn sein; denn nur er ist vom Himmel herabgestiegen. [3])

---

[1]) Cyr. in Luc. Mg. 72, 485 b f.
[2]) in Symbol. Mg. 77, 809 a b.
[3]) adv. Nolent. confit. Mg. 76, 276 d

Und ferner antwortet Christus auf die beschwörende Frage des Hohenpriesters, ob er der Sohn des lebendigen Gottes sei, mit Ja und fügt hinzu: „Ihr werdet den Menschensohn zur Rechten der Kraft Gottes sitzen und auf den Wolken des Himmels kommen sehen." Wie aber sitzt der Sohn eines Menschen zur Rechten der Kraft Gottes? Offenbar hat der Logos nicht aufgehört, Gott zu sein, als er Menschensohn wurde. So sitzt er bei dem Vater in der Glorie der Gottheit, auch nachdem er Fleisch geworden ist.[1] Menschensohn wird er nur genannt, sofern er aus dem Weibe dem Fleische nach geboren ist, und er sagt nicht die Unwahrheit, wenn er spricht, dass der Menschensohn, d. h. er selbst, vom Himmel herabgestiegen sei.[2] Und wenn der Erlöser den Artikel dazu setzt, ὁ υἱὸς τοῦ ἀνθρώπου, so deutet er damit an, dass er der Auserwählte von Tausenden sei."[3]

Der offizielle Amtsname des menschgewordenen Gottessohnes endlich, der auf seine Würde als Hoherpriester, König und Prophet hinweist, ist

CHRISTUS.

Ueber die Bedeutung dieses Namens spricht Cyrill im ersten Kapitel seiner Scholien.[4] Hier beantwortet er die Frage: „Was heisst Christus"? „Der Name Christus hat nicht die Bedeutung einer Definition, noch bezeichnet er das Wesen eines Dinges, wie das Wort Mensch, Pferd, Ochs, sondern bedeutet vielmehr eine Handlung, die an jemandem vollzogen wird. Denn mit Oel wurden einige der Alten gesalbt nach der Bestimmung Gottes, und die Salbung war für sie das Zeichen der Herrschaft. Auch die Propheten wurden geistig vom hl. Geiste gesalbt, weshalb sie auch χριστοί genannt wurden, so bei David (Ps. 104, 15) und Habacuc (3, 13). An Christus, dem Erlöser aller, aber ist

---

[1] Cyr. de rect. fid. Mg. 76, 1268 e
[2] adv. Nestor. Mg. 76, 137 b.
[3] in Joh. Mg. 73, 69 d.
[4] Mg 75, 1369.

eine Salbung vollzogen, nicht symbolisch mit Oel, noch auch zur prophetischen Begnadung, auch nicht jene, wie wir sie von Cyrus, dem Könige der Meder und Perser, aussagen. Auf Gottes Antrieb führte er das Heer gegen die Babylonier. Denn es heisst (Is. 45, 1): „Dieses sagt der Herr meinem Gesalbten Cyrus, dessen Rechte ich ergriffen habe." Jener Mann also, obgleich Götzendiener, ist gesalbt worden, weil er gleichsam von Gott zur Herrschaft gesalbt und bestimmt war, dass er Babylon erobern sollte. Das aber gilt noch mehr von Christus. Denn weil wegen der Sünde Adams die Sünde über alle Herrschaft ausübte, und der Geist von den Menschen gewichen war, so lagen jene ganz im Bösen. Die Menschheit musste also, wenn sie durch Gottes Barmherzigkeit in den früheren Stand zurückversetzt werden sollte, den hl. Geist wieder verdienen. Menschgeworden ist nun der eingeborene Gottlogos und im menschlichen Körper auf Erden erschienen. Auch war er frei von der Sünde, damit in ihm allein die menschliche Natur mit dem Glanze der Unschuld vom hl. Geiste bereichert und so zu Gott hin durch Heiligung wiedergestaltet würde. Denn auf uns geht die Gnade, die in Christo als dem Erstgeborenen unter uns ihren Anfang genommen hat, über. Das lehrt uns David, da er zum Sohne spricht: „Du hast die Gerechtigkeit geliebt, das Unrecht gehasst, darum hat dich Gott, dein Gott, mit dem Oel der Freude gesalbt" (Ps. 44, 8). Gesalbt also ist der Sohn menschlicher Weise mit der Herrlichkeit der Unschuld. In ihm ist die Natur des Menschen verherrlicht und würdig gemacht worden, den hl. Geist zu empfangen, nicht damit er wieder fortgehe, wie ehedem, sondern damit er bei ihr bleibe. Deswegen steht auch geschrieben (Joh. 1, 32): „Es stieg der hl. Geist auf ihn und blieb über ihm." Der Gottlogos wird also Christus genannt, weil er unseretwegen Mensch geworden und in Knechtsgestalt war. Gesalbt wird er dem Fleische nach menschlicher Weise, er selbst aber salbt als Gott mit dem hl. Geiste diejenigen, welche an ihn glauben." Aehnlich sagt Cyrill im Briefe an die

Mönche Aegyptens,[1] dass der Name Christus nicht dem
Emmanuel allein zukomme, sondern allen, die mit der
Gnade des hl. Geistes gesalbt sind. Und doch sei ein gewaltiger Unterschied zwischen jenen und dem Christus; denn
alle anderen seien Christi wegen der Gnade der Salbung;
wahrer Christus allein aber sei der Emmanuel als wahrer
Gott. Die Mütter der übrigen möge man Christigebäre-
rinnen nennen, Gottesgebärerinnen aber auf keine Weise.
Cyrill betont sodann dem Nestorius gegenüber gerade bei
diesem Namen die Identität des Logos mit Christus. Nestorius sagte, dass der Name Christus bald von der Gottheit,
bald von der Menschheit, bald von beiden zu verstehen
sei.[2] „Aber," so sagt Cyrill, „der Name und die Bedeutung
Christus kommt dem Logos an sich ohne Menschwerdung
auf keine Weise zu. Nur mit Rücksicht auf die Incarnation
wird er der Gesalbte genannt; denn das Wort, welches
seiner Natur nach Gott ist, ist nicht gesalbt worden. Die
Salbung bezieht sich vielmehr auf die menschliche Natur.
Nachdem die Menschwerdung vorausgegangen ist, reden
wir von Christus und glauben nicht, wie du Nestorius, dass
ein gewöhnlicher Mensch vom Logos gesondert für sich
von der Jungfrau geboren, sondern dass das Wort aus dem
Vater selbst mit dem Fleische vereinigt und mit dem Oele
der Freude von Gott auf menschliche Weise gesalbt ist."[3]
„Ein Typus dafür ist der von Jacob gesalbte Stein. Nicht
den ganzen Stein hat Israel mit dem Oele übergossen,
sondern nur den äussersten Teil; also ist so zu sagen auch
nicht jener Eingeborene ganz, nicht in seiner eigenen
göttlichen Natur gesalbt worden, sondern nur äusserlich,
d. h. an seinem wahrhaft mit ihm vereinigten Körper."[4]
„Jene dagegen behaupten, dieser Name Christus komme
auch dem göttlichen Worte an sich zu. Wir aber sagen,
dass das Wort den Namen Christus erst da erhalten hat,
als es Fleisch geworden war. Wenn aber das Wort

[1] Cyr. ad Monach. Mg. 77, 20.
[2] adv. Nestor. Mg. 76, 68 d.
[3] l. c. 69 d f.
[4] l. c. 72 b c; Glaphyr. Mg. 69, 284.

Christus genannt wird, so muss man eben das fleischgewordene darunter verstehen. Aber den Namen Christus
bald diesem, bald jenem zuteilen, ist gottlos; denn es ist
ein Herr Jesus Christus, nicht geteilt und nicht getrennt."[1]
Bei der Erklärung der Worte: „Wir haben geglaubt und
erkannt, dass du bist Christus, der Sohn Gottes," betont.
Cyrill den Unterschied beider Namen. „Sohn Gottes kommt
dem Logos einzig und allein zu sowohl vor als nach der
Incarnation. Den Namen Christus aber hat er gemeinschaftlich mit uns; denn insofern er nur als Mensch gesalbt
ist, heisst er Christus."[2]   „Wann aber und von wem ist
Christus gesalbt worden? Das ist geschehen, als der hl.
Geist in Gestalt einer Taube auf ihn herabkam. Da empfing er den neuen Namen Christus, während er vor der
Menschwerdung einfach das Wort hiess."[3]   „Als Logos
aber bedurfte er der Salbung nicht;[4] du siehst also, dass
Gott von Gott gesalbt wird. Als er Mensch wurde, da ist
er auch auf menschliche Weise zum Apostel gesalbt worden.
Gesalbt wird die Menschheit vom hl. Geiste.   Nicht aber
geschieht die Salbung, wie bei gewöhnlichen Menschen,
den Patriarchen und Propheten, durch die volle Erscheinung des Salbenden."[5]

Die Salbung Christi durch den hl. Geist führt uns
von selbst auf die Frage nach dem Verhältnis, in welchem
der hl. Geist zu der Menschwerdung des Sohnes Gottes,
sowie zu dessen Erlösungsthätigkeit steht. Zunächst war
die Erschaffung der Menschheit Christi das Werk des hl.
Geistes. Cyrill vergleicht das Wirken des hl. Geistes nach
der Verheissung des Engels bei Johannes dem Täufer und
bei Christus. Von Johannes sage der Engel, dass er mit
dem hl. Geist erfüllt werde, und es sei nicht gottlos zu
glauben, dass das schon im Mutterschosse geschehen sei.

---

[1] Cyr. de rect. fid. Mg. 76, 1220 d f; quod unus, Mg. 75, 1276 f;
de incarn. Unig. Mg. 75, 1237 d f; epist. ad Monach. Mg. 77, 28 f.
[2] Cyr. in Joh. Mg. 73, 628 f; in Is. Mg. 70, 1037 b.
[3] in Ps. 44 Mg. 69, 1040 b c.
[4] in Symbol. Mg. 77, 317 c.
[5] in ep. ad Hebr. Mg. 74, 961 b c. Pus. III, 376 n. 2.

Der hl. Geist sei aber geschenksweise (δοτόν), nicht wesenhaft οὐσιώδες in ihm gewesen. Vom Erlöser aber sage er nicht mehr: „Er wird erfüllt werden", sondern, dass das in Maria Erzeugte heilig sei. „Denn er war immer heilig seiner Natur nach als Gott." [1] Die erste Salbung der Menschheit Christi, d. h. die Heiligung durch den hl. Geist, erfolgte im Augenblicke der Annahme der menschlichen Natur von seiten des Logos. [2] Das fernere Verhältnis des hl. Geistes zum menschgewordenen Logos nach seiner Geburt, bei seiner Taufe, bei der Wirkung der Wunder und der Ausrüstung der Apostel spricht Cyrill zunächst in seinem neunten Anathematismus aus: „Wenn jemand sagt, der Herr Jesus Christus sei vom hl. Geiste verherrlicht worden, indem er die Macht, die ihm selbst eigen war, als eine fremde gebrauchte, und er habe die Macht und Wirksamkeit, mit der er gegen die bösen Geister verfuhr und göttliche Wunder unter den Menschen wirkte, von ihm empfangen, und es sei nicht vielmehr sein eigener Geist, durch den er die Wunder wirkte. a. s." Da nämlich der Logos in seiner Menschwerdung auch Gott blieb, so hatte er alles ausser dem Vatersein mit dem Vater gemeinsam; so hatte er auch den hl. Geist, der aus ihm ist (τὸ ἐξ αὐτοῦ) und ihm wesenhaft innewohnt, eigen. Und so wirkte er denn die Wunder durch den hl. Geist mit eigener Kraft. Jene aber, die da sagen, er sei wie ein gewöhnlicher Mensch vom hl. Geiste verherrlicht worden, er habe die Macht des hl. Geistes nicht als eigene, sondern als fremde gebraucht und sei durch die Gnade des hl. Geistes in den Himmel aufgenommen, der sei im Anathem." [3] „Durch den hl. Geist, nicht mit wirklichem Salböl also ist

---

[1] Cyr. in Joh. Mg. 73, 209 a f: Pus. 1, 186.
[2] Bei den übrigen Menschen fällt in diesen selbigen Augenblick, in welchem eine menschliche Person anfängt zu existieren, das Behaftetwerden derselben mit dem Erbschaden, d. h. der Mangel jener Geistessalbung, das Fehlen der Heiligung. Dieser Zustand wird erst beseitigt durch die Taufe.
[3] Cyr. explic. XII cap. Mg. 76, 308 c f; apolog. c. Orient. Mg. 76, 353 f; apolog. c. Theodoret. Mg. 76, 429 f.

die Salbung erfolgt; den hl. Geist aber hat der menschge-
wordene Logos wahrhaft und eigen (ἀληθῶς καὶ κυρίως)." [1]
Das Salböl ist nur eine bildliche Bezeichnung des hl.
Geistes, und die Salbung bedeutet die Mitteilung desselben,
welche bei jedem Getauften erfolgt. So ist auch bei der
Taufe Christi von einer Salbung die Rede, nicht als ob
der Logos des hl. Geistes bedurft hätte, denn sein Wesen
ist auch das des hl. Geistes, der hl. Geist ist Christi Geist.
Nur die menschliche Natur Christi sollte, wie sie aus der
Jungfrau durch Wirkung des hl. Geistes gebildet war, so
auch öffentlich in der Taufe durch den am Erlösungswerke
partizipierenden hl. Geist gleichsam für das öffentliche
Amt mit Gnaden ausgerüstet, d. h. geheiligt werden. Das
aber ist geschehen nicht seinetwegen, sondern unseretwegen
und den Aposteln zum Vorbilde. „Deswegen," sagt Cyrill,
„ist der hl. Geist in Gestalt einer Taube über Christus
herabgekommen, damit wir erkennen sollten, dass der Geist
wie auf den Erstling der erneuerten Natur herniederstieg,
insofern er als ein der Heiligung fähiger Mensch erschien.
Nicht aber sagen wir, dass Christus erst durch den herab-
steigenden Geist geheiligt sei. Denn heilig war er auch
im Mutterschosse. Dem Täufer sollte die Erscheinung nur
als ein Zeichen dienen. Dennoch aber glauben wir, dass
das Fleisch Christi durch den hl. Geist geheiligt ist, indem
nämlich das Wort Gottes, welches von Natur heilig ist,
seinen Tempel nach der Aehnlichkeit mit einem anderen
Geschöpfe im hl. Geiste salbte. Und indem der Sohn
seinen Tempel salbt, thut dasselbe auch der Vater. Nichts
anderes aber als der Sohn ist auch der hl. Geist, wenn man
auf das Wesen sieht; denn in ihm ist er und durch ihn geht
er aus. Von diesem hl. Geist ist er bei seiner Sendung
in die Welt als Engel des grossen Rates nach Aehnlichkeit des prophetischen Dienstes gesalbt worden. Und so
hält er es auch für nötig, dass seine Apostel nach seinem
Vorbilde bei der Aussendung in die Welt zur Verkün-

---

[1] Cyr. in Matth. Mg. 72, 365 a; hom. Mg. 77, 1065 c.

digung des Evangeliums geheiligt werden in der Wahrheit,
damit sie ihr Apostelamt würdig erfüllen könnten." [1]
„Wenn es heisst, dass Christus gesalbt sei, dass er den hl.
Geist empfangen habe, so geht daraus noch nicht hervor,
wie jene (Arianer) wollen, dass er dem Vater nicht wesensgleich sein könne, weil er etwas von Gott empfangen habe,
was er nicht besitze." [2] Darauf ist zu antworten, dass der
Logos, der den hl. Geist seinem Wesen nach in sich hat
als eigen, ihn auch als Mensch empfangen sollte, weil er
die der Menschheit ziemende Ordnung bewahren und mit
ihr zugleich das sich aneignen wollte, was der menschlichen Natur zukommt. An sich aber können wir den
Geist vom Sohne nicht trennen, der ihm so eingeboren,
mit ihm dem Wesen nach verbunden ist, durch ihn ausgeht, in ihm natürlich existiert, dass er nichts anderes ist
als er selbst wegen der Identität des Wirkens und der
überaus gleichen Natur. Christus nennt den hl. Geist den
Geist der Wahrheit, auch von sich sagt er, dass er die
Wahrheit sei; daraus ersieht man, eine wie innige Verbindung der Geist mit dem Sohne hat. [3] Was er aber
als Gott von Natur aus hatte, das wollte er als Mensch
auch annehmen. [4] Und so hat er in der Taufe den hl.
Geist empfangen, ist mit ihm gesalbt worden, wie er
selbst in der Synagoge erklärt: „Der Geist des Herrn ist
über mir, weswegen er mich gesalbt hat; um den Armen
zu predigen, sandte er mich." Wie das „Er sandte mich"
nur von der Menschheit Christi zu verstehen ist, so passt
das „Er hat mich gesalbt" auch nur auf sie, nicht auf die
göttliche Natur." [5] „Der Armen wegen hat er also den
hl. Geist empfangen als Mensch, damit er ihn uns wiedergeben könnte, nachdem er von dem Menschengeschlechte
seit der ersten Sünde gewichen war." [6] „So erteilt er

[1] Cyr. in Joh. Mg. 74, 549 c d; Pus. II, 726 f.
[2] l. c. Mg. 73, 196 b f, Pus. I, 175.
[3] Cyr. in Joh. Mg. 73, 209 c d f.
[4] in Ps. 44 Mg. 69, 1032 d.
[5] in Luc. Mg. 72, 537 b, 524 d.
[6] in Joh. Mg. 73, 205 b; in Ps. 44 Mg. 69, 1040 b; in Is. Mg. 70, 1352.

ihn den Aposteln, indem er spricht: „Empfanget den hl.
Geist!" [1]) „Weil Christus Gott und Mensch ist, so verleihet er göttlicherseits der Kreatur den hl. Geist, als
Mensch aber empfängt er ihn von Gott dem Vater und
heiligt doch jede Kreatur. Indem er aus dem Vater her-
vorleuchtet, verleihet er den aus ihm ausgehenden hl.
Geist als ihm eigen sowohl den himmlischen Kräften, als
auch denen, die seine Ankunft erkannt haben." [2]) „Wenn
du also siehst," so spricht Cyrill zu Nestorius, „dass er
mit seinem eigenen Geiste gesalbt wird, so denke an die
Menschwerdung und an die menschliche Natur; wenn du
aber siehst, dass von ihm der hl. Geist erteilt wird, so
bewundere den, der auch in der Menschheit Gott ist." [3])
„Und dieses Verleihen und Empfangen heisst eben Salbung." [4])

Fassen wir nun das über das Verhältnis des hl.
Geistes zum menschgewordenen Logos Gesagte zusammen,
so ergiebt sich; Der hl. Geist ist dem Logos auch in der
Menschwerdung wesensgleich. Er, der aus dem Sohne
und im Sohne ist wegen des einen göttlichen Wesens, ist
Urheber der menschlichen Natur Christi. Er steigt auf
Christus hernieder als Christi eigener Geist, um die Menschheit des Logos zu heiligen, nicht ihretwegen, sondern
unseretwegen. Der hl. Geist bleibt bei Christo auch als
Mensch, und Christus wirkt seine Wunder durch des hl.
Geistes Kraft als eine ihm persönlich und wesenhaft eignende. Den in seiner Taufe empfangenen Geist spendet
Christus selbst auch allen, die an ihn glauben. Somit
also drückt der Name Christus und seine Bedeutung als
Gesalbter vorzüglich auch das Verhältnis des menschgewordenen Logos zum hl. Geiste aus, somit auch des
letzteren Stellung zum Erlösungswerke.

Wir wollen nun dieses zweite Kapitel über das Subjekt
der Menschwerdung mit einer kurzen und klaren Dar-

[1]) in Symb. Mg. 77, 316 d.
[2]) in Luc. Mg. 72, 536 c d.
[3]) Cyr. adv. Nestor. Mg. 76, 148 d.
[4]) in Is. Mg. 70, 1352 a.

stellung Cyrills schliessen. „Wir glauben, dass der, welcher aus der Wurzel Jesse, aus dem Samen Davids, aus der Jungfrau dem Fleische nach mit uns als Mensch unter dem Gesetze ist, über uns als Gott aber über dem Gesetze steht, der unseretwegen mit uns unter den Toten ist, der über uns durch sich selber lebendig macht und das Leben ist, dass der ist in Wahrheit der Sohn Gottes."[1] Das Subjekt der Menschwerdung ist somit nur einer, und zwar die zweite Person der Gottheit, der natürliche Sohn Gottes, der aber infolge seiner Menschwerdung verschiedene Incarnationsnamen trägt.

---

3. Kapitel.
Das Objekt bei der Menschwerdung.

§ 1.
Die Form der Annahme der menschlichen Natur.

Ἐν ἐσχάτοις δὲ τοῦ αἰῶνος καιροῖς ἐπειδὴ γέγονε σὰρξ γεγεν-νῆσθαι λέγεται καὶ σαρκικῶς διὰ γυναικός.[2]

Das Mittel, an welches der ewige Ratschluss Gottes die Wiedererneuerung des Menschengeschlechtes geknüpft hatte, lautete ganz zweckentsprechend: Annahme der menschlichen Natur von seiten des Gottlogos. Der Weg, auf welchem diese Annahme erfolgen konnte, war ein zweifacher, entweder unmittelbare Erschaffung einer menschlichen Natur nach dem Vorbilde erstmenschlicher Erschaffung, oder aber, was natürlicher war, Bildung einer menschlichen Natur von seiten Gottes unter menschlicher Mitwirkung. Durch ein Weib war die Krankheit gekommen, durch ein Weib sollte auch Heilung erfolgen.[3] Diesen Weg hat der göttliche Ratschluss gewählt, nämlich die

---

[1] Cyr. quod unus . . Mg. 75, 1253 a oder de rect. fid. Mg. 76, 1200 c.

[2] Cyr. ad Monach. Mg. 77, 21 b

[3] Διὰ γυναικὸς ὁ ἄνθρωπος ἐθανατώθη, διὰ γυναικὸς πάλιν διεσώθη. Bardenhewer, unedierte Fragmente von Eulogius von Alexandrien III, 6. Theol. Quartalschr. 1896 p. 367.

Empfängnis und Geburt des göttlichen Logos im Fleische
aus einer Jungfrau durch Wirkung des hl. Geistes. Zunächst
wollen wir hier auf einige irrige Anschauungen über die
Form der Menschwerdung eingehen.

Mit Rücksicht auf Joh. 3, 13 „Niemand steigt in den
Himmel, als der vom Himmel herabgestiegen ist, der
Menschensohn," nennt Cyrill wiederholt Christus den ersten
himmlischen Menschen (πρῶτος οὐράνιος ἄνθρωπος). [1] „Er ist
der neue Adam nach jenem, der im Anfange war; als
erster Mensch ist er auf Erden erschienen, nicht ein irdischer
(χοϊκός) mehr, sondern vielmehr ein göttlicher und himmlischer (θεῖος καὶ ἐπουράνιος), der keine Sünde kannte." [2] Auch
den Leib Christi nennt Cyrill einen göttlichen. [3] Mit all
diesen Ausdrucksweisen will er aber nicht behaupten,
dass Christus seinen menschlichen Leib mit vom Himmel
gebracht hätte, oder als ob der Logos in einen menschlichen Leib verwandelt worden wäre. Gegen solche apollinaristische Deutungen verwahrt sich Cyrill entschieden, so
in jenem Briefe an Johannes von Antiochia, in welchem
er seiner Freude über den Frieden mit den Orientalen
Ausdruck giebt. [4] An anderer Stelle sagt er in gleicher
Weise: „Nicht war Christus einfach hin (ἁπλῶς ἄνθρωπος) ein
Mensch, sondern vielmehr ein himmlischer, nicht weil er
aus dem Himmel das Fleisch herabgebracht, sondern weil
der Logos, der mit dem Fleische vereinigt ist, vom Himmel
stammt; deshalb wird Christus ein himmlischer Mensch
genannt." [5] Den Leib Christi aber nennt Cyrill einen
göttlichen, weil er unter Mitwirkung des hl. Geistes in der
hl. Jungfrau gebildet ist, wobei die Gesetze der Natur
nicht in Anwendung gekommen sind. [6] „Wenn Christus
sagt: „Niemand steigt in den Himmel etc.," so sind wir
nicht so vernunftlos, das wir deshalb etwa das Fleisch

---

[1]) Cyr. in Joh. Mg. 74, 552 c.
[2]) Cyr. in Matth. Mg. 72, 401 c.
[3]) Cyr. in Luc. Mg. 72, 500 c.
[4]) Mg. 77, 177 c.
[5]) Cyr. in Ps. 49 Mg. 69. 1076 a.
[6]) Cyr. in Luc. Mg. 72, 500 c.

selbst vom Himmel herleiten; denn der Prophet zeigt uns deutlich die hl. Jungfrau und sagt: „Siehe, die Jungfrau wird im Schosse haben einen Sohn und ihn gebären und seinen Namen Emmanuel nennen." Anderseits aber glauben wir ebensowenig, dass der Gottlogos in einem körperlichen Schosse den Grund des anfänglichen Seins gehabt habe." [1] In gleichem Sinne schreibt Cyrill nach der Union an den Presbyter Eusebius, er habe seine Lehre nicht geändert und gesagt, dass der Logos sein Fleisch mit vom Himmel gebracht und nachher in einer solchen Fleischesnatur gelitten hätte." Das wird man mir aus keinem Werke, Briefe oder Buche nachweisen können." [2] „Wohl giebt es andere," so schreibt Cyrill an anderer Stelle, „die aus übergrosser Stupidität behaupten, der Logos habe die Geburt aus der Jungfrau und unsere Natur verschmäht, er sei vielmehr in das irdische Fleisch verwandelt worden." [3] „Wo aber ist da der Gottlogos selbst geblieben, wenn er in die Natur des Fleisches umgesetzt in einen vergänglichen Zustand überführt worden ist? Ist das nicht Tollheit und Wahnsinn?" [4] „Oder sie sagen auch, dass der Leib vom Himmel gekommen sei, denn nicht möchte wohl die unvergängliche Natur das Fleisch des vergänglichen Körpers annehmen oder die befleckende Makel (ῥύπον, μολυσμόν, σπίλον) zulassen." [5]

Nachdem Cyrill die Anschauung von einem überirdischen Ursprunge der Menschheit Christi, sowie einer Verwandlung des Logos in das Fleisch als widernatürlich bezeichnet und sich gegen einen solchen apollinaristischen Vorwurf verteidigt hat, weist er auch die jüdische Annahme zurück, dass nämlich die menschliche Natur Christi aus der Verbindung eines Mannes mit der Jungfrau Maria stamme, und so aus Maria ein für sich bestehender Mensch geboren sei, mit welchem dann entweder der ἀνυπόστατος λόγος (Sabellianer) oder der ὑπόστατος λόγος (Nestorianer) sich ver-

[1] Cyr. de ss. Trinit. Mg. 75, 940 a.
[2] Mg. 77, 289 b.
[3] Cyr. de incarn. Unig. Mg. 75, 1197 c d f.
[4] l. c. 1200 d, 1220 a, de rect. fid. Mg. 76, 1168 a.
[5] Cyr. in Luc. Mg. 72, 937 a.

bunden habe. [1]) Die Nazarethaner hielten Jesus für einen natürlichen Sohn Josephs und Mariä." Als er in der Synagoge lehrte, sagten sie: „Ist dieser nicht Josephs Sohn?" „So geht es bei den Menschen," sagt Cyrill, „wer verwandt und immer vor Augen ist, dem wird die schuldige Ehre von den Bekannten verweigert." [2]) Zwar wird Joseph als Vater Christi bezeichnet, obwohl er in Wirklichkeit Christi Vater nicht ist; [3]) darin ist Moses ihm ähnlich gewesen, wie Cyrill allegorisch deutet. „Denn in der hl. Schrift wird der Vater des Moses gerade mit Rücksicht auf die Menschwerdung Christi mit Stillschweigen übergangen. Es wird nur gesagt: „Ein Gewisser (ὁ δεῖνα) nahm ein Weib aus den Töchtern Levis." Und dieses „Es war einer (ἦν τις)" besagt versteckt andeutend, dass Christus seiner menschlichen Natur nach ohne Vater war, nur in der Vermutung (ἐν ὑποψίᾳ) war Joseph Vater; denn Christus wurde für den Sohn Josephs ausgegeben." [4]) Cyrill nennt Christus ferner das wahre Lamm, welches die hl. Gottesgebärerin Maria, die von einer Verheiratung nichts wusste (ἀπειρόγαμος), aus ihrem jungfräulichen Schosse (ἐκ παρθενικῶν λαγόνων) gebar. [5]) Warum Christus aber gerade von einer Jungfrau geboren werden wollte, die mit einem Manne verlobt war, darüber sagt Cyrill: „Nach der Verlobung (μετὰ τὴν μνηστείαν) empfing sie, damit es schiene, als ob sie von ihm (Joseph) empfangen hätte, damit der Sohn von ihm seine Abstammung ableiten könnte und ihn zum Pfleger und Schützer bei Nachstellungen hätte." [6]) „Der Evangelist sagt, dass Maria dem Joseph verlobt gewesen sei, um zu zeigen, dass die Empfängnis zur Zeit der Verlobung statt hatte, dass dieselbe eine wunderbare (παράδοξος) war, die nicht dem Gesetze der menschlichen Natur gefolgt sei. Denn nicht hat Maria etwa nach Aufnahme von mensch-

---

[1]) Cyr. de rect. fid. Mg. 76, 1168 a.
[2]) Cyr. in Luc. Mg. 72, 544 b.
[3]) Glaphyr. Mg. 69, 352 c
[4]) l. c. 396 a.
[5]) Cyr. hom. Mg. 77, 988 c.
[6]) Cyr. in Matth. Mg. 72, 368 a.

lichem Samen geboren."[1] Cyrill setzt mit Recht die
Empfängnis Jesu in die Zeit der eigentlichen Verlobung,
als Maria noch nicht in das Haus Josephs eingeführt war.
Durch die auf den Rat des Engels erfolgte Heimführung
sollte der Sohn Mariä als legitimes Mitglied des Davidischen
Hauses gelten.

Seine menschliche Natur hat also der Logos nicht
mit vom Himmel auf die Erde gebracht, noch ist sie auf
rein menschliche Weise zustande gekommen[2], sondern
Himmel und Erde, Gott und der Mensch, haben sich zur
Bildung derselben vereinigt. Der hl. Geist und die Jungfrau Maria sind die Urheber der Menschheit Christi. Durch
die schöpferische, überschattende Kraft des Allerhöchsten
wurde im keuschen Schosse Mariä jener Vorgang angeregt,
wie er sonst zur Bildung eines persönlichen Menschen-
wesens statt hat.[3] Im Augenblicke der Ueberschattung
wurde der Logos der persönliche Träger der sich nunmehr
bildenden wahren und vollständigen Menschennatur, ohne
dass aber der Logos nach menschlicher Vorstellung etwa
durch den Schoss der Jungfrau begrenzt worden wäre.
Diese Gedanken finden wir auch von Cyrill ausgesprochen.
Anknüpfend an die vorhin dargelegten irrigen Thesen
sagt er: „Wir werden dem Unverstande jener keinen
Glauben schenken, sondern vielmehr den hl. Schriften beipflichten und dem Propheten, der da sagt: „Siehe, die
Jungfrau etc." Diese Weissagung hat der Engel Gabriel
bekräftigt und der hl. Jungfrau den göttlichen Willen
kundgethan mit den Worten: „Fürchte dich nicht etc."
Aus einem Weibe in Wahrheit ist der Emmanuel geboren,
das glauben wir."[4] Auf die wunderbare Empfängnis des
Emmanuel, von welcher der Prophet Isaias im siebenten

---

[1] Cyr. in Luc. Mg. 72, 484 d.
[2] Cyr. de ss. Trinit. Mg. 75, 1008 b; adv. Nol. conf. Mg. 76.
289 a (ἄχραντον σύλληψιν): in Is. Mg. 70, 204 d; Glaphyr.
Mg. 69, 92 d.
[3] Es sei hier bemerkt, dass Cyrill im Briefe an Papst Leo
(Mg. 77, 884 a) als Tag der Empfängnis den Freitag, den
Todestag Christi, angiebt.
[4] Cyr. de incarn. Unig. Mg. 75, 1201 a.

Kapitel spricht, bezieht Cyrill auch einen im achten Kapitel
beim selben Propheten besprochenen Vorgang. „Dass die
Empfängnis Christi dem Fleische nach nicht aus dem
Willen eines Mannes erfolgt ist, sondern dass sie etwas
Wunderbares, Ungewöhnliches und über die Gesetze der
menschlichen Natur Hinausgehendes ist, das hat Gott dem
Propheten geoffenbart. Denn er selbst, der da sagte:
„Nimm dir ein neues grosses Buch (Is. 8, 1)", nahete sich
der Prophetin. Bemerke hier, wie das Geheimnis Christi
mit menschlichem Griffel und menschlichen Worten geschildert wird; denn nach ihrem Gebrauche sagt die hl.
Schrift προσῆλθεν statt συνῆλθεν, was geschlechtlichen Verkehr
bedeutet. Der Prophet sieht hier also die Art und Weise
der Zusammenkunft mit der hl. Jungfrau, welche er
Prophetin nennt, und er erzählt eine wahre Thatsache und
sagt, dass eine Empfängnis stattgefunden habe und ein
Sohn geboren sei (Is. 8, 3). Scharf aber ist die Wieder-
gabe des Gesichtes. Niemand wird bezweifeln, dass jener
überaus heilige Leib, der mit dem Gottlogos vereinigt ist
(τὸ ἑνωθὲν τῷ Λόγῳ), vom (ἐξ) hl. Geiste gebildet worden ist.
Die Wirkung des hl. Geistes also wird durch die Form
des Zusammenkommens bildlich bezeichnet. · Darum ist
Christus auch hierin der Erstling derer geworden, welche
im hl. Geiste geheiligt, welche nicht aus dem Willen des
Mannes, sondern aus Gott geboren sind. Geboren also ist
er aus dem hl. Geiste dem Fleische nach vor den andern,
damit auch wir durch ihn geboren würden." [1]) Hierzu
Kongruenzgründe anführend bemerkt Cyrill in seinem
Kommentar zum Lucasevangelium: „Am wenigsten bedurfte der Erstgeborene der Heiligen, der Erstling derer,
die von Gott durch den hl. Geist eine Wiedergeburt erfahren sollten, einer Zeugung durch Samen. Denn von
jenen wird mit Recht gesagt, dass sie nicht aus dem
Blute, nicht aus dem Willen des Fleisches oder des Mannes,
sondern aus Gott geboren sind. Es entging daher die
Jungfrau der Verurteilung durch das Gesetz, indem sie

---

[1]) Cyr. in Is. Mg. 70, 221 a b; de rect. fid. Mg. 76, 1185 b.

durchaus nicht Samen empfing, sondern durch die Wirkung des hl. Geistes das göttliche Kind uns gebar." [1] „So ist es denn auch Gottgeborener (θεότοκος) genannt worden." [2] In der Verteidigung seines dritten Anathems gegen die Orientalen schreibt Cyrill die Bildung des Leibes dem Logos selbst zu. „Wir glauben nach der hl. Schrift, dass er, die höchste Kraft des Vaters, die hl. Jungfrau überschattend, sich den Leib aus derselben bildete, jedoch durch die Wirkung des hl. Geistes." [3] Aehnlich heisst es auch im Briefe an die Mönche Aegyptens. „Der Gottlogos nahm den Samen Abrahams an, wurde des Fleisches und Blutes teilhaftig, indem er sich aus dem Weibe einen eigenen Leib bildete." [4] Auf die wunderbare Empfängnis bezieht Cyrill den Arianern gegenüber auch die Stelle Proverb. 8, 22 : „Der Herr hat mich erschaffen als Anfang seiner Wege", und Proverb. 4, 1 : „Die Weisheit hat sich ein Haus gebaut." Cyrill führt dieses näher aus im Thesaurus (Mg. 75, 261—296). Hier wollen wir nur eine zusammenfassende Stelle anführen. „Christus ist es, der dieses sagt, freilich schon als geborener Mensch. Von ihm als Mensch kann das „Er hat mich erschaffen" ohne Lästerung gesagt werden. Zum Hause der Weisheit aber ist von ihm errichtet worden dieser gewöhnliche Leib aus der hl. Jungfrau, in welchem die Fülle der Gottheit leibhaftig zu wohnen sich würdigte. Sofern also der Logos Mensch geworden ist, sagt die hl. Schrift: „Creavit me." [5]

Warum nun hat der Sohn Gottes diesen wunderbaren Weg der Annahme der Menschennatur gewählt? Dass er ohne die geschlechtliche Verbindung eines Mannes und Weibes geboren werden wollte, dadurch hat er die Natur nicht als mit Schmach und Schande behaftet beschuldigen wollen. Denn die Ehe ist etwas Ehrwürdiges (τίμιος ὁ γάμος).

[1] Cyr. in Luc. Mg 72, 500 c.
[2] Cyr. in act. apost. Mg. 74, 769 b.
[3] Cyr. apolog. c. Orient. Mg. 76, 328 b.
[4] Mg. 77, 28 d.
[5] Cyr. Thesaur. Mg. 75, 261 c; hom pasch. 17 Mg. 77, 785 c.

und der, welcher im Anfange alles geschaffen, hat auch
Mann und Weib gemacht. Aber er wollte die menschliche Natur mit grösserer Würde und Ehre auszeichnen,
denn er wollte, dass wir Sprösslinge des hl. Geistes, nicht
eines Mannes hiessen."[1] Warum der Logos aber überhaupt den Weg der Empfängnis und Geburt aus einem
Weibe gewählt hat, darüber schreibt Cyrill gegen Nestorius,
der zwar auch die Empfängnis durch den hl. Geist lehrte,
aber das Objekt derselben als menschliche Person darstellte. „Sage mir, wie der Logos Fleisch geworden ist,
wenn nicht die Geburt aus einem Weibe als Mittel genommen ist, da doch die Gesetze der menschlichen Natur
dieses erfordern, und die Fleischwerdung keine anderen
Wege wählen kann. Denn nicht glauben wir etwa an die
Mythen der Heiden, dass aus einer Eiche oder aus Steinen
Leiber der Menschen entstehen können. Die menschlichen
Gesetze hat die Natur oder vielmehr der Schöpfer der
Natur bestimmt. Von jedem Dinge wird das Verwandte
erzeugt, so auch von uns. Und das kann nicht anders
sein. Obwohl nun der göttlichen und unaussprechlichen
Macht nichts unmöglich ist, so wandelt sie doch den Weg,
welcher der Natur der Dinge entspricht, und verachtet
nicht die von ihr gegebenen Gesetze. Es war jenem allmächtigen Logos nicht unmöglich, wenn er die Geburt
aus dem Weibe nicht wollte, sich von aussen her mit
eigener Macht einen Leib zu bilden, wie das beim ersten
Menschen geschehen ist; weil dieses aber den gottlosen
Menschen Anlass werden könnte, das Geheimnis der Menschwerdung zu verleumden, besonders den Manichäern . . . .
deshalb war es notwendig, dass er den gesetzlichen Weg
der menschlichen Natur ging. Und weil er sich allen
als wahren Menschen zeigen wollte, so nahm er unter Vermittlung der hl. Jungfrau den Samen Abrahams an. Nicht
anders konnte er „Gott mit uns" werden."[2] Wie Cyrill
nach der früheren Darstellung die Menschwerdung über-

[1] Cyr. de rect. fid. Mg. 76. 1185 b.
[2] Cyr. adv. Nest. Mg. 76, 20 d f.

haupt für notwendig hielt, damit die Menschheit vom
Fluche Adams erlöst würde [1]), so erkennt er auch in der
thatsächlich erfolgten Form der Annahme ein von Gott
gewähltes Mittel, um die Realität der menschlichen Natur
Christi gegen gewisse Irrlehrer zu bezeugen. [2]) Hatte
nun aber eine Empfängnis des Gottlogos im Mutterschosse Mariä stattgefunden, so musste auch nach der
naturgesetzlich bestimmten Zeit die Geburt erfolgen. Und
wunderbar wie jene, musste auch diese sein. Cyrill
stellt die Thatsache fest, dass Gott dem Propheten Isaias
die Geburt des Emmanuel aus der Jungfrau als ein
ungewöhnliches, fremdartiges, bewunderungswürdiges und
von göttlichen Zeichen begleitetes Ereignis geoffenbart
habe. [3]) Ueberall, wo Cyrill von der Geburt des Herrn
redet, nennt er dieselbe eine wunderbare. [4]) „Mensch geworden ist der Logos auf einzig dastehende Art in der uns
ähnlichen, wenn auch wunderbaren Geburt. Denn Gott
war der Menschgewordene." [5]) Diese Geburt war für Maria
eine schmerzlose, woraus Cyrill folgert, dass nun auch der
Fluch der schmerzhaften Geburt vom Weibe genommen
sei, nachdem ein Weib den Emmanuel geboren habe. [6])
Gegen Nestorius verteidigt Cyrill sodann die wahre und
wirkliche Geburt des Gottlogos aus Maria dem Fleische
nach. Nestorius leugnete nämlich die wahre und menschliche Geburt des Gottlogos und behauptete, derselbe sei
durch Maria nur hindurchgegangen, indem er in dem von
ihr geborenen Menschen wohnte. Cyrill aber schreibt die
wahre und wirkliche Geburt dem Logos selbst zu [7]), sodass
man beim Logos thatsächlich von zwei wirklichen Geburten zu reden hat. „Zwei Geburten hat der eine Christus,

[1]) l. c. 21 c f.
[2]) Cyr. in Luc. Mg. 72, 937 a.
[3]) Cyr. in Is. Mg.70, 225 c.
[4]) Cyr. quod unus . . Mg. 75, 1261 c.
[5]) l. c. 1273 d.
[6]) Cyr. in Luc. Mg. 72, 489 c; cfr. benedictio mulieris: Deus,
qui per B. M. V. partum fidelium parientium dolores in
gaudium vertisti . . .
[7]) Cyr. de incarn. Unig. Mg, 75, 1220 b; de rect. fid. Mg.
76, 1168 b.

die eine aus dem Vater ohne Zeit, die andere aus der
Mutter ohne Samen. [1]) Christus ist also im ersten Falle
ohne Mutter (ἀμήτωρ), im zweiten Falle ohne Vater (ἀπάτωρ).
Dadurch aber, dass der Logos eine menschliche Mutter
hatte, trat er auch in deren und seines Adoptivvaters
Joseph Genealogie ein. Somit kann auch von Ahnen des
menschgewordenen Logos die Rede sein, nicht aber von
leiblichen Brüdern und Schwestern. Auch zum ganzen
Menschengeschlechte ist der Logos durch seine Mutter in
zwar weitere, aber doch natürlich verwandtschaftliche Beziehung getreten. „Jeder, der gesunden Geistes ist," sagt
Cyrill, „wird bekennen, dass der überaus heilige Leib nicht
von Joseph stammt, sondern durch den hl. Geist gebildet
ist. Aber auch so war der Logos aus dem Stamme Juda,
aus dem Blute Davids, weil er aus der hl. Jungfrau geboren war und Joseph zum Adoptivvater hatte. Beide
waren aus Juda, aus dem auch Jesse und David waren." [2])
„Denn indem der Evangelist die Stammesreihe auf Joseph
herabführt, der aus der Familie Davids war, zeigt er, dass
auch die Jungfrau dem Stamme Davids angehörte, weil
das göttliche Gesetz vorschrieb, dass Ehen innerhalb desselben Stammes erfolgen sollten. [3]) „Lucas führt die Genealogie hinauf von Joseph bis Adam, Matthäus aber von
David und Abraham herab bis auf Joseph; also stammt
Christus aus dem Geschlechte der Juden [4]), aus dem Samen
Abrahams, Isaacs, Jesses und Davids." [5]) Auch die Juden
wussten von dieser fleischlichen Abstammung des Messias.
„Sagt nicht die Schrift, so sprechen sie, dass Christus
aus dem Geschlechte Davids, aus dem Flecken Bethlehem,
wo David war, kommt?" [6]) Zu dem g a n z e n Menschengeschlechte stand der menschgewordene Logos in dem
universellen Verhältnisse von Bruder und Enkel. „Es

---

[1]) Cyr. hom. Mg. 77, 1064 d; in Ps. 64 Mg 69, 1129 b.
[2]) Cyr. c. Jul. Mg. 76. 900 a.
[3]) Cyr. in Luc. Mg. 72, 484 a b.
[4]) Cyr. in Habac. Mg. 71, 905 a.
[5]) Cyr. in Zach. Mg. 72, 41 c; Glaph. Mg. 69, 349 d; in Ps.
88 Mg. 69, 1212 b; c. Jul. Mg. 76, 904 a.
[6]) Cyr. adv. Nestor. Mg. 76, 141 a.

steht also fest," sagt Cyrill, „dass der Gottlogos in der
Gestalt des Vaters uns in allem Bruder geworden ist, nachdem er die Brüderschaft des menschlichen Leibes und der
menschlichen Seele angenommen hat." [1]   „Dadurch, dass
er unser Bruder geworden ist, sind wir Söhne Gottes aus
Gnade geworden, indem wir die Geburt aus Gott durch
den hl. Geist erlangen," [2]   Betrachten wir aber anderseits
unser Verhältnis zu Maria als der Schwester aller Menschen,
so ist Christus unser Schwestersohn (ἀδελφιδοῦς), weil er von
unserer Schwester, der durchaus unbefleckten Herrin, geboren ist. [3]

Nachdem wir nun den Weg kennen gelernt haben, auf
welchem der Gottlogos Mensch geworden ist [4]), wenden wir
uns nun zur Untersuchung des Inhaltes der Annahme, indem
wir sowohl die Realität als Integrität des Inhaltes prüfen.

§ 2.
Der Inhalt der Annahme.

Πάντα τὰ ἡμῶν δι' ἡμᾶς εἰς ἑαυτὸν
ἀνεδέξατο Χριστός. [5])

Infolge der Ueberschattung der allerseligsten Jungfrau
mit göttlicher Kraft wurde im Schosse Mariä mit der
Person des Logos zunächst ein menschlicher Leib vereinigt, der mit andern menschlichen Körpern dieselben
Entwickelungsstufen vor und nach der Geburt durch-
machte. Es war ein wirklicher, menschlicher Leib, der
Leib des Gottlogos, der von andern Leibern sich in nichts
unterschied. Die Integrität dieses Leibes nun ist wohl
nicht bestritten worden, wohl aber dessen Realität. Diese
hat Cyrill gegen die Doketen verteidigt. „Wenn die Geburt des Logos durch eine Jungfrau erfolgte, und ein

[1] l. c. 140 a.
[2] l. c. 125 c f.
[3] Cyr. in Joel Mg. 71, 340 d: Pus. in XII proph. l. 299 hat abweichend von Mg. οἷον ἐξ ἀδελφῆς τῆς ἁγίας Παρθένου γεγεν-
νημένος.
[4] Cyr. apolog. c. Orient. Mg. 76, 364 d f.
[5] Cyr. Thesaur. Mg. 75, 425 d.

Sichtbarwerden im Fleische stattfand, ist es da nicht eitles
Gerede, den Namen δόκησις für eine wirkliche und natürliche
Menschwerdung zu gebrauchen. Denn wenn es Schatten
und Schein war, und nicht eine wahre Fleischwerdung,
dann hat weder die Jungfrau geboren, noch hat der Gottlogos den Samen Abrahams angenommen, noch ist er den
Brüdern ähnlich geworden. Wir aber sind nicht Schatten
noch Schein, sondern wir haben greifbare und sichtbare
Körper, sind mit irdischem Fleische bekleidet, unterliegen
der Verwesung und den Affekten. Wenn aber das Wort
nicht Fleisch geworden ist, so kann der, welcher selbst
versucht ist, denen keine Hülfe bringen, welche versucht
werden. Dann kann auch von keiner Frucht des Leidens
die Rede sein. Welchen Rücken hat er dann für uns hin-
gehalten, welche Wange den Schlagenden, oder wie soll
der nicht im Fleische Erschienene an Händen und Füssen
mit Nägeln durchbohrt sein, welche Seite haben die Soldaten des Pilatus durchbohrt, indem sie den Zuschauern
die Seite zeigten, aus der Blut und Wasser gemischt floss?
Dann ist ferner Christus auch nicht gestorben und auferstanden, dann ist aber tot der Glaube; das Kreuz, das
Heil und Leben der Welt, ist nichtig. Die Entschlafenen
haben dann keine Hoffnung. Wenn er nicht Mensch geworden ist, dann ist er auch nicht in den Himmel aufge-
stiegen und kann auch nicht uns ähnlich im Fleische
wiederkommen." [1]) „Und weil eben eine Häresie entstehen
würde, die da sagt, sein Leib sei ein phantasma, das vom
Himmel stamme, deshalb gerade hat er es geschehen lassen,
dass sein Fleisch erleiden sollte, was dem Fleische eigentümlich ist, um eben die Menschen zu überzeugen, dass
der Logos genau das geworden sei, was wir geworden
sind." [2]) „Wenn der Logos nicht fassbar und zu sehen
gewesen wäre, wenn er also nicht einen Leib gehabt hätte,
der berührt und angeschaut werden konnte, wie hätten
dann die Jünger sagen können, sie hätten das Wort des

---

[1]) Cyr. de incarn. Unig. Mg. 75, 1196 c f; Glaph. Mg. 69, 380 c.
[2]) Cyr. in Luc. Mg. 72, 937 a.

Lebens geschaut und berührt? Eben diesen fühlbaren und sichtbaren, den ans Kreuz gehefteten (Leib) hat Thomas erkannt und ihn (Christus) als Gott und Herrn bekannt." [1] „Der Leib Christi war ein wirklicher Leib." [2] „Denn das Fleisch wuchs allmählich durch Kräfte gemehrt, wie es die Gesetze der menschlichen Natur mit sich bringen." [3] „Es heisst ferner, er habe nach dem Fasten Hunger empfunden, nachdem er mit göttlicher Kraft das Fleisch unversehrt ohne Essen und Trinken erhalten hatte. Dadurch sollte man eben erkennen, dass er Gott und Mensch war. ein und derselbe, der Gottheit nach über uns, als Mensch uns gleich." [4] „Ferner erleidet sein Fleisch etwas ihm Eignendes und Natürliches (ἴδιόν τε καὶ φυσικόν). Durch die zahllosen Schmerzen ausgetrocknet, wird er vom Durste gequält. Es wäre nun für das allmächtige Wort ein Leichtes gewesen, dieses Gefühl vom Fleische fern zu halten, aber wie alles andere, so hat er auch dieses, und zwar freiwillig, erduldet; er fordert einen Trunk." [5] Weitere Beweise für die wahre Leiblichkeit Christi giebt uns Cyrill an anderer Stelle, wo er von der Realität und Integrität der menschlichen Natur spricht, oder von den Eigenschaften des Leibes Christi. „Was die Substanz des Fleisches Christi betrifft, so hat er ganz dasselbe Fleisch und Blut angenommen. wie wir es haben." [6] „Dieses Fleisches bediente er sich für die Werke des Fleisches und die natürlichen Schwächen und zu allem, was der Makel entbehrte." [7] Alle diese körperlichen Schwächen aber, das Hungern, Dursten, Schlafen, denen wir aus natürlicher Notwendigkeit unterworfen sind, ertrug er nicht gezwungen, sondern freiwillig. [8] In welcher Beziehung nun stand dieser wahre menschliche, vom hl. Geiste im Schosse der Jungfrau gebildete Leib

---

[1] Cyr. adv. Nest. Mg. 76. 241 b; in Sophon. Mg. 71, 980 c.
[2] Cyr. fragm. in act. apost. Mg. 74, 768 c.
[3] Cyr. fragm. dogm. Mg. 76, 1428 a.
[4] Cyr. in Luc. Mg. 72, 528 d.
[5] Cyr. in Joh. Mg. 74, 665 b c.
[6] Cyr. fragm. dogm. Mg 76, 1451 a.
[7] Cyr. de rect. fid. Mg. 76, 1164 b.
[8] Cyr. dialog. c. Nestor. Mg. 76, 253 c.

zur Person des Logos? „Dieser mit ihm vereinigte Leib,"
sagt Cyrill, „war nicht etwa ein ihm fremder, sondern, wie
einem jeden von uns sein Leib eigen ist, auf dieselbe
Weise war auch ihm jener Leib eigen; es war nicht der
Leib eines anderen; denn so ist er dem Fleische nach geworden." [1]) „Nicht ist der Logos vom Himmel her in das
Fleisch eines beliebigen, auch nicht in ein fremdes Fleisch
gekommen, auch nicht ist er in irgend einen unseres Geschlechtes herabgestiegen, um in ihm zu wohnen, sondern,
da er den aus dem Weibe entnommenen Körper sich zu
eigen machte, und aus ihm dem Fleische nach geboren
wurde, da hat er das Menschengeschlecht durch sich erneuert, ist mit uns dem Fleische nach geworden." [2]) So
betont Cyrill wieder und wieder dem Nestorius gegenüber,
dass der in Rede stehende Leib niemand anderem gehöre,
als dem Gottlogos selbst, wodurch Cyrill eben die Einpersönlichkeit Christi nachwies. Weil der Logos Fleisch
annahm, dasselbe sich zu eigen machte, so ist er auch dem
Fleische nach aus der hl. Gottesgebärerin Maria geboren [3])
und hat auch die Geburt des eigenen Fleisches sich zugeeignet. [4]) Weil er jenes Fleisch aus der Jungfrau zu
dem seinigen machte, so war es in Wahrheit das Fleisch
Gottes, stark durch die göttliche Macht. [5]) Wegen dieser
engen Beziehung des Leibes Christi zu dessen Person
kamen ihm auch Eigenschaften zu, welche denselben vor
andern menschlichen Leibern auszeichneten, ohne seine
Realität zu beeinflussen. Doch darauf werden wir später
bei den Folgerungen aus der hypostatischen Union näher
zu sprechen kommen. Hier soll nur noch die Bezeichnung
des Leibes Christi als Tempel des Logos erwähnt werden.
Cyrill leitet aus der Benennung des Leibes Christi als
Tempel einen Beweis für die Gottheit des Logos her, da
nur vom Gottlogos gesagt werden hönne, dass er im Tempel

---

[1]) Cyr. adv. Nest. Mg. 76, 20 d.
[2]) l. c. 24 b.
[3]) Cyr. de rect. fid. Mg. 76, 1205 a.
[4]) l. c. 1205 c.
[5]) Cyr. fragm. dogm. Mg. 76. 1452 a.

wohne. Deshalb sage man vom Leibe eines gewöhnlichen
Menschen nicht, dass er ein Tempel sei; und wenn die
Leiber der Menschen Tempel genannt werden, so geschehe
dieses eben wieder deshalb, weil der hl. Geist in ihnen
wohne. „Wenn der Leib Christi Tempel genannt wird.
wird da nicht das eingeborene Wort, welches in demselben
wohnt, Gott von Natur sein? Denn von niemandem sagt
man, dass er in einem Tempel wohne, wenn er nicht Gott
ist." [1]) Wenn Cyrill auf Grund der Bezeichnung Christi
selbst (Joh. 2, 19) den Leib des menschgewordenen Logos
als Tempel bezeichnet, so versteht er dieses nicht im Sinne
der Nestorianer. Cyrill fasst das Wort Tempel identisch
mit Fleisch, Leib. [2])

Der zweite Bestandteil der menschlichen Natur ist
die Seele. Diese Seele mit ihrer Erkenntnis und Willens-
kraft bildet bei der menschlichen Natur im allgemeinen
das Person bildende Prinzip, die forma corporis. Die Seele
macht gleichsam das Allgemeinsein der menschlichen Natur
zu etwas Individuellem, zu einer bestimmten Person. Das
trifft aber nicht bei der menschlichen Natur Christi zu.
Diese wurde dem Allgemeinsein entrückt nicht durch
Bindung an ein menschliches Ich, sondern durch Aufnahme von und zur Hypostase des göttlichen Logos, durch
die ἕνωσις καθ' ὑπόστασιν, wie das Konzil zu Chalcedon bestimmt. Die menschliche Natur wurde dem göttlichen
Logos so zu sagen einpersoniert. Hatten die Arianer die
Seele Christi überhaupt geleugnet, so sprachen die Apollinaristen dem Leibe Christi wohl die ψυχή zu, liessen aber den
νοῦς durch den Logos selbst vertreten sein, um nicht zu
dem Resultate einer Zweipersönlichkeit in Christo gelangen
zu müssen, wie sie meinten. Cyrill anerkennt in der
menschlichen Natur Christi wie einen wahren Leib, so
auch eine wahre und volle Seele, ausgestattet mit Erkenntnis und freiem Willen, ohne die aus der Sünde stammenden Defekte (vulnera peccati). „Nicht hat der Logos

[1]) Cyr. in Joh. Mg. 73. 237 b.
[2]) l. c. Mg. 74. 300 c; Pus. II. 505.

das Fleisch allein angenommen, sodass es von der vernünftigen Seele entblösst gewesen wäre, sondern er ist als
Mensch aus der Jungfrau geboren."[1) „Das Fleisch
machte er sich zu eigen, aber nicht, wie manche wollen,
ohne Seele (ἄψυχον), sondern beseelt mit einer vernünftigen
Seele (ἐμψυχομένην ψυχῇ νοερᾷ)."[2) Mit diesen Worten tritt
Cyrill den Arianern und Apollinaristen entgegen.[3) Ich
verweise hier auf die im ersten Hauptteile der Arbeit vor-
geführte Abhandlung über diese Irrlehren. „Wer bekennt,"
so sagt Cyrill, „dass das Wort Fleisch geworden ist, bekennt auch, dass das Fleisch nicht ohne vernünftige Seele
war."[4) „Und wie der Leib sein eigener, und nicht der
eines anderen ist, so hat er auch die eigene, nicht eine
fremde, dem Gottlogos fernstehende Seele für uns hingegeben. Denn er sagt: „Ich habe Macht, meine Seele hinzugeben, und Macht, sie wieder zu nehmen." Und jener
Seele war es eigentümlich, von Grausen erfasst zu werden,
traurig zu sein, den Körper zu verlassen, wie es auch dem
Fleische eigen war, zu ermüden, gekreuzigt, auferweckt
und in die Höhe erhoben zu werden. Gott gehört der
Leib, Gott gehört die Seele."[5) „Auch der Evangelist
(Matth. 2, 20) tritt der Meinung der Apollinaristen entgegen, indem er sagt: „Es sind die gestorben, welche die
Seele des Kindes suchten."[6) Christus selbst redet nach
den Evangelien von seiner Seele. „Jetzt ist meine Seele
betrübt. Was soll ich sagen? Vater, rette mich aus
dieser Stunde. Aber deswegen bin ich ja in die Welt
gekommen" (Joh. 12, 27). Und an anderer Stelle (Matth.
26, 27) heisst es: „Und er fing an, traurig und betrübt
zu sein und sagte: „Traurig ist meine Seele bis in den
Tod," und wiederum (Luc. 24, 46): „Und es rief Jesus
mit lauter Stimme: „Vater, in deine Hände befehle ich

[1) Cyr. de incarn. Unigen. Mg. 75, 1220 b.
[2) Cyr. quod unus . . Mg. 75, 1261 b, 1273 d.
[3) Cyr. de incarn. Unig. Mg. 75, 1208 c; fragm. dogm. Mg. 76,
1435 c, 1438 b.
[4) Cyr. ep. ad Succens. Mg. 77, 240 b.
[5) Cyr. schol. Mg. 75, 1417 c.
[6) Cyr. in Matth. Mg. 72, 368 b.

meinen Geist (τὸ πνεῦμά μου)." Was antworten nun die
Apollinaristen, wenn sie die Zeugnisse der Evangelisten
lesen? Denn welcher Traurigkeit und Furcht erregen-
den Affekte könnte jene höchste und göttliche Natur
des Logos fähig gewesen sein? Sie ist über alle menschlichen Gemütszustände erhaben. Aber auch auf einen
Leib, welcher der Seele und der Vernunft entbehrt, kann
das Gefühl der Traurigkeit nicht fallen. Nicht wird er
eine Angst oder Trauer wegen drohender Leiden, soweit
man sie voraussehen kann, empfinden. Derartiges kann
nur eine Seele wahrnehmen, die vernünftig ist, die das
Gegenwärtige im Geiste betrachtet, sowie das Kommende.
Wie also konnte der Emmanuel sagen: „Jetzt ist meine
Seele betrübt", wie konnte er traurig sein oder seine
Seele in die Hände des Vaters übergeben, da so etwas
doch der Gottheit fremd ist und auch nicht einem seelenlosen Leibe zukommt? Es ist also klar, dass der Eingeborene Mensch geworden ist, indem er nicht einen seelen-
und vernunftlosen Leib annahm, sondern vielmehr einen
beseelten, und zwar mit einer vernünftigen Seele belebten,
die alles besass, was ihrem Wesen zukam." [1])

Woher aber stammte die Seele Christi? War sie
desselben Ursprunges mit dem Leibe? Von welchem Zeitpunkte an war sie im Leibe Christi? Cyrill äussert sich
darüber, wie folgt: „Vor der Bildung des Leibes Christi
hat die Seele nicht existiert." Cyrill verwirft hier nämlich
die origenistische Lehre von der Präexistenz der menschlichen Seelen. In seinem Buche gegen Diodor, das uns
nur fragmentarisch vorliegt, sagt er: „Seele und Leib
stehen in Beziehung zum Ursprunge des Menschen, und
nicht etwa geht das eine dem andern vorauf." [2]) Demnach setzt Cyrill das Dasein der individuellen Seele in den
Augenblick der Empfängnis des Leibes. „Einige dagegen
sagen, aus ihrem Herzen, nicht aber aus dem Munde des
Herrn redend, wie geschrieben steht (Jerem. 23, 16), bevor

---

[1]) Cyr. de rect. fid. Mg. 76, 1412 d f.
[2]) Cyr. fragm. dogm. Mg, 76, 1452 c.

die Leiber gebildet würden, wären die Seelen schon lange
Zeit im Himmel gewesen, sich in geistiger Glückseligkeit
befindend und das wahre Gut reiner geniessend; aber aus
Uebersättigung an dem besseren Lose und aus Verlangen
nach einem schlechteren seien sie in verkehrte Gedanken
und Begierden gefallen. Mit Recht sei der Schöpfer unwillig geworden und habe sie in die Welt geschickt, an
Körper gebunden, sie zur Tragung der Last (des Körpers)
gezwungen; gleichsam in eine Höhle heftiger Begierden
eingeschlossen, lehre er sie durch eigene Erfahrung, wie
bitter es sei, sich dem Bösen zuzuwenden und das Rechte
gering zu achten. Diejenigen, welche solches behaupten,
berufen sich auf Stellen der hl. Schrift, wie: „Er war das
wahre Licht, welches jeden Menschen erleuchtet, der in
die Welt kommt." Wie abgeschmackt es aber sei, zu
behaupten, dass die Seele vor dem Leibe existiere und
wegen voraufgegangener Sünden in menschliche Leiber
gebannt werde, das zu beweisen, wollen wir versuchen." [1])
Cyrill führt nun zur Widerlegung 24 Gegenbeweise an,
ohne aber eine Anwendung auf die Seele Christi zu machen,
was doch nahe gelegen hätte. Er lässt die Seele des
Menschen von Gott erschaffen werden, und wir dürfen
annehmen, dass er dieses erst recht bezüglich der Seele
Christi geglaubt hat. Im Briefe an die Mönche Aegyptens
schreibt er. [2]) „Das Geheimnis der Incarnation hat mit
unserer Geburt gewisse Aehnlichkeit. Die Mütter der
Menschen auf Erden, welche bei der Zeugung das Werkzeug zur Bildung der Natur sind, tragen in ihrem Schosse
das Fleisch, welches sich allmählich zusammenfügt und
auf geheimnisvolle Weise durch die Kraft des Schöpfers
voranschreitet und vollendet wird zur menschlichen Gestalt.
Gott aber sendet in das Wesen auf eine nur ihm bekannte
Weise den Geist (ἐνίησι δὲ τῷ ζώῳ τὸ πνεῦμα ὁ Θεὸς καθ' ὃν οἶδε τρόπον).
Denn jener bildet, wie der Prophet (Zach. 12, 1) sagt, den
Geist im Menschen. Eine andere ist die Art und Weise

---

[1]) Cyr. in Joh. Mg. 73, 132 d f.
[2]) Mg. 77, 21 b f.

des Fleisches, eine andere die der Seele." [1]) Was den Zeitpunkt der Erschaffung der Seele betrifft, so sagt Cyrill, dass sie zugleich mit dem Leibe ins Dasein tritt, ἡ τοῦ ἀνθρώπου ψυχὴ τῷ ἰδίῳ συναποτελεῖται σώματι. [2]) Somit muss nach ihm, wenn er es auch nicht direkt ausspricht, die Seele Christi im Augenblicke der Annahme des Fleisches vom Gottlogos geschaffen und als wesentlicher Bestandteil seiner menschlichen Natur mit aufgenommen worden sein. Und diese Seele ist mit dem Gottlogos vereinigt geblieben, selbst da, wo sie von ihrem, ebenfalls mit dem Gottlogos vereinigten Leibe im Tode getrennt war und in die Vorhölle stieg. „Die göttliche Seele," sagt Cyrill, „welche die Verbindung und Vereinigung mit dem Logos erlangt hatte, stieg in die Unterwelt mit göttlicher Kraft und erschien dort den Geistern. Und sie sagte denen in Fesseln: „Gehet heraus!" und denen in Finsternis: „Kommet ans Licht!" Nicht ist wohl nach den Worten Petri (1. Petr. 3, 17 ff.) die Gottheit des Eingeborenen an sich allein in die Unterwelt gestiegen und hat, weil unsichtbar, den Geistern dort gepredigt. Denn die Gottheit ist über das Geschautwerden erhaben. Aber auch nicht geben wir zu, dass die Gottheit etwa zum Schein in die Gestalt der Seele umgewandelt sei, auch eine Scheinseele ist durchaus zu verwerfen. Denn wie den Menschen im Fleische, so hat er auch den Seelen in der Unterwelt gepredigt, indem er als eigene Gestalt die ihm vereinigte Seele hatte." [3])

---

[1]) Mg. 77, 21 b f.
[2]) l. c. 21 c.
[3]) Cyr. de incarn. Unig. Mg. 75, 1216 c f. 1217 a. Nach dieser Ausführung Cyrills dürfen wir annehmen, dass er sich die Vereinigung des Gottlogos mit der menschlichen Natur mediante anima dachte, wenngleich er sie in dieser Form nicht ausgesprochen hat. Darnach bildete die geistige Seele, welche auch ohne Leib während des Triduums mit dem Gottlogos vereinigt war, das physische Bindeglied mit dem geistigen Logos. Auch schon Origenes lehrte diese Vereinigung mediante anima, aber in irriger Weise. Nach ihm hat der Gottlogos sich zuerst mit einer präexistierenden Seele im Himmel vereinigt und dann erst mit dem Leibe im Schosse der Jungfrau. Petav. I, 15, 5—6; IV, 13, 2. Ueber die descensio ad inferos cfr. Petav. III, 16, 5.

Als Resultat der bisherigen Untersuchung über das
Objekt der Annahme in der Menschwerdung ergiebt sich:
Der Logos hat mit sich vereinigt einen wahren und vollständigen Menschenleib und zugleich mit ihm eine wirkliche und vollständige Menschenseele. Leib und Seele
aber konstituieren in ihrer physische Vereinigung e i n e
menschliche Natur. Somit ist das Gesamtobjekt der Annahme eine wahre und vollständige Menschennatur, die
aber keinen Augenblick seit ihrem Dasein in einem menschlichen Ich ihre Subsistenz hatte, weil sie sofort beim ersten
Beginne ihres Seins von der Person des Gottlogos aufgenommen wurde, wodurch aber das ihr eigentümliche
menschliche Sein, die existentia, ὕπαρξις nicht verloren ging.
Letzteres muss hier schon, wenigstens angedeutet, erwähnt
werden. Die menschliche Natur nun definiert Cyrill als
eine geistige, vernünftige und sterbliche Substanz (sub-
stantia animalis, rationalis atque mortalis), [1]) oder wie er
im Briefe an Successus schreibt: „Was anderes ist die
Natur der Menschheit (Christi), als das vernünftig beseelte
Fleisch, in welchem der Herr gelitten hat." [2]) Darin liegt
sowohl die Konstitution, als Integrität und Realität der
menschlichen Natur ausgedrückt. Diese menschliche Natur
nennt der Gottlogos seit dem Momente der Menschwerdung
sein eigen, so dass man von ihm den Anthropomorphismus,
welcher der Gottheit an sich nicht eignen kann, gelten
lassen muss. Beim menschgewordenen Gottlogos also kann
man von einem Haupte, von Händen, Füssen, vom Leibe
Gottes reden. „Denn so ist er," sagt Cyrill, „den Erdenbewohnern erschienen, nicht verlierend, was er war, wohl
hinzunehmend die Natur der Menschheit, die in ihrer Weise
vollkommen war (ἐν προσλήψει γεγονὼς τῆς καθ' ἡμᾶς ἀνθρωπότητος
τελείως ἐχούσης κατὰ τὸν ἴδιον λόγον)." [3]) Wie der incarnierte
Logos bezüglich seiner göttlichen Natur dem Vater wesensgleich war, so war er auch uns wesensgleich als Mensch. [4])

[1]) Cyr. fragm. dogm. Mg. 76, 1451 c.
[2]) Mg. 77, 245 b.
[3]) Cyr. schol. Mg. 75, 1373 d.
[4]) Cyr. adv. Nest. Mg. 76, 145 b; 1271 c; 75, 694 c.

„Denn der Begriff Menschheit ist unter allen einer und in uns allen ein gleicher, nicht ist ein Mensch seinem Wesen nach mehr oder weniger als ein anderer, wie auch wohl der eine Engel sich nicht vom andern bezüglich des Wesens unterscheiden möchte." [1]) „Es war notwendig, dass er in jeder Hinsicht, sowohl was den Leib, als was die Seele betrifft, uns gleich wurde; wir aber bestehen aus einer vernünftigen Seele und einem Leibe. Wie er nun dem eigenen Fleische gestattete zu leiden, was dem Fleische eigen ist, so auch liess er die Seele das Ihrige leiden. Ueberall beobachtete er das der Erniedrigung Zukommende, obgleich er Gott von Natur war." [2]) „Durch beide Teile hat er das Geheimnis der Menschwerdung vollendet; sein eigenes Fleisch gebrauchte er als Werkzeug zu den Werken des Fleisches für die natürlichen Schwächen und zu allen Verrichtungen, an denen keine Makel klebt; seine eigene Seele gebrauchte er zu denjenigen menschlichen Affekten, welche schuldlos sind; er ertrug Hunger, Ermüdung von den langen Reisen, Furcht, Angst, Schrecken, Traurigkeit und endlich den Tod am Kreuze." [3])

Zur Integrität der menschlichen Natur Christi gehörte auch ein menschlicher Wille, der aber, wie die menschliche Natur in Christo überhaupt, nicht in einem eigenen menschlichen Ich seinen Träger hatte, sondern im göttlichen Logos und so dem göttlichen Willen konform existierte und sich bethätigte. Dieser menschliche Wille Christi trat besonders zu Tage, als die Schrecken des Todes herannaheten, indem er sich natürlicher Weise dagegen sträubte, aber sich doch dem göttlichen Willen in der Uebernahme der Leiden unterordnete. Diesen menschlichen Willen finden wir in der Lehre Cyrills klar ausgesprochen, und zwar indirekt in den schon angeführten Worten über die Integrität der Seele Jesu ἐμψυχόμενον ψυχῇ καὶ λογικῇ καὶ τελείως ἐχούσῃ κατά γε τὸν αὐτῇ πρέποντα λόγον. [4]) Weiter dann sagt Cyrill: „Christus

---

[1]) Cyr. in Joh. Mg. 73, 196 d.
[2]) Cyr. de rect. fid. Mg. 76, 1413 c.
[3]) Cyr. de rect. fid. Mg. 76, 1164 a b.
[4]) l. c. 1413 b.

sprach zu seinem Vater: „Nicht wie ich will, sondern wie
du willst." Als Gottlogos fürchtete er den Tod nicht; er
eilte, die Erlösung zu vollenden, und das war der Wille
des Vaters (somit auch s e i n göttlicher Wille). Aber er
hatte auch den Willen, nicht zu sterben (τὸ μὴ θέλειν ἀποθανεῖν),
weil es eben in der Natur des Fleisches lag, den Tod
zurückzuweisen. Weil er die Menschen lehren wollte, nicht
an das ihrer Natur Gemässe zu denken, sondern den
Willen Gottes zu suchen, deshalb sagte er: „Nicht wie ich
will, sondern wie du." Und darum erscheint die Beifügung
bei Matthäus: „Der Geist ist zwar willig, aber das Fleisch
ist schwach." Also auch die menschliche Natur in Christo
wird als schwach erfunden, aber wegen des mit ihr vereinigten Logos wird sie zu einer gottwürdigen Entschlossen-
heit erhoben." [1] „Beachte, wie das Leiden dem Erlöser
wider seinen Willen ist." [2] „Der dem Leiden wider-
strebende Wille ist also nur der menschliche, der sich dem
göttlichen unterwirft, welcher infolge der einen göttlichen
Natur auch nur als ein und derselbe in der ganzen Trinität
besteht." [3] Der Logos unterzieht sich dem Nichtgewollten
und macht es unseretwegen zum Gewollten, nämlich das
Leiden am Kreuze, weil es dem Vater so gefällt. Er steht
ab von seinem eigenen Willen und vollzieht das Wollen des
Vaters. Und so zeigt sich das Leiden am Kreuze zugleich
als nicht gewollt und als gewollt." [4] Ebenso spricht
Cyrill bei der Erklärung des 68. Psalms [5] von zwei Willen
in Christo und von der Unterordnung des menschlichen
unter den göttlichen. „Weil es für unser Heil nützlich
war, dass er litt, so hat er das Leiden angenommen, den
göttlichen Willen dem menschlichen vorziehend (προελόμενος
τὸ θεῖον θέλημα παρὰ τὸ ἀνθρώπινον)." Auf diesen Gegenstand
werde ich im Verlaufe der Darstellung noch einmal unter
Berücksichtigung des Monotheletismus zu sprechen kommen,

---

[1] Cyr. in Luc. Mg. 72, 924 b; in Joh. Mg. 73, 532 b.
[2] Cyr. in Matth. Mg. 72, 456 c.
[3] Cyr. in Joh. Mg. 73, 533 b.
[4] l. c. 533 d.
[5] Mg. 69, 1169 b.

wenn von der physischen Dualität der Willen und Wirkungsweisen die Rede ist.

Konsubstantiell ist die menschliche Natur Christi mit der unserigen neben der Integrität auch in Bezug auf ihre Realität. „Er ist wahrhaft Mensch (ἄνϑρωπος ἀληϑῶς), nicht aber ein gewöhnlicher Mensch (ψιλὸς ἄνϑρωπος).“ [1] „Unseretwegen hat er es ertragen, durch ein Weib und den Mutterschoss geboren zu werden und die Brust zu nehmen. Denn nicht ist er, wie einige wollen, bloss zum Scheine Mensch geworden, sondern er ist in Wahrheit dasselbe geworden, was auch wir sind, den Gesetzen der Natur folgend. Schon der Prophet Isaias hat durch einen sicheren Beweis die wahre Menschwerdung daraus dargethan, dass er der Speise der Kinder bedarf.“ [2] „Denn nicht durfte der, welcher in die Erniedrigung kam und sich· in menschliche Verhältnisse begab, das dem Menschen Eigentümliche zurückweisen.“ [3] „Wenn er betet mit gebeugten Knieen, so betet nicht der Logos an sich, sondern der Logos als Mensch.[4]) So hat der Logos alle menschlichen Eigentümlichkeiten angenommen; er hat sogar geweint, damit wir daraus erkennen sollten, dass er traurig gewesen sei, obwohl man so etwas vom höchsten Gotte nicht sagen kann. Aber wir würden nicht erkannt haben, dass er die Bösen bemitleidete, wenn er es nicht durch einen menschlichen Akt geoffenbart hätte. Die Thräne ist das Anzeichen der Traurigkeit. So weinte er auch bei Lazarus, damit wir erkennen sollten, dass es ihm leid that, dass der Mensch dem Tode anheimgefallen war. So weinte er über Jerusalem. [5]) Bewegt aber wurde die menschliche Seite in Christo aus zwei Gründen. Es musste

---

[1]) Cyr. de rect. fid. Mg. 76, 1193 c. Der Gebrauch des Adverbs und Adjectivs gibt hier dem Worte ἄνϑρωπος die adjectivische und substantivische Bedeutung, so dass im ersten Falle nur an eine menschliche Natur, im zweiten an die Person eines Menschen gedacht werden muss.
[2]) Cyr. in Is. Mg. 70, 1172 d; Glaph. Mg. 69, 380 b c.
[3]) Cyr. in Luc. Mg. 72, 920 d; in Joh. Mg. 73, 532 a.
[4]) Cyr. hom. Mg. 77, 1064 a.
[5]) Cyr. in Luc. Mg. 72, 880 a b.

nämlich dadurch festgestellt werden, dass er nicht zum
Schein oder in der Einbildung, sondern vielmehr auf natürliche Weise und in Wahrheit aus dem Weibe Mensch geworden sei, dass er alles Menschliche erduldete ausser der
Sünde. Furcht und Schrecken sind uns eigene Affekte,
welche aber nicht in die Reihe der Sünde gesetzt werden
können. Ferner wurden in Christo menschliche Affekte
erregt, nicht damit diese siegten, sondern damit sie von
der Macht des Logos überwunden würden, und so zuerst
in Christo die menschliche Natur auf einen besseren und
göttlichen Stand gebracht würde. Denn aus keinem anderen Grunde ist der Gottlogos Mensch geworden, als
dass er die menschliche Natur stärke und zu seiner eigenen
Festigkeit führe, indem er selbst alle seine Handlungen
mit unseren Schwächen gewissermassen vermischte." [1]
„Wenn aber die menschliche Natur Christi keine uns konsub-
stantielle, sondern bloss Scheinnatur ist, so ist Christus nicht
geboren, gestorben, auferstanden. Welches aber wird da
die Auferstehung der Toten sein, wenn Christus nicht auferstanden ist? Welches wird da die vivificatio der menschlichen Leiber sein, welche durch die Teilnahme an seinem
eigenen Fleische und Blute bewirkt wird?" [2] Diese menschliche Natur des Logos in statu exinanitionis ist auch in
statu exaltationis dieselbe geblieben in ihrer Integrität und
Realität. „Wunderbar ist es," sagt Cyrill, „dass der Leib,
welcher von Natur aus vergänglich ist, wieder auflebte;
er war eben das Eigentum des unvergänglichen Logos." [3]
„Glaube nicht, dass der Herr etwa nicht mit diesem Leibe
auferweckt sei, des Fleisches bar und unverbunden mit
dem angenommenen Tempel." [4] „Siehe also, wie er
wunderbarerweise durch verschlossene Thüren geht [5] und
zeigt, dass er seiner Natur nach Gott ist und nicht ein
anderer, als jener, der mit den Jüngern auch vorher ver-

---

[1] l. c. 921 d f.
[2] Cyr. quod unus Mg. 75, 1265 b c.
[3] Cyr. de rect. fid. Mg. 76, 1165 a.
[4] Cyr. in Joh. Mg. 74, 704 c.
[5] Petav. X, 6, 6.

kehrte, wie er die Seite seines Leibes entblösst, die Male
der Nägel zeigt, um offen zu beweisen, dass er den Tempel
auferweckt hat, welcher am Kreuze gehangen, und dass
der Leib auferstanden ist, welchen er getragen hat. Wozu
brauchte er seine Hände und Seite zu zeigen, wenn er
nicht mit seinem eigenen Fleische auferstanden ist?" [1])
„Man sollte eben nicht glauben, dass es ein anderer Leib
sei, als jener, in welchem er auch den Tod am Kreuze
erduldet hatte." [2]) „Und damit seine Jünger nicht etwa
glaubten, dass der Herr als feiner Geist (πνεῦμα λεπτόν) auferstanden sei, und dass nicht ein unberührbarer (ἀνέπαφον),
schattenhafter (σκιοειδές), ätherischer (ἀέριον) Leib auferweckt
sei, wie einige ihn als einen geistigen (πνευματικόν) zu benennen
pflegen, sondern dass er eben jener Leib sei, der in Ver-
weslichkeit nach den Worten Pauli gesäet ist, deshalb that
und zeigte er das, was einem fleischlichen Leibe (σώματι παχεῖ)
zukommt." [3]) „Und als er in den Himmel aufstieg und
den Gewalten, Herrschaften und Mächten den Inhalt seines
Geheimnisses erklärte, da erschien er in derselben Gestalt,
damit sie glaubten, dass der Gottlogos aus dem Vater
wirklich unseretwegen Mensch geworden sei." [4]) Mit diesem
auferstandenen Leibe war selbstredend auch dieselbe Seele
verbunden, welche ihn auch im Stande der Erniedrigung
bewohnt hatte. Denn die Auferweckung des Leibes Christi
erfolgte ja gerade durch die Rückkehr der mit dem Gottlogos verbundenen Seele.

Aus dem Dargelegten ergiebt sich als Lehre Cyrills:
Die menschliche Natur Christi ist sowohl in statu exinanitionis, als auch exaltationis eine vollständige, wahre und
wirkliche Menschen- und nicht eine Scheinnatur.

Wenn wir nun trotzdem wiederholt in den Schriften
Cyrills lesen [5]), dass der Logos uns ähnlich geworden

[1]) Cyr. in Joh. Mg. 74, 705a.
[2]) l. c. 705b.
[3]) l. c. 733a.
[4]) l. c. 729ac, 732a.
[5]) Cyr. in Luc. Mg. 72, 893b γέγονε σάρξ ἐν ὁμοιώσει τῇ πρὸς ἡμᾶς; quod unus .. Mg. 75, 1261c ἐν ὁμοιώματι ἀνθρώπου;

sei, so will er damit die Integrität und Realität der menschlichen Natur Christi keineswegs aufheben, sondern er will
damit sagen, dass Christus wohl eine in ihrem W e s e n
uns vollständige und gleiche Natur angenommen habe,.
dass aber diese Natur nicht, wie es bei uns in statu naturae
lapsae der Fall ist, etwa die Sünde und die mit ihr zu-
sammenhängenden Schwächen besessen hätte, und dass
ferner nicht diese menschliche Natur Christi, wie es wiederum
sonst der Fall ist, im eigenen menschlichen Ich ihren
Träger habe, sondern im Gottlogos. In dieser zweifachen
Hinsicht also ist die menschliche Natur Christi, die sonst
der unserigen wesensgleich ist, derselben nur ähnlich zu
nennen.

Ich schliesse dieses Kapitel mit der Frage: „Kann
nach der vorgelegten Lehrmeinung Cyrills über das Objekt
der Menschwerdung ein Zweifel darüber obwalten, ob
Cyrill appollinaristisch oder doketisch gedacht und gelehrt
hat?“ Jeder unbefangene Leser muss mit Nein antworten,.
wenn er die wiederholte Entschiedenheit erwägt, mit welcher
Cyrill die Vollständigkeit und Wirklichkeit der menschlichen Natur Christi gegen Apollinarismus und Doketismus
verteidigt. Ebensowenig aber ist er Apollinarist oder
Monophysit geworden in seiner Lehre über die Art und
Weise der Vereinigung dieser menschlichen Natur mit der
Hypostase des göttlichen Logos. Bevor wir jedoch dazu
übergehen, haben wir erst noch das numerische Resultat
festzustellen, welches sich aus der Vereinigung des Subjektes und Objektes der Menschwerdung ergiebt.

---

adv. Nest. Mg. 76, 141 d; de rect. fid. Mg. 76, 1357 d; in
Symbol. Mg. 77, 301 a - c etc.

4. Kapitel.

Subjekt und Objekt in ihrer Vereinigung oder die Einheit der Person und die Zweiheit der Naturen.

Εἴ τις οὐχ ὁμολογεῖ . . . τὸν αὐτὸν δηλονότι Θεόν τε ὁμοῦ καὶ ἄνθρωπον ἀνάθεμα ἔστω. [1]

Die Synthese der im zweiten und dritten Kapitel dargelegten Lehre Cyrills führt uns zu dem Resultate, dass der menschgewordene Logos aus einer Person und zwei Naturen bestehen muss. [2] Diese Art der Zusammensetzung

---

[1] Cyr. explic. XII cap. Mg. 76, 297 c.

[2] Bezüglich der Frage, ob die Person Christi als persona composita bezeichnet werden dürfe, verweise ich auf Petav. de incarn. III, 12, 4 ff; III c. 14—16; V. 13. J. Bach. Die Dogmengesch. d. Mittelalters, 1873 I. 39, II, 201 ff. Theodorus Abucara sagt, dass man bei Christo von einer Zusammensetzung der Person wohl reden könne im übertragenen (μεταφορικῶς), nicht aber im eigentlichen Sinne (κυρίως). Denn was wirklich zusammengesetzt sei, wie der Mensch aus Leib und Seele, sei nicht gewesen, bevor die Zusammensetzung der Teile erfolgt sei. Auch werde das Resultat der Zusammensetzung mit anderem Namen benannt, als mit Bezeichnung der Teile, aus denen es bestehe. So werde die Zusammensetzung von Leib und Seele nicht etwa Leib oder Seele genannt, sondern Mensch. Christus sei zusammengesetzt aus dem ewigen Sohne und der Menschheit; der ewige Sohn aber sei Christus selbst, obwohl er vor der Incarnation nicht Christus genannt sei. Der Hauptteil der Zusammensetzung habe also schon vor dieser existiert, und zwar von Ewigkeit her. Daher könne man nur im metaphorischen Sinne von einer compositio der Person Christi reden. (Opusc. Mg. gr. 97, 1489 c f.) Auch Cyrill erwähnt diese Zusammensetzung, betont sie aber weiter nicht, um dem Nestorius keinen Angriffspunkt zu bieten. Er hebt deshalb mehr das Ziel der Vereinigung hervor. Christus ist aus zwei Naturen, nach der Vereinigung aber ist eine fleischgewordene Natur (Hypostase) des Gottlogos. Den Ausdruck „In zwei Naturen" braucht er meines Wissens nur einmal. Dem Nestorius gegenüber wollte er eben jeden Ausdruck meiden, der als eine persönliche Trennung hätte aufgefasst werden können, zumal die Nestorianer den Begriff φύσις als ὑπόστασις nahmen. In einem Kampfe gegen den Monophysitismus würde Cyrill den terminus ἐν δύο φύσεσι gewiss mehr angewendet haben, als ἐκ δύο φύσεων. Trotz des letzteren Ausdruckes, den die Monophysiten für ihre Lehre angerufen haben, lehrt Cyrill doch den unvermischten Fortbestand der menschlichen Natur in der Person Christi.

lehrt Cyrill unter Analogie der von Leib und Seele [1], wobei er besonders die menschliche Natur und die e i n e göttliche Person betont. Wenn er von der göttlichen N a t u r weniger spricht, so setzt er als selbstverständlich voraus, dass der Logos die ihm von Ewigkeit her eignende Natur, die er mit dem Vater und dem hl. Geiste als Gemeingut besass, in der Menschwerdung nicht verloren hatte. „Wir,“ so sagt er, „lehren gemäss der hl. Schrift, dass der Mittler zwischen Gott und den Menschen besteht aus unserer Menschheit (τῆς καθ᾽ ἡμᾶς ἀνθρωπότητος), die in der ihr eignenden Art vollkommen ist, und aus dem natürlichen Sohne, der aus Gott erschienen ist, d. h. dem Eingeborenen. Wir behaupten aber, dass eine unaussprechliche Vereinigung der ungleichen und unähnlichen Naturen (φύσεων) stattgefunden hat. Trotzdem bekennen wir nur e i n e n Christus, e i n e n Herrn, e i n e n Sohn und sagen, dass in ein und demselben (ἐν ταυτῷ) sowohl Gott als Mensch existierend gedacht wird. [2] Er ist vollkommen in der Gottheit, vollkommen in der Menschheit, nicht aus der Gottheit allein und dem Fleische zu einem Christus, Herrn und Sohn zusammengesetzt (συγκείμενος), sondern aus doppelt Vollkommenem (ἐκ δυοῖν τελείων), der Menschheit und Gottheit zu ein und demselben (εἰς ἕνα καὶ τὸν αὐτόν) wunderbar verbunden. [3] Nachdem die Natur des Logos (somit also der Logos selbst) das Menschliche angenommen hat, ist nicht die Menschheit allein und für sich vorhanden, vielmehr bleibt jene, welche das Angenommene (τὸ προσληφθέν, nicht τὸν προσληφθέντα) durch eigene Würde überragt, in unveränderter Dauer der Gotteswürde.“ [4] Statt des Ausdruckes συγκείμενος (bestehend) gebraucht Cyrill in der vornestorianischen Schrift Thesaurus auch κεκερασμένος (gemischt). „Einer ist der Christus, gemischt aus der Menschheit und dem Gottlogos, nicht infolge Verwandlung, sondern durch Dazunahme des Tempels aus der Jungfrau“. [5]

[1] Cyr. ad Succ. Mg. 77, 233 a.
[2] Cyr. de rect. fid. Mg. 76, 1157 a; 75, 1208 d.
[3] Cyr. de incarn. Unig. Mg. 75, 1220 b.
[4] l. c. 1232 d.
[5] Mg. 75, 333 a.

Diese Worte sind selbst schon Kommentar dafür, dass sie
nicht apollinaristisch aufgefasst werden wollen. Der bei
Cyrill fast ständig wiederkehrende Ausdruck für die Bezeichnung des numerischen Bestandes in der Person Christi.
lautet, nachdem er vorher von der Gottheit und Menschheit in Christo gesprochen hat: εἷς ἐξ ἀμφοῖν ὁ Χριστός.[1]) Und
wenn Cyrill statt des ἀμφοῖν das Wort δυοῖν gebraucht, so
fügt er entweder ein Substantiv bei (πραγμάτων) oder den
Objektsbegriff des δυοῖν nämlich θεότητος καὶ ἀνθρωπότητος, um
die Dualität der Person auszuschliessen.[2]) Die Zweiheit
der von einander wesentlich verschiedenen Naturen, sowie
andererseits die physische Einheit der Person in Christo
spricht Cyrill offen und klar in folgenden Worten aus:
„Das Fleisch ist Fleisch und nich Gottheit, obwohl es das
Fleisch Gottes geworden ist; in gleicher Weise ist auch
der Logos Gott und nicht Fleisch, wenn er sich auch in
der Menschwerdung das Fleisch zu eigen machte. Obgleich
die Naturen — des Fleisches und Gottes meine ich —.
welche zur Einheit zusammengetreten sind (εἰς ἑνότητα συνδε-
δραμηκότων), verschieden und unter einander ungleich sind,
so ist dennoch aus beiden nur einer allein vorhanden.
Man darf den einen Herrn Jesus nicht zerreissen in einen
Menschen für sich (ἰδικῶς) und Gott für sich, sondern wir
sagen, dass nur einer und zwar derselbe Christus Jesus
ist, indem er wohl den Unterschied der Naturen kennt
und dieselben auch unvermischt bewahrt (Ἰησοῦν, τὴν τῶν φύσεων εἰδότα διαφορὰν καὶ ἀσυγχύτους ἀλλήλαις αὐτὰς διατηροῦντα)." [3])
Als Grunddogma der Cyrillschen Christologie also steht
fest der Lehrsatz, welcher wiederholt in seinen Schriften,
den vor- und antinestorianischen. sowie den nach erfolgter
Union abgefassten, zu lesen ist: Ein Christus aus und
in[4]) zwei Naturen, trotz deren Verschiedenheit doch nur

---

[1]) Cyr. in Joh. Mg. 73, 161 a, 249 c; 74, 157 a, 1004 c.
[2]) Cyr. ad Mon. Mg. 77, 28 d.
[3]) Cyr. in Luc. Mg. 72, 484 c; fragm. in ep. ad Hebr. Mg. 74,
1005 c.
[4]) Cyr. ad Xyst. Pap. Mg. 77, 288 a, ἵνα ἐν ἀμφοῖν καὶ ἐξ ἀμφοῖν
τὸν Χριστόν. Wie ich schon in einer Anmerkung zum Beginne

einer und derselbe in ihrer Vereinigung. „Gott zugleich und Mensch ist derselbe. Nicht entziehe ihm, wenn du ihn Gott nennst nach der Vereinigung. die Menschheit, und wenn du ihn Mensch nennst, so beraube ihn nicht der göttlichen Würde, falls dir am rechten Glauben liegt." (de s. s. Trinitate dial. 1 Mg. 75, 693 b.) „Beides in ein und demselben, und einer ist der Emmanuel, obwohl Gott und Mensch, ἄμφω ἐν ταυτῷ, καὶ εἷς τε Θεὸς καὶ ἄνθρωπος ὁ Ἐμμα-νουήλ." [1]) Cyrill spricht das Anathem über die aus, welche nicht bekennen, dass Christus nur einer mit seinem eigenen Fleische sei, und zwar ein und derselbe, sowohl Gott als Mensch. [2]) Nach der Union schreibt Cyrill genau dasselbe an Valerian, Bischof von Iconium, welcher der Union nicht beigetreten war. „Das aus dem Fleische ist Fleisch, das aus Gott ist Gott, Christus ist in ein und derselben Person

---

dieses Kapitels andeutete, findet sich das ἐν ἀμφοῖν, was mit ἐν δύο φύσεσι identisch ist, bei Cyrill nur einmal, und zwar im genannten Briefe an Papst Xystus (432—440); dieser Brief datiert aber aus der Zeit nach der Union vom Jahre 433, wo Cyrill auch den terminus δύο φύσεις (ἐνωθείσαι), nicht aber im nestorianischen Sinne als δύο ὑποστάσεις, freier gebraucht. Dieses terminus, δύο φύσεις, bedient sich Cyrill nach dem erfolgten Friedensschlusse gegen die schon damals auftauchenden monophysitischen Ansichten, wie er ander-seits wieder zu gleicher Zeit auch von der μία φύσις τοῦ Θεοῦ Λόγου σεσαρκωμένη gegen diejenigen spricht, welche ihn wegen der δύο φύσεις, überhaupt wegen der Union, des Nestorianismus bezichtigen. Aber auch vor der Union hat Cyrill das ἐν ἀμφοῖν gelehrt, zwar nicht in diesen Worten, sondern in der Wendung, dass die Vereinigung der Naturen zu einem Christus die Unvermischtheit derselben nicht auf-gehoben hat (Petav. II, 2, 8). Und das besagt dasselbe, als ἐν ἀμφοῖν und ἐν δύο φύσεσιν. Letzter Ausdruck ist dann 451 in das Symbolum von Chalcedon aufgenommen worden, wo nicht zu lesen ist ἐκ δύο φύσεων, sondern das ungefälschte ἐν δύο φύσεσιν. Darüber ist zu vergl. Germ. patriarch. de haer. Mg. gr. 98, 68 a; Joh. Dam. Mg. gr. 95, 121 b; Euthym. Zigab. Mg. 130, 1084 d, 1088 a, 1040 d; Petav. III, 5, 11 f; Hefele, II, 470 n. 1; Harnack, II, 371 n. 4; Bach, l. c. II, 14.

[1]) Cyr. adv. Nest. Mg. 76, 132 a, 161 b; de rect. fid. Mg. 76, 1157 b, 1340 c; Quod unus Mg. 75, 1261 c; hom. Mg. 77, 1112 c; 77, 304 b. Wir finden hier, dass Cyrill ganz sach-gemäss gegen Nestorius das ἄμφω ἐν ταυτῷ betont, während er gegen die monophysitische Ansicht das εἷς ἐν ἀμφοῖν hervorheben musste.

[2]) Cyr. anathem. II Mg. 77, 120 c.

(κατὰ ταὐτόν) beides, ein Sohn, ein Herr mit seinem eigenen Fleische." [1]) In diesem Briefe verteidigt Cyrill auch die unierten Orientalen dieserhalb gegen die Nestorianer und rechtfertigt damit zugleich seine Unterzeichnung des Unionssymbols. „In klaren Worten bekennen sie," schreibt Cyrill. „es sei ein Christus, Sohn und Herr der Gottlogos, der aus Gott dem Vater vor aller Zeit auf unaussprechliche Weise gezeugt ist; in der letzten Zeit aber ist ganz derselbe auch aus dem Weibe dem Fleische nach geboren, sodass also ein und derselbe Gott und Mensch ist, vollkommen in der Gottheit, vollkommen in der Menschheit ein und derselbe. Endlich glauben sie auch, dass die Person desselben eine sei (ἓν αὐτοῦ τὸ πρόσωπον), indem sie ihn auf keine Weise in zwei Söhne, Christi und Herren trennen." [2]) Die Anerkennung des Symbolums vom Jahre 433 hat also bei Cyrill keine Aenderung in seinem christologischen Glauben betreffs der physischen Einpersönlichkeit in Christo in zwei unvermischten Naturen zu Gunsten des Nestorianismus etwa zu Tage gefördert.

Diese persönliche Beschaffenheit des menschgewordenen Logos hat sich auch in statu exaltationis substanziell nicht verändert. „Wie er während seines Wandelns im Fleische auf Erden, im Verkehr mit den Menschen, die Himmel erfüllte, mit den Engeln zusammen war und die himmlischen Höhen nicht verliess, so erfüllt er auch jetzt, mit seinem Fleische im Himmel seiend, die Erde und verkehrt mit den Seinigen." [3]) Die Menschheit Christi ist den Engeln im Himmel ein Gegenstand der Bewunderung gewesen. „Dieses ehrwürdige und grosse Geheimnis der Ankunft im Fleische nicht kennend, verwunderten sich die himmlischen Geister über den Heimkehrenden und verwirrt durch die neue ungewohnte Erscheinung sagten sie: „Wer ist der, der da kommt von Edom (Is. 63, 1), d. h. von der Erde?"

---

[1]) Cyr. ad Valer. Mg. 77, 257 b.
[2]) l. c. Mg. 77, 277 a.
[3]) Cyr. in Joh. Mg. 74, 156 d f.

„Aber der hl. Geist hiess sie, ihm als König und Herrn die himmlischen Pforten zu öffnen." [1])

Trotz der Vereinigung der beiden wesensverschiedenen Naturen zu einer Person bleiben dieselben doch in der Vereinigung unverkürzt und unverändert bestehen. „Nicht ist der Unterschied der Naturen wegen der Einigung aufgehoben," schreibt Cyrill an Nestorius. „Vielmehr stellen die Gottheit und Menschheit wegen des unaussprechlichen Zusammenganges zur Einheit uns den einen Herrn Jesus Christus und Sohn dar." [2]) Dieselbe Lehrmeinung vertritt Cyrill auch nach der Union. Er schreibt an Succensus: „Obwohl der mit einer vernünftigen Seele belebte und mit dem Gottlogos verbundene Leib jenem nicht gleichwesentlich ist, denn unser Verstand erkennt die Wesensverschiedenheit der vereinigten (Naturen) (τὸ ἑτεροφυὲς τῶν ἐνωϑέντων), so bekennen wir doch nur einen Sohn und Herrn, obwohl der Logos Fleisch geworden ist." [3]) „Nicht darf man eine Scheidung vornehmen, wenn auch nach der Vereinigung die Naturenzweiheit (τὰ δύο nicht also οἱ δύο) vor allem in der Erscheinung bestehen bleiben muss, und man beides unterschiedlich zu denken hat (ἀνὰ μέρος ἑκάτερον νοεῖν). Man muss also wissen, dass der Verstand einen Unterschied der Naturen erkennt. Denn nicht sind Gottheit und Menschheit dasselbe. Der Verstand muss aber zugleich mit dem Gedanken hieran (an die Verschiedenheit) auch den Zusammengang beider zur Einheit aufnehmen." [4]) Somit hat man also nach Cyrills Lehre bei der Vorstellung von der Person Christi zu denken, 1. an die Einheit der Person, 2. an die zwei vereinigten, aber doch wegen ihrer Wesensverschiedenheit neben einander fortbestehenden Naturen. Wenn Cyrill sagt, man habe sich den Unterschied zu denken [5]), so will er damit nicht ausdrücken, dass

[1]) l. c. 74, 184 a b.
[2]) Cyr. ad Nest. Mg. 77, 45 c.
[3]) Mg. 77, 240 c.
[4]) Cyr. de rect. fid. Mg. 76, 1168 d; adv. Nest. Mg. 76, 61 a.
[5]) Cyr. ad Mon. Mg. 77, 28 d . . . . ἵνα μὴ μόνον ὑπάρχων Θεὸς ἀλλ' ἤδη καὶ ἄνθρωπος γεγονὼς καθ' ἡμᾶς νοοῖτο διὰ τὴν ἕνωσιν.

derselbe lediglich in der menschlichen Vorstellung beruhe, der Wirklichkeit aber nicht entspreche, sondern dass nach der Vereinigung der Unterschied und das Fortbestehen der Naturen fortgefallen sei. Das ist nicht die Anschauung Cyrills. [1]) Denn er sagt: „Nicht darf der eine Herr Jesus Christus getrennt werden in einen Menschen für sich und Gott für sich, sondern wir sagen, es ist einer und zwar derselbe Jesus Christus, dabei aber kennen wir sehr wohl den Unterschied der Naturen und bewahren sie auch unvermischt untereinander (τὴν τῶν φύσεων εἰδότες διαφορὰν καὶ ἀσυγχύτους ἀλλήλαις τηροῦντες αὐτάς).“ [2]) Dass die beiden Naturen in ihrer Vereinigung realiter neben einander bestehen bleiben, drückt Cyrill ferner kurz in den Worten aus, ἐν ἰδιότητι τῇ κατὰ φύσιν ἑκατέρου μένοντός τε καὶ νοουμένου. „Beide Naturen werden in ihrer Eigentümlichkeit sowohl gedacht, als auch bleiben sie darin.“ [3]) Dasselbe bezeugt der von Cyrill so oft gebrauchte Vergleich der Vereinigung von Leib und Seele zu einer menschlichen Person, wo ebenfalls nicht ein blos gedachter, sondern auch ein wirklich fortbestehender Unterschied trotz der natürlichen Vereinigung zur Einheit bestehen bleibt. Cyrill will keineswegs mit dem gedachten Unterschiede den realen leugnen, sondern das nestorianische Zweipersonensystem abweisen, das ἀνὰ μέρος τιθέναι τὰς φύσεις. [4]) Für das Weitere verweise ich auf die Ausführung bei Hefele. [5])

Es könnte überflüssig erscheinen, noch weitere Beweise für die Lehre Cyrills über die physische Einpersönlichkeit in Christo und den unvermischten Fortbestand der beiden Naturen in der Vereinigung hinzuzufügen. Indes erachte ich es doch für notwendig, gerade durch die erschöpfende Zahl von Beweisstellen aus den Schriften Cyrills diesen gegen jeglichen Vorwurf wegen Apollinarismus oder Nestorianismus zu verteidigen. Wenn daher manche

---

[1]) Petav. VI, 9, 12–16; 13, 9–10.
[2]) Cyr. Schol. Mg. 75, 1385 c.
[3]) Cyr. ad Succ. Mg. 77, 241 b.
[4]) Mg. 77, 245 a b.
[5]) Konziliengesch. II, 274.

Stellen aus den Schriften Cyrills in meiner Darstellung
mehrfach dem Leser wieder begegnen, so liegt der Grund
eben darin, dass sie in verschiedener Beziehung als Beweis-
mittel dienen sollen. Und so gehen wir zunächst noch
näher auf die persönliche Einheit in Christo ein unter Verwerfung des nestorianischen Dualismus.

Die Einpersönlichkeit in Christo ergiebt sich unmittelbar aus der Identität des Menschgewordenen mit dem immanenten Logos. Ueber diese Einpersönlichkeit in Christo
hat Cyrill eine eigene Schrift verfasst, die sich betitelt
ὅτι εἷς ὁ Χριστός. [1]) Ausserdem betont er diesen Glaubenssatz
auch in seinen übrigen Schriften. „Es ist der Logos im
Fleische, was er auch vor dem Fleische war." [2]) War also
der Logos vor der Menschwerdung nur e i n e Hypostase,
so hat er in der Menschwerdung keine persönliche Ver-
doppelung erlitten. „Wir wollen," so sagt Cyrill schon
vor dem Auftauchen der nestorianischen Lehre, „einen
Christus anbeten und einen bekennen, ganz denselben sowohl als Logos aus dem Vater, denn als Mensch aus dem
Weibe." [3]) „Es ist ein Sohn Jesus Christus, sowohl vor
dem Fleische, als mit dem Fleische, sowohl bevor er Mensch
wurde, als auch nachdem er Mensch geworden ist." [4]) In
Bezug auf die Stelle Hebr. 8, 13 „Christus gestern, heute
und derselbe in Ewigkeit" sagt Cyrill in seiner achten
Osterhomilie: „Wie hätte der Mann, voll des hl. Geistes
und kundig der Geheimnisse des Erlösers, dem in der Zeit
gezeugten Tempel das zuschreiben können, was dem lebendigen und ewigen Logos eigentümlich ist, hielt er es doch
für gottlos, den zu teilen, welcher auch nach der Menschwerdung wahrhaft einer und allein Sohn ist, und fürchtete
er sich doch, ihn in zwei zu teilen." [5]) Intensiver verteidigt
Cyrill die Einheit der Person in Christo gegen Nestorius.
Er schreibt an ihn: „Wir bekennen einen Christus und

---

[1]) Mg. 75, 1253—1361.
[2]) Cyr. de ss. Trin. Mg. 75, 936 d.
[3]) Cyr. hom. pasch. IX Mg. 77. 576 b.
[4]) Cyr. in Joh. Mg. 74, 152 c, 300 c.
[5]) Cyr. hom. pasch. VIII Mg. 77, 568 d f.

Herrn, nicht etwa einen Menschen mit dem Logos zugleich anbetend (συμπροσκυνοῦντες), damit sich nicht etwa die Vorstellung von einer Trennung einstellt, wenn man συν sagt. Wir beten ihn vielmehr als einen und denselben an, da auch sein Leib vom Logos nicht fern ist, mit dem er auch zur Rechten des Vaters sitzt, indem nicht zwei Söhne zur Rechten sitzen, sondern nur einer gemäss der Einigung mit dem eigenen Fleische. Wenn wir aber die ἕνωσις καθ' ὑπόστασιν als nicht ziemend verwerfen, so kommen wir dahin, dass wir sagen, es seien zwei Söhne. Man muss nämlich dann unterscheiden und den einen als Menschen für sich bezeichnen, der mit der Benennung Sohn geehrt ist, und ferner den Logos für sich, der sowohl den Namen der Sohnschaft, als auch den Inhalt des Namens von Natur aus besitzt. In keiner Weise ist es recht, den einen Herrn Jesus Christus in zwei Söhne zu teilen, und es nützt dem rechten Glauben in keiner Weise, wenn einige von Personenvereinigung (προσώπων ἕνωσιν) reden. Denn nicht sagt die hl. Schrift, dass der Logos sich mit einer menschlichen Person (ἀνθρώπου πρόσωπον) verbunden habe, sondern dass er Fleisch geworden sei. Das heisst aber nichts anderes, als dass er des Fleisches und Blutes teilhaftig geworden ist. Unseren Leib machte er zu seinem eigenen und ging als Mensch aus dem Weibe hervor, nicht das Gottsein und Gezeugtsein aus dem Vater verlierend, sondern bleibend, was er war, auch in der Dazunahme des Fleisches. Das ist der wahre Glaube, so haben die Väter gelehrt." [1]) Auch in dem Briefe an den Presbyter Eusebius, in welchem er den Unterschied zwischen der Lehre der mit ihm vereinigten Orientalen und der des Nestorius klar legt, spricht Cyrill die Einheit der Person in Christo klar und deutlich aus. „Eine ist die Person des Sohnes (ἓν τοῦ Υἱοῦ τὸ πρόσωπον)." [2]) „Wir wissen, dass ein Sohn, Christus und Herr ist, ein und derselbe Gott und Mensch, ihm ist eigen sowohl die Gott-

---

[1]) Cyr. ad Nest. Mg. 77, 48 b c.
[2]) Mg. 77, 288 d.

heit als auf gleiche Weise die Menschheit." [1]) So auch
sagt Cyrill im Kommentar zum Johannesevangelium, dass
der Psalmist die Person des Eingeborenen in der Menschheit geschaut habe (τὸ ἐν ἀνθρωπότητι πρόσωπον ἀναθεωρήσας τοῦ
Μονογενοῦς). [2]) Die Einheit der Person in Christo basiert somit
auf der Art und Weise der Vereinigung des Menschlichen mit
dem Göttlichen in Christo, darin bestehend, dass die Person des
Logos eine unpersönliche menschliche Natur, nicht eine
menschliche Person mit sich verbunden hat. Diese Unper-
sönlichkeit (Anhypostasie) der menschlichen Natur in Christo
drückt Cyrill auf verschiedene Weise aus. Zunächst spricht
Cyrill fast durchgängig von einer Fleischesannahme, wo-
runter er aber die menschliche Natur versteht; denn das
vereinigte Fleisch, sagt er, sei selbstverständlich von einer
vernünftigen Seele belebt. Somit habe der Logos die
wesentlichen Bestandteile der Menschennatur mit sich vereinigt, nämlich Leib und Seele in ihrer physischen Vereinigung zu einer menschlichen Natur, nicht aber Person.
Das Persönliche des Annehmenden und das Unpersönliche
des Angenommenen bezeichnet Cyrill ferner durch den
Gebrauch des Artikels ὁ und τό. „Johannes sagt: „Er hat
unter uns gewohnt," damit du beides erkennest, sowohl
den Wohnenden (τὸν σκηνοῦντα), als auch das, worin die Einwohnung erfolgt (τὸ ἐν ᾧ ἡ σκήνωσις)." [3]) Der angenommene
Leib mit seiner vernünftigen Seele hatte also keinen
eigenen menschlichen Besitzer und Träger, sondern gehörte
der Person des Logos an. Zum Ausdruck dessen setzt
Cyrill meistens vor σάρξ und σῶμα das Wort ἰδία, ἴδιον. „Es
war sein eigenes Fleisch und nicht das eines anderen
Sohnes, der neben ihm für sich existierte." [4]) Das ἴδιον
σῶμα und die ἰδία σάρξ schliesst schon an sich jede Zweipersönlichkeit in Christo aus. Mit dem ihm persönlich
zugehörenden Fleische nach erfolgter Vereinigung [5]) über-

---

[1]) l. c. 289 a.
[2]) Cyr. in Joh. Mg. 74, 549 d.
[3]) l. c. Mg. 73, 161 b; c. Orient. Mg. 76, 368 a.
[4]) Cyr. in Luc. Mg. 72. 768 a
[5]) Cyr. fragm. dogm. Mg. 76, 1436 a; ad Valer. Mg. 77, 257 a;
in Symb. Mg. 77, 301 d.

nahm auch die Hypostase des Logos die Eigentümlichkeiten des Fleisches, der menschlichen Natur überhaupt,
worauf die communicatio idiomatum beruht.

Einen weiteren philosophischen Beweis für die Einpersönlichkeit in Christo findet Cyrill in der Erniedrigung
Christi und führt ihn gegen die Nestorianer an. „In den
Worten Pauli (Philipp. II, 5—11) wird klar dargethan,
dass das Wort, welches in Gottes Gestalt war, es für
keinen Raub hielt, Gott gleich zu sein, dass es aber
Knechtsgestalt annahm, freiwillig sich entäusserte und den
Menschen ähnlich wurde. Er fügte aber hinzu, dass es
sich selbst erniedrigte (ἐταπείνωκεν ἑαυτόν). Wenn einige nun
aber glauben, den einen und alleinigen Christus und Herrn
in zwei Christi und Söhne teilen zu müssen, und wenn
nun der Logos den aus dem Weibe geborenen Menschen
mit der Gleichheit der eigenen Würde geziert und ihn
nach Art des Ansehens und der Gleichnamigkeit der
Sohnschaft mit sich vereinigt hat, wer ist dann der, welcher
sich erniedrigt hat? Denn wenn der aus dem Weibe
stammende Mensch dieses erduldet hat, wie und auf
welchem Wege ist er dann erniedrigt worden? Denn wie
ist der in die Niedrigkeit herabgestiegen, der mit dem
Logos in solcher Gemeinschaft und Verwandtschaft stand,
dass er gleicher Würde mit ihm erachtet wurde? Wenn
aber die Erniedrigung vom Logos allein und für sich ausgesagt wird, wie ist dann der erniedrigt worden, welcher
einen andern, wie sie sagen, geehrt hat? Wie ist der
erniedrigt worden, welcher einem anderen, ihm Asso-
ziierten, die höchste Würde zuteilte? Wenn sie aber
sagen, dass jemand dadurch erniedrigt werde, dass er
andere erhöhet, so wird es auch nicht abgeschmackt
sein zu denken, dass einer, der einen andern beschimpft,
erhöhet werde. Uns aber zwingt die Logik zu denken
und zu glauben, dass die Fülle selbst erniedrigt sei
und Knechtsgestalt angenommen habe, nicht das, was
schon von Natur Knechtsgestalt ist, sondern jenes, was
darüber erhaben war, und dass jener den Menschen ähnlich

geworden ist, der vor der Menschwerdung von Natur aus
nicht so war. Wir glauben also, dass der Gottlogos selbst
durch Annahme der menschlichen Natur (ἀνθρωπίνως) erniedrigt worden ist, weil er es selbst wollte, dass er aber
seiner göttlichen Natur nach (θεϊκῶς) in den Höhen des
eigenen Ruhmes verblieb."[1] Einen ferneren Beweis dafür,
dass der Gottlogos die menschliche N a t u r angenommen
hat und so auch in der Menschwerdung einpersönlich geblieben ist, glaube ich auch aus jener ständigen, der hl.
Schrift entlehnten Ausdrucksweise Cyrills entnehmen zu
können, dass er stets von dem, was der Logos angenommen hat, in der Pluralform spricht[2]), wie γέγονε καθ᾽
ἡμᾶς, λαβὼν τὰ ἡμέτερα, ἐξ ἡμῶν, τὰ ἀνθρώπινα. Darin finde ich
neben den zwei Bestandteilen der menschlichen Natur
auch das ausgedrückt, dass der Logos in der Menschwerdung das allen Menschen Gemeinsame, d. h. die menschliche Natur in ihrem allgemeinen Wesen ohne Bindung an
eine bestimmte Person angenommen hat, und dass dieselbe
durch die Annahme und Zueigenmachung (ἰδιοποίησις) so
das Eigentum des Gottlogos wurde, wie es von Ewigkeit
her schon die göttliche Natur war, ohne dass eine Vermengung beider Naturen in eine stattgefunden hätte.

Für die Einheit der Person in Christo beruft sich
Cyrill dem Nestorius gegenüber ferner auf die hl. Schrift
und die Zeugnisse der Väter. Hinweisend auf die Stimme
auf Tabor sagt Cyrill, der himmlische Vater habe nicht
gesagt: „In diesem ist mein geliebter Sohn", sondern:
„Dieses ist mein geliebter Sohn."[3] Auch Petrus habe
ihn als einen bekannt.[4] „So lautet auch", sagt Cyrill,
„das Zeugnis des Thomas, nachdem er des Herrn Hände
und Füsse berührt hatte: „Mein Herr und mein Gott!"
„Nicht teilte er durch dieses Bekenntnis den Emmanuel
in zwei Söhne, sondern er erkannte ihn an als ein und

denselben mit dem Fleische. Einer also ist der Herr
Jesus Christus nach der hl. Schrift." [1] So lautet auch
das Bekenntnis des von Christus geheilten Blinden. [2] „Die
Apostel haben uns überliefert, dass ein und derselbe Christus
Gott zugleich und Mensch sei (Joh. 1, 14; Hebr. 2, 14).
Wenn also die hl. Schrift von Christus gemeinsam aussagt sowohl das, was der Gottheit von Natur, als das,
was der Menscheit von Natur zukommt, so muss man daraus auf die Einheit schliessen. Wenn du, Nestorius, also
den Apostel (Tit. 2, 13) sagen hörst: „Indem wir erwarten
die selige Hoffnung und die Ankunft der Herrlichkeit des
grossen Gottes und unseres Heilandes Jesu Christi," schämst
du dich da nicht, Jesum von dem Logos zu trennen?
Nicht sagt er: „Des grossen Gottes in Jesu Christo",
sondern er lehrt ein und denselben, sowohl als Gott, wie als
Jesus. Und deshalb spricht er auch von e i n e r Ankunft." [3]
Cyrill wendet auf die persönliche Einheit in Christo in
seiner bekannten allegorischen Weise auch jene Stelle
Exod. 20, 25 an: „Wenn du mir einen Altar von Steinen
erbauest, so sollst du ihn nicht machen von behauenen
Steinen." „Nicht gestattete Gott", so fährt Cyrill fort,
„dass die Gott geweihten Steine vom Eisen behauen würden.
Der erwählte kostbare Stein ist Christus, welcher nicht
von Sünden verwundet werden, nicht die Verwundung des
Teufels annehmen, nicht für Gott und die Welt geteilt
sein konnte. Und wenn er auch Fleisch geworden ist, so
ist er doch in seiner Totalität heilig und nicht getrennt
eigens in Gott und eigens in einen Menschen nach jener
unaussprechlichen Vereinigung mit dem Fleische, sondern
einer nur seiend Gott und Mensch, ein und derselbe. Nicht
ist er irgendwie geteilt, wie Paulus schreibt." [4] Cyrill
beruft sich ferner auf das Zeugnis verschiedener Väter [5],
von denen wir drei anführen wollen. „Wie unser ver-

[1] Cyr. in Joh. Mg. 74, 733 d.
[2] Cyr. in Symb. Mg. 77, 365 b.
[3] Cyr. adv. Nol. conf. Mg. 76, 257 c f, 265 e, 269 d.
[4] Cyr. de ador. in spir. Mg. 68, 593 b.
[5] Cyr. de rect. fid. Mg. 76, 1242 f f.

ehrter Vater und Bischof Athanasius, der des rechten
Glaubens unwandelbare Richtschnur ist, in seinen Schriften
behauptet, so ist in ein und demselben ein natürlicher Zusammengang von zwei ungleichen Teilen erfolgt, nämlich
der Gottheit und Menschheit. Nur einer, Christus, ist aus
beiden." [1]) Das Zeugnis des Papstes Julius (337—352)
lautet: „Er ist vollkommen Gott im Fleische und vollkommen Mensch im Geiste, nicht zwei Söhne, ein natürlicher Sohn, der einen Menschen angenommen hat, und
ein anderer, ein sterblicher Mensch, der von Gott aufgenommen ist. Einer ist der Eingeborene im Himmel und
der Eingeborene auf Erden, Gott." [2]) Ein noch früheres
Zeugnis führt Cyrill vom Papste Felix (269—274) an, aus
dessen Briefe an Maximus, Bischof von Alexandria. „Ueber
die Inkarnation des Logos glauben wir von unserm Herrn
Jesus Christus, der aus Maria der Jungfrau geboren, dass
er selbst der ewige Sohn Gottes und Logos ist, nicht ein
von Gott aufgenommener Mensch, so dass er ein anderer
ist als jener. Denn nicht hat der Sohn Gottes einen
Menschen aufgenommen, so dass er ein anderer als jener
ist, sondern, obgleich er vollkommen Gott ist, ist er auch
zugleich vollkommen Mensch geworden aus der Jungfrau." [3])
Von den vielen Widerlegungen der Zweipersönlichkeit in Christo, wie Nestorius sie lehrte, will ich hier von
Cyrill noch einige anführen, auf andere nur hinweisen.
„Du (Nestorius) hättest es sehr leicht einsehen können,"
sagt Cyrill, „wenn du den göttlichen Schriften gefolgt
wärest, welche von einem Herrn Jesum Christum
sprechen und ihn nicht in den aus dem Samen Abrahams
und in das Wort aus Gott dem Vater trennen. Dabei
aber muss man jenes bedenken, etwas anderes ist die
Gottheit, etwas anderes die uns ähnliche Menschheit mit
Rücksicht auf das den Naturen zugrunde liegende Wesen.
Infolge ihres Zusammengehens zur wahren Einheit aber

---

[1]) Cyr. hom. pasch. 8 Mg. 77, 572 a.
[2]) Ex ep. Julii eps. Rom. ad Docimum, Mg. 76, 341 d.
[3]) Ex ep. Felicis martyris ad Maxim. eps. Alex. Mg. 76, 344 a.

ist nur ein Christus aus beiden, wie ich schon oft gesagt habe. Dadurch aber, dass die Hypostasen, wie du sagst. in zwei getrennt, und beide für sich existierend gedacht werden, wie kann da eine Vereinigung zu einer Person erfolgen?" [1] „Der, welcher seiner eigenen Natur nach ausserhalb des Fleisches und Blutes ist, ist mit dem Fleische einer. Denn wie der, welcher einen uns ähnlichen Menschen getötet hat, nicht angeklagt wird, als habe er zwei getötet, sondern einen allein, wenn er auch aus Leib und Seele besteht, und trotz der Vereinigung die Natur nicht dieselbe ist, sondern verschieden, so muss man auch bei Christus denken. Nicht ist er ʼein doppelter, sondern einer, der Logos aus Gott dem Vater auch mit dem Fleische. Denn auch ich gestehe, dass zwischen Gottheit und Menschheit ein sehr grosser Unterschied und Abstand ist. Verschieden nämlich sind sie in Bezug auf die Art des Seins, und in nichts erscheint das Genannte ähnlich. Aber sobald es sich um das Geheimnis Christi handelt, kennt die Art jener Vereinigung wohl eine Ve r s c h i e d e n h e i t, schliesst aber eine T r e n n u n g aus, nicht weil sie die Naturen zusammen- giesst und vermischt, sondern weil der Gottlogos selbst des Fleisches und Blutes teilhaftig geworden ist und auf diese Weise wiederum nur ein Sohn gedacht und genannt wird. Obgleich du nun auch sagst, es dürfte nicht von zwei Christi die Rede sein, und man dürfte nicht zwei Söhne bekennen, und du so den rechten Glauben heuchelst, so wirst du doch des Bekenntnisses von zwei Christi über- führt, dass du nämlich Gott und Mensch in eine persönliche Verschiedenheit trennst (εἰς ἰδικὴν ἑτερότητα).“ [2] Auf ähnliche Weise argumentiert Cyrill auch in anderen Schriften gegen die Zweiheit der Person in Christo. [3] So sagt er : „Wenn nach der Vereinigung des Logos mit dem Fleische noch ein Unterschied war, der jenen so in eine Verschiedenheit teilte, dass, wie du glaubst, eine Zweiheit der Söhne (τὴν

[1] Cyr. adv. Nestor. Mg. 76. 160 d; de rect. fid. Mg. 76, 1192 b.
[2] Cyr. adv. Nest. Mg. 76, 85 a b.
[3] Cyr. de rect. fid. Mg. 76, 1160 b; ad Nest. Mg. 77, 112 a; adv. Nest. Mg. 76, 129 c f; in Js. Mg. 70, 1163 a.

ὡς υἱὸν δυάδα) vorhanden ist[1]), wie ist dann alles durch
Jesus Christus geschaffen worden, wie Paulus sagt (1 Cor.
8, 6)? Es ist doch klar, dass alles, was dem Worte von
Natur zukommt, auch nach der Menschwerdung in ihm
bleibt. Gefährlich ist es zu teilen und zu trennen. Es
ist ein Herr Jesus Christus, durch den der Vater alles erschaffen hat."[2] „Was würde ferner aus dem grossen,
glorreichen und wunderbaren Geheimnisse, wenn man jenen
glaubt, dass ein angenommener und mit dem Gottlogos
moralisch verbundener Mensch (σχετικῶς συνημμένος) starb,
auferweckt und in den Himmel geführt wurde? Dann umständen die Engel, Erzengel, Seraphim den Thron im Himmel, nicht um dem wahren Gottessohne zu dienen, sondern
vielmehr einem Menschen, welcher den Namen Sohn durch
Beilegung und Adoption erhalten hat und so zu göttlichen
Ehren gelangt ist. Das wäre Menschenanbetung (ἀνθρωπο-
λατρεία), welche nicht bloss die Engel, sondern auch die
Menschen üben würden."[3] „Deshalb glauben wir nicht
wie an einen aus uns, an einen Menschen, sondern an Gott,
welcher von Natur und wahrhaft in Christi Person ist
(ἐν προσώπῳ Χριστοῦ."[4]) Cyrill betont hier neben der Einheit
der Person auch die göttliche Hypostase. An Nestorius
wendet sich Cyrill mit der Aufforderung: „Höre nunmehr
auf, das Vereinigte zu trennen, und das sage ich dir, der
du das Ungeteilte zerschneidest. Was Gott verbunden hat,
soll der Mensch nicht trennen."[5] Denselben christologischen Standpunkt nimmt Cyrill auch gegen die Orientalen
ein nach der Verurteilung des Nestorius. In der Verteidigung seines vierten Anathems schreibt er: „Wir haben
das Anathem aufgestellt, weil wir nicht dulden, dass der
eine Herr Jesus Christus in zwei Personen und Hypostasen
getrennt wird (εἰς δύο μερίζεσθαι πρόσωπά τε καὶ ὑποστάσεις). Man

---

[1]) Ein Unterschied, so will Cyrill sagen, war freilich nach
der Vereinigung geblieben, aber kein Personen- sondern
ein Naturenunterschied.
[2]) Cyr. de incarn. Unig. Mg. 75, 1245 c.
[3]) Cyr. quod unus . . . Mg. 75. 1281 d f.
[4]) Cyr. de incarn. Unig. Mg. 75. 1233 c.
[5]) Cyr. adv. Nestor. Mg. 76, 108 c d.

darf nicht, indem man die Einheit, d. h. den einen Christus
trennt, die Aussageweisen auf zwei Personen oder zwei
Hypostasen oder zwei Söhne beziehen. Denn unzerreissbar
und unzertrennbar ist die höchste Vereinigung. Und es
ist nur ein Christus in allem nach jeglicher Richtung."[1]
„Nicht reden wir von zwei Söhnen, von einem, der gelitten hat, und einem leidensunfähigen. Denn nicht ist das
(τό, nicht τόν), was aus dem Samen Davids ist, von der
Gottheit getrennt und für sich Sohn genannt, wie auch
die Gottheit nach der Vereinigung nicht ohne das Fleisch
Sohn heisst. Deshalb bekennen wir einen und denselben
Sohn, obgleich die Naturen unvermischt bleiben, nicht
redend von dem einen und dem andern, sondern von ein
und demselben."[2] In seinem Kommentar zum Lucasevangelium nennt Cyrill die Nestorianer und Arianer neue
Pharisäer, weil auch sie Christus nicht als Gott bekennen
wollten. „Diese neuen Pharisäer, welche behaupten, jener
aus der hl. Jungfrau Geborene sei weder der Sohn Gottes
des Vaters noch Gott, sondern die da den einen Sohn in
zwei zerteilen, wollen wir fragen: „Auf welche Weise ist
denn der Sohn Davids dessen Herr?" Doch nicht durch
menschliches Herrsein, sondern durch göttliches. Ohne
Zweifel ist doch der Emmanuel zugleich der Sohn und
Herr Davids."[3] „Mögen diese, welche Christum in zwei
teilen, dem Blinden nachahmen, welcher zu Jesus als Gott
und Erlöser aller hingeht und ihn Herrn und Sohn Davids
nennt; er bezeugt seine Herrlichkeit, indem er ihn um eine
nur Gott zukommende Handlung bittet."[4] Auch nach
der Union hält Cyrill an der physischen Einheit in Christo
fest, obwohl er nun freier als vorher von δύο φύσεις redet,
welchen Ausdruck einige ihm als Nestorianismus auslegen.[5]
Dagegen verteidigt sich Cyrill in folgender Weise. „Das

[1] Cyr. apolog. c. Orient. Mg. 76, 336 d f.
[2] l. c. 368 a.
[3] Cyr. in Luc. Mg. 72, 893 a.
[4] l. c. 864 b.
[5] Erhard, die Cyr. v. A. zugeschriebene Schrift περὶ τῆς τοῦ
Κυρίου ἐνανθρωπήσεως, ein Werk Theodorets v. Cyrus. 1888.
p. 42 f.

Glaubensbekenntnis, welches die Orientalen gemacht haben, tadeln einige und sagen: „Weshalb duldet der Bischof von Alexandria die, welche von zwei Naturen sprechen, und lobt sie sogar? Denn die, welche dem Nestorianismus anhängen, denken auch wie jener, und reissen die, welche die Sache nicht genau nehmen, zu ihrer Meinung mit fort."

„Denen nun, welche uns des Nestorianismus beschuldigen, muss man antworten: „Nicht alles, was die Häretiker lehren, ist zu verwerfen; vieles von dem, was wir behaupten, lehren auch sie. Mag nun auch Nestorius von zwei Naturen sprechen, indem er den Unterschied zwischen dem Fleische und dem Gottlogos bezeichnet, so bekennt er doch mit uns nicht die Einheit. Wir dagegen bekennen einen Christus, einen Sohn, ein und denselben. Die Verschiedenheit der Naturen anerkennen heisst aber nicht, den einen Christus in zwei zerreissen (οὐ τὸ εἰδέναι τῶν φύσεων τὴν διαφορὰν, διατέμνειν ἐστὶν εἰς δύο τὸν ἕνα Χριστόν). Weil nun aber alle Orientalen glauben, wir Orthodoxen folgten der Lehre des Apollinaris und glaubten, es sei eine Vermischung und Zusammengiessung der Naturen geschehen, als wenn der Gottlogos in die Natur des Fleisches übergegangen, und das Fleisch in die Natur der Gottheit verwandelt wäre, deswegen haben wir ihnen eingeräumt, nicht etwa dass sie den einen Christus in zwei teilen, das sei fern, sondern dass sie nur bekennen, weder sei Vermischung, noch Zusammengiessung erfolgt, sondern dass das Fleisch, wie es aus der Jungfrau genommen, Fleisch war, der Logos aber, wie er aus dem Vater gezeugt, Logos war, dass dennoch aber nur ein Christus, Sohn und Herr sei." [1]) „Nestorius giebt sich in seinem Bekenntnisse den Anschein, als rede er von einem Sohne, aber er bezieht das Sohnsein nur auf den Logos; wenn er aber auf das Geheimnis der Menschwerdung kommt, dann nennt er wieder einen andern als Sohn, den aus dem Weibe geborenen Menschen, welcher nur durch die Gleichheit der Würde und Ehre mit dem Logos verbunden ist. Wenn man aber sagt, der Logos werde nur deshalb Christus

---

[1]) Cyr. ad Eulog. Mg. 77, 225 a f.

genannt, weil er mit Christo verbunden sei, was heisst das anders, als klar und deutlich zwei Christi annehmen, indem der eine Christus mit dem andern in Verbindung steht. Nichts von all dem behaupten die Orientalen, nur die Aussageweisen halten sie auseinander, das aber in der Weise, dass sie sagen, die einen seien göttlich, die andern menschlich, wieder andere gemeinschaftlich, weil sie zugleich enthalten, was göttlich und menschlich ist, aber ausgesagt werden sie von ein und demselben. Nicht so lehrt Nestorius. Er teilt die einen eigens dem Gottlogos zu, die anderen aber dem aus Maria geborenen anderen Sohne. Etwas anderes aber ist es, den Unterschied der Aussageweisen bekennen, etwas anderes wiederum, sie auf zwei Personen verteilen." [1]) Cyrill giebt uns in diesen Worten sowohl einen klaren Unterschied zwischen der Lehre des Nestorius und der der wiedervereinigten Orientalen, als auch eine orthodoxe Interpretation des von ihm unterzeichneten Symbolums. Aehnlich lautet seine und der Orientalen Verteidigung im Schreiben an Acacius von Melitene. [2]) An Succensus schreibt Cyrill: „Wir verletzen nicht den Zusammengang zur Einheit, wenn wir sagen, dass sie aus zwei Naturen erfolgt sei. Nach der Vereinigung trennen wir die Naturen nicht von einander, noch auch zerteilen wir sie in zwei Söhne, sondern bekennen einen Sohn, wie auch die Väter sagen." [3]) Bei seiner Lehre von der physischen Einperson in Christo betont Cyrill doch wieder die Verschiedenheit und den wirklichen unvermischten Fortbestand der zwei Naturen nach ihrer Vereinigung. Wenn auch die menschliche Natur in Christo ohne menschliche Hypostase ist, so hat sie doch eine existentia, ὅπαρξις, nämlich in dem „menschliche Natur bleiben", sodass also Cyrill von der einen göttlichen Hypostase eine doppelte Seinsweise, eine göttlich ewige und eine menschlich begonnene, lehrt. [4]) „Nicht darf der eine

[1]) Cyr. ad Eulog. Mg. 77, 228 a f.
[2]) Mg. 77, 192 c f.
[3]) Mg. 77, 232 d.
[4]) Petav. V, 6, 5.

Christus geteilt werden in einen Menschen für sich und
Gott für sich, sondern wir sagen, es ist Jesus Christus
einer und ganz derselbe, obwohl wir den Unterschied der
Naturen kennen und sie unvermischt untereinander bewahren."[1]) Damit weist Cyrill sowohl den Nestorianismus,
als auch Apollinarismus ab. Nach so vielen und klaren
Zeugnissen möchte ich nun fragen, ob Cyrill sich noch
verständlicher hätte machen können für jene, welche nicht
müde werden, ihn dieser Irrlehren zu beschuldigen?

Mit der Annahme einer persönlichen Einheit in Christo
konnte Cyrill die menschliche Seite in ihm nur als Natur,
nicht als Person mehr lehren. Dieses drückt er, wie schon
gesagt wurde, durch den verschiedenen Gebrauch des
Artikels aus, indem er mit ὁ das persönliche Subjekt, mit
τό oder dem Neutrum überhaupt das unpersönliche Objekt
der Annahme bezeichnet. Ausserdem gebraucht er zur
Bezeichnung der beiden Naturen die Wendungen ἄμφω,
ἀμφότερα, δύο τέλεια, δύο πράγματα, ἀμφότεραι οὐσίαι.[2]) Für den
Begriff, Natur, sowie für den Begriff, menschliche Natur,
gebraucht Cyrill allerdings bisweilen Ausdrücke, welche
ihn auf den ersten Blick hin und ohne nähere Prüfung
des Inhaltes der Lehre als Nestorianer erscheinen lassen
könnten. Es sind das die Worte ὑπόστασις und ἄνθρωπος
τέλειος. Was den Gebrauch von ὑπόστασις für φύσις und
umgekehrt betrifft, so haben wir schon gehört, dass
Cyrill in seiner Christologie den bereits damals schon
fixierten Unterschied formell nicht immer festhält. Cyrill
nimmt ὑπόστασις für φύσις und setzt sich dadurch in den
Verdacht des Nestorianismus, er gebraucht φύσις für ὑπόστασις
und zieht sich den Vorwurf des Apollinarismus und Monophysitismus zu. Indes, wenn Cyrill denn nun einmal ein
Häretiker sein soll, wie seine Gegner es wollen, so ist
er es doch nur in den Augen derer, die ihn nicht verstehen
oder verstehen wollen, die den Ausdruck mit der Denkweise und dem Glauben identifizieren. Denn Cyrill lehrt

---

[1]) Cyr. fragm. in ep. ad Hebr. Mg. 74, 1005 c.
[2]) Ehrhard, l. c. p. 41.

trotz der schiefen Ausdrücke und Wendungen orthodox.
Auch bei Nestorius finden wir diese Verwechselung von
φύσις und ὑπόστασις, sodass man ihn daraufhin für rechtgläubig
halten müsste. Aber Cyrill, wie Nestorius haben trotz der
Verwechselung dieser Begriffe doch nicht in ihren Lehr-
meinungen geschwankt. Nestorius verbindet mit φύσις den
Person - Begriff, Cyrill mit ὑπόστασις den Natur - Begriff. [1])
Dieses werden wir erkennen, wenn wir uns die fraglichen
Stellen näher vorführen aus den christologischen Schriften
Cyrills; denn in Bezug auf das Trinitätsdogma wüsste ich
nicht, dass Cyrill beide Begriffe merklich verwechselt hätte.
Im dritten Anathematismus Cyrills heisst es: „Wenn je-
mand die Hypostasen (τὰς ὑποστάσεις) nach der Vereinigung
trennt" etc. Vergleichen wir damit nun die wiederholte
und entschiedene Betonung Cyrills von dem εἷς καὶ ὁ αὐτός
auch nach der Menschwerdung und seine ausdrückliche
Erklärung, dass er nicht wie Nestorius zwei Christi, zwei
Herren und zwei Söhne lehre, so muss man doch einsehen,
dass er mit den ὑποστάσεις nicht zwei für sich subsistierende
Naturen gemeint haben kann. Das ersehen wir auch aus
der Explicatio dieses Anathematismus, [2]) wo er von einem
Sohne redet und als Analogon die Verbindung von Leib
und Seele anführt. In gleichem Sinne verteidigt Cyrill
dieses Anathem gegen die Orientalen. [3]) „Es ist einer und
derselbe sowohl vor, als nach der Menschwerdung. Denn
einen in zwei Söhne teilen und das Werk der wahren
Vereinigung durch Scheidung in Teile auflösen, indem
man einen Menschen für sich und einen Gott für sich aufstellt, ist ein grosses Verbrechen." [4]) „Nicht straflos geschieht es, die Art der wahren Vereinigung aufzulösen und
die Hypostasen (τὰς ὑποστάσεις) in zwei Söhne für sich zu
teilen." [5]) Der letzte Satz beweist klar, dass Cyrill mit
ὑποστάσεις nur den Begriff Natur gemeint haben kann. Ich

---

[1]) Petav. III. 3, 3 ff; VI, 2; de Trinit. IV, 1, 8—9; IV, 2, 3 ff.
[2]) Mg. 76, 300 c.
[3]) Mg. 76, 328 f.
[4]) Mg. 76, 328 b c.
[5]) l. c. 332 a.

weise ferner hin auf die Verteidigung dieses Anathems gegen Theodoret. „Sie sagen," schreibt Cyrill, „dass die Naturen (τὰς φύσεις) gänzlich von einander fortgehen, und dass jede eigens für sich sei." [1]) „Wir wollen daran denken, dass die Hypostasen geeint sind." [2]) Würden die Nestorianer dieses Anathem Cyrills angegriffen haben, wenn sie nicht gewusst hätten, dass Cyrill unter ὑποστάσεις nicht Personen, πρόσωπα, sondern Naturen in Christo verstehe? In demselben Anathem haben wir auch aus dem Munde Theodorets ein Zeugnis für den identischen Gebrauch von φύσις und ὑπόστασις. Er sagt: „Von zwei vereinigten Hypostasen oder Naturen (δύο ὑποστάσεις εἴτουν φύσεις) reden, ist nicht thöricht." [3]) Dabei lehrt Theodoret doch eine Zweipersönlichkeit in Christo. [4]) Auch im apologeticus des zweiten Anathems gegen Theodoret spricht Cyrill von der Natur des Logos oder Hypostase (ἡ τοῦ Λόγου φύσις ἤγουν ὑπόστασις. [5]) Dasselbe finden wir im Briefe an Acacius von Melitene, wo Cyrill von dem Unterschiede der Naturen oder Hypostasen redet; [6]) so auch heisst es im Briefe an Valerian: „δύο δὲ ὑποστάσεων ἰδίᾳ τε καὶ ἀνὰ μέρος κειμένων ἔσονταί που πάντως καὶ πρόσωπα δύο." [7]) Auch hier kann ὑπόστασις nur im Sinne von φύσις genommen werden. Während also Cyrill mit dem von den Nestorianern gebrauchten πρόσωπον nur den Begriff Person verbindet, gebraucht er ὑπόστασις neben der Bedeutung Person [8]) auch für Natur. Daher ist auch, das sei hier schon beiläufig erwähnt, ἕνωσις φυσική, κατὰ φύσιν und καθ' ὑπόστασιν bei Cyrill ein identischer Ausdruck für die natürliche, wirkliche und nicht etwa blos in der Vorstellung basierende Vereinigung. Die Rechtgläubigkeit Cyrills gerät auch ferner nicht ins Wanken, wenn er neben den Begriffen ἀνθρωπότης, εἶδος καθ' ἡμᾶς, σάρξ, σῶμα, den Begriff

---

[1]) Mg. 76, 405 b.
[2]) Mg. 76, 408 b.
[3]) Mg. 76, 404 b.
[4]) Mg. 76, 404 b.
[5]) Mg. 76, 401 a, 1453 b.
[6]) Mg. 77, 193 b.
[7]) l. c. 276 a b.
[8]) Mg. 77, 120 c, 193 a.

ἄνθρωπος für die menschliche Natur gebraucht. Man braucht auch hier wiederum einen solchen Ausdruck nur im Zusammenhange mit dem übrigen Inhalte zu betrachten, so klärt sich sofort das Missverständliche auf zu Gunsten Cyrills. So vergleiche man nur ep. ad Mon. (Mg. 77, 28 b), wo das τὸν τελείως ἄνθρωπον einmal durch das Adverbium τελείως, dann durch das sofort folgende ἕνα Χριστόν der nestorianischen Auffassung entzogen wird. Im übrigen verweise ich noch dieserhalb auf Petavius und die genannte Schrift Ehrhards. [1]

Cyrill lehrt also unstreitig in Christo nur eine physische Person, den göttlichen Logos, und zwei unvermischt bestehende Naturen auch nach der Vereinigung, einen Christus aus und in zwei Naturen. Wir wollen nun uns noch näher der Lehre Cyrills über die Z w e i h e i t der Naturen in dem einen Christus zuwenden, um ihn auch gegen den Vorwurf des Apollinarismus und Monophysitismus zu verteidigen, und um die μία φύσις τοῦ Θεοῦ Λόγου σεσαρκωμένη richtig im S i n n e C y r i l l s zu verstehen. Cyrill fasst die Gesamtlehre über die beiden Naturen kurz zusammen in dem Satze, der uns in Form eines Genetivus absolutus als Bruchstück einer Homilie überliefert ist: τῶν δύο φύσεων τῶν ἑτεροουσίων ἐν ἑνὶ Χριστῷ Υἱῷ ὄντι τοῦ Θεοῦ σωζομένων καὶ μήτε συγκεχυμένων μήτε ἀπολλυμένων ἢ διαιρεθεισῶν, die zwei wesensverschiedenen Naturen werden in dem einen Christus, dem Sohne Gottes, bewahrt, nicht vermischt, nicht gehen sie zu Grunde, noch werden sie durch Trennung selbständig. [2] An anderer Stelle sagt Cyrill: „Wir wollen den Unterschied des Fleisches und der Gottheit bewahren . . . . beide Naturen sind in ihm." [3] Dass Cyrill die unvermischte Fortexistenz der beiden Naturen in ihrer Vereinigung zu einer Person gelehrt und geglaubt hat, bezeugt uns seine Unterzeichnung des Unionssymbols; hier kam es den Orientalen gerade darauf an, die beiden Naturen auch in

---

[1] Petav. de incarn. V, 5, 7; Ehrhard l. c. p. 38 und 73 n. 1.
[2] Cyr. hom. Mg. 77, 1113 b.
[3] Cyr. fragm. Mg. 76, 1453 b.

19

ihrer Vereinigung unvermischt zu erhalten. [1]) Auf die
Anfrage des Bischofs Succensus an Cyrill, ob man von
zwei Naturen (δύο φύσεις) in Christo reden müsse oder nicht,
antwortet Cyrill, dass Christus aus zwei Naturen bestehe,
die aber zur Einheit zusammenkommen, und dass man
nach der Einigung die Naturen nicht von einander trennen,
sie selbständig machen dürfe, so dass man den einen Unteilbaren in zwei Söhne zerlege. [2]) Beide Naturen sind in
ihrem Wesen weit von einander verschieden. [3]) Die göttliche Natur ist unbegreiflich, unzugänglich und unaussprechlich für den menschlichen Verstand, [4]) ferner un-
schaubar. [5]) Das gerade Gegenteil davon ist die menschliche Natur. [6]) „Nicht dasselbe," sagt Cyrill, „ist der
physischen Beschaffenheit nach die Gottheit und Menschheit." [7]) „Und mag auch unsere vernünftige Natur (ἡ λογικὴ
ἡμῶν φύσις) hypostatisch dem Logos vereinigt sein, so ist
sie ihm doch nicht gleich." [8]) Das lehrt auch Athanasius,
der da sagt: „In ein und demselben hat eine Vereinigung
von zwei ungleichen Bestandteilen, nämlich der Gottheit
und Menschheit, stattgehabt. Dennoch aber ist es ein
Christus aus beiden," [9]) „wie auch der eine Mensch aus
zwei verschiedenen Teilen, der Seele und dem Leibe besteht." [10]) Der Vergleich von der Vereinigung des Leibes
und der Seele, welchen Cyrill anführt, zeigt uns ebenfalls,
dass er den Fortbestand der menschlichen und göttlichen
Natur trotz ihrer Vereinigung mit der Person des Logos
lehrte. Ausserdem gebraucht Cyrill hierfür noch andere
Vergleiche, so den mit den zwei Vögeln, welche bei der
Reinerklärung der Aussätzigen verwendet wurden. „Beachte, wie in dem Gesagten der ganze Christus uns dar-

[1]) Joh. ad Cyr. Mg. 77, 172 d.
[2]) Mg. 77, 229 a, 232 d.
[3]) Cyr. de incar. Unig. Mg. 75, 1221 c.
[4]) Mg. 77, 313 c.
[5]) Mg. 69, 465 d.
[6]) Cyr. in Malach. Mg. 72, 333 a.
[7]) Cyr. ad Acac. Mel. Mg. 77, 193 c.
[8]) Cyr. hom. Mg. 77, 1060 d.
[9]) Cyr. hom. pasch. 8 Mg. 77, 572 a.
[10]) Cyr. adv. Nestor. Mg. 76, 61 a.

gestellt wird. An dem lebendigen Vogel erkenne das
lebendige und himmlische Wort, an dem Blute des ge-
schlachteten aber das kostbare Blut des leidenden Tempels."[1] „Der lebendige Vogel wurde mit dem Blute des
getöteten besprengt und so gleichsam des Leidens teilhaftig
gemacht in die Wüste entlassen. Auch das eingeborene
Wort Gottes kehrte in den Himmel zurück mit dem ihm
vereinigten Fleische."[2] „Erkenne an den Vögeln den
himmlischen Menschen und zugleich Gott, in zwei Naturen
unterschieden. Es war der aus dem Vater hervorleuchtende
Logos im Fleische aus dem Weibe, nicht getrennt. Denn
es ist ein Christus aus beiden."[3] Auch in der Zusammen-
stellung anderer Opfertiere findet Cyrill in seiner allegori-
sierenden Erklärung der hl. Schrift Hinweise auf die
Doppelnatur in dem einen Christus.[4] So auch wendet er
die Vereinigung der zwei ungleichen Völker, der Juden
und Heiden, zu einer Kirche auf den Dyophysitismus an,[5]
wie auch die Abstammung des Cyrus aus medischem und
persischem Geschlechte. „Geboren ist Christus aus einer
Mutter, einer hl. und uns ähnlichen Jungfrau dem Fleische
nach; aber er stammte nicht ab von einem uns ähnlichen
Vater, sondern von einem gänzlich der Natur nach von
uns verschiedenen."[6] Den thatsächlichen Fortbestand der
beiden Naturen in Christo drückt Cyrill ferner aus durch
die doppelte Wirkungsweise, die Eigentümlichkeiten und
Eigenschaften der Naturen. „Damit er als Mensch erkannt
werde, obgleich er seiner Natur nach Gott geblieben war,
empfand er Hunger, ermüdete von der Reise, schlief, ertrug
Angst, Traurigkeit und die übrigen menschlichen, unsündlichen Schwächen. Um aber anderseits die, welche ihn
sahen, auch von seiner Gottheit zu überzeugen, obwohl

[1] Cyr. in Matth. Mg. 72, 388 d.
[2] Cyr. in Luc. Mg. 72, 560 b; ad Acac. Mel. Mg. 77, 213.
[3] Cyr. Glaphyr. Mg. 69, 576 b.
[4] l. c. 128 b ff; de adorat. Mg. 68, 1052; fragm. in ep. ad Hebr. 74, 1005 a.
[5] Cyr. in Ps. 44 Mg. 69, 1045 a f.
[6] Cyr. Glaphyr. Mg. 69, 92 c d.

er Mensch war, wirkte er göttliche Wunder, beruhigte das
Meer, weckte Tote auf etc." [1] „Er . . . unseretwegen
uns ähnlich, an sich aber über jegliche Schöpfung erhaben,
in unserer Niedrigkeit und in göttlicher Hoheit, sich selbst
verdemütigend und am Throne Gottes, sich selbst ent-
äussernd und doch allen von seiner Fülle mitteilend; er
betet an als Mensch, wie einer aus uns, als Gott aber wird
er auf Erden und im Himmel angebetet." [2] „So ist er
auch durch den hl. Geist geheiligt, obwohl er selbst zu
heiligen pflegt; getauft ist er dem Fleische nach, welcher
selbst mit dem hl. Geiste taufte. Wie aber heiligt und
tauft derselbe, welcher selbst geheiligt und getauft wird?
In verschiedener Hinsicht. Geheiligt und getauft wird er
als Mensch, er heiligt und tauft im Geiste aber als Gott.
So auch erweckt er die Toten und steht selbst von den
Toten auf, er leidet und leidet auch nicht, wieder in verschiedener Beziehung." [3]

Diese Ausführung, glaube ich, hat genugsam bewiesen,
dass Cyrill auch nach der Vereinigung der beiden Naturen
zu einer Person deren unverändertes Fortbestehen in der
Hypostase des Logos lehrte und weit davon entfernt war,
eine unterschiedslose Vereinigung beider zu einer Natur
nach Lehrweise der Apollinaristen oder Monophysiten anzunehmen. Und mag man sich auch auf den Ausdruck
Cyrills, μία φύσις κ. τ. λ. berufen, so viel man will, um Cyrill
den Monophysitismus wenigstens streifen zu lassen, so steht
diese, von Cyrill selbst orthodox gefasste Redeweise, da
ihm φύσις und ὑπόστασις identisch war, doch den zahlreichen
Gegenbeweisen gegenüber nur vereinzelt da. So wenig
man in den Schriften Cyrills Monophysitismus finden kann,
wenn man ihn nicht selbst hineinträgt, so wenig kann
auch der Monotheletismus sich auf Cyrill stützen. Denn
er lehrte den zwei Naturen entsprechend auch zwei
Wirkungsweisen und zwei Willen in Christo, wenngleich

[1] Cyr. ad Succ. Mg. 77, 236 b; Thesaur. Mg. 75, 396 c.
[2] Cyr. hom. Mg. 77, 988 c; in Symb. Mg. 77, 301 d.
[3] Cyr. Schol. de incarn. Mg. 75, 1407 a.

er diese auch nicht so stark betont, als die zwei Naturen,
weil die Existenz der Willen noch nicht Gegenstand christo-
logischer Erörterung geworden war. Wir wollen deshalb,
um Cyrill gegen einen eventuellen Vorwurf wegen Monotheletismus zu verteidigen, hier nachweisen, dass er, wie
zwei Naturen, so auch zwei Willen und Wirkungsweisen
gelehrt hat, wenn ich auch schon früher die Lehre Cyrills
über den menschlichen Willen in Christo behandelt habe,
worauf ich hier wieder verweise. [1] Der Wille und seine
Bethätigung ist an die Natur gebunden. Wo nur eine
Natur ist, ist auch nur ein Wille und eine Wirkungsweise,
wie in der Trinität. [2] Wo aber zwei verschiedene Naturen
bestehen, da müssen auch zwei Bethätigungen derselben
vorhanden sein. [3] Und sind die Naturen verschiedenartig,
so dann auch ihr Wille und dessen Bethätigung. „Denn
Naturen," so sagt Cyrill, „die sich von einander unterscheiden, dass sie als verschiedenartig gedacht werden und
in völliger Fremdheit auseinandergehen, können bei keinem
Wesen die Identität und unverschiedene Gleichheit des
Wirkens haben, und wo die Art des Seins als eine andere
erscheint, da sind sie gewiss verschieden, und ihr Wirken
verhält sich nicht gleich." [4] Cyrill will damit die Einheit
des Wirkens in der Trinität beweisen, weil hier nur eine
göttliche Natur vorhanden ist. Da nun aber in Christo
zwei verschiedene Naturen sind, so müssen beide auch
einen eigenen Willen und eine eigene Wirkungsweise haben.
Wie nun aber die menschliche Natur im göttlichen Logos
ihren Träger hat, so auch der menschliche Wille Christi,
und daher denn auch die Konformität des menschlichen

---

[1] Petav. IX, 6, 6. Harnack meint: „Wie Apollinaris, so hat
auch Cyrill den tiefsten Abscheu vor dem Gedanken gehabt, Christus habe einen freien Willen besessen. Alles
schien ihnen ins Schwanken zu kommen, wenn Christus
nicht ἄτρεπτος gewesen ist." II, 335, n. 1. Harnack spricht
hier in voller Konsequenz, weil er Cyrills Christologie als
Apollinarismus oder Monophysitismus ansieht.
[2] Cyr. adv. Nest. Mg. 76, 180 d e; Petav. IX. 6, 11.
[3] Petav. VIII, 8, 13—15; VIII, 11, 4.
[4] Cyr. de s. s. Trinit. Mg. 75, 797 d.

mit dem göttlichen Willen, die sich als moralische Willenseinheit in Christo kund giebt. Die doppelte Wirkungsweise in Christo spricht Cyrill, wię folgt, aus. „Du aber
bewundere mit mir hierbei (Luk. 5, 12) den göttlich und
leiblich wirkenden Christus (θεϊκῶς τε καὶ σωματικῶς ἐνεργοῦντα
Χριστόν). Denn göttlich ist es, so zu wollen, dass das gleich
bei der Hand ist, was er will; menschlich ist das Aus-
strecken der Hand. Aber dennoch ist es ein Christus aus
beiden." [1]) „Er zeigte eine doppelte Wirkungsweise (διπλῆν
τὴν ἐνέργειαν), leidend als Mensch, wirkend als Gott, ein und
derselbe. Denn nicht ist es dieser und jener, wenn es
auch auf diese und jene Weise geschieht." [2]) „Wenn er
uns durch das Wasser und den hl. Geist geheiligt hat,
wie wirkt da nicht ein und derselbe Göttliches und Menschliches zugleich, der da ist in einem (ἐν ἑνί) Gott zugleich und
Mensch." [3]) „Der menschlichen Natur gestattete er, dass
sie ihren eigenen Gesetzen folgte, indem er aber die Rein-
heit der Gottheit bewahrte." [4]) Von den Apollinaristen
sagt Cyrill und liefert damit einen indirekten Beweis für
die Zweiheit der ἐνέργεια in Christo, dass sie die Thätigkeiten der Vernunft und der niedrigen Seele dem Eingeborenen zuteilten. [5]) Dass wiederum diese zwei Thätigkeiten in gegenseitiger Uebereinstimmung wirkten, drückt
Cyrill in den Worten aus: „Man kann sehen, dass das
hl. Fleisch die Kraft und Wirksamkeit Gottes trug." [6])
Trotz der klaren Lehre Cyrills über den doppelten Willen
und die zweifache Wirkungsweise in Christo beriefen sich
doch die Monotheleten auf ihn und zwar griffen sie eine
Stelle aus dem Kommentar zum Johannesevangelium
heraus, an welcher Cyrill von einer μίαν ζωοποιὸν ἐνέργειαν
Χριστοῦ redet. [7]) Die Stelle lautet im Zusammenhange: „Bei

---

[1]) Cyr. in Luc. Mg. 72, 556 b.
[2]) l. c. 937 a, 865 a.
[3]) Cyr. in Hebr. Mg. 74, 1005 b; adv. Anthropomorph. Mg. 76,
1116 b.
[4]) Cyr. hom. pasch. 17 Mg. 77, 776 c.
[5]) Cyr. de rect fid. Mg. 76, 1156 d.
[6]) Cyr. in Luc. Mg. 72, 768 a.
[7]) Ms. XI. 525 c d, X, 752 b.

der Auferweckung der Toten sehen wir, dass der Erlöser nicht
bloss durch göttliche Worte und Winke thätig war, sondern
dass er dazu sein Fleisch als Mithelfer (συνεργάτην) heran-
gezogen hat, damit er zeige, dass es lebendigmachende
Kraft habe, und dass es eins mit ihm sei. Denn der
Leib war sein Eigentum und nicht der Leib eines anderen.
Wenn er daher das Mägdelein des Synagogenvorstehers
auferweckte und sagte: „Mägdelein, stehe auf!", wenn er
ihre Hand erfasste, so machte er lebendig als Gott durch
seinen allmächtigen Befehl, aber auch durch die Berührung
mit seinem hl. Fleische, und er zeigt durch beides, dass
es eine und zwar verwandte Wirkungsweise ist (μίαν τε καὶ
συγγενῆ δι' ἀμφοῖν ἐπιδείκνυσι τὴν ἐνέργειαν)." Man muss hier,
wie auch bei der μία φύσις κ. τ. λ., den Ausdruck und den
Sinn wohl unterscheiden; nur im Zusammenhange mit der
ganzen Stelle kann man die richtige Denkweise Cyrills
treffen. Er will hier, wo er von der hl. Eucharistie redet,
die wunderbare, göttliche Kraft des Leibes Christi hervorheben, die derselbe durch Mitteilung des Logos schon bei
der Totenerweckung bekundet habe. Es sind zwei Akte,
ein göttlicher, nämlich das auferwecken Wollen, und ein
menschlicher, das Berühren, welches dieses Wollen ausdrückt. Beides findet aber gleichzeitig statt, so dass es
freilich scheint, als sei es nur ein Akt, und zwar ein
moralischer, wie es beim Handeln Gleichgesinnter, Ver-
wandter der Fall ist. Cyrill will also durch das μίαν καὶ
συγγενῆ einmal die Gleichzeitigkeit, dann aber das Gemeinsame der beiden Thätigkeiten, sowie die gleichzeitig
gemeinsame Willensrichtung auf das Ziel hin hervorheben. [1]
Sagt Cyrill doch selbst: „Gemeinsam mit seinem eigenen
Fleische wirkt er die Handlungen der in ihm wohnenden

---

[1] Cfr. darüber Euthym. Zig. Mg. gr. 130, 1117 c d; Petav. VIII,
13, 7; Bach, l. c. I, 47—49; Einig. l. c. 61; Stentrup, prael.
dogm. de verbo incarn. 1882, p. 825 f; 826. 846. Einen
Kommentar zu dieser Stelle giebt Cyrill selbst in adv.
Anthropomorph. (Mg. 76. 1117 c d), wo er wieder die Analogie der Verbindung von Leib und Seele heranzieht. Dazu Petav. VIII, 11, 11.

göttlichen Herrlichkeit." Ohne also die menschliche Thätigkeit zu leugnen, hebt Cyrill vorzugsweise die göttliche
hervor, an der auch die menschliche partizipiere. Man
kann ja in Christo dogmate salvo von einer moralischen
Wirkungsweise und Willenseinheit reden, weil beim menschgewordenen Logos kein Willenszwiespalt infolge der Sünde
vorlag. [1]) Ausser dem Begründer des Monotheletismus,
dem Patriarchen Sergius von Konstantinopel, berief sich
auch Paulus von Konstantinopel in seinem Briefe an Papst
Theodor (642—649) auf Cyrill für die eine Wirkungsweise
in Christo, indem er die defensio Cyrills betreffs des vierten
Anathems gegen Theodoret anführt. [2]) Hier [3]) aber spricht
Cyrill von der Beziehung der göttlichen und menschlichen
Aussageweisen nicht auf zwei Personen, sondern auf eine.
Und gerade hier haben wir mit den besten Beweis, dass
Cyrill eine doppelte, je den beiden Naturen entsprechende
Wollensweise in Christo lehrt. Nur will Cyrill diese beiden
verschiedenen [4]), sich bethätigenden ἐνέργειαι auf ein per-
sönliches Prinzip, den Gottlogos, zurückgeführt wissen.
Πάντα ἐστὶ τοῦ ἑνὸς Χριστοῦ, τά τε θεοπρεπῆ καὶ τὰ ἀνθρώπινα. Dieser
Satz Cyrills, dass ein und dieselbe Person Göttliches und
Menschliches wirkt, wurde dann in dem Typos des Kaisers
Konstans II. (641—668) vom Jahre 648 mit dem ἓν θέλημα
identifiziert. [5]) Wenn nun aber auch der Träger der zwei,
ihrem Ausgangspunkte nach verschiedenen, aber in der
Richtung gleichen Willen nur eine Person war, so blieben
die beiden Willen doch physisch getrennt, weil sie aus
verschiedenen Substraten hervorgingen, wenn sie sich auch
in ihrem Zielobjekte moralisch vereinigten. Auf der Synode
zu Rom 649 unter Papst Martin I. (649—653) beruft man

---

[1]) Bei der Kritik dieser Stelle muss man wohl beachten, dass
Cyrill gegen N e s t o r i u s den Kampf führt, dem gegenüber
er in der Betonung des Zweiheitsprinzips äusserst vor-
sichtig sein musste, wie es umgekehrt der Fall gewesen
wäre im Kampfe gegen den Monophysitismus.

[2]) Ms. X, 1025 c.

[3]) Cyr. apolog. c. Theodoret. Mg. 76, 413 f.

[4]) verschieden, weil sie von wesensverschiedenen Teilen ausgehen.

[5]) Ms. X, 1029 d.

— 299 —

sich auf Cyrill dafür, dass die Wirkungsweise der Natur,
nicht der Person entspreche. [1]) In der ersten Sitzung der
sechsten allgemeinen Synode (680) kam der Brief Cyrills
an Kaiser Theodosius II. zur Sprache. Macarius von Antiochia wollte aus der Stelle: „Es ist ein allmächtiger
Wille", folgern, nach der Lehre Cyrills sei in Christo nur
ein Wille. Die versammelten Väter wiesen aber darauf
hin, dass hier nur vom göttlichen Willen die Rede sei. [2])
In der neunten Sitzung beruft sich Macarius wiederum
auf eine Stelle aus Cyrills Schriften: „Nicht wie ich will" etc.
Cyrill lehre hier nicht die Zweiheit der Willen, sondern
nur eine Umwandlung des Willens aus unmänniglicher
Feigheit zu geistigem Mute. Die Synode weist ihm auch
in diesem Falle die Lehre Cyrills von der Zweiheit der
Willen nach. [3]) In der zehnten Sitzung finden wir wieder
längere Berufungen auf Cyrills Schriften zum Nachweis des
Dyotheletismus. [4]) „Alle Väter", so heisst es dann weiter,
„haben uns an das Leiden und die Leidensunfähigkeit des
einen und desselben Herrn Jesus Christus zu glauben gelehrt, so auch uns unterwiesen, verschiedene Wirkungsweisen ein und desselben zu bekennen, vorzüglich aber
der hl. Cyrillus, indem er es zurückwies, es sei nur eine
Wirkungsweise der Gottheit und Menschheit; denn so
schreibt er im 32. Buche der Schätze: „Nicht e i n e natürliche Wirkungsweise werden wir Gott und der Kreatur
beilegen, damit wir nicht das Geschaffene zur göttlichen
Wesenheit hinüberleiten, noch auch die göttliche Natur
an die Stelle des Geschaffenen" etc. [5]) Nachdem dann
noch andere Zeugnisse Cyrills beigebracht sind [6]), heisst
es: „Siehst du (Macarius), wie dieser ehrwürdige Vater
die Wirkungsweisen zweier Naturen in einer Hypostase
oder Person Christi überliefert hat?" [7])

[1]) l. c. 873 c f; 1093 c f; 1105 c.
[2]) Ms. XI. 216 b f.
[3]) Ms. XI. 384 d f.
[4]) l. c. 409 e — 416 d; 417 d — 420 c; 428 d — 429 b.
[5]) l. c. 429 c.
[6]) l. c. 431 c.
[7]) l. c. 433 a b.

An dieser Stelle halte ich es für angebracht, Cyrills Meinung auch über das Verhältnis der zwei Naturen in Christo zur Trinität überhaupt kennen zu lernen, nachdem wir früher schon das Verhältnis des menschgewordenen Logos zu Gott dem Vater und dem hl. Geiste besprochen haben. Cyrill vergleicht die Einheit der Person mit ihrer Naturenzweiheit in Christo mit der hl. Dreifaltigkeit, indem er sagt: „Wir behaupten, dass Vater und Sohn eins ist, indem wir nicht die Einheiten in der Zahl verschmelzen, sondern wir glauben, dass der Vater eigens ist und eigens auch der Sohn, wir verbinden aber die Zwei mit einer Identität des Wesens, wissend, dass sie eine Macht und Gewalt haben, so dass der eine im andern unverändert geschaut wird. Die Aussageweisen unseres Erlösers aber teilen wir nicht in zwei Hypostasen oder Personen. Denn nicht ein doppelter ist der eine Christus, wenn er auch aus zwei verschiedenen Naturen besteht, die zur unzerteilbaren Einheit verbunden sind, wie auch der Mensch aus Leib und Seele nicht ein doppelter ist, sondern einer aus beiden." [1] In der Trinität haben wir also eine göttliche Natur in drei Hypostasen, in Christo aber eine Hypostase in zwei Naturen.

Diese Zweiheit der Naturen betont Cyrill schliesslich dann noch unter ausdrücklicher Verwerfung der Lehre von einer Natur, worauf wir noch einmal zur Ueberleitung auf das folgende Kapitel zurückgreifen wollen. Cyrill sagt: „Wenn wir leugnen, dass der eine und alleinige Christus aus zwei und zwar verschiedenen Naturen (ἐκ δύο καὶ διαφόρων φύσεων) besteht, indem er nach der Vereinigung unzertrennbar ist, so werden die, welche den orthodoxen Glauben bekämpfen, sagen: „Wenn das Ganze nur eine Natur ist (εἰ μία φύσις τὸ ὅλον), wie ist er dann Mensch geworden oder welches Fleisch hat er sich zu eigen gemacht? Weil ich eben in einer Denkschrift eine derartige Redeweise gefunden habe, dass nämlich nach der Auferstehung

---

[1] Cyr. in Joh. Mg. 74, 21 c d; adv. Nest. Mg. 76, 161 a.

jener Leib unseres Erlösers in die Natur der Gottheit übergegangen sei, und das Ganze eine Gottheit sei (τὸ ὅλον θεότητα μόνην εἶναι),[1] so habe ich es für nötig erachtet, darauf
zu antworten."[2] „Wenn die zwei Naturen, die verschiedenen Wesens sind, zu einer (εἰς μίαν) gemischt würden, so
bliebe keine von beiden unversehrt bestehen, sondern jede
ginge durch die Vermischung verloren."[3] „Es giebt
einige, welche eine Natur (μίαν φύσιν) lehren, sodass sie die
vom Gottlogos um unseres Heiles willen angenommene
Menschheit zerstören."[4] Diese letzten Zeugnisse haben
nun doch wohl jeden Zweifel darüber beseitigt, dass Cyrill
bei seiner Lehre von der physischen Einpersönlichkeit in
Christo nicht auch an eine physische Natureneinheit gedacht, noch solche gelehrt hat. Somit kann auch der
Cyrillsche terminus μία φύσις τοῦ Θεοῦ Λόγου σεσαρκωμένη nicht
im Sinne von gottmenschlicher Einnatur gefasst werden.
Wie er zu deuten ist, werden wir im folgenden Kapitel
sehen. Ich schliesse dieses Kapitel mit der klar erwiesenen
Behauptung; „Cyrill ist kein Nestorianer, noch Apollinarist,
noch kann er als Vater des Monophysitismus mit begrün-
detem Rechte angerufen werden."

---

[1] Wir sehen also schon bei Lebzeiten Cyrills ein monophysitisches Wetterleuchten, zugleich aber auch hören wir,
wie entschieden Cyrill gegen solche Meinung auftritt.
[2] Cyr. ad Succ. Mg. 77, 233 a b.
[3] Cyr. hom. Mg. 77, 1113 b.
[4] Cyr. fragm. Mg. 76, 1453 b.

5. Kapitel.

Das Wie der Vereinigung der menschlichen Natur mit dem göttlichen Logos.

§ 1.

Die ἕνωσις καθ' ὑπόστασιν, κατὰ φύσιν, φυσική.

> Τὸν ἐκ Θεοῦ Πατρὸς Λόγον ἀσυγχύτως τε καὶ
> καθ' ὑπόστασιν ἐνωθῆναι σαρκί. [1]

Mit der Frage nach dem Wie der Vereinigung des Menschlichen und Göttlichen in Christo kommen wir zu dem eigentlichen Kerne der Christologie Cyrills, zu dem Punkte, in welchem dieser grosse Theologe des Orients für die Weiterentwickelung und endliche Fixierung der christologischen Frage bahnbrechend geworden ist, so dass in den nächstfolgenden Jahrhunderten kein allgemeines Konzil gehalten wurde, auf welchem die Lehrmeinung Cyrills nicht zu Rate gezogen worden wäre. Bevor wir jedoch auf die Art und Weise der Vereinigung nach der Lehre Cyrills näher eingehen, müssen wir zunächst die Frage beantworten: „Was lehrten die Väter vor Cyrill über die Vereinigung der menschlichen und göttlichen Seite in Christo?" [2] Während die Väter der voraufgehenden Jahrhunderte bis einschliesslich zu den apostolischen die Einheit der Person mit der Zweiheit ihrer Naturen, sowie deren Eigentümlichkeiten ganz im Anschluss an die hl. Schrift gelehrt hatten, war bei ihnen die Art und Weise der Vereinigung entweder gar nicht oder doch höchst dürftig und unklar meistens zum Ausdruck gekommen. Während Tertullian den unvermischten Fortbestand der göttlichen und menschlichen Natur in Christo lehrte, [3]

---

[1] Cyr. adv. Nestor. Mg. 76, 20 d; ad Nestor. Mg. 77, 45 b.
[2] Petav. III. 2, 8; Stentrup l. c. p. 671 f.
[3] Tertull. adv. Prax. 27 „videmus duplicem statum, non confusum, sed coniunctum in una persona, Deum et hominem Jesum.

findet sich bei Origenes,[1] Athanasius[2]) und den drei
Kappadoziern als terminus der Vereinigungsart die Ver-
mischung,[3]) die Vereinigung κατ' οὐσίαν, dem Wesen nach.[4])
Auf diese Ausdrücke beriefen sich dann später die Nestorianer, um die Väter als Apollinaristen hinzustellen und
ihre eigene Lehre von der vollständigen Trennung der
Naturen in Christo als die allein annehmbare darzuthun.
Auch die Monophysiten beriefen sich auf diese Väter als
Zeugen ihrer Rechtgläubigkeit. Alle diese Väter aber
haben in ihren terminis nichts weniger als an eine das
Wesen der Gottheit und Menschheit vermischende Vereinigung gedacht. Es fehlte ihnen eben ein Ausdruck,
wie Cyrill ihn aufgestellt hat, um die Innigkeit der Verbindung der menschlichen Natur mit dem göttlichen Logos
klar zu legen. Sie glaubten eben, keine zutreffendere
Redeweise gebrauchen zu können, als den Ausdruck Vermischung, nicht ahnend, in welch verkehrtem Sinne ihnen
diese Bezeichnung ausgelegt werden sollte. Cyrill nimmt
deshalb diese Väter gegen Nestorius in Schutz und sagt:
„Den Namen Mischung (κράσεως ὄνομα) haben auch einige
von den Vätern gebraucht; da du (Nestorius) nun sagst,
du fürchtetest dich, dabei an eine Vermischung (ἀνάχυσις)
nach Art von Flüssigkeiten zu denken, die sich unter einander verlieren, so will ich dich von dieser Furcht befreien. Denn nicht so haben jene geglaubt. Sie haben
den Ausdruck nicht gut gebraucht (κατακέχρηνται), indem sie
die höchste Vereinigung von Sachen zu zeigen suchten,
welche mit einander zusammenkommen (τὴν εἰς ἄκρον ἕνωσιν
τῶν ἀλλήλοις συμβεβηκότων). Wir sagen aber, dass der Logos
in unzertrennliche und unveränderliche Einigung (καθ' ἕνωσιν
ἀδιάσπαστον καὶ ἀναλλοιώτως ἔχουσαν) mit dem eigenen Fleische
zusammengegangen ist. Wir finden aber, dass auch die
hl. Schrift die Ausdrucksweise nicht allzu ängstlich nimmt,

---

[1]) Orig. c. Cels. III, 41 (ἕνωσις καὶ ἀνακράσις).
[2]) Cyr. hom. pasch. 8 Mg. 77, 572 a (ὁ τῆς ἀνακράσεως τρόπος).
[3]) Greg. Naz. orat. 2, 23 (ἡ καινὴ μίξις): Greg. Nys. c. Eunom.
V (ἀνακραθεῖσα πρὸς τὸ θεῖον).
[4]) Greg. Naz. ep. 101 p. 86.

sondern vielmehr gleichsam missbräuchlich und einfach.
Paulus (Hebr. 4, 2) sagt: „Nicht hat das gehörte Wort
ihnen genützt, weil sie nicht mit dem Gehörten den Glauben verbanden (μὴ συγκεκραμμένους)." „Sind nun also die,
von denen er redet, auf deine Art und Weise zu vermischen, indem sie, wie etwa der Wein mit dem Wasser,
sich einer Vermischung der Personen unter einander unterziehen, oder sind sie nicht vielmehr dem Geiste nach zu verbinden, wie es in der Apostelgeschichte (4, 32) heisst, dass
unter der Menge der Gläubigen ein Herz und eine Seele war?
Höre also auf zu fürchten, denn gar zuverlässig ist der
Verstand der hl. Männer." [1]) Wenn wir nun auch in den
Cyrillschen Schriften selbst ähnliche auf Vermischung lautende Ausdrücke lesen, so wissen wir nach obigem, dass
Cyrill damit nur die Innigkeit der Vereinigung hat ausdrücken wollen, ohne eine thatsächliche Vermischung zu
behaupten. Denn gegen diese spricht er sich an zahlreichen Stellen entschieden aus besonders in den Schriften
gegen Nestorius, während er in den früheren gleich den
Vätern von κρᾶσις etc. redet. So schreibt er: „Es ist ein
Sohn aus beiden, indem sowohl die göttliche als menschliche Natur auf unaussprechliche, geheimnisvolle und unfassbare Weise in Eins (εἰς ἕν) zusammengeführt sind." [2])
Monophysitisch klingt hier zwar das εἰς ἕν, wie dasselbe
mehrmals bei Cyrill zu lesen ist. Aber auch wenn wir
nicht an eine Fälschung von monophysitischer Hand, die
sehr leicht ein εἰς ἕνα in εἰς ἕν umändern konnte, [3]) glauben
wollen, so können wir selbst in dem Falle, dass Cyrill
wirklich εἰς ἕν geschrieben hat, ihn doch nicht des Monophysitismus beschuldigen, weil er mit dieser Form die
denkbar innigste Vereinigung bezeichnen wollte. Zudem
fügt Cyrill obiger Stelle sofort als Erklärung bei: „Nicht

[1]) Cyr. adv. Nestor. Mg. 76, 33 b c.
[2]) Cyr. de s. s. Trinit. Mg. 75, 693 a.
[3]) Harnack sagt: „Das Fälschen von Akten war im 5—7. Jahrhundert eine wichtige Waffe zur Verteidigung des Heiligen". II, 371 n. 4; Leont v. B. Mg. 86, 1948 a; Cyr. ad Succ. 77, 236 d.

aber sagen wir, dass der Gottlogos in die Natur des
irdischen Fleisches oder in das Fleisch des Logos selbst
verwandelt sei. Ich müsste gestehen, dass dieses höchster
Wahnsinn wäre. Obgleich beides in seiner eigenen Existenz-
weise bleibt (ἑκατέρου δὲ ὥσπερ ἐν ἰδίῳ μένοντος ὅρῳ τε καὶ λόγῳ),
so bezeichnet der Name συμβασις den Zusammenlauf zur
höchsten und unzertrennbaren Einheit." [1] „Er selbst ist
einer in einer einzigen Vereinigung (in unica adunatione), in
welcher freilich die Naturen mit sehr grossem Unterschiede
unterschieden werden; dennoch aber laufen dieselben in
Christo in einer unvermengten und unlösbaren Vereinigung
zusammen." [2] Da nach der Lehre des Nestorius das Objekt
der Vereinigung ein anderes war, nämlich der von Mariä geborene Mensch, nach Cyrill aber die aus Maria angenommene
menschliche Natur, so musste in beiden Fällen auch die
Art und Weise der Vereinigung eine andere sein. Die
Vereinigung nach Nestorius war eine lose, lockere, bloss
in der Vorstellung bestehende Verknüpfung (συνάφεια) zweier
Hypostasen, die ihre Einheit in dem moralischen Verhältnis zu einander (ἕνωσις σχετική), in der gleichen Gesinnung
und Würde suchten, wie schon früher ausführlicher dargethan wurde. Dieser nestorianischen Vereinigung entgegen betont Cyrill nun die denkbar innigste Verbindung
zwischen dem ἀνθρώπινον, der ἀνθρωπότης und der Hypostase
des Logos, jedoch ohne apollinaristische Vermischung von
zwei so grundsätzlich verschiedenen Substanzen.

Der terminus ad quem, das persönliche Ziel der Vereinigung, der aufnehmende Träger für die Menschheit
Christi ist der Gottlogos. Nicht konnte die Vereinigung
der menschlichen Natur mit der göttlichen in abstracto,
sondern nur in concreto erfolgen, d. h. mit der göttlichen
Natur des Logos, mit diesem selbst. „Es gehört zu den
Unmöglichkeiten," sagt Cyrill, „dass etwas Geschöpfliches
zur Natur der Gottheit aufsteige." [3] „Denn die göttliche

---

[1] Cyr. de ss. Trinit. Mg. 75, 693 b.
[2] Cyr. fragm. Mg. 76, 1431 b.
[3] Cyr. fragm. Mg. 76, 1433 a.

Natur ist unzugänglich (ἀσύμβατος) für das Geschaffene." [1]
„Der Logos wollte den Tod dem Fleische nach erleiden,
denn in seiner eigenen Natur erträgt er nichts." [2] „Unmöglich konnte er zu jener unaussprechlichen, unermess-
lichen, über Gedanken und Worte erhabenen Wesenheit
(οὐσία) irgend einen Zusatz von seiten einer ihr fernstehen-
den und von ihr verschiedenen Natur erfahren. Denn sie ist
in sich selbst vollkommen und keiner Verminderung unterworfen . . . . Eitel ist daher die Meinung derer, die da
behaupten, der Körper habe durch eine Vermischung oder
Wesensteilnahme (συνουσίαν) in der Natur der hl. Dreifaltigkeit einen Platz gefunden. So glauben wir nicht. Wir
sagen, dass das eingeborene Wort Mensch geworden, nicht
so, dass es seine eigene Natur ins Fleisch verwandelt
hätte, sondern, dass es das Fleisch aus der hl. Jungfrau
genommen hat und mit demselben Fleische wiederkommen
wird." [3] Somit ist also die menschliche Natur nicht vereinigt worden mit der göttlichen überhaupt, die allen drei
Personen gemeinsam ist, sondern mit der göttlichen Natur
des Logos, mit dem Logos selbst. Cyrill lehrt eine solche
persönliche Vereinigung, d. h. eine Einpersonierung der
menschlichen Natur in die göttliche Hypostase des Logos,
nicht eine solche εἰς μίαν φύσιν τῆς θεότητος. Wer die Schriften
Cyrills mit einiger Aufmerksamkeit liest, wird dieses zugeben
müssen. Insofern also sind die als verfänglich geltenden
Ausdrücke, ἕνωσις φυσική, οὐσιωδής, κατὰ φύσιν, οὐσίαν soweit sie
bei Cyrill vorkommen, durchaus nicht mit monophysiti-
schem Auge anzusehen, weil Cyrill zu dem auch das
Wort φύσις im Sinne von ὑπόστασις als Person gebraucht.
Ἕνωσις φυσική, κατὰ φύσιν (Mg. 76, 1220 b) bedeutet dann dasselbe, wie ἕνωσις καθ' ὑπόστασιν und umgekehrt. Cyrill nennt
ausdrücklich die Person des Logos als terminus der Vereinigung, wie in σῶμα ἑνωθὲν τῷ Λόγῳ [4]), σάρκα ἑνώσας ὁ Λόγος

[1]) Cyr. de rect. fid. Mg. 76, 1272 c.
[2]) Cyr. in Is. Mg. 70, 1052 b.
[3]) Cyr. adv. Anthropomorph. Mg. 76, 1117 a b.
[4]) Cyr. Mg. 70, 222 b; 72, 484 c; 73, 577 b; 76, 61 a, 64 a, 65 a,
    89 c, 92 a, 108 b, 1117 a, 1177 a.

ἑαυτῷ καθ᾽ ὑπόστασιν [1]), ταύτην (φύσιν) εἰς ἑαυτὸν προσλαβόμενον [2]). ἴδιον ποιησάμενος σῶμα [3]) oder τὸν ἑνωθέντα τῷ Λόγῳ ναόν. [4]) Auch zur μία φύσις σεσαρκωμένη setzt er den Träger hinzu, Θεοῦ Λόγου, und lässt die göttliche Natur des Logos auch als σεσαρκωμένη das bleiben, was sie vorher war. Μεμένηκεν ἡ τοῦ Λόγου τοῦθ᾽ ὅπερ ἐστὶ καὶ ἐνωθεῖσα σαρκί. [5]) Somit dürfte der im folgenden noch näher zu erörternde terminus μία φύσις τοῦ Θεοῦ Λόγου σεσαρκωμένη nach dem Sinne Cyrills sich ungefähr decken mit εἷς Λόγος σεσαρκωμένος. Der vereinigende Λόγος und das Ziel der Vereinigung, ἑαυτῶ, πρὸς τὸν Λόγον, [6]) sind identisch, sind eins (ἕν). Schon in einer seiner vornestorianischen Schriften drückt Cyrill die persönliche Vereinigung klar und deutlich aus. „Der Gottlogos zeigt Gottheit und Menschheit vereinigt in sich (θεότητά τε καὶ ἀνθρωπότητα ἡνωμένα ἐν ἑαυτῷ) und verknüpft (συνείρων nicht ἑνῶν) uns durch sich mit Gott dem Vater." [7]) In diesen Worten unterscheidet Cyrill die physische Vereinigung der menschlichen Natur mit dem göttlichen Logos von der moralischen Einheit der Menschen mit Gott, die durch die Menschwerdung erfolgt ist. [8]) Cyrill nennt ferner geradezu im Gegensatz zu der göttlichen Natur in abstracto den Träger der angenommenen menschlichen Natur. „Wir halten daran fest, dass nicht die nackte und reine Gottheit, sondern den Logos aus Gott verbunden dem Fleische (ἑνωθέντα σαρκί) die Jungfrau geboren hat, welche dazu als Werkzeug erwählt war, den mit dem Fleische Vereinigten zu gebären." [9]) Demnach war also schon vor der Geburt das Fleisch mit der Person des Logos verbunden. Die Lehre Cyrills von der Vereinigung der menschlichen Natur mit der Person des Logos haben wir schon früher erwähnt, als von dem

---

[1]) Cyr. Mg. 77, 45 b, 88.
[2]) Cyr. Mg. 76, 257 b.
[3]) Cyr. Mg. 77, 28 c d.
[4]) Cyr. Mg. 74, 1005 c.
[5]) Cyr. adv. Nest. Mg. 76, 334.
[6]) Cyr. hom. pasch. 17 Mg. 77, 785 b.
[7]) Cyr. de ss. Trin. Mg. 75, 693 c.
[8]) Cyr. adv. Nestor. Mg. 76, 108 d.
[9]) Cyr. hom. pasch. 17 Mg. 77, 777 c; ad Mon. Mg. 77, 28 b.

Subjekt der Menschwerdung die Rede war; sie wird uns auch im folgenden des öfteren noch begegnen.

Was den Grad der Innigkeit und Unzertrennlichkeit betrifft, mit der die beiden unvermischt fortbestehenden Naturen in der einen göttlichen Hypostase verbunden sind, so drückt Cyrill dem Nestorius gegenüber diesen aus durch verschiedene termini, besonders durch ἔνωσις καθ᾽ ὑπόστασιν, κατὰ φύσιν, φυσική. Gehen wir nun auf diese Vereinigungsausdrücke näher ein. Cyrill gebraucht das Wort

Σύνοδος

als ein Zusammengehen der menschlichen Natur mit dem göttlichen Logos. „Ein wirkliches Zusammengehen hat stattgefunden, als der Logos den Leib mit sich vereinigte und doch blieb, was er war." [1] „Es war ein und derselbe in dem Zusammentreten von Gottheit und Menschheit." [2] Cyrill gebraucht σύνοδος mit ἔνωσις gleichstehend, wenn auch nicht so oft; meist fügt er zu σύνοδος hinzu τῆς ἑνώσεως oder εἰς ἕνωσιν. [3]

Σύμβασις

ein Synonymon von σύνοδος. [4] „Gottheit und Menschheit sind mit einander zusammengetreten." [5] „Das Eingeborensein ist auch der Menschheit eigen geworden, weil sie mit dem Logos vereinigt war gemäss des Zusammengehens in der Menschwerdung (κατὰ σύμβασιν οἰκονομικήν)" [6]

Συνδρομή

εἰς ἑνότητα, ein Zusammenlauf zur Einheit. Mit diesem Synonymon will Cyrill vielleicht mehr, als mit den genannten, die Innigkeit der Vereinigung bezeichnen, worauf auch die hinzugefügten Epitheta deuten. Die Naturen eilen gleichsam aufeinander zu, als gehörten sie zusammen.

---

[1] Cyr. adv. Nestor. Mg. 76, 65 a.
[2] l. c. 104 c.
[3] Cyr. in Joh. Mg. 74, 548 d, 557 d; Petav. III, 2, 5.
[4] Cyr. de ss. Trin. Mg. 75, 693 b.
[5] Cyr fragm. in ep. ad Hebr. Mg. 74, 1005 b; adv. Nest. Mg. 76, 61 a, 65 b.
[6] Cyr. de rect. fid. Mg. 76, 1177 a, 1192 a, 1173 d; ad Acac. Mel. Mg. 77, 192 c; adv. Nest. Mg. 76, 92 a, 60 c; Petav. III, 2, 6.

Trotzdem aber bleibt jede in ihrem Wesensbestande.
„Nicht wesensgleich ist der Leib dem Logos aus dem
Vater, aber eins durch den Zusammengang und unbegreif-
lichen Zusammenlauf". [1]) „Wir behaupten, dass irgend ein
Zusammengang und ein sprachlich nicht wieder zugebender
Zusammenlauf zur (persönlichen) Einheit der ungleichen
und unähnlichen Naturen statt gefunden hat." [2])

Ἀνάληψις und Πρόσληψις,

Auf- und Dazunahme. Während die bisher genannten termini mehr die bei der Vereinigung wirkenden Thätigkeiten
der beiden Naturen zum Ausdruck brachten, wird durch
die ἀνά- und πρόσληψις der vereinigende Logos mehr in den
Vordergrund gestellt. Der Gebrauch beider Worte ist bei
Cyrill sehr häufig. Er verbindet damit aber, wie Ehrhard
sagt, stets den abstrakten Ausdruck σάρξ, τὸ ἀθρώπινον. [3])
Den nestorianischen Ausdruck ἄνθρωπον λαβεῖν verwirft Cyrill.
Das σαρκωθῆναι und ἐνανθρωπῆσαι des Logos bedeutet nicht,
sagt er, ἄνθρωπον προσλαβεῖν ὡς ἐν συναφείᾳ. [4]) Andere, nicht so
häufig gebrauchte Ausdrücke für die Vereinigung sind
συνδεῖσθαι [5]), συμφέρεσθαι [6]), καθηκέναι ἑαυτόν [7]), συμπλοκή [8]), σάρκα περι-
εβάλλετο [9]). Manche dieser termini lässt Cyrill später aber
nicht mehr gelten, [10]) weil sie die Innigkeit der Verbindung
zu wenig betonen. Ein anderer Verbalausdruck ist ἀρχικα-
σάμενος ὥσπερ καὶ τὴν ἡμετέραν φύσιν. [11]) Eine ungenaue Bezeich-

---

[1]) Cyr. de ss. Trin. Mg. 75, 693 b, 1032 d; in Luc. Mg. 72,
484 c; in Joh. Mg. 73, 577 b; in Hebr. Mg. 74, 1005 c; adv.
Nest. Mg. 76, 109 c; Petav. III, 2, 5.

[2]) Cyr. de rect. fid. Mg. 76, 1157 a, 1168 d; ad Nest. Mg. 77,
45 c.

[3]) Cyr. adv. Nest. Mg. 76, 121 d, 84 d; de rect. fid. Mg. 76,
1300 b; ad Nest. Mg. 77, 48 c; c. Jul. Mg. 76, 1012 a; apolog.
c. Orient. Mg. 76, 372 d; ad Valer. Mg. 77, 257 d.

[4]) Cyr. Schol. Mg. 75, 1385 a.

[5]) Cyr. adv. Nest. Mg. 76, 64 b, 89 a; hom. pasch. 17 Mg. 77, 776 a.

[6]) Cyr. adv. Nest. Mg. 76, 108 b; de s. s. Trin. Mg. 75, 693 c;
in Joh. Mg. 73, 577 b; ad Mon. Mg. 77, 29 b.

[7]) Cyr. adv. Nest. Mg. 76, 89 c; de rect. fid. Mg. 76, 1189 a.

[8]) Cyr. de incarn. Unig. Mg. 75, 1253 a; hom. pasch. 17 Mg. 77,
776 a; de ador. Mg. 68, 636 a.

[9]) Thesaur. Mg. 75, 289 d.

[10]) Cyr. de rect. fid. Mg. 76, 1197 c.

[11]) Cyr. ad Succ. Mg. 77, 240 b; adv. Nol. conf. Mg. 76, 264 b;
ad Mon. Mg. 77, 24 c.

nung aus vornestorianischer Zeit ist διά τὸ ἐν σχέσει φυσικῇ συναφές. [1]

Ἐνοίκησις, Κατοίκησις.

Diese Ausdrücke gebraucht Cyrill selten, [2] weil sie nestorianischen Klang und solche Färbung hatten. Cyrill bezeichnet dieselben geradezu als nestorianisch und bekämpft die häretische Ansicht, welche aus der Menschwerdung eine blosse Einwohnung macht. [3] Die Nestorianer beriefen sich auf zwei Stellen der hl. Schrift, wo dieser Ausdruck gebraucht ist. Cyrill erklärt dieselben. „In Christo,“ sagt er, „ist die höchste, wahre Vereinigung erfolgt. Wenn man aber sagt, Christus habe unter uns oder in uns gewohnt, so gilt das nur von einer beziehungsweisen, moralischen Einwohnung, nicht aber, wenn man sagt, Gott habe in Christo gewohnt. Denn es hat in ihm alle Fülle der Gottheit leibhaftig gewohnt, nicht durch Teilnahme oder moralische Beziehung, wie etwa die leuchtende Sonne oder das Feuer die ihm eigene Wärme andern mitteilt, sondern so zu sagen, indem die wahre und echte göttliche Natur selbst in allem, was sie ist, sich die Einwohnung macht durch eine wahre Vereinigung in dem Tempel, der aus der Jungfrau geboren ist. So ist Christus nur einer und wird als solcher auch geglaubt.“ [4] „Wenn Paulus schreibt, dass in ihm die ganze Fülle der Gottheit gewohnt habe, nicht durch Mitteilung (μεθεκτῶς) oder Beziehung (σχετικῶς) oder in Form von Gnade (ἐν δόσει χάριτος), sondern leibhaftig (σωματικῶς), was wesenshaft (οὐσιωδῶς) bedeutet, so will er damit das Wohnen des Logos im hl. Fleische oder die wahre Vereinigung bezeichnen, wie man auch sagt, dass im Menschen sein Geist wohne. Dieser ist aber doch nicht ein anderer, als jener selbst. Es geschieht oft in der Rede, dass man nur e i n e Person meint, und doch so spricht, als ob es zwei Personen wären (διπρόσωπον).“ [5]

---

[1] Cyr. de ss. Trin. Mg. 75, 853 a; Ehrhard l. c. p. 72 n. 2.
[2] Cyr. in Is. Mg. 70, 973 b; Petav. III, 3, 12.
[3] Ehrhard p. 33.
[4] Cyr. Schol. Mg. 75, 1398 a b; apolog. c. Theodoret. Mg. 76, 421.
[5] Cyr. de rect. fid. Mg. 76, 1364 a b.

Gegen Nestorius schreibt Cyrill betreffs der genannten
Ausdrücke: „Nicht sagen wir, dass der Gottlogos in dem
Sohne der hl. Jungfrau, wie in einem Tempel, gewohnt
habe, damit Christus nicht als ein Gott tragender Mensch
erscheint, [1]) und wenn auch die hl. Schrift sagt, dass der
Logos unter uns gewohnt hat, und dass die ganze Fülle
der Gottheit leibhaftig in Christo wohne, so hat er doch
nicht so in ihm gewohnt, wie in den Heiligen, sondern
der Natur nach vereinigt (ἑνωθεὶς κατὰ φύσιν), nicht ins Fleisch
verwandelt, schuf er sich eine solche Einwohnung, wie sie
auch die Seele des Menschen in Bezug auf ihren eigenen
Leib hat." [2]) Cyrill weist den Nestorius darauf hin, dass
es auch vom Vater und vom hl. Geiste heisse, dass sie
im Menschen Wohnung nehmen oder in ihm wohnen.
„Soll man da denn annehmen, dass auch sie das Heilswerk
der Menschwerdung (τῆς ἐνανθρωπήσεως οἰκονομίαν) vollbracht
haben, welches wir doch nur dem Sohne zuschreiben? Also
fort mit derartigen Vorstellungen!" [3]) „Wir sagen, dass
die Vereinigung geschehen ist, indem der Logos leibhaftig
in dem aus der Jungfrau genommenen Tempel wohnte." [4])
Cyrill lässt hier den Ausdruck Einwohnung für Vereinigung
gelten, aber er schliesst die nestorianische Deutung dadurch
aus, dass er das Wort Tempel gebraucht, mit dem er sonst
den Leib Christi und die menschliche Natur bezeichnet,
nicht aber eine menschliche Person. Durch das hinzuge-
fügte „Leibhaftig" will er die Innigkeit der Vereinigung
ausdrücken. Auch noch an vielen anderen Stellen weist
Cyrill die nestorianische Vorstellung von der ἐνοίκησις zurück,
auf die hinzuweisen genügt. [5]) Die infolge der ἐνοίκησις des
Logos in dem Menschen Jesus entstandene Zweipersönlichkeit, welche Nestorius zwar auch als δύο φύσεις bezeichnet,

[1]) Cyr. anathem. 5.
[2]) Cyr. ad Nest. Mg. 77, 112 a b.
[3]) Cyr. ad Mon. Mg. 77, 24 c f; schol. Mg. 75, 1392 b f; adv.
    Nestor. Mg. 76, 172 b c; adv. Nol. conf. Mg. 76, 257 c, 264 b,
    284 d; de rect. fid. Mg. 76, 1169 a.
[4]) Cyr. in Hebr. Mg. 74, 1005 a.
[5]) Cyr. adv. Nest. Mg 76, 33 a, 60 d, 176 d, 177 d; de rect. fid.
    Mg. 76, 1401 e; schol. Mg. 75, 1887 a b, 1391 d; apolog. c
    Theod. Mg. 76, 397 b.

in Wirklichkeit aber als δύο ὑποστάσεις, πρόσωπα auffasst, verbindet dieser zur Einheit durch die συνάφεια, welcher Cyrill seine ἕνωσις καθ' ὑπόστασιν, φυσική entgegenstellt.

Συνάφεια

Verknüpfung, Zusammenknüpfung durch freundschaftliche Beziehung. [1]) In der συνάφεια liegt der Gedanke an eine äussere Verkettung, wie auf geistigem Gebiete die Vorstellung einer freundschaftlichen, brüderlichen, ehelichen Gesinnungs- und Willenseinheit ausgedrückt. Cyrill bezeichnet sie als ὁμοψυχία und τὸ ἐγγὸς ἐν σώματι. [2]) Die συνάφεια lässt die zusammengeknüpften Objekte in ihrer Subsistenz bestehen, verbindet sie aber zu einem moralischen Ganzen. So fassten die Nestorianer die Vereinigung des Göttlichen und Menschlichen in Christo auf und gaben dieser Verbindung durch den terminus συνάφεια Ausdruck, oder wie sie Cyrill bezeichnet, als ἐν προσώποις ἕνωσις. [3]) Das Wort συνάφεια ist auch in den Schriften Cyrills zu lesen, aber nur als Bezeichnung der äusseren Verbindung zweier Gegenstände und Wesen [4]), ferner für unsere Verbindung und Beziehung zu Gott und Christo [5]), für die Beziehung des Sohnes und hl. Geistes zum Vater [6]), für die Vereinigung von Seele und Leib. [7]) „Von der Vereinigung des Logos mit der menschlichen Natur," sagt Ehrhard, „fand ich den Ausdruck nur einmal, und zwar mit dem Zusatze καθ' ἕνωσιν und der Erklärung πρὸς σάρκα συνδρομή." [8]) Diese Stelle finden wir in der vornestorianischen Schrift de ss. Trinit. (Mg. 75, 1032 d). „Dass aber," so übersetzt Hayd diese Stelle, „der Sohn vor der Verbindung mit dem Fleische und vor der Vereinigungsehe Herr war, können wir leicht sehen . . ." [9]) Es

[1]) Petav. III, 3, 4—7.
[2]) Cyr. adv. Nestor. Mg. 76, 84 c.
[3]) Cyr. de adorat. Mg. 68, 637 b c; thes. Mg. 75, 284 b.
[4]) Cyr. de rect. fid. Mg. 76, 1300 d.
[5]) Thes. Mg. 75, 284 b, 289 b, 577.
[6]) l. c. 504 a c, 577 b c, de s. s. Trin. Mg. 75, 853 c d.
[7]) Cyr. in Ps. 8 Mg. 69, 760 c.
[8]) Ehrhard, p. 72; Petav. III, 2, 7.
[9]) Hayd, Ausgew. Schriften d. hl. Cyrillus . . . nach dem Urtext übersetzt, p. 385.

wird wohl niemandem einfallen, aus dieser vereinzelten
Stelle dem Cyrill Nestorianismus nachweisen zu wollen.
Wir werden sehen, wie entschieden und als antichristologisch
Cyrill die nestorianische συνάφεια verwirft und seine ἕνωσις
καθ' ὑπόστασιν verteidigt. „Wenn jemand," so lautet der dritte
Anathematismus, „nach der Vereinigung (ἕνωσιν) in dem
einen Christus die Hypostasen trennt, dieselben nur ver-
knüpfend durch das Band der Würde, des Ansehens, der
Macht, und nicht vielmehr durch den Zusammengang zur
physischen Einheit, a. s. (μόνῃ συνάπτων αὐτὰς συναφείᾳ . . .)." [1]
„Es ist ein Christus, Sohn, Herr," schreibt Cyrill an Nestorius, „nicht aber so, als wenn ein Mensch zu Gott Verbindung hat (συνάφειαν) durch die Einheit der Würde. Denn
nicht vereinigt die Ehrengleichheit die Naturen. Auch
Petrus und Johannes sind als Apostel und Schüler sich an
Ehre gleich, aber die zwei sind doch nicht einer (οὐχ εἷς οἱ
δύο). Weder denken wir uns die Weise der Vereinigung
nach Art einer Danebenstellung (κατὰ παράθεσιν), denn das
genügt nicht zur physischen Vereinigung, noch auch nach
Art einer moralischen Anteilnahme (κατὰ μέθεξιν σχετικήν) [2],
wie wir mit dem Herrn vereinigt sind und eines Geistes
mit ihm werden (1 Cor. 6, 17). Wir weisen deshalb das
Wort συνάφεια zurück, weil es nicht genügend die Vereinigung ausdrückt." [3] „Die Art und Weise der συνάφεια beruht
in der einfachen und alleinigen Benennung oder Gleichnamigkeit." [4] „Denn was einem anderen nur σχετικῶς verbunden ist, das wird nicht als eins (ἕν) gedacht." [5] „Denn
wie zwei Herrscher, welche dasselbe Ansehen haben, nicht
eine (εἷς), sondern zwei Personen sind, so lässt das „Jemandem an Würde gleich sein" bei völliger Trennung der
Naturen oder Hypostasen nicht eine, sondern zwei Personen

---

[1] Cyr. Mg. 77, 120 c.
[2] Cyr. adv. Nestor. Mg. 76, 84 a.
[3] Cyr. ad Nest. Mg. 77, 112 b e; adv. Nest. Mg. 76, 65 b. 89 d.
117 b; explic. Mg. 76, 300 e; apolog. c. Theod. Mg. 76, 405 b;
schol. Mg. 75, 1385 a.
[4] Cyr. adv. Nest. Mg. 76, 92 b. 93 b c.
[5] l. c. 93 a.

zu. Zur wahren Vereinigung aber genügt es nicht, zu sagen, dass ein Mensch durch Ehrengleichheit Gott verbunden sei."[1] Nur in dem Falle will Cyrill die συνάφεια des Nestorius gelten lassen, wenn er sie im Sinne von ἕνωσις fasst, wenn er sagt, dass der Leib auf unaussprechliche Weise mit Gott verbunden sei (συνῆφθαι Θεῷ τὸ σῶμα), dann sei die Vereinigung auch nach ihm eine durchaus wahre[2]), oder wenn er συνάφεια fassen wolle als ἑνότης und καθ' ὑπόστασιν.[3] Auch im elften Anathem verwirft Cyrill das Wort συνάφεια im Sinne von Nestorius.[4] An anderer Stelle sagt Cyrill: „Wenn der Logos im wahren Sinne Mensch und Fleisch geworden ist, so muss man auch glauben, dass er Mensch sei, und ihn sich nicht denken als einen, der mit irgend einem Menschen gemäss der Einwohnung allein oder eines äusseren Verhältnisses verbunden sei, was du (Nestorius) συνάφεια nennst[5]), die als eine äusserliche (θύραθεν, ἔξωθεν) oder moralische (σχετική) gedacht wird.[6] Und wenn du die Vereinigung eine äussere oder beziehungsweise nennst, merkst du da nicht, dass Gott auch in uns ist, und wir mit ihm in gewisser Beziehung verbunden und seiner göttlichen Natur teilhaftig geworden sind? Also werden auch wir mit jenem Gotte von Natur Götter sein und heissen, und es wird sich auch vor uns jedes Knie beugen."[7]

Dieser synaphistischen Verbindung stellt Cyrill seine ἕνωσις gegenüber, um zu zeigen, dass in Christo trotz der Annahme der menschlichen Natur das Prinzip der persönlichen Einheit gerade so unversehrt blieb, wie auch die göttliche Natur durch die Menschwerdung keine Veränderung erlitt. Dieses drückt das Wort ἕνωσις und ἑνότης

---

[1]) Cyr. de rect. fid. Mg. 76, 1397 d f.
[2]) Cyr. adv. Nest. Mg. 76, 96 b.
[3]) l. c. 84 d.
[4]) Cyr. explic. Mg. 76, 312 a b; apolog. c. Orient. Mg. 76, 372 b f; c. Theod. Mg. 76, 417 b f.
[5]) Cyr. adv. Nest. Mg. 76, 33 a, 36 d, 60 a.
[6]) l. c. 60 d, 108 d; apolog. c. Theod. Mg. 76, 397 c; ad Acac. Mel. Mg. 77, 193 d.
[7]) Cyr. adv. Nest. Mg. 76, 108 d.

schon an sich aus [1]) ohne weitere Zusätze, wie sie Cyrill zur graduellen Steigerung der Vereinigung beifügt.

Ἕνωσις, Ἑνότης.

Vereinigung, Einheit. Cyrill definiert ἕνωσις, indem er sagt: „Wenn von ἕνωσις die Rede ist, so wird damit die Vereinigung nicht eines Dinges bezeichnet, sondern zweier oder mehrerer, welche der Natur nach von einander verschieden sind. Wenn wir also ἕνωσις sagen, so bekennen wir damit die Vereinigung vom Logos und dem vernünftig beseelten Fleische. So denken die, welche von zwei Naturen sprechen." [2]) Ueber die verschiedenen Arten von Vereinigung sagt er: „Der Gang der Vereinigung kann auf viele Arten erfolgen. Die, welche in Gesinnung, Willen und Meinung verschieden und getrennt sind, werden auf dem Wege freundschaftlichen Zusammengehens geeinigt (σύμβασιν φιλικήν), indem die Spannung beseitigt wird. Geeint nennen wir auch das Zusammengeleimte (κολλώμενα) oder das, was auf die mannigfachste Weise zusammengebracht wird, sei es durch Danebenstellen, sei es durch Vermengung und Vermischung. So oft wir aber sagen, dass der Logos mit unserer Natur vereinigt sei, da übersteigt die Art der Vereinigung das menschliche Denken. Denn nicht ist sie (die ἕνωσις οἰκονομική [3]) auf irgend eine der genannten Arten erfolgt. Sie ist unaussprechlich und niemandem bekannt, ausser Gott allein, der alles weiss. Kein Wunder, wenn wir hier mit unserer Denkkraft unterliegen. Müssen wir doch bei dem Forschen nach dem Wesen der geschöpflichen Dinge schon bekennen, dass das Begreifen über unseren Verstand geht. Auf welche Weise sollen wir denken, ist die Seele des Menschen mit ihrem eigenen Leibe vereinigt? Wer kann das sagen?" [4]) Dementsprechend bezeichnet

---

[1]) Cyr. apolog. c. Theod. Mg. 76, 428 a ἵνα γὰρ δείξωσιν ἥ νωσιν καὶ τὸ διαιρεῖν εἰς δύο παραιτούμεθα; Euthym. Zig. definiert: Ἕνωσις ἐστι διεστώτων πραγμάτων κοινωνικὴ συνδρομή, Mg. 130, 249 c.

[2]) Cyr. ad Eulog. Mg. 77, 225 d.

[3]) Cyr. apolog. c. Theod. Mg. 76, 398 d; hom. pasch. 17 Mg. 77, 776 a; de incarn. Unig. Mg. 75, 1225 d.

[4]) Cyr. Schol. Mg. 75, 1376 e f; über die verschiedenen Arten

Cyrill — denn die Incarnation ist Gottes-, nicht Menschen-
werk, also Geheimnis — die ἕνωσις, wie sie in der Menschwerdung stattgefunden hat, als einzig dastehend (ξένως [1]),
nur Gott bekannt [2]), den menschlichen Verstand und die
Sprache übersteigend (ὑπὲρ νοῦν) [3]), als ἀπερινόητος [4]), ἀφράστως [5]),
ἀρρήτως, ἀπορρήτως [6]), ὑπὲρ λόγον. [7]) Wenn nun Cyrill die Art
und Weise der Vereinigung dem nestorianischen Rationalismus gegenüber auch als ein unbegreifliches Geheimnis
hinstellt, so sucht er dasselbe doch näher zu erklären teils
durch attributive Bestimmungen, teils durch Vergleiche.

Eine solche Bestimmung zur ἕνωσις ist der Ausdruck
καθ' ὑπόστασιν. Diesen Terminus als nota für die Weise
der Vereinigung hat Cyrill zuerst gebraucht. Theodoret
nennt ihn einen fremdartigen (ξένην καὶ ἀλλόφυλον), der hl.
Schrift und den Vätern unbekannten Ausdruck; er selbst
kenne ihn nicht. [8]) Euthymius Zigabenus sagt: „Diese
Art der Vereinigung (ἕνωσις καθ' ὑπόστασιν) hat Cyrill zuerst
überliefert im Kampfe gegen Nestorius, welcher eine moralische Vereinigung (ἕνωσις σχετική) der beiden Naturen in
Christo lehrte. Der verwerflichen nestorianischen Vereinigung gegenüber führte Cyrill die der καθ' ὑπόστασιν ein,
durch welche zwei Naturen in eine Person, nicht in zwei
verbunden werden." [9]) Zwar ist von einer εἰς μίαν ὑπόστασιν
ἀμφοτέρων ἕνωσις die Rede in dem Buche contra Beronem,
welches dem Hippolytus zugeschrieben wird. Allein diese

der Vereinigung cfr. Euthym. Zig. Mg. 130, 249 c d oder
Petav. III, 1, 4.

[1]) Cyr. Quod unus . . Mg. 75, 1292 a.
[2]) Cyr. in Luc. Mg. 72, 912 a; explic. Mg. 76, 297 a.
[3]) Quod unus Mg. 75, 1292 a; schol. Mg. 75, 1397 a; apolog. c.
Theod. Mg. 76, 428 a.
[4]) Cyr. in Luc. Mg. 72, 912 a; in Joh. Mg. 74, 737 c; ad Nest.
Mg. 77, 45 b; hom. pasch. 8 Mg. 77, 572 a.
[5]) Cyr. de ss. Trin. Mg. 75, 693 a.
[6]) Cyr. in Joh. 74, 737 c; explic. Mg. 76, 297 a; ad Nest. Mg.
77, 45 c; ad Joh. Antioch. Mg. 77, 180 b.
[7]) Cyr. adv. Nest. Mg. 76, 96 b; apolog. c. Theod. Mg. 76, 428 a;
de rect. fid. Mg. 76, 1157 a. Vereinigt finden sich diese Ausdrücke fast alle adv. Nest. Mg. 76, 96 b c.
[8]) Cyr. apolog. c. Theodoret. Mg. 76, 400 a; Petav. III, 4, 16;
II, 3, 5.
[9]) Mg. 130, 249 c.

Schrift ist nicht echt.[1]) Auch in einer dem Athanasius
beigelegten Schrift de incarnatione Verbi findet sich der
terminus ἕνωσις καθ' ὑπόστασιν. Auch diese Schrift ist als unecht anzusehen.[2]) Cyrill ist der erste, der diese Formel
in die Christologie eingeführt hat. Es fragt sich nun, wie
Cyrill das καθ' ὑπόστασιν verstanden hat. Euthymius Zigabenus sagt in Uebereinstimmung mit Cyrill, dass die Vereinigung, wie sie in der Menschwerdung stattgehabt habe,
einzig in ihrer Art darstehe und das καθ' ὑπόστασιν nur von
der Gottheit und Menschheit in Christo gesagt werde.[3])
Wir wissen, dass Cyrill die Ausdrücke φύσις und ὑπόστασις
promiscue gebraucht; darnach wären die ἕνωσις καθ' ὑπόστασιν,
κατὰ φύσιν, φυσική identische Begriffe. Petavius sagt in der
Abhandlung de Trinitate IV, 2, 3, φύσις werde in zwei Bedeutungen gebraucht, in der von οὐσία, natura und von
revera, reipsa, wirklich, nicht gedacht, nicht scheinbar; in
beiden Bedeutungen gebrauche es Cyrill. Derselbe setze
es auch oft für ὑπόστασις.[4]) Auch ὑπόστασις habe zwei Bedeutungen, die von revera, solida, die andere von Person.[5])
In ersterer Bedeutung gebrauche auch Cyrill das Wort
ὑπόστασις.[6]) Demnach würde dieser Ausdruck bei Cyrill in
drei Fassungen vorliegen, als Person, Natur und als wahr,
wirklich, nicht zum Schein. Aus dem Zusammenhange,
in welchem der terminus καθ' ὑπόστασιν bei Cyrill vorkommt,
müssen wir die Cyrillsche Auffassung desselben eruieren.
Zu dem Zwecke wollen wir hier einige Hauptstellen anführen. Zum ersten Male begegnet uns der genannte
Ausdruck im zweiten Briefe Cyrills an Nestorius.[7]) Schon
in der voraufgehenden Osterhomilie (hom. 17), sowie im
Briefe an die Mönche Aegyptens hatte Cyrill die ἕνωσις

---

[1]) Petav. III, 1, 2; III, 4, 11.
[2]) Petav. III, 4, 11; Reuter, augustin. Studien in Ztschr. für
Kirchengesch. VI, 184.
[3]) Petav. III, 1, 4.
[4]) l. c. II, 3, 5 ff; de Trin. IV, 1, 8.
[5]) Petav. de Trin. IV, 1, 5.
[6]) l. c. IV, 1, 8 f.
[7]) Mg. 77, 45 b.

und das εἰς ἑνότητα συνηνεγμένος τὴν πρὸς τὴν ἰδίαν σάρκα [1]) des Logos hervorgehoben. Aeussere Fassung aber gab er diesem Gedanken in dem καθ' ὑπόστασιν. Schon beim erstmaligen Gebrauche lässt er erkennen, was er damit sagen will. Er will mit diesem Ausdrucke kurz die Art und Weise des σαρκωθῆναι und ἐνανθρωπῆσαι zu erklären versuchen. „Nicht sagen wir, dass die Natur des Logos durch Sichselbstverwandlung Fleisch geworden, noch auch, dass sie in einen ganzen Menschen umgesetzt ist, sondern jenes vielmehr, dass der Logos mit sich das mit einer vernünftigen Seele belebte Fleisch hypostasisch vereinigt hat (ἑαυτῷ καθ' ὑπόστασιν ἑνώσας), nicht bloss dem Gefallen nach, auch nicht durch Aufnahme einer Person, sondern so, dass die an sich verschiedenen Naturen zur wahren und wirklichen Einheit zusammengeführt sind (εἰς ἑνότητα τὴν ἀληθινὴν συναχθεῖσαι φύσεις). Ein Christus ist es also aus beiden. Nicht ist der Unterschied der Naturen geschwunden wegen der Vereinigung, sondern die Gottheit und Menschheit haben vielmehr den einen Herrn Jesus Christus und Sohn wegen des unbegreiflichen Zusammenhanges zur Einheit bewirkt." [2]) Die ἕνωσις καθ' ὑπόστασιν ist eine wirkliche, unvermittelte, ganz natürliche, im Gegensatz zu der künstlich hergestellten, vermittelten Vereinigung des Nestorius. „Mag auch", so sagt Cyrill an anderer Stelle, „unsere vernünftige Natur dem Logos hypostatisch vereinigt sein, so ist sie doch nicht gleich gemacht." [3]) Die Gegner Cyrills fassten nämlich die ἕνωσις καθ' ὑπόστασιν als eine Vermischung des Menschlichen mit dem Göttlichen auf. „Ueberflüssig", so sagt Theodoret, „ist die ἕνωσις καθ' ὑπόστασιν, welche jene uns, wie ich glaube, an Stelle der κρᾶσις vorsetzen." [4]) Demgegenüber erklärt Cyrill seinen terminus. „Wir sagen, dass eine wahre Vereinigung stattgefunden hat, indem das καθ' ὑπόστασιν nichts anderes anzeigt, als dass die Natur des

---

[1]) Mg. 77, 28 d, 29 b.
[2]) Cyr. ad Nest. Mg. 77, 45 b a.
[3]) Cyr. hom. Mg. 77, 1060 d.
[4]) Cyr. apolog. c. Theodoret. Mg. 76, 400 c.

Logos oder die Hypostase, welche der Logos selbst ist, mit der menschlichen Natur in Wahrheit (κατ᾿ ἀλήθειαν) ver- einigt ist ohne Verwandlung und Vermischung, wie wir schon oft gesagt haben, und dass nur ein Christus ist, ein und derselbe Gott und Mensch."[1] Das zweite Anathem Cyrills lautet: „Wenn jemand nicht bekennt, dass der Logos aus Gott mit dem Fleische hypostatisch vereinigt ist, und dass nur ein Christus ist mit dem eigenen Fleische, ein und derselbe Gott und Mensch, a. s."[2] Cyrill stellt die ἕνωσις καθ᾿ ὑπόστασιν gegen die συνάφεια des Nestorius auf. Das lehren uns die Worte Cyrills: „Οὐκοῦν ἀναγκαίαν εἶναί φαμεν τὴν καθ᾿ ὑπόστασιν ἕνωσιν τοῦ Λόγου πρὸς τὴν σάρκα καὶ οὐχὶ δὴ μόνην τὴν ἐν προσώποις καὶ κατὰ θέλησιν ἤτοι συνάφειαν ἁπλὴν καθά φασί τινες.[3] Fassen wir die Stellen zusammen, so müssen wir sagen, Cyrill versteht unter der ἕνωσις καθ᾿ ὑπόστασιν, wie er auch selbst definiert, eine wahre, thatsächliche Ver- einigung, wie sie direkt zwischen der Person des Logos und der materiell-geistigen menschlichen Natur (mediante anima) erfolgt ist, ohne dass die Verbindung eine Ver- mischung zur Folge gehabt hätte. Die heutige, seit dem Konzil von Chalcedon 451 fixierte Bedeutung der ἕνωσις καθ᾿ ὑπόστασιν, als eine Einpersonierung der menschlichen Natur in die eine Hypostase des Logos, diesen Sinn der Formel schon dem Cyrillschen Gebrauche beizulegen, halte ich für zu gewagt. Formell hat Cyrill diese Bedeutung dem Ausdrucke nicht beigelegt, wenngleich er materiell eine persönliche Vereinigung gelehrt hat. Gegen eine derartige Fassung spricht der schwankende Gebrauch des Wortes ὑπόστασις, ferner die Hinzusetzung des terminus ad quem der Vereinigung zu καθ᾿ ὑπόστασιν, was doch sonst überflüssig wäre, so in ἑαυτῷ καθ᾿ ὑπόστασιν ἑνώσας, weiterhin der Gebrauch des Ausdrucks als Gegensatz zur συνάφεια, ἕνωσις σχετική, des Nes- torius. Will Cyrill mit καθ᾿ ὑπόστασιν einen Personenbegriff

---

[1] l. c. 401 a. Die Folge der ἕνωσις καθ᾿ ὑπόστασιν ist ein Christus.
[2] Mg. 76, 297 c.
[3] Cyr. de rect. fid. Mg. 76, 1300 a.

verbinden, so setzt er ἰδικήν hinzu. „In der physischen
Gleichheit ist der Logos aus dem Vater mit diesem eins,
wenn er auch als Person (καθ' ὑπόστασιν ἰδικήν) ein anderer
ist."[1]) Cyrill würde dann auch in der Christologie den
terminus ἐνυπόστατος von der menschlichen Natur Christi
gebrauchen, der ihm in der Trinitätslehre nicht unbekannt
war.[2]) Leontius von Byz. allerdings fasst den Cyrillschen
Ausdruck als persönliche Vereinigung; so habe ihn auch
Cyrill selbst verstanden, ὅτι καθ' ὑπόστασιν εἶπε (Κυρίλλος) γενέσθαι
τουτέστιν ἐν μιᾷ ὑποστάσει.[3]) Erst zu Chalcedon wurde mit dem
terminus der Begriff der persönlichen Vereinigung verbunden, εἰς ἓν πρόσωπον καὶ μίαν ὑπόστασιν συντρεχούσης.[4]) Mit dem
Gesagten will ich aber keineswegs behaupten, Cyrill habe
keine persönliche Vereinigung gelehrt, sondern nur, dass
er diese nicht formell mit der ἕνωσις καθ' ὑπόστασιν hat zum
Ausdruck bringen wollen.

Als identisch mit dem besprochenen terminus können
wir den von Cyrill zwar weniger gebrauchten Ausdruck
κατὰ φύσιν setzen und damit auch gleichbedeutend ἕνωσις φυσική·
οὐσιωδής ansehen. Zunächst wollen wir wiederum die Bedeutung dieser Formeln aus dem Zusammenhange kennen
lernen. Cyrill gebraucht den Ausdruck ἕνωσις κατὰ φύσιν als
identisch mit καθ' ἕνωσιν ἀληθῆ im Gegensatz zur nestorianischen συνάφεια κατ' ἀξίαν.[5]) „Der Logos ist mit dem Fleische
natürlich (κατὰ φύσιν), d. h. nicht moralisch (σχετικῶς), sondern
in Wahrheit (κατ' ἀλήθειαν) vereinigt."[6]) Cyrill beruft sich
für den Gebrauch dieses Ausdruckes auf Athanasius (κατὰ
τὴν φύσιν ἐν ταυτῷ γέγονε σύνοδος θεότητος καὶ ἀνθρωπότητος).[7]) Auch
von einer ἕνωσις κατ' οὐσίαν spricht Cyrill als einem von den
Vätern angewendeten terminus.[8])

---

[1]) Cyr. de rect. fid. Mg. 76, 1271 c.
[2]) Petav. VI, 17 anath. 2; VI, 2, 4—9; VI, 9, 14—18; Schwane,
Dogmengesch. 1869, II, 428.
[3]) de sect. VIII, Mg. 86, 1252 c; Kopall. l. c. 132, n. 2.
[4]) Petav. III, 4, 12—16.
[5]) Cyr. adv. Nest. Mg. 76, 65 a.
[6]) Cyr. c. Theodoret. Mg. 76, 405 b; de rect. fid. Mg, 76, 1157 a.
[7]) Cyr. hom. pasch. 8 Mg. 77, 572 a.
[8]) Cyr. fragm. varia Mg. 76, 1453 b.

Gehen wir weiter über zu dem Ausdrucke, welcher zu der so tiefen Verwickelung des christologischen Streites Anlass wurde, den die Orientalen in dem von Cyrill unterzeichneten Glaubenssymbol nicht aufgestellt wissen wollten, weil er ihnen trotz aller Versicherung, Veteidigung und Explication von seiten Cyrills doch zu apollinaristisch klang. Es ist das die ἕνωσις φυσική. [1] Es steht nichts im Wege, an sich den Ausdruck rein monophysitisch zu fassen als ἕνωσις εἰς μίαν φύσιν, ebenso wenig aber liegt auch anderseits ein Hindernis vor, den terminus nicht zu beziehen auf den Inhalt der Vereinigung, sondern nur auf die Form in der Bedeutung von ἕνωσις φυσικῶς, d. h. von einer Vereinigung, die sich auf ganz natürliche Weise vollzogen hat, so dass die vorher schon bestehende Einheit nicht verändert worden ist. In diesem Sinne deckt sich die ἕνωσις φυσική mit ἕνωσις καθ' ὑπόστασιν, ἀληθινή, οὐ σχετική. [2] Für uns handelt es sich nun um die Beantwortung der Frage: „Hat Cyrill den Ausdruck inhaltlich oder formell gefasst?" Schon in den vornestorianischen Schriften spricht Cyrill von einer ἕνωσις φυσική bezüglich der Trinität. [3] Es ist eine natürliche Einheit (ἕνωσις φυσική), nicht bestehend in der Verschmelzung der Hypostasen, so dass Vater und Sohn derselbe sei." In der Trinitätslehre bezieht Cyrill den terminus auf den Inhalt der Vereinigung, deren Resultat bei dem Fortbestande der drei Hypostasen die e i n e göttliche Natur (μία φύσις) ist. [4] In der Christologie legt Cyrill der ἕνωσις φυσική diese trinitarische Bedeutung nicht bei. Das ist auch nicht möglich, weil die vereinigten Naturen verschiedenen Wesens sind und infolgedessen keine Natur-, sondern nur eine Hypostaseneinheit bilden können. Der terminus kann hier nur die Form der Vereinigung bezeichnen und besagen:

---

[1] Petav. VI, 9, 16; II. 3, 12; X, 1, 13; III, 4.
[2] Petav. II, 3, 12; VI, 9, 16.
[3] Cyr. Mg. 75, 697 d.
[4] Für die Trinität ist ἕνωσις φυσική zu wenig; es ist vielmehr eine ἑνότης φυσική, eine ewige Natureinheit, ohne dass ein Akt der Vereinigung stattgefunden hat. cfr. Joh. Dam. de hym. trisag. Mg. gr. 95, 53 c.

„So natürlich der Logos von Ewigkeit her mit seiner göttlichen, allen drei Personen gemeinsamen Natur vereinigt ist, ebenso wahrhaft, natürlich, thatsächlich ist auch die Vereinigung der menschlichen Natur mit der Person des Logos in der Zeit erfolgt." Ueber dieses natürliche Verhältnis der beiden Naturen zu ihrem Träger lesen wir bei Cyrill: „Καὶ αὐτοῦ φαμεν εἶναι καὶ τὴν θεότητα, αὐτοῦ δὲ ὁμοίως καὶ τὴν ἀνθρωπότητα." [1]) In dem ὁμοίως haben wir den Beleg für das oben Gesagte. In diesem Sinne hat Cyrill die ἕνωσις φυσική in der Christologie verstanden, während seine Gegner sie im trinitarischen Sinne nahmen und Cyrill des Apollinarismus beschuldigten, als lehre er eine ἕνωσις der Gottheit und Menschheit εἰς μίαν φύσιν, zu einer gottmenschlichen Mischnatur. Cyrill betont dagegen ständig die Verschiedenheit der Naturen und ihre Unvermischtheit nach der Vereinigung. Das dritte Anathem Cyrills lautet: „Wenn jemand in dem einen Christus nach der Einigung die Hypostasen (Naturen) trennt, sie nur durch die συνάφεια verknüpft gemäss der Würde . . . und nicht vielmehr durch den Zusammengang auf dem Wege der physischen Einigung (συνόδῳ καθ' ἕνωσιν φυσικήν), a. s." [2]) Cyrill stellt hier die ἕνωσις φυσική der συνάφεια κατ' ἀξίαν entgegen. Dort haben wir eine natürliche, hier eine geistige, gedachte Vereinigung. Cyrill erklärt sie als eine ähnliche, wie sie zwischen Leib und Seele stattfindet. [3]) Wie die Vereinigung von Seele und Leib, also von etwas Geistigem und Körperlichem, zu einer Natur bei unvermischtem Bestehenbleiben der beiden Bestandteile erfolgt, so natürlich und wesenhaft erfolgte die Vereinigung des Gottlogos mit der ganzen menschlichen Natur, so dass letztere nach der Annahme mit zum Wesen des incarnierten Logos gehört und in Ewigkeit mit ihm verbunden bleiben muss, weil er sich einmal der Menschwerdung unterzogen hat. Denselben Vergleich wendet Cyrill auch in der explicatio zum dritten Anathem an. [4]) „Auch so er-

---

[1]) Cyr. ad Euseb. presb. Mg. 77, 289 a.
[2]) Mg. 77, 120 c; Petav. VI, 17.
[3]) ad Nestor. Mg. 77, 112 b.
[4]) Mg. 76, 300 c.

kennen wir nur einen Sohn an, wie wir es auch an uns
selbst sehen können. Die Seele ist anderer Natur als der
Leib, dennoch sind beide zusammengesetzt zu einem Wesen
(εἰς ἓν ζῷον)." So auch, will Cyrill sagen, sind die göttliche
und menschliche Natur von einander verschieden, aber
beide sind in ihrer Vereinigung doch ein ἕν, nämlich ζῷον
(göttlicher Logos). „Aber so", fährt Cyrill fort, „denken
einige nicht, sie stellen uns einen eigens für sich bestehenden Menschen hin und sagen, derselbe sei mit dem
Logos geistig verknüpft durch die Würde, nicht durch
natürliche Vereinigung (καθ' ἕνωσιν φυσικὴν τουτέστιν ἀληθῆ),
wie wir glauben." Cyrill selbst erklärt hier φυσική mit wahr,
wirklich, so dass also die Vereinigung thatsächlich stattgefunden hat und ihr ein natürlicher Hergang zu Grunde
liegt, während die nestorianische Vereinigung nur in der
Vorstellung und Einbildung der daran Glaubenden beruht.
„Auch die hl. Schrift bedient sich der Redeweise „natürlich" für wahr (τὸ φύσει ἀντὶ τοῦ ἀληθῶς λαβοῦσα Ephes. 2, 6)." [1]
Cyrill bezeichnet schon vor dem Kampfe mit Nestorius
diese Redeweise als traditionell. [2] „Die physisch verschiedenen Naturen der Gottheit und Menschheit sind durch
wahre Vereinigung zusammengegangen, und das Resultat
ist εἰς Χριστός." [3] An anderer Stelle sagt Cyrill über die
Art der Vereinigung: „Auch die hl. Schrift verbindet
überall den Sohn zu einer unzerreissbaren und wahren
Vereinigung (εἰς ἕνωσιν ἀδιάσπαστόν τε καὶ ἀληθῆ) und lehrt
uns eine Person (ἓν πρόσωπον)." [4] „Der Leib ist durch
wahre Vereinigung Eigentum des Logos geworden." [5]
„Wir reden von einer wahren Vereinigung, nicht von einer
solchen, wie sie in den Heiligen stattgehabt hat. Das
sagen wir, weil wir nach der Geburt von einer wahren
Vereinigung nicht mehr reden können." [6] Demnach will

---

[1] l. c. 300 d.
[2] Cyr. hom. pasch. 8 Mg. 77, 572 a.
[3] Cyr. adv. Nest. Mg. 76, 61 a; in Hebr. Mg. 74, 965 a.
[4] Cyr. adv. Nest. Mg. 76, 64 b, 136 b; c. Theodoret. Mg. 76, 428 a.
[5] Cyr. adv. Nest. Mg. 76, 161 a.
[6] Cyr. adv. Nol. conf. Mg. 76, 265 c.

Cyrill mit der physischen oder wahren Vereinigung ausdrücken, dass der Logos im Augenblicke der Empfängnis
seiner menschlichen Natur im Schosse der Jungfrau mit
dieser Natur so natürlich und fest vereinigt worden ist,
wie in demselben Momente die von Gott geschaffene Seele
sich mit dem gezeugten Leibe verbindet. Ueber diesen
Zeitpunkt sagt Cyrill: „Der Logos nahm Fleisch aus der
Jungfrau an und ist mit demselben vom Mutterschosse an
vereinigt (ἐξ αὐτῆς μήτρας ἑνωθείς) als ein und derselbe, als
Gott und Mensch geboren worden." [1] Die Vereinigung
des Gottlogos mit der menschlichen Natur war also schon
vor der Geburt eine unzertrennliche, so dass wir wohl für
Maria in der Zeit von ihrer Empfängnis bis zur Geburt
des Logos eine Ausnahme vom Gesetze des Todes annehmen dürfen, weil mit dem Tode Mariä in der genannten
Zeit auch der Tod der menschlichen Natur des Logos
hätte nach physischen Gesetzen erfolgen müssen.

Das Ergebnis der ἕνωσις φυσική, ἀληθής, ἀληθινή ist sowohl die ἑνότης ἀληθινή [2], die aber wegen der Verschiedenheit der Naturen eine ἑνότης κατὰ σύνθεσιν [3] bleibt, als auch
die ihr identische ἑνότης φυσική. Bezüglich letzterer sagt
Cyrill im Anschluss an das biblische Ereignis vom brennenden Dornbusch: „Soweit es auf unsere Vernunft und
unseren Verstand ankommt, kann die Gottheit und Menschheit nicht miteinander zu einer physischen Einheit (εἰς
ἑνότητα φυσικήν) zusammengehen (dem Inhalte nach oder
in abstracto). Gleichwohl aber ist sie zusammengegangen
in Christo" (in concreto). [4] Infolge der ἕνωσις φυσική war
die Vereinigung eine unzertrennliche ἀδιάσπαστος παντελῶς [5],
ja noch fester, inniger, als sie zwischen Leib und Seele
besteht. Denn während die Seele sich im Tode vom Leibe

---

[1] Cyr. schol. Mg. 75, 1397 b; ad Nest. Mg. 77, 45 d.
[2] Cyr. ad Nest. Mg. 77, 45 c; in Luc. Mg. 72, 484 b.
[3] Cyr. schol. Mg. 75, 1388 a.
[4] Cyr. hom. pasch. 17 Mg. 77, 784 a.
[5] Cyr. de incarn. Unig. Mg. 75, 1208 d; quod unus . . . Mg. 75,
1275 a; de rect. fid. Mg. 76, 1157 b; hom. pasch. 17 Mg. 77,
785 b; ad Succ. Mg. 77, 233 a.

Christi trennte, blieb der Logos doch mit den getrennten
Teilen der menschlichen Natur hypostatisch verbunden.
Bezüglich dieser Unzertrennlichkeit der Naturen nach ihrer
Vereinigung sagt Cyrill: „Nicht teilen darf man in je
eine eigene Verschiedenheit (εἰς ἰδικὴν ἑτερότητα), welche
bewirkt, dass sie getrennt von einander und geteilt für
sich bestehen. Man muss sie vielmehr zu einer unauflöslichen Vereinigung verbinden."[1] Neben der Unzertrennlichkeit betont Cyrill anderseits wieder auch die
Unvermischtheit beider Naturen. „Wir sehen, dass die
Naturen zusammengekommen sind gemäss einer unzerreissbaren Vereinigung, unvermischt (ἀσυγχύτως) und ungeteilt
(ἀδιαιρέτως)."[2] Mit dem ἀσυγχύτως weist Cyrill den Apollinarismus, mit dem ἀδιαιρέτως den Nestorianismus zurück.[3]
Dem ἀνὰ μέρος gegenüber bezeichnet er die ἕνωσις als
eine ἀμέριστος.[4] Wegen der Unzertrennlichkeit bleibt die
menschliche Natur Christi mit dem göttlichen Logos
auch in Ewigkeit verbunden (καὶ ἦν ἀχώριστος ὁ Λόγος τῆς ἰδίας
σαρκὸς ἐν ἑκάστῳ καιρῷ).[5] Wie wir oben schon hörten, blieb
der Logos auch im Tode mit dem Leibe und der Seele
vereinigt. „Denn der ganze Logos ist mit der ganzen
Menschheit vereinigt."[6] „Deshalb kann es niemandem
wunderbar erscheinen, dass der Leib, der in seiner Natur
vergänglich ist, wieder zum Leben zurückkehrte, weil er
der Leib des unsterblichen Logos ist. So auch stieg die
Seele, welche mit ihm vereinigt war (τὴν πρὸς αὐτὸν λαχοῦσα
συνδρομήν τε καὶ ἕνωσιν), in die Unterwelt."[7] Weil also
der Leib mit der Seele physisch vereinigt ist, die letztere aber mit jenem zusammen als eine menschliche
Natur mit dem Logos in physischer, unzertrennbarer Verbindung steht, so war es auch naturnotwendig, dass der

---

[1] Cyr. quod unus Mg. 75, 1289 c.
[2] Cyr. in Luc. Mg. 72, 484 c.
[3] Cyr. adv. Nest. Mg. 76, 33 b; ad Succ. Mg. 77, 232 c.
[4] Cyr. ad Nest. Mg. 77, 116 a.
[5] Cyr. hom. Mg. 77, 1060 d.
[6] Cyr. de rect. fid. Mg. 76, 1164 a.
[7] l. c. 1165 a; schol. Mg. 75, 1381 a: de incarn. Unig. Mg. 75, 1216 d f.

Logos seine Seele wieder mit dem Leibe verband und so aus dem Grabe hervorging, um in Ewigkeit mit seiner menschlichen Natur vereinigt zu bleiben. [1]) Wir finden also bei Cyrill, wie ich schon früher andeutete, wenn auch nicht den terminus, so doch den Gedanken, dass der Logos mediante anima mit der menschlichen Natur hypostatisch vereinigt ist. Es konnte ja die Seele als geistiges Wesen mit dem Logos eher eine physische Vereinigung eingehen, als unvermittelt der Logos mit dem Leibe. Die Vereinigung ist somit auch eine höchst innige. Cyrill bezeichnet sie als ἕνωσις ἀνωτάτω [2]), εἰς ἄκρον ἕνωσις. [3]) Der Grund für diese Art Vereinigung liegt in dem σάρξ ἐγένετο, in der Zueigenmachung der menschlichen Natur, „συγκομιστέον δὲ μᾶλλον εἰς ἕνωσιν ἀδιάτμητον. Γέγονε γὰρ σὰρξ ὁ Λόγος." [4]) Diesem denkbar höchsten Grade der Vereinigung giebt Cyrill Ausdruck in den Worten τὴν ἰδίαν φύσιν οἰονείπως ἀνακρινάς. [5]) Er will sagen, dass der Logos so innig mit der menschlichen Natur vereinigt ist, dass er diese gleichsam durchmischt, durchdringt, durchwohnt. Dem Gedanken nach also haben wir schon bei Cyrill, was spätere Theologen, Leontius v. B., Johannes Damasc. [6]) mit dem terminus περιχώρησις τῶν φύσεων bezeichnen. Diese perichoristische Art der Vereinigung der göttlichen Person mit der menschlichen Natur erläutert Cyrill durch verschiedene Vergleiche. Das in ein Gefäss von Erz gelegte Feuer teilt jenem auch die Wirkung der eigenen Wärme mit; so hat auch das allmächtige Gotteswort, nachdem der vernünftig beseelte Tempel mit ihm in Wahrheit vereinigt ist, ihm auch die Wirkung der eigenen Gotteskraft eingepflanzt. [7]) In einem andern

---

[1]) Cyr. hom. Mg. 77, 1112 d.
[2]) Cyr. de incarn. Unig. Mg. 75. 1253 a.
[3]) Cyr. apolog. c. Orient. Mg. 76. 373 a;
[4]) Cyr. quod unus . . Mg. 75, 1289 c; apolog. c. Orient. Mg. 76, 373 a; de rect. fid. Mg. 76, 1169 d; adv. Anthrop. Mg. 76, 1117 b; adv. Nest. Mg. 76, 24 d, 84 c d etc.
[5]) Cyr. hom. pasch. 17. Mg. 77, 777 a,
[6]) Joh. Dam. de nat. comp. ἥνωνται αἱ φύσεις καθ' ὑπόστασιν μίαν καὶ περιχωροῦσιν. Mg. gr. 95, 125 a; Petav. IV, 14, 1 u. 6 u. 10; Stentrup l. c. 671 f.
[7]) Cyr. in Luc. Mg. 72, b49 d f.

Vergleiche sagt Cyrill: „Wie in einem Bilde kann man in
der Kohle den mit der menschlichen Natur vereinigten
Logos erblicken, der nicht abgelegt hat, was er war,
sondern vielmehr das Angenommene und Vereinigte in
seine Herrlichkeit umgebildet hat. Wie das Feuer, dem
Holze mitgeteilt, dasselbe durchdringt, es erfasst, wie das
Holz aber nicht aufhört zu sein, wie das Feuer sich ganz
in das Holz begiebt und mit ihm gleichsam als eins erkannt wird, so denke auch bei Christus. Auf unaussprechliche Weise mit der Menschheit vereinigt hat Gott sie in
dem, was sie war, bewahrt; aber auch er selbst ist geblieben, was er war. Einmal vereinigt wird er mit ihr als
einer erkannt, indem er sich das ihrige beilegt und ihr die
Wirksamkeit seiner Natur mitteilt." [1]) Cyrill denkt hier
ohne Zweifel an eine Durchdringung der Naturen, wobei
aber eine jede ihr Wesen, ihre Wesenseigentümlichkeiten
und Wesensthätigkeiten bewahrt. Aehnlich spricht Cyrill in
folgenden Vergleichen: „Wenn du in Oel, Wein oder eine
sonstige Flüssigkeit ein Stück Brot wirfst, so wirst du
finden, dass dasselbe voll ist von jener Feuchtigkeit. Wenn
du Eisen in Feuer hältst, so wird es von der Kraft desselben erfüllt, und obwohl es seiner Natur nach Eisen ist,
so enthält es doch die Masse des Feuers." [2]) Auch in dem
brennenden Dornbusche, der von der göttlichen Hypostase
des sich dem Moses offenbarenden Logos durchglüht war,
sieht Cyrill ein Bild der christologischen Vereinigung.
„In Form von Feuer liess er sich in den Dornbusch hinein.
Das Feuer leuchtete in demselben, und doch wurde er
nicht verbrannt. Moses wunderte sich über diese Erscheinung. Wie aber konnte der so leicht brennende Stoff das
Hineindringen der Flamme ertragen? Es war dieser Vorgang ein Vorbild, welches erklären sollte, dass die göttliche Natur des Logos von der menschlichen getragen

---

[1]) Cyr. schol. Mg. 75, 1380 a b; adv. Nest. Mg. 76, 61 c; Scheeben,
Hdb. d. kath. Dogm. II, 791; Theolog. Quartalschr. 1896
p. 395.
[2]) Cyr. in Luc. Mg. 72, 909 b; anathem XI.

würde, weil er es wollte."[1])   Auch die Bundeslade, die·
aus unverweslichem Holz bestand, von innen und aussen
mit Gold überzogen war, fasst Cyrill als Vergleich für die
Verbindung des Leibes Christi mit dem denselben durch-
dringenden Logos.[2])   Als weitere Vergleiche dienen ihm
der Glanz der Perle und der Duft der Lilie.[3])   „Wie
nämlich an der Perle und auch an der Lilie trotz des Sub-
strates (σῶμα τὸ ὑποκείμενον) der Glanz und der Wohlgeruch
von ihrem Substrate verschieden erkannt werden, demselben aber wiederum eigen und nicht fremd sind, auf
dieselbe Weise müssen wir auch von dem Emmanuel denken.
Bezüglich der Natur sind Gottheit und Fleisch etwas Verschiedenes.   Aber der Leib war Eigentum des Logos, der
mit ihm vereinigte Logos war nicht vom Leibe getrennt."
Der Hauptvergleich Cyrills für die hypostatische und physische Vereinigung der menschlichen Natur mit der Person
des Logos, sowie für die daraus resultierende Einpersönlichkeit ist der schon oft erwähnte Vergleich der Verbindung
des Leibes mit der Seele zu einer Natur und einer Person,
auf den ich hier nur hinweisen will.[4])   Wie, und das ist
die Quintessenz des Vergleiches, die Seele, das sonst personbildende Prinzip im Menschen, den Leib physisch mit sich
als Träger verbindet, so dass gleichsam eine fleischgewordene
Natur der Seele und eine Person existiert, so hat der Logos
die ganze menschliche Natur als Natur, nicht als menschliche Person mit sich vereinigt.   Bei allen Vergleichen
war es Cyrill darum zu thun, die Vereinigung als eine
höchst innige, wirklich und natürlich stattgefundene hinzustellen.   Für die Möglichkeit einer solchen wunderbaren
Vereinigung führt Cyrill das Erscheinen Gottes im Dornbusche an.   „Ich antworte, es ist ein über die Vernunft

---

[1]) Cyr. quod unus Mg. 75, 1293 a; hom. pasch. 17 Mg. 77,
781 d; Theol. Quartalschr. 1896 p. 385.
[2]) Cyr. schol. Mg. 75, 1381 a b; Scheeben, II, 790.
[3]) Cyr. schol. Mg. 75, 1380 c; adv. Nest. Mg. 76, 61 d f.
[4]) Cyr. in Is. Mg. 70, 973 b; de rect. fid. Mg. 76, 1169 d; fragm.
dogm. Mg. 76, 1450 c, 1437 a; Quod unus Mg. 75, 1292 a;
ad Succens. Mg. 77, 233 a, 241 c; ad Eulog. Mg. 77, 225 b;
ad Valer. Mg. 77, 260 a; schol. Mg. 75, 1377 a; adv. Nestor.
Mg. 76, 105 d, 108 a.

gehendes Wunder, und nicht kann die Art und Weise der Menschwerdung von unserer Erkenntnis begriffen werden. Sehr weise aber ist es geschehen, indem Gott auch den schwächsten Dingen seine Natur als erträglich zeigte." [1] Harnack findet diese Art der Vereinigung, wie Cyrill sie lehrt, als überhaupt Nichts oder als Apollinarismus. [2] Keines von beiden trifft zu. Apollinarismus ist es nicht, weil Cyrill trotz der Lehre von der physischen Vereinigung den Naturenbestand beibehält und sich energisch gegen apollinaristische Anschuldigungen verwahrt. Es ist aber auch nicht „überhaupt Nichts." Denn es ist wohl etwas und zwar recht Grosses und Wunderbares, ein Wunder, von dem Cyrill sagt: „Gott wollte es und ihm ist nichts unmöglich." [3] Ein Protestant, der wundergläubig ist und die Gottheit Christi bekennt, kann kein Nestorianer und kein Apollinarist sein, ersteres nicht, weil Nestorius die Gottheit Christi leugnete, letzteres nicht, weil der Apollinarismus nicht die Integrität der menschlichen Natur Christi annahm und so eine Erlösung nicht möglich machte. Ein orthodoxer Protestant, wie Thomasius, muss eine Vereinigung im Cyrillschen Sinne gelten lassen, weil im andern Falle sein Glaube entweder an die Gottheit Christi oder an seine wahre Menschheit ins Wanken gerät.

Die Cyrillsche Vereinigungstheorie steht nicht auf dem Boden des Apollinarismus oder Monophysitismus. Mit den vielfach beanstandeten terminis hat Cyrill keiner dieser Irrlehren die Hand bieten wollen. Cyrill sagt: „Nach der Dazunahme des vernünftig beseelten Fleisches ging er als Mensch aus dem Weibe hervor; deswegen wird er nicht in zwei πρόσωπα oder Söhne getrennt, sondern er ist einer geblieben, aber nicht ohne Fleisch oder ausserhalb des Fleisches, sondern er hat es sich zu eigen gemacht auf dem Wege einer unzerreissbaren Vereinigung. Wer aber sagt ἴδιον ἔχων αὐτὸ (σῶμα) καθ' ἕνωσιν ἀδιάσπαστον, der bezeichnet

---

[1] Cyr. hom. pasch. 17. Mg. 77, 781 a b, 796 d f.
[2] Harnack l. c. 333 n. 2.
[3] Cyr. quod unus .. Mg. 75, 1293 a.

damit nicht eine Vermengung (φυρμόν), nicht Vermischung (σύγχυσιν), noch irgend etwas anderes Derartiges." [1] Cyrill verteidigt den Ausdruck ἕνωσις φυσική gegen die Orientalen, wie gegen Theodoret. Den ersteren gegenüber schreibt er, dass die ἕνωσις φυσική so viel bedeute, als eine wahre Vereinigung. „Nicht giessen wir die Naturen zusammen, noch auch vermengen wir sie untereinander, wie unsere Gegner sagen, noch behaupten wir, dass auf diese Weise die natürliche Vereinigung geschehen sei, sondern überall sagen wir, dass aus zwei unähnlichen Bestandteilen, der Gottheit und Menschheit, der eine Christus, Sohn und Herr geworden ist. Mit der Lehre der Apollinaristen haben wir durchaus keine Gemeinschaft. Von dem einmal Verurteilten muss man sich als dem Entsteller der Wahrheit abwenden." [2] Theodoret verwarf die ἕνωσις φυσική noch aus einem anderen Grunde. „Wenn die ἕνωσις eine φυσική ist," sagt er, „so ist die Erniedrigung des Logos nicht mehr eine freiwillige, sondern eine solche aus Notwendigkeit und Zwang. Denn die Natur pflegt zu zwingen." „Darauf möchte man ihm erwidern", sagt Cyrill, „dass Hunger, Durst und das andere natürliche Schwächen des Fleisches sind und in uns selbst die Anregung haben, weil wir eine von Leidenschaften beherrschte Natur haben. Die göttliche Natur des Logos dagegen, auf keine Weise den Affekten und dem Drange unterworfen, ist von niemandem, auch nicht von sich selbst unfreiwillig zur Menschwerdung gezwungen, das menschliche Sein und Leben sich anzueignen und den Samen Abrahams anzunehmen. Wie unbedacht er redet, kann niemandem schwer sein einzusehen. Denn er sagt, dass alles ganz naturnotwendig (κατὰ φύσιν) den Gesetzen des Zwanges unterliegt. Zum Beweise bringt er vor, dass wir, ohne es zu wollen, hungern und dürsten, weil die Natur dazu ruft, wenn man auch nicht will. Aber der kluge Mann hätte doch auf die feststehende Thatsache sehen müssen; denn wenn es wahr ist, dass der Mensch gemäss

---

[1] Cyr. ad Succ. Mg. 77, 241 a b.
[2] Cyr. apolog. c. Orient. Mg. 76, 332 b.

seiner Natur vernünftig ist, so ist er doch auch ohne seinen
Willen gezwungen vernünftig. Was also? Sage mir, ist
Gott nicht seiner Natur nach Gott, heilig, gerecht, gut,
Licht, Weisheit, Kraft? Ist er nun auch ohne seinen
Willen gezwungener Weise das, was er ist? Keineswegs.
Wozu versucht er, wenn er hört, dass eine physische Ver-
einigung erfolgt ist, d. h. eine wahre, frei von Verwand-
lung, und dass der Zusammenhang der Hypostasen durchaus unvermischt ist,[1] wozu versucht er, den Sinn des
Gesagten zu verändern, als ob sie nicht richtig erfolgt zu
sein scheint gemäss der Aehnlichkeit in Bezug auf uns.
Auch schreckt der Kühne nicht davor zurück, die Natur
des Logos dem unvermeidlichen Zwange zu unterwerfen.
Er hat sich selbst erniedrigt, nicht unfreiwillig, sondern
freiwillig ist der Eingeborene Mensch geworden . . . Wenn
wir auch glauben, dass die Hypostasen geeinigt worden
sind, und dass der Logos Mensch und Fleisch geworden
ist, und wenn es uns scheint, dass demgemäss die Vereinigung von uns als eine natürliche bezeichnet wird, so
dass sie die nicht wahre und moralische ausschliesst, die
wir durch den Glauben und die Heiligung besitzen . . ..
so unterwirft dieses doch nicht den leidenschaftsfreien Gottlogos der natürlichen Notwendigkeit. Wenn wir daher die
Vereinigung, die in Christo geschehen ist, nach ähnlichen
Verhältnissen untersuchen, so sagen wir, dass bezüglich
der Gottheit und Menschheit ein wahrer Zusammengang
zur Einheit geschehen sei; dabei wissen wir recht gut,
dass ein anderer als die Natur des Fleisches der Logos
aus Gott ist, ein anderes als er selbst das Fleisch."[2] Wir
sehen also, dass Cyrill mit der ἕνωσις φυσική nicht eine Vereinigung εἰς μίαν φύσιν bezeichnet, sondern eine wahre Vereinigung ohne Verwandlung und Vermischung. Die Stellen,
in denen letzteres zum Ausdruck kommt, sind sehr zahl-
reich in Cyrills Schriften, so dass man nur kurz auf einige

---

[1] Φυσικὴν τὴν ἕνωσιν τουτέστιν ἀληθῆ καὶ τροπῆς ἐλευθέραν καὶ
ἀσύγχυτον παντελῶς τῶν ὑποστάσεων σύνοδον.

[2] Cyr. apolog. c. Theodoret. Mg. 76, 405 e f.

verweisen kann. [1]) Keine der beiden Naturen, das ist die
Lehre Cyrills, hat die ihr eigentümliche Seinsweise durch
die Vereinigung verloren, so dass etwa durch Verwandlung
die eine Natur zu existieren aufgehört hätte, wie dieses
bei der Substanz der Brotes in der Transsubstantiation der
Fall ist. Auch sind die Naturen in der Vereinigung nicht
vermischt worden, so etwa, dass in der Mischung noch
Teile von jeder Natur waren, nicht aber jede Natur als
komplettes Ganze bestanden hätte. Um von dem Begriffe
der ἕνωσις φυσική solche falsche Vorstellung fern zu halten,
verfasste Cyrill die Schrift κατὰ Συνουσιαστῶν, [2]) die aber nur
noch fragmentarisch vorliegt. Besonders will ich auf die
Stellen bei Mg. 76, 1430 b c, 1431 c, 1432 d f. hinweisen;
portentosum est ergo et insania plenum commentum illorum,
qui naturas confundunt. „Die ἕνωσις,“ sagt Cyrill an anderer
Stelle, „giesst nie das, wovon die Rede ist, zusammen,
sondern zeigt den Zusammenlauf des als vereinigt Gedachten zu einer Einheit (εἰς ἓν τι).“ [3]) „Denn wie könnte
man in ein und derselben Wesenheit (ἐν οὐσίας ταυτότητι) das
sehen, was hinsichtlich der Natur so weit von einander
absteht. Etwas anderes ist die Gottheit, etwas anderes die
Menschheit, und doch ist eine Vereinigung derselben geschehen. Nicht aber möchte einer sagen, dass der Vereinigte der Zahl nach eins sei (ἓν τῷ ἀριθμῷ), sondern zwei.“ [4])
„Denn wenn die beiden Naturen zu einer Mischung (εἰς μῖξιν
μίαν) vermischt werden, so bleibt keine unversehrt, und
beide gehen unter.“ [5]) „Ασύγχυτοι μεμενήκασιν αἱ φύσεις ἤγουν·
ὑποστάσεις μετὰ τὴν ἕνωσιν.“ [6]) Diese Worte sprechen Cyrill
von jedem monophysitischen Verdachte frei, wenn auch

---

[1]) Cyr. ad Nest. Mg. 77, 45 b, 109 c, 45 c, 109 d; ad Maxim.
Mg. 77, 152 b; c. Jul. Mg. 76, 1012 a; adv. Anthrop. Mg. 76,
1116 b; ad Succens. Mg. 77, 236 c d, 241 c; ad Valer. Mg. 77,
257 a; hom. Mg. 77, 1092 d, 785 b, 1113 a; ad Joh. Antioch.
Mg. 77, 180 b: ad Mon. Mg. 77, 28 b; in ep. ad Hebr. Mg.
74, 1004 b; quod unus Mg. 75, 1292 d.
[2]) Mg. 76, 1427 ff. oder Pusey in Joh. III, 476 ff.
[3]) Cyr. quod unus Mg. 75, 1285 c; Ehrhard, p. 44.
[4]) Cyr. quod unus Mg. 75, 1289 c.
[5]) Cyr. hom. Mg. 77, 1112 c, 1113 b.
[6]) Cyr. schol. Mg. 75, 1381 a; in ep. ad Hebr. Mg. 74, 1004 a c f;

manche Ausdrücke vereinzelt sich in seinen Schriften finden,
die als Monophysitismus sich auslegen liessen. [1) Wir
wissen, dass das Gegengewicht anderer Stellen grösser ist.
Der Gesamteindruck des Inhaltes der Schriften ist der:
Cyrill denkt und glaubt nicht nestorianisch, noch apollinaristisch, noch monophysitisch. Unter den monophysitisch
klingenden Ausdrücken bedürfen jedoch zwei noch einer
näheren Untersuchung, weil gerade einer derselben vornehmlich ein Stützpunkt und Anker der Monophysiten gewesen ist, woraufhin auch heute noch die monophysitische
Verdächtigung Cyrills gegründet wird.

§ 2.

Die μία φύσις τοῦ Θεοῦ Λόγου σεσαρκωμένη **und das** ἐν
als Resultate der Vereinigung. [2)

. . . . μετὰ τὴν ἔνωσιν μία φύσις
Υἱοῦ σεσαρκωμένη. [3)

Die nächstliegende Frage, welche sich in diesem
Paragraphen uns aufwirft, lautet: „Woher stammt der seit
Cyrill so vielfach ventilierte Ausdruck μία φύσις τοῦ Θεοῦ Λόγου
σεσαρκωμένη, eine fleischgewordene Natur des Gottlogos?"
Cyrill selbst will diesen terminus nach dem Zeugnisse seiner
Schriften bei Athanasius in dessen Bekenntnisse περὶ σαρκώσεως
gefunden haben. [4) Zweimal weist er dieserhalb auf Athanasius hin in der Schrift de recta fide ad reginas (Mg. 76,
1212 a f.) und im apologeticus contra Orientales (Mg. 76,
349 b). Der Satz lautet: „Ὁμολογοῦμεν γάρ, φησί, καὶ εἶναι αὐτὸν
Υἱὸν τοῦ Θεοῦ καὶ Θεὸν κατὰ πνεῦμα, Υἱὸν ἀνθρώπου κατὰ σάρκα, οὐ δύο
φύσεις τὸν ἕνα Υἱόν, μίαν προσκυνητὴν καὶ μίαν ἀπροσκύνητον ἀλλὰ μίαν
φύσιν τοῦ Θεοῦ Λόγου σεσαρκωμένην καὶ προσκυνουμένην μετὰ τῆς σαρκὸς

---

explic. Mg. 76, 297a: apolog. c. Orient. Mg. 76, 368a; ad
Joh. Antioch. Mg. 77, 177a, 180b; ad Succens. Mg. 77,
232a b f, 241b c; hom. Mg. 77, 997d, 1113.
[1) Cyr. Thes. Mg. 75, 561c; in Joh. Mg. 74, 557d; in Ps. 77
Mg. 69, 1192b; hom. pasch. 8 und 10 Mg. 77, 572d, 617c;
ad Mon. Mg. 77, 21d; Ehrhard, p. 75 n. 2.
[2) Petav. de incarn. IV c. 7 und 8; Stentrup, l. c. p. 774 ff.
[3) Cyr. ad Succens. Mg. 77, 240c.
[4) Mg. 28, 25 f.

αὐτοῦ μιᾷ προσκυνήσει." [1]) Statt des προσκυνουμένην μετὰ τῆς σαρκός, wie es auch bei Pseudo-Athanasius heisst (Mg. 28, 28a), lesen wir im apologeticus c. Orient. προσκυνούμενον. Ueber die Echtheit dieses dem Athanasius zugeschriebenen Glaubensbekenntnisses ist seit dem 6. Jahrhundert bis in die neueste Zeit gestritten worden. „Caspari", sagt Bardenhewer [2]), „erklärt wohl mit Recht Apollinaris von Laodicea für den Verfasser." Letztere Annahme steht wohl heute unbestreitbar fest. Schon Leontius v. B., welcher gegen Ende des 6. Jahrhunderts geschrieben hat [3]), klagt darüber, dass einige aus der Sekte des Apollinaris, Eutyches und Dioscurus, zur Beglaubigung der Häresie einige Reden des Apollinaris dem Gregor Thaumaturgos, Athanasius und Julius zugeschrieben hätten, um Arglose zu täuschen. [4]) Dieses Zeugnis gilt zwar nicht für die Zeit vor Cyrill; dass aber in den Schriften des Athanasius gefälscht worden war, hat Cyrill selbst bekannt. [5]) Was nun den fraglichen Ausdruck angeht, der demnach nicht von Athanasius, sondern von Apollinaris herrührt, so sagt Leontius: „Man muss wissen, dass Cyrill zuerst unter den Orthodoxen jenen Ausdruck gebraucht hat, unter den Orthodoxen sagen wir, weil Apollinaris ihn oft gebraucht, woher es kam, dass der hl. Cyrillus von den Orientalen für einen Apollinaristen gehalten wurde, obwohl er ein solcher nicht war. Denn nicht muss man alles, was die Häretiker sagen, verwerfen. Nur das Irrige muss verworfen werden." [6]) Daraus geht mittelbar hervor, dass auch Leontius die fragliche Schrift für unecht erklärt. Leontius bezeugt auch, dass Cyrill diesen apollinaristischen Ausdruck im rechtgläubigen Sinne angewandt hat. Cyrill selbst trug um so weniger Bedenken, diesen terminus anzuwenden, weil er meinte, auch Athanasius habe schon von einer μία φύσις κ. τ. λ.

---

[1]) Mg. 76, 1212a.
[2]) Patrologie. p. 235, 225.
[3]) Herzog, Realencycl. 1881, VIII. 593.
[4]) adv. fraud. Apoll. Mg. 86, 1948a.
[5]) Cyr. ad Succ. Mg. 77, 236df.
[6]) Leont. de sect. 8 Mg. 86, 1253c.

gesprochen. Ich glaube nicht, dass Cyrill ihn in seiner Christologie im andern Falle verwertet hätte. Wir finden diese Redeweise in der Schrift adv. Nestorium; mit mehr Nachdruck und Hervorhebung aber wendet Cyrill ihn in den Schriften an, die er nach Abschluss der Union verfasste. Hier gebraucht er ihn als Waffe zur Selbstverteidigung gegen die, welche ihn infolge der Unterzeichnung des Symbolums des Nestorianismus beschuldigten. Wollen wir Klarheit darüber haben, wie Cyrill diesen monophysitisch klingenden Ausdruck verstanden hat, so muss man denselben in seinem Zusammenhange aufsuchen. Erörtern wir zunächst die Stellen, in denen Cyrill denselben als athanasianisch anführt. Er will nachweisen, dass man bei Christo nur von einer Anbetung reden dürfe, nicht aber unterscheiden müsse zwischen einer angebeteten und nicht angebeteten Natur. Da man aber nicht der Natur an sich, sondern nur ihrem Träger Anbetung zuschreiben kann, so folgt, dass Cyrill mit der φύσις λόγου nur die Hypostase desselben gemeint haben kann, wie auch das voraufgehende δύο φύσεις nur im Sinne von in sich subsistierenden Naturen zu fassen ist; zur Begründung der μία προσκύνησις hebt er dann die φύσις λόγου durch μία hervor. Dass Cyrill bei der φύσις προσκυνουμένη an die ὑπόστασις gedacht hat, zeigt auch das προσκυνούμενον in der anderen Version dieser Stelle im apologeticus c. Orientales. Cyrill findet in diesem Ausdrucke die Einheit der Person Christi durch Athanasius bestätigt. Die Apollinaristen freilich trieben mit dem terminus die Einpersönlichkeit des menschgewordenen Logos bis zur Einnatur, bis zur Vermischung des Menschlichen mit dem Göttlichen. Letztere Vorstellung wehrt Cyrill aber stets bei der Anwendung des Ausdruckes ab. „Wie nun," so schreibt er gegen Nestorius, „dürfte es nicht bei allen feststehen, dass jener Eingeborene, von Natur Gott, Mensch geworden ist, nicht, wie jener sagt, durch einfache Verknüpfung (κατά συνάφειαν ἁπλῶς), sondern gemäss einer Vereinigung im Sinne des Wortes κατ' ἕνωσιν ἀληθῆ. So nur kann man sich ihn als einen und alleinigen vorstellen. Jede prädikative Bestimmung geht auf ihn, und alles wird wie von einer Person (ἐξ ἑνὸς προσώπου) gesagt. Denn die fleischgewordene Natur des Logos wird nach der Vereinigung als eine gedacht, wie man ohne Zweifel auch an uns sehen kann." [1]) Wir sehen hier aus der Gegenüberstellung der μία φύσις κ. τ. λ. und der συνάφεια, dass Cyrill mit ersterem Ausdrucke wiederum die Einheit der Person Christi betonen will. Hatte er durch das καθ᾽ ὑπόστασιν auf die Art und Weise der Vereinigung hingewiesen, so wollte er durch die μία φύσις κ. τ. λ. das Resultat derselben zeigen, nämlich den einen Logos in seiner göttlichen und menschlichen Natur unter Ausschluss einer Naturenvermischung, wie die Heranziehung des Vergleiches von der Verbindung des Leibes und der Seele andeutet. „Denn," so fährt Cyrill an obiger Stelle fort, „der in Wahrheit eine Mensch (ἄνθρωπος εἰς ἀληθῶς) besteht aus ungleichen Teilen, Seele und Leib. Bezüglich jenes mit dem Logos vereinigten Leibes bekennen wir, dass er von einer vernünftigen Seele belebt war. Auch jenes möchte ich nicht unpassend hinzugefügt haben, dass das Fleisch seiner eigenen Wesenheit nach etwas anderes ist, als der Logos aus Gott, die Natur des Logos aber wieder etwas wesenhaft anderes. Wenn nun auch der Unterschied gedacht wird, und das Genannte physisch verschieden ist, so stellt man sich doch aus beiden nur einen Christus vor." Durch die Anführung des Vergleiches weist Cyrill jede monophysitische Vorstellung von dem terminus der μία φύσις κ. τ. λ. ab. Leib und Seele bilden unbeschadet ihres substanziellen Fortbestehens die eine fleischlichgeistige Natur und Person des Menschen. Aehnlich konstituieren auch die menschliche und göttliche Natur die eine Person des Gottmenschen, wie Origenes zuerst Christum bezeichnet hat. Auf denselben Vergleich als eine Erklärung des fraglichen Ausdruckes weist Cyrill auch im Briefe an Eulogius und Successus hin. [2]) Der μία φύσις κ. τ. λ. begegnen wir weiterhin im Briefe Cyrills an

---

[1]) Cyr. adv. Nest. Mg. 76, 60 d.
[2]) Mg. 77, 225 b, 233 a.

Acacius von Melitene. [1]) Es heisst dort: „Indem wir das,
woraus der alleinige Sohn, Herr, Jesus Christus besteht,
in Gedanken erfassen, glauben wir, dass zwei Naturen
(φύσεις) vereinigt worden sind; nach der Vereinigung aber,
nachdem die Scheidung in zwei aufgehoben ist, glauben
wir, dass die Natur des Sohnes eine ist als die eines (ὡς
ἑνός), aber eines, der Mensch und Fleisch geworden ist."
Es würde hier nichts hindern, den Wortlaut in mono-
physitischem Sinne zu fassen, wenn Cyrill nicht fortfahrend
sagte: „Wird nun aber behauptet, dass der Gottlogos
Mensch und Fleisch geworden ist, so soll der Verdacht
einer Verwandlung (τροπῆς) weit ausgeschlossen sein, und
es soll von uns eine vollständig unvermischte Vereinigung
anerkannt werden (ἀσύγχυτος παντελῶς ἡ ἕνωσις)." [2]) Auch nach
der Vereinigung will Cyrill also trotz der μία φύσις τοῦ Θεοῦ
Λόγου σεσαρκωμένη beide Naturen in ihrer Integrität und
Realität erhalten wissen. Unmöglich kann man deshalb
hier dem Cyrill die Auffassung der φύσις als reinen Naturbegriff unterschieben, oder man müsste ihn eines fort-
laufenden Widerspruches beschuldigen. Hören wir seine
Ausführung im Briefe an Acacius weiter: „In den zwölf
Kapiteln habe ich geschrieben: „Wenn jemand den zwei
Personen (προσώποις δυσὶν ἤγουν ὑποστάσεσιν) die Aussagen so
zuteilt, die einen gleichsam einem vom Logos verschieden
gedachten Menschen, die andern aber als göttliche nur dem
Gottlogos, a. s." „Obgleich wir aber die so Teilenden
verurteilen, heben wir doch den Unterschied der Aussagen
nicht auf. Denn es gilt als sicher, dass eine Natur des
Logos ist (μία γὰρ ὁμολογουμένως ἡ τοῦ Λόγου φύσις). Dabei wissen
wir aber, dass er Fleisch und Mensch geworden ist." [3])
Hier zeigt es sich deutlich, dass das σεσαρκωμένη, welches
grammatikalisch zu φύσις gehört, von Cyrill doch auf die
Hypostase des Logos, die er mit ἡ τοῦ Λόγου φύσις umschreibt,
bezogen wird. Es kommt ihm hier darauf an, die gött-

---

[1]) Mg. 77, 192 d f.
[2]) Mg. 77, 193 a.
[3]) Mg. 77, 193 a b.

lichen und menschlichen Aussageweisen nicht auf zwei
Personen, sondern auf die eine zurückzuführen. Der ganze
Ausdruck ist nach der Cyrillschen Auffassung als prägnant
anzusehen. Es liegt in ihm ausgedrückt die göttliche Natur
(φύσις τοῦ Θεοῦ), die menschliche Natur (σεσαρκωμένη) und die
Einpersönlichkeit des Trägers beider (μία φύσις τοῦ Λόγου), so
dass Cyrill ihn nur im Sinne von εἰς Λόγος σεσαρκωμένος verstanden haben kann. Das monophysitisch Verfängliche
liegt nur in der äusseren Form. Diese Form zu ändern
hielt Cyrill nicht für notwendig, da auch Athanasius den
Ausdruck ja gebraucht hatte, und er die Worte φύσις und
ὑπόστασις als identisch fasste. Letzteres geht auch daraus
hervor, dass er in dem terminus statt φύσις auch ὑπόστασις
setzt. [1] „Einer Person (ἐνὶ προσώπῳ) müssen die Aussageweisen zugeschrieben werden, einer Hypostase, der fleischgewordenen des Logos (ὑποστάσει μιᾷ τῇ τοῦ Λόγου σεσαρκωμένῃ).“ [2]
Hier gebraucht Cyrill πρόσωπον und ὑπόστασις identisch. An
anderer Stelle lesen wir: „Wenn du einen Sohn und eine
fleischgewordene Hypostase des Logos bekennst, so wird er
nicht selbst das Werkzeug der Gottheit sein, sondern seinen
eigenen Leib als Werkzeug gebrauchen.“ [3] Hier wird
der Sohn mit der Fleisch gewordenen Hypostase identifiziert. An Eulogius schreibt Cyrill: „Wenn wir das
Wort ἕνωσις nennen, so bekennen wir die Vereinigung des
vernünftig beseelten Fleisches und des Logos. So
denken die, welche von zwei Naturen reden; wenn aber
von der Vereinigung die Rede ist, wird das Vereinigte
nicht mehr getrennt, sondern es ist ein Sohn, eine ist seine
Natur als des fleischgewordenen Logos (εἰς Υἱὸς, μία φύσις
αὐτοῦ ὡς σαρκωθέντος τοῦ Λόγου).“ [4] Auch hier ist im Anschluss
an das vorangestellte εἰς Υἱός das Wort φύσις αὐτοῦ als ὑπόστασις
zu fassen, so dass die Fleischesnatur des Logos die Einheit
der Person nicht aufgehoben hat. Im ersten Briefe an

---

[1] Cyr. adv. Nest. Mg. 76, 93 d; ad Nest. Mg. 77, 116 c; apol.
c. Orient. Mg. 76, 340 c; in Joh. Mg. 74, 24 a.
[2] Mg. 77, 116 c.
[3] Mg. 76, 93 d.
[4] Mg. 77, 225 d.

Succensus warnt Cyrill davor, die Naturen nach der Vereinigung zu trennen, sie aus dem physischen Verbande mit ihrem persönlichen Träger loszulösen, so dass die menschliche Natur für sich bestehen würde, und so zwei Personen heraus kämen. Die Nichttrennung der Naturen bedeute aber anderseits nicht die Aufhebung des Unterschiedes derselben. „Wir behaupten einen Sohn, und wie die Väter sagen, eine Fleisch gewordene Natur des Gottlogos."[1] Genauer behandelt Cyrill diesen Gegenstand im zweiten Briefe an Succensus. Ersterer hatte in dem von Succensus an ihn gesandten Kommonitorium verschiedene falsche Thesen und Konsequenzen aus der μία φύσις κ. τ. λ. gefunden und darauf antwortete er. Die erste These lautet: „Wenn der Emmanuel aus zwei Naturen zusammengesetzt ist, und nach der Vereinigung nur eine Fleisch gewordene Natur des Logos gedacht wird, so hat er in seiner eigenen Natur gelitten." Hier finden wir also den ersten Anstoss an der μία φύσις κ. τ. λ. Cyrills. Demgegenüber betont Cyrill zunächst, dass der Logos jeglicher Verwandlung und Veränderung unfähig ist, dass er somit in der Menschwerdung geblieben sein muss, was er war. „Somit müssen wir, trotzdem wir die Verschiedenheit der Naturen ansehen, dennoch einen Sohn, Herrn, Christum bekennen, obgleich der Logos Fleisch, d. h. Mensch geworden ist. Wenn nun aber nach der Vereinigung von einer Fleisch gewordenen Natur des Logos die Rede ist, welche Notwendigkeit zwingt da zu sagen, er habe in seiner eigenen Natur gelitten? Denn wenn mit Rücksicht auf den Heilsratschluss nicht etwas da wäre, was geeignet wäre, Leiden zu ertragen, so möchten sie Recht haben. Wenn nicht das Leidensfähige vorhanden wäre, so müsste das Leiden auf die Natur des Logos fallen. Dadurch aber, dass man sagt σεσαρκωμένη, wird eben die ganze Beziehung auf jene Menschwerdung im Fleische gelegt. Deshalb haben sie keinen Grund zu sagen, er müsse folgerichtig (der μία φύσις

---

[1] Cyr. ad Succens. Mg. 77, 232 d.

κ. τ. λ. zufolge) in seiner eigenen Natur gelitten haben,
während doch das Fleisch das Substrat bildet, auf welches
das Leiden geht, und der Gottlogos leidensunfähig ist." [1]
Cyrill lässt also mit und trotz der μία φύσις κ. τ. λ. zwei Naturen, eine leidensfähige und eine leidensunfähige, in ihrer
Vereinigung bestehen. Denn nicht lehrt er etwa eine gott-
menschliche Mischnatur, wodurch das Leiden in das
Empfinden der göttlichen Natur mit hineingetragen wäre.
„Nichtsdestoweniger aber," so fährt Cyrill an obiger Stelle
fort, „sagen wir, jener habe gelitten; denn der Leib gehörte
eben dem Logos, und so wird auch alles, was dem Leibe
eigen ist, die Sünde ausgenommen, wegen der heilsord-
nungsgemässen Aneignung ihm als eigen zugerechnet." [2]
Der zweite Einwurf lautet: „Wenn es eine Fleisch gewordene Natur des Logos ist, so muss man sagen, es sei
eine Vermengung und Vermischung entstanden, indem
die menschliche Natur gleichsam in ihm absorbiert ist."
Cyrill erwidert darauf: „Wiederum wissen die Verdreher
der Wahrheit nicht, dass in Wahrheit eine Fleisch gewordene Natur des Logos besteht. Denn es ist ein Sohn
von Natur und in Wahrheit, jener Logos aus Gott; nach
der Dazunahme des vernünftig beseelten Fleisches ging
er als Mensch aus dem Weibe hervor." Hier erklärt Cyrill
die μία φύσις τοῦ Θεοῦ Λόγου geradezu als den göttlichen Sohn,
der aber zu seiner Person die menschliche Natur noch
hinzugenommen habe. „Deswegen aber (wegen der Dazunahme)," so fährt Cyrill fort, „wird er nicht in zwei
πρόσωπα und Söhne geteilt, sondern er blieb einer, aber
nicht ohne Fleisch, noch körperlos, sondern er hat ihn zu
eigen gemäss einer unzerreissbaren Vereinigung. Der,
welcher so spricht, redet nicht von Vermischung und der-
gleichen. Obgleich man von dem einen eingeborenen
Sohne Gottes, der Fleisch geworden ist, redet, so ist er
doch nicht gemischt, nicht ist die Natur des Logos in die
des Fleisches, nicht die des Fleisches in die des Logos

---

[1] Mg. 77, 240.
[2] l. c.

übergegangen, sondern, obwohl beides in seiner natürlichen
Eigentümlichkeit verharrte und gedacht wird, es zeigte
der wunderbar Vereinigte eine Natur des Sohnes, aber wie
ich sagte, eine fleischgewordene."[1] „Ueberflüssiges also
reden die, welche sagen, wenn eine menschgewordene
Natur des Logos sei, dann folge daraus, dass eine Vermischung stattgefunden hätte, und die menschliche Natur
absorbiert wäre."[2]

Wenn also Cyrill nach der Vereinigung der Naturen
keine Hineintragung rein menschlicher Eigentümlichkeiten
in die göttliche Natur des Logos, noch eine Vermischung
der materiellgeistigen Menschennatur mit der geistiggött-
lichen zulässt, so ist doch wohl jeder Schatten monophysitischer Vorstellung von der Christologie Cyrills ausgeschlossen. Wenn Cyrill von einer μία φύσις κ. τ. λ. redet,
so kann er φύσις demnach nur im Sinne von ὑπόστασις Person
gedacht und den ganzen Ausdruck nur gewählt haben,
um Nestorius gegenüber, der von δύο φύσεις redete und φύσις
mit ὑπόστασις identisch setzte, die μία φύσις = μία ὑπόστασις,
die physische Einpersönlichkeit Christi auf das Schärfste
zu betonen. Sprach also Nestorius von δύο φύσεις und dachte
dabei an zwei vollkommene und für sich subsistierende
Naturen, so setzte Cyrill dem die μία φύσις entgegen, wobei
er an eine für sich bestehende göttliche Natur, d. h. Person
dachte, welche aber eine σεσαρκωμένη war, d. h. noch eine
menschliche Seinsweise erhalten hatte. Sowohl in den
δύο φύσεις des Nestorius, als in der μία φύσις Cyrills hat φύσις
die Bedeutung der für sich und in sich subsistierenden
Natur, welche mit Person (ὑπόστασις) identisch ist.

Eine derartige Natur giebt es, so will Cyrill sagen
nur eine in Christo, nicht zwei, wie Nestorius lehrt. In
diesem Sinne ist das Wort φύσις zu erklären, wenn Cyrill
von einer μία φύσις in der Christologie redet. „Wenn die
Naturen," so wirft man dem Cyrill ein, „nicht zu trennen,
sondern zur unauflöslichen Einheit zu verbinden sind, so

[1] Mg. 77, 241 b.
[2] l. c.

sind sie also gemischt, und die zwei sind eine Natur geworden." Darauf erwidert er: „Wer ist so wahnsinnig
und unerfahren, dass er glaubt, die göttliche Natur sei in
das verwandelt worden, was sie nicht war, oder das Fleisch
sei auf dem Wege einer Veränderung in die Natur des
Logos versetzt worden. Das kann auf keine Weise geschehen. Wir sprechen von einem Sohne und sagen, dass
eine seine Natur sei (μίαν αὐτοῦ φύσιν εἶναι), obwohl er ein
mit vernünftiger Seele belebtes Fleisch angenommen hat.
Ihm gehört die menschliche Natur." [1]) Cyrill kann hier
die μία φύσις nur als ὑπόστασις gefasst haben, weil er sonst
dem Einwande offenbar zugestimmt hätte. „Wie aber,"
so wird Cyrill weiter gefragt, „wird aus der Gottheit und
Menschheit ein Christus gedacht?" Cyrill antwortet: „Nicht
auf andere Weise, als etwa zwei Dinge unter einander in
unzertrennbarer und unbegreiflicher Vereinigung zusammen
kommen. Sagen wir nicht, dass ein uns ähnlicher Mensch
einer ist, und eine seine Natur, obwohl er nicht einteilig
(μονοειδής), sondern aus zwei Teilen, aus Leib und Seele
zusammengesetzt ist? Wenn nun jemand das Fleisch für
sich nähme und von demselben die mit ihm vereinigte
Seele trennte und so den einen in zwei Menschen teilen
wollte, würde er da nicht die Art und Weise der Menschennatur zerstören? Ebendasselbe trifft auch beim Emmanuel
zu." [2]) „Ganz unerfahren redet der, welcher behauptet,
es sei eine Vermischung geschehen. Nicht wird von uns
eine Natur des Fleischgewordenen oder Menschgewordenen
behauptet (οὐδὲ μία πρὸς ἡμῶν ὡμολόγηται φύσις σεσαρκωμένου τε καὶ
ἐνανθρωπήσαντος)." [3]) Im letzteren Ausdruck findet Cyrill
Monophysitismus; aber auch hier schwindet sofort das
Anstössige, sobald man für φύσις den Begriff ὑπόστασις ein-
schiebt. In beiden Redeweisen, μία φύσις ... σεσαρκωμένη und
σεσαρκωμένου, kommt es lediglich auf die Interpretierung von
φύσις an. Nimmt man das Wort als Ausdruck des Personen-

---

[1]) Cyr. quod unus. Mg. 75, 1289 c d.
[2]) l. c. 1292 a f.
[3]) l. c. 1292 d.

begriffes, so liegt jeglicher Monophysitismus fern; in diesem
Sinne hat Cyrill es gefasst, wie der Gesamteindruck der
Cyrillschen Darstellung kund giebt; belässt man aber
die φύσις in ihrem reinen Naturbegriffe, so kommt man
nicht gut am Monophysitismus vorbei weder in der einen,
noch weniger aber in der andern genitivischen Form. In
dieser Fassung stellen sich grosse und zahlreiche Schwierig-
keiten in den Weg, wie Petavius schreibt. [1] Und insofern
hat auch Harnack Recht, wenn er beide Redeweisen für
identisch erklärt. [2] Durch die Formel der μία φύσις κ. τ. λ.
hat die Christologie Cyrills auf den ersten Schein und
Klang hin eine Färbung und Gewandung von Monophysitismus bekommen. Nichtsdestoweniger ist darunter
ein Inhalt vernünftigen und wahren Glaubens verborgen.
Ich meine, man müsste bei Missverständnissen sich doch
zufrieden geben und nicht wider alle Aufklärung des Missverständnisses von seiten dessen, den man falsch verstanden
hat, in Beschuldigungen und Anklagen verharren. Cyrill
nun hat sich nicht bloss bereit erklärt, Missverständliches
und Anstössiges in seinen Schriften klar zu stellen, sondern
hat es auch zu wiederholten Malen und mit grösster Entschiedenheit gethan unter ständiger Verwerfung monophysitischer oder apollinaristischer Zumutungen. Wer mit
Aufmerksamkeit die Cyrillschen Schriften studiert, muss
den Eindruck gewinnen, dass der Patriarch von Alexandrien
nichts mehr verabscheut, als in der Menschwerdung des
Logos eine Vermenschung des Göttlichen oder Vergottung
des Menschlichen zu erblicken. Es dürfte nicht als eine
Abschweifung von der Darstellung anzusehen sein, wenn
wir den Cyrillschen Ausdruck der μία φύσις κ. τ. λ. noch einige
Jahrhunderte weiter verfolgen. Die Monophysiten beriefen
sich auf den Gebrauch dieses Ausdruckes von seiten Cyrills,
um dadurch die Orthodoxie ihrer Lehre nachzuweisen.
Auf der Synode zu Konstantinopel 448 erklärt Eutyches,
der Stifter des Monophysitismus: „Ich bekenne, dass unser

[1] Petav. IV, 8, 1.
[2] Harnack, l. c. II, 385.

Herr vor der Vereinigung aus zwei Naturen gewesen ist, nach der Vereinigung bekenne ich nur eine Natur. [1] Ich habe die Schriften Cyrills und des Athanasius gelesen, sie haben vor der Vereinigung von zwei Naturen gesprochen, nach der Vereinigung nur von einer (μία φύσις)." [2] Hier ist ein Doppeltes richtig zu stellen. Zunächst redet Cyrill nie von zwei Naturen vor der Vereinigung. [3] Alsdann lässt Eutyches den Zusatz Cyrills τοῦ θεοῦ Λόγου σεσαρκωμένη fort; darin liegt eben der Unterschied der Lehre Cyrills und der der Monophysiten, welche die menschliche Natur Christi in die göttliche aufgehen liessen wie aufsteigenden Rauch in die reine Luft. Auch Theodoret, Bischof von Cyrus, hielt noch um das Jahr 449 die Anathematismen Cyrills für reinen Monophysitismus. Er war durch kaiserlichen Erlass von der Teilnahme an der Synode zu Ephesus 449 ausgeschlossen worden. Er schrieb an Domnus, Bischof von Antiochia, er verspreche sich nichts Gutes von dieser Synode. „Denn nicht kennen die aus den Diözesen das Gift, welches in den 12 Kapiteln liegt, sondern sie haben nur den Ruhm ihres Verfassers (Cyrill) im Auge und ahnen nichts Verkehrtes. Sein Nachfolger Dioscurus setzt alles daran, diese (Kapitel) durch eine zweite Synode bestätigen zu lassen. Niemand von denen aber, welche die in ihnen liegende Häresie kennen, wird sich zur Annahme derselben bewegen lassen. In Ephesus haben wir, obgleich die Mehrzahl sie gut hiess (stillschweigend), dagegen gestritten und nicht eher haben wir uns mit dem Verfasser derselben vereinigt, als bis er sich mit den von uns aufgestellten Glaubensregeln einverstanden erklärte, ohne jener Kapitel Erwähnung zu thun." [4] Wie Eutyches, so berief sich auch

---

[1] Ms. VI, 744 b.
[2] Ms. VI, 745 c.
[3] Petav. III. 5, 6.
[4] Mg. gr. 83, 1309 f. Wir wissen, dass Cyrill mit der Unterzeichnung des Unionssymbols seine Anathematismen n i c h t zurückgezogen hat, wie Theodoret wahrscheinlich geglaubt hatte. Er konnte unterzeichnen und doch seine termini für sich aufrecht erhalten, ohne in Glaubenszwiespalt zu geraten.

Dioscurus auf Cyrill. „Ich kann aus Cyrill beweisen", so erklärt er auf der allgemeinen Synode zu Chalcedon 451, „dass man nach der Einigung nur von einer fleischgewordenen Natur des Logos sprechen soll. Deshalb ist Flavian, der nach der Vereinigung noch von zwei Naturen redet, mit Recht verurteilt worden (449)." [1] Dioscurus fasst φύσις entgegen der Auffassung Cyrills als reinen Naturbegriff. Auf der Räubersynode bemerkt ferner Eustathius, Bischof von Berytus, Cyrill habe zur Hebung eines Missverständnisses sich in den Briefen an Acacius von Melitene, Valerian, Successus deutlich erklärt, man dürfe nicht an zwei Naturen des Logos denken, sondern nur an eine fleischgewordene. Und das habe er durch das Zeugnis des Athanasius erhärtet. [2] Dabei erwähnt aber dieser Bischof nicht, dass Cyrill ausdrücklich hinzufügt, es solle aber jegliche Verwandlung und Vermischung der Naturen ausgeschlossen sein. Auf dem Konzil zu Chalcedon in die Enge getrieben erkennt er dann die μία φύσις κ. τ. λ. im orthodoxen Sinne an. „Wer von einer Natur spricht," erklärt er, „um das uns wesensgleiche Fleisch zu leugnen, sei ausgeschlossen; wer von zwei Naturen spricht zur Trennung des Sohnes, sei ausgeschlossen. Ich habe ehemals gefehlt." [3] Papst Leo I. schreibt in einem Briefe an den von ihm ernannten Vorsitzenden des Konzils zu Chalcedon, Paschasinus von Lilybaeum, über die una Verbi natura incarnata (μία φύσις τοῦ Λόγου σεσαρκωμένη). „Es sind die zu verabscheuen, welche gemäss der Gottlosigkeit des Eutyches zu sagen wagen, es seien nicht zwei Naturen, d. h. die vollkommene Gottheit und die vollkommene Menschheit, die da unsere Umsicht zu täuschen glauben, indem sie sagen, sie glaubten an eine fleischgewordene Natur des Wortes." [4] Hier verwirft der Papst den Cyrillschen Ausdruck, aber nur in seiner monophysitischen Deutung durch Eutyches. Das

---

[1] Ms. VI, 684 d.
[2] Ms. VI, 676 e.
[3] Ms. VI, 677 b.
[4] l. c. 123 d f.

Konzil von Chalcedon selbst hat den genannten terminus
Cyrills nicht verworfen, es erklärt den Glauben Flavians,
Leos und Cyrills für ein und denselben. [1]) Der schon erwähnte Leontius v. Byzanz, ein eifriger Verteidiger Cyrills
im 6. Jahrhundert, welcher, zum ersten Male die menschliche Natur Christi als ἐνυπόστατος κατὰ Λόγον formell bezeichnet, [2]) erklärt die μία φύσις κ. τ. λ. des Cyrill als nicht dem
Dogma entgegen. „Nicht hat er (Cyrill) gesagt, eine
menschgewordene Natur Christi, sondern eine menschgewordene Natur des Logos, und damit weist er eben auf
die zweite Natur hin. Und dass er mit dem σεσαρκωμένη die
andere Natur bezeichnen will, geht aus seinem zweiten
Briefe an Succensus hervor, wo er sagt: „Wenn wir eine
Natur des Logos behauptet und dann geschwiegen hätten,
wenn wir nicht jenes Wort σεσαρκωμένη hinzugesetzt hätten ...
dann könnten jene uns fragen, wo die Integrität der Menschheit geblieben sei ... Es muss beides dem einen wahren
Sohne gewahrt bleiben, nämlich als Gott das Nichtleiden-
können und als Mensch das Leiden." [3]) Hören wir ferner
das Zeugnis des Kaisers Justinian (527—565) über den
Cyrillschen terminus. Cyrill habe, so sagt er, damit nicht
eine Natur der Gottheit und des Fleisches lehren wollen.
So oft er diesen Ausdruck gebrauche, meine er mit φύσις
den Begriff ὑπόστασις. Denn in den Büchern, in denen diese
Redeweise vorkomme, gebrauche er auch die Worte Λόγος,
Μονογενής, welche doch nicht die Natur, sondern die Hypostase bezeichneten ... Cyrill lehre, dass beide Naturen
in ihm (Logos) seien, aus denen er auch bestehe. [4]) Das
Konzil zu Konstantinopel 553 sanktioniert sodann im achten
Anathem in der letzten Sitzung neben dem terminus ἕνωσις
καθ᾽ ὑπόστασιν auch den der μία φύσις τοῦ Θεοῦ Λόγου σεσαρκωμένη
für den Sinn, in welchem ihn die Väter genommen haben. [5])

---

[1]) l. c. 681 f, 969 d f.
[2]) Mg. gr. 86, 1240 d f, 1277 d, 1944 c.
[3]) Cyr. ad Succ. Mg. 77, 244 a b; 86, 1253 a b.
[4]) Ms. IX, 543 c, 552 d.
[5]) Ms. IX, 381 c.

Auch Johannes von Damascus (✝ um 750) interpretiert ihn
in orthodoxem Sinne unter Berufung auf Cyrill. [1])

Der zweite Ausdruck, welcher an sich monophysitischen Klang haben könnte, ist das Wörtchen ἕν, in welchem Cyrill kurz das Resultat der vereinigten Naturen
zum Ausdruck bringt. Dasselbe findet sich schon bei den
Vätern vor Cyrill, so bei Epiphanius, der schreibt τὸ δύο
κεφάσας εἰς ἕν. [2]) So wenig man dem Cyrill aus dem Gebrauche der μία φύσις κ. τ. λ. monophysitisches Denken beilegen kann, ebenso wenig berechtigt dazu das ἕν. Cyrill
hat deswegen ohne Anstand diese zweifelhaften termini
aufnehmen zu können geglaubt, weil er sie bei den rechtgläubigen Vätern vorfand. Er war weit entfernt, mit denselben monophysitische Ideen zu verbinden. Und weil er
sich so entschieden gegen dieselben verwahrt, so kann er
mit dem einfachen ἕν oder ἕν τι nur ein persönliches Eins
im Sinne gehabt haben, so dass das ἕν dem εἷς oder ἓν ζῷον,
ἓν πρόσωπον gleichkommt, wenn nicht, wie ich schon früher
andeutete, eine Fälschung vorliegt. [3]) Doch wollen wir
auch hier die einzelnen Stellen im Zusammenhange zum
Ganzen erklären. Schon in der vornestorianischen Schrift de
ss. Trin. [4]) spricht Cyrill von dem Zusammenlauf der göttlichen und menschlichen Natur εἰς ἕν, um das vorhergehende
εἰς ἐξ ἀμφοῖν νοούμενος Υἱός näher zu erklären. Sofort aber im
Anschluss an das εἰς ἕν lehnt er jeglichen Gedanken an
eine Verwandlung ab. Die Naturen, so will das εἰς ἕν besagen, sind zum denkbar höchsten Grade der Vereinigung
gelangt, ohne aber in einander zusammen zu rinnen. Deshalb sagt Cyrill: „Nicht wesensgleich ist der Leib dem
Logos, aber eins durch den Zusammenhang (ἓν τῇ συνόδῳ). " [5])
In dem ἕν liegt hier keine physische, sondern eine numerische
Einheit vor. „Τὸ ἕν wird nicht nur gesagt von dem Natur-

[1]) Joh. Dam. de natura compos. Mg. gr. 95, 117 a.
[2]) Hefele, l. c. II 143.
[3]) Leont. v. B. Mg. 86, 1255 d.
[4]) Mg. 75, 693 a.
[5]) Cyr. in Joh. Mg. 74, 577 b. Petav. VI, 10, 1 erklärt das
εἰς ἕν mit ad unum aliquid constituendum, est autem una
persona unum aliquid.

einfachen, sondern auch von dem gemäss Zusammensetzung
Verbundenen, wie das der Fall ist beim Menschen, der aus
Leib und Seele besteht." [1]) „Leib und Seele sind aber ein
ἓν ζῶον." [2]) So bilden die zwei Naturen in Christo auch ein
Wesen, eine Person (ἓν πρόσωπον), einen Christus. „Niemand",
sagt Cyrill, „möchte wohl behaupten, dass das Vereinigte
in der Zahl eins wäre (ἓν τῷ ἀριθμῷ), sondern es sind zwei
(Naturen)" [3]) Zur Erklärung des ἕνα καὶ τὸν αὐτόν und unter
direkter Abwehrung von Naturenverwandlung finden wir
bei Cyrill das ἓν in der Schrift quod unus sit Christus
(Mg. 75, 1253 a), ferner mit hinzugesetztem οἰκονομικῶς
(Mg. 75, 1221 c). In der 17. Osterhomilie lesen wir: „εἰς ἓν
τι τὸ ἐξ ἀμφοῖν ἀναπλέκοντες, ἵνα μὴ ὡς ἄνθρωπος ἁπλῶς θεοφορήσας
νοοῖτο, Θεὸς δὲ μᾶλλον ἐνηνθρωπικῶς καὶ καθ' ἕνωσιν οἰκονομικήν." [4])
Dass mit diesen Worten keine Naturenvermischung gemeint
ist, zeigt deutlich die Fortsetzung der Stelle: „συνδεδρα-
μήκασιν ... πρὸς ἓν τι λοιπὸν τὸ νοούμενον, θεότης τε ὁμοῦ καὶ ἀνθρωπότης·
ἵν' ἐν ταὐτῷ νοοῖτο καὶ ἄνθρωπος καθ' ἡμᾶς καὶ Θεὸς ὑπὲρ ἡμᾶς." [5]) In
dem ἓν soll also noch die göttliche wie die menschliche
Natur zu erkennen sein. Somit kann an keine Vermischung
gedacht werden. „Er ist seiner Natur nach als Gott das
Leben; nachdem er aber eins geworden ist mit seinem
eigenen Fleische, [6]) da liess er dasselbe auch lebendig
machend erscheinen." [7]) Die Vereinigung des Logos mit
dem Leibe war also eine so innige, dass sich ganz natur-
gemäss (κατὰ φύσιν) die göttliche Kraft auch der menschlichen Natur mitteilte, wie die Kraft der Seele dem Leibe.
Nachdem die menschliche Natur vom Logos zur Vereinigung
mit ihm zugelassen war, erschien sie auch mit ihm als
ein gewisses Eins (ἕν τι σὺν αὐτῷ). „Von Haus aus aber hat
das Fleisch die Eigenschaft nicht, eins zu sein mit Gott." [8])

---

[1]) Cyr. ad Succens. Mg. 77, 241 b; quod unus Mg. 75, 1285 c.
[2]) Cyr. explic. Mg. 76, 300 c; ad Valer. Mg. 77, 260 a.
[3]) Cyr. quod unus Mg. 75. 1289 c.
[4]) Mg. 77, 776 a; in ep. ad Hebr. Mg. 74, 1004 c.
[5]) Mg. 77, 776 b.
[6]) Cyr. in Joh. Mg 74. 560 c.
[7]) Cyr. ad Nest. Mg. 77, 113 d.
[8]) Cyr. in Joh. Mg. 74. 564 b, 737 c.

Ein monophysitisches ἕν finden wir bei dem Kirchenhistoriker Socrates in den Worten: „συναναπλήρωται δὲ ἡ ἀνθρω
πότης τῇ θεότητι, καὶ οὐκέτι εἰσὶ δύο, ἀλλὰ ἕν." [1])
Am Schlusse dieses Paragraphen, wie des ganzen
Kapitels darf ich wohl wieder mit der erwiesenen Behauptung hervortreten: „Cyrill steht mit seinem christologischen Denken nicht in der Reihe der Apollinaristen oder
Monophysiten." Mit letzteren teilt er lediglich nur das
S t r e b e n , entgegen dem Nestorianismus, in Christo die
denkbar höchste Verbindung zwischen der göttlichen und
menschlichen Seite herzustellen, ohne aber die wesensverschiedenen Naturen in einander fliessen zu lassen, wie
es die genannten Irrlehrer thuen. Das Einheitsprinzip ist
infolge des Kampfes mit Nestorius Tendenz seiner Christologie. Das sagt von ihm auch Leontius: „Ὁ γὰρ Κύριλλος
Νεστορίῳ ἀπομαχόμενος τῷ διαιροῦντι τὴν οἰκονομίαν, τῆς ἑνώσεως μᾶλλον
φροντίδα πεποίηται." [2]) Das Umgekehrte tritt bei Papst Leo I.
im Kampfe gegen den Monophysitismus hervor. Er betonte mehr die Zweiheit der Naturen, so dass den zur
Orthodoxie auf dem Konzil zu Chalcedon übergetretenen
Bischöfen von Illyricum und Palaestina drei Stellen im
Schreiben Leos als nestorianisch erschienen, und man deshalb zur Prüfung derselben die Schriften Cyrills heranzog.
Um das Einheitsprinzip zum Ausdruck zu bringen, hat
Cyrill termini angewendet, die man allerdings in Monophysitismus ausklingen lassen kann, wenn man ihn nicht verstehen will, wie ἕνωσις φυσική, κατὰ φύσιν, καθ' ὑπόστασιν, μία φύσις
κ. τ. λ. und εἰς ἕν. Cyrill hat in ihnen keinen Monophysitismus gelehrt.
Wir gehen nun zum letzten Kapitel der Darstellung
über, zu den Folgerungen, die sich aus der wahren und
natürlichen Vereinigung, aus der ἕνωσις καθ' ὑπόστασιν ergeben,
und zwar für die Person Christi, für Maria und für die erlöste Menschheit.

---

[1]) h. e. VII 32. Mg. 67, 812 a.
[2]) de sect. Mg. 86, 1224 b.

6. Kapitel.

Die Folgerungen aus der ἕνωσις καθ' ὑπόστασιν.

§ 1.

Folgerungen für die Person Christi selbst.

'Ενὸς τὰ πάντα τὰ θεοπρεπῆ καὶ προσέτι
τὰ ἀνθρώπινα. [1]

In Christo ist eine göttliche Person; diese ist Inhaberin zweier, wesenhaft verschiedener, dennoch wahrhaft und natürlich, gleichwohl unvermischt vereinigter Naturen. Das ist das Endergebnis unserer bisherigen Untersuchung über die Christologie Cyrills. Welche Konsequenzen hat Cyrill nun aus diesem Dogma gezogen, und zwar für die Person des Erlösers, für die Mitwirkerin bei der Erlösung und endlich für die Erlösten selbst? Bei der Behandlung dieses Gegenstandes stossen wir auf den inneren Grund, der die christologische Lehranschauung der Antiochener zur Irrlehre machte. Wir schliessen von der Einpersönlichkeit Christi auf die damit in Verbindung stehenden Erscheinungen der göttlichen und menschlichen Natur: die Antiochener aber gingen von letzteren aus und folgerten daraus die Unmöglichkeit einer Einpersönlichkeit in Christo. Wir haben also auch in diesem Kapitel wieder den Nestorianismus zu berücksichtigen.

Aus der ἕνωσις καθ' ὑπόστασιν ergeben sich für die Person Christi, sowie für seine menschliche Natur folgende Folgerungen.

I. Εἷς τε καὶ μόνος Ὑιὸς καὶ ὅτε γέγονε σάρξ. [2]

Nicht bloss der Logos, sondern auch Christus als der fleischgewordene Logos ist der eine natürliche Sohn Gottes. „Es ist ein Christus aus zweifachem", sagt Cyrill, „unzer-

---

[1] Cyr. quod unus . . Mg. 75, 1280 c.
[2] Cyr. explic. Mg, 76, 304 d.

trennbar in der Sohnschaft (ἀδιαίρετος εἰς υἱότητα). [1]) Es giebt
viele, welche Adoptivsöhne sind (υἱοθεσίας ἀξίωμα ἔχοντες),
aber nur einen Sohn Gottes von Natur." [2]) Mit dem Aus-
spruche: „Er blieb, was er war, auch in der Dazunahme
des Fleisches," wendet sich Cyrill sowohl gegen den Nestorianismus, der in Christo zwei natürliche Söhne, den Gottes-
und den Menschensohn, annahm [3]), als auch gegen den
späteren Adoptianismus, den Nestorianismus des Abendlandes. Weil man in der Bekämpfung dieser Irrlehre neben
den Zeugnissen der abendländischen Väter auch die Lehrmeinung Cyrills vornehmlich angerufen hat, und weil der
Adoptianismus der nestorianischen Häresie nicht fremd ist,
so wollen wir ihn an dieser Stelle kurz berühren. Die
Hauptvertreter dieses Irrtums waren die Bischöfe Elipandus
von Toledo und Felix von Urgel im 8. Jahrhundert. Der
Adoptianismus ist ein Nestorianismus in milderer Form:
ein Seminestorianismus kann er genannt werden. Er hält
zwar an den Bestimmungen des Konzils von Chalcedon
fest: eine Person in zwei Naturen; aber wegen des Verhältnisses der Naturen zur göttlichen Person muss man
auch das Verhältnis dieser Person des Sohnes zum Vater
unterscheiden. Die göttliche Natur ist der Hypostase des
Sohnes von Ewigkeit eigen, die menschliche Natur hat
er dagegen in der Zeit angenommen (assumpsit, adoptavit).
Somit ist der Logos mit Rücksicht auf diese Natur nur
als ein angenommener Sohn Gottes zu bezeichnen. Nahm
der Nestorianismus zwei physische Söhne in Christo an,
so der Adoptianismus einen natürlichen Sohn, der zugleich
auch Adoptivsohn desselben Vaters sein sollte. Letzteres
ist aber widersinnig; denn ein natürlicher Sohn kann nicht
auch Adoptivsohn desselben Vaters sein oder genannt
werden. Bei einer solchen Verwandtschaft dieser beiden
Irrlehren konnte die christologische Lehrmeinung Cyrills,
welchen Alcuin, der Hauptbekämpfer des Adoptianismus,

---

[1]) Cyr. in Joh. Mg. 73, 249 c.
[2]) Cyr. in Matth. Mg. 72, 421 d.
[3]) Cyr. ad Nest. Mg. 77, 48 c, 120 d; 76, 304, 428 d.

fortissimum Nestorianae sectae destructorem nennt [1]), nicht
unberücksichtigt bleiben. „Wir wollen sehen", so schreibt
Alcuin, „was Cyrill, der Bischof von Alexandrien, dessen
Beweise gegen Nestorius auf der 6. Synode die grösste
Berühmtheit erlangt haben, über diese Frage gedacht hat."
Er zitiert nun Stellen aus dem Briefe an die Mönche Aegyptens zur Widerlegung des Adoptianismus. „Jener steht
nicht in dem Verhältnis wie wir, sondern er ist von Natur
und in Wirklichkeit (natura et vere, φύσει καὶ καθ᾽ ὑπόστασιν)
Sohn und Herr Aller." „Der angenommene Leib ist nicht
der eines anderen, sondern gehört dem aus Gott seienden
Logos, welcher aus der Jungfrau geboren wurde". [2]) Auch
auf den Inhalt der Anathematismen Cyrills weist Alcuin
hin. [3]) Im vierten Buche gegen Elipandus endlich schreibt
er: „Ich wollte, Brüder, ihr erkenntet, die ihr die adoptio
in Christo behauptet, was Cyrill mit synodaler Auktorität
dem gottlosen Nestorius geantwortet hat. Wisset, dass es
auch euch geantwortet ist, weil die Gottlosigkeit ein und
desselben Irrtums auch durch die Antwort ein und derselben Wahrheit zerstört werden muss. Ihr stehet der
Gottlosigkeit des Nestorius nicht nach. Jener hat in der
jungfräulichen Mutter geirrt, ihr im Sohne Christus. Jener
behauptet, Maria sei nicht Gottesgebärerin, ihr sagt, er sei
nicht wahrer Gott, nicht wahrhaft der Sohn Gottes, der
aus dem jungfräulichen Schosse geboren wurde. . . . ." [4])
„Aber leset die Synodalbriefe des hl. Cyrillus, damit ihr
erkennet, dass euer Irrtum aus dem geistigen Schlunde
des Nestorianismus stammt, und bekehret euch infolge der
Briefe jenes Vaters Cyrillus." [5]) Auch Agobardus, Bischof
von Lyon, beruft sich gegen den Adoptianismus auf das
Zeugnis Cyrills. [6]) Die Synode zu Frankfurt 794, auf
welcher die Irrlehre verworfen wurde, führt den Brief

---

[1]) Mg. lat. 101, 279 c.
[2]) l. c. 92 d f; 123 b c.
[3]) l. c. 175 a b, 185 c, 193 b, 208 b-d, 209 a-d, 213 d ff., 224 d f.
[4]) Mg. lat. 101, 289 d f.
[5]) l. c. 290 b c.
[6]) Agob. lib. adv. Fel. Urg. Mg. lat. 104, 36 c, 41 b.

Cyrills an Eulogius an.[1] Endlich erwähnt auch Felix von Urgel in seiner confessio fidei, die er als Zeugnis seiner Bekehrung ablegt, den Cyrill als Verteidiger des wahren Glaubens.[2] In dieser Berufung des Abendlandes auf Cyrill haben wir ein herrliches Zeugnis für das Ansehen, welches die Lehrmeinung Cyrills auch in der occidentalischen Kirche genoss, zugleich aber auch den Beweis, dass Cyrill in seiner Christologie, wie den Monophysitismus und Monotheletismus, so auch den Adoptianismus schon im voraus bekämpft hat. Er anerkennt in Christo weder einen zweiten physischen Sohn, noch einen sogenannten moralischen Nebensohn, sondern nur einen natürlichen Sohn Gottes vor und nach der Incarnation, weil der Logos die menschliche Natur auf natürliche Weise (ἕνωσις φυσική), in Wahrheit und Wirklichkeit (καθ' ὑπόστασιν ἑαυτῷ, πρὸς ἑαυτόν), nicht zum Schein synaphistisch mit sich vereinigt hat.

Eine Hauptfolgerung aus der hypostatischen Union ist

II. die communicatio idiomatum.

Man versteht darunter die Beziehung der göttlichen und menschlichen Erscheinungsweisen und Thätigkeiten der beiden Naturen auf die eine göttliche Hypostase, von welcher daher in concreto Göttliches und Menschliches ausgesagt werden muss. Schon in den vornestorianischen Schriften Cyrills finden wir diese Naturen-Eigentümlichkeitsbeziehung erwähnt, und zwar den Arianern gegenüber, welche durch die Beziehung der menschlichen Aussageweisen auf die göttliche Person die Gottheit des Logos zu leugnen versuchten. Dem entgegen giebt Cyrill die Erklärung: „Wenn du hörst „Ich und der Vater sind eins", so blicke allein hin auf die Gottheit des Sohnes und des Vaters und denke daran, dass der Sohn Gottes aus der Wesenheit des Vaters gezeugt ist; wenn du aber von ihm hörst, dass er geweint hat, traurig war, Furcht empfand,

[1] Ms. XIII, 895 e f
[2] Mg. lat. 96, 886 a–d.

so denke, dass er neben dem Gottsein auch Mensch war, und lege der menschlichen Natur das ihr Zukommende bei. Denn da er einen sterblichen, vergänglichen, den Schwächen unterworfenen Körper annahm, so machte er sich mit dem Fleische zugleich auch die Widerfahrnisse desselben zu eigen, und man sagt, dass er selbst sie erlitten habe. So sagen wir, dass er gekreuzigt ist, starb, obwohl das Fleisch dieses erlitten hat, nicht der Logos an sich in seiner eigenen Natur." [1] Also auch den Arianern gegenüber nahm Cyrill denselben christologischen Standpunkt ein, wie nachher gegen Nestorius. Er lehrt auch hier in Christo eine Person und zwei Naturen mit den ihnen gebührenden Eigentümlichkeiten, die aber von der einen Person ausgesagt werden müssen. Eine Zuweisung der φωναί an je einen eigenen, einen göttlichen und menschlichen Träger dürfe nicht gelehrt werden. Das thaten eben, wie wir schon gehört haben, Diodor, Theodor und Nestorius. Sie schauderten davor zurück, von Gott eine menschliche Geburt, menschliche Schwächen, Leiden und Tod auszusagen, weil sie in dem Wahn befangen waren, mit dem Aussagen werde nun auch thatsächlich die göttliche Natur empfindender Weise davon betroffen und somit werde die Gottheit vernichtet, was ja die Arianer eben beabsichtigten. Gegenüber dem Arianismus hatte also der Nestorianismus noch einen wohlmeinenden Charakter, weil jener die Vernichtung der Gottheit Christi, dieser aber die Erhaltung der Gottheit des Logos intendierte. Bezüglich der nestorianischen com. idiom. sagt Cyrill: „Christus hat gehungert, schlief, stieg in das Schiff, wurde von den Gerichtsdienern geschlagen, gegeisselt, angespieen, nahm Essig mit Galle gemischt, liess sich die Seite durchstechen, kostete den Tod; alles das, sagen sie, sei einem Menschen widerfahren, müsse aber auf die Person des wahren Sohnes bezogen werden (referri vero in Filii veri personam, eo quod coniunctum sit ipsi aequalitate dignitatis.) Wir aber behaupten,

---

[1] Cyr. Thes. Mg, 75. 396 a c d.

dass er die Schwächen des Fleisches wegen der Zueigenmachung des Fleisches erduldet hat, dass er aber seiner Natur die Leidensunfähigkeit bewahrte, weil er nicht bloss Mensch war, sondern auch Gott von Natur." [1] „Nestorius aber schreibt die einen Aussageweisen dem Logos an sich zu, die andern aber dem aus dem Weibe als einem zweiten Sohne. Etwas anderes ist es, den Unterschied der Redeweisen kennen, etwas anderes, sie auf zwei Personen verteilen." [2] „Dieses ist aber nicht der rechte Glaube über Christus. Wir bekennen einen Sohn, Christum und Herrn, der als ein und derselbe Gott ist und Mensch. Ihm eignet sowohl die Gottheit, als auch auf gleiche Weise die Menschheit. Bald spricht er als Gott, was Gott zukommt, bald aber ebenderselbe wie ein Mensch, was menschlich ist." [3] Im vierten Anathem, sowie in der Erklärung und Verteidigung desselben gegen die Orientalen und Theodoret [4] lehrt Cyrill entschieden, dass die Eigentümlichkeiten beider Naturen von ihrem einen Subjekte auszusagen seien, dass der Gottlogos nicht erröte, wenn er Menschliches von seiner göttlichen Person sagen hört, da er selbst hat Mensch werden wollen. Gegen Theodoret verteidigt sich Cyrill betreffs des Vorwurfs, als behaupte er mit der einpersönlichen Aussageweise von zwei verschiedenen Naturen eine Vermischung des Göttlichen und Menschlichen. „Davon bin ich weit entfernt zu behaupten, die Naturen seien vermischt, hätten eine Vermengung oder Verwandlung erfahren. Nein, wir haben nicht den Unterschied der φωνα aus der Welt geschafft; denn wir wissen, dass die einen so sind, dass sie nur von Gott, die andern so, dass sie nur von der Menschennatur gelten können. Dabei aber verteilen wir sie nicht auf zwei Personen. Denn es ist nur die eine Person des Einen (ἐν πάντως αὐτοῦ καὶ πρόσωπον ὡς ἑνός). Und wenn eben derselbe Gott und Mensch ist, so wird

---

[1] Cyr. schol. Mg. 75, 1409 b c.
[2] Cyr. ad Eulog. Mg. 77, 228 b.
[3] Cyr. ad Euseb. Mg. 77, 289 a.
[4] Cyr. ad Nest. Mg. 77, 120 c d; 76, 301, 336, 413.

ihm auch ohne Tadel zukommen, dass er göttliche und
menschliche Reden führt; nicht wird die göttliche Natur
durch menschliche Aeusserungen vermindert, noch auch
leidet der Glaube an die Menschwerdung, wenn er neben
dem Gottsein auch als Mensch verkündet wird. Alles ist
daher dem einen Christus eigen." ¹) Die com. idiom. ist
also nichts weiter, als die Zurücktragung der göttlichen
und menschlichen Naturäusserungen auf ihren einen Ausgangspunkt, den Logos. Bezüglich dieses Lehrpunktes
verteidigt Cyrill die mit ihm vereinigten Orientalen, denen
noch nestorianische Ideen nachgetragen wurden. „Die
antiochenischen Brüder", sagt er, „reden zwar von einer
Verschiedenheit der Naturen; denn Gottheit und Menschheit sind nicht identisch; aber sie anerkennen einen Christus,
Sohn und Herrn. In keiner Weise trennen sie das Vereinigte; nicht nehmen sie eine natürliche Trennung an,
(φυσικὴν διαίρεσιν), wie es der Erfinder der Neuerung gethan
hat." ²) Nur die Aussageweisen seien auseinander zu halten;
jedoch kämen die einen nicht dem Sohne für sich als Logos
zu, die andern dem aus dem Weibe geborenen andern
Sohne, sondern die einen seiner Gottheit, die andern seiner
Menschheit. Auch fügen sie hinzu, einige seien gemeinsam
und bezögen sich auf beide Naturen, d. h. einige Aussageweisen kommen an erster Stelle der Gottheit zu, andere
mehr der Menschheit, andere in einer Mittelstellung beweisen, dass der Sohn Gott und Mensch ist in ein und
derselben Person." ³) Nachdem Cyrill hierfür dann Stellen
aus der hl. Schrift⁴) angeführt hat, fährt er fort: „Die
Orientalen haben mit Nestorius nichts gemein, sie unterscheiden die Redeweisen, aber nehmen eine physische Person
in Christo an, auf welche sie beide Aussageweisen zurückführen." ⁵) Die Einheit bezeichnet Cyrill als Basis für die

<hr/>

¹) Mg. 76, 413 b c.
²) Dieser διαίρεσις φυσική stellte Cyrill seine ἕνωσις φυσική gegenüber.
³) Cyr. ad Acac. Mg. 77, 193 d f.
⁴) Joh. 14, 8—9; 10, 30; 8, 39—40. Hebr. 13, 8; 1. Cor. 8, 5—6.
Röm. 9, 3—5.
⁵) Cyr. ad Acac. Mg. 77, 197; ad Eulog. Mg. 77, 228 b.

com. idiom. (praemissa unitate ea, quasi aliquo funda-
mento fidei praeiacto carne passum esse confitemur [1]). „Die
Eigentümlichkeiten des Fleisches rechnet er zu den seinigen
wegen der unaussprechlichen Vereinigung; soweit es aber
seine göttliche Natur betrifft, bleibt er ausserhalb des
Leidens.“ [2]) Cyrill hält auch hier die rechte Mitte inne,
indem er gegen Nestorius die Eigentümlichkeiten der verschiedenen Naturen auf eine Person bezieht, gegen die
Arianer und Apollinaristen aber die göttliche Natur des
Logos unvermischt und von menschlichen Schwächen rein
bewahrt. „Die Art und Weise der Vereinigung teilt ihm
das Leiden zu, dabei ist er aber selbst in seiner göttlichen
Natur vom Leiden frei geblieben [3]), so dass man sehr
gottlos handeln würde, wenn man die der Menschheit zukommenden Reden, Handlungen und Affekte dem reinen
Logos vor der Menschwerdung (γυμνῷ Λόγῳ πρὸ τῆς ἐνανθρωπήσεως) anpassen wollte. Vielmehr datiert diese Beziehung
erst seit der Menschwerdung.“ [4]) Nicht ganz so klar drückt
sich Cyrill in einer vornestorianischen Schrift aus. „Doppelt
ist die Aussageweise vom Sohne, aber man muss das, was
Gottes ist, wie auf Gott beziehen, und das Menschliche
auf den uns ähnlich Gewordenen. Eine ungereimte und
unterschiedslose Vermischung der Handlungen muss man
verwerfen. [5]) Wir müssen hier beachten, dass Cyrill gegen
die Arianer schreibt, welche durch Berufung auf die com.
idiom. die Gottheit Christi zu leugnen versuchten. Klarer
spricht Cyrill über die com. idiom. in der achten Osterhomilie mit Bezug auf Coloss. 14—18. „Du siehst also,
wie er die Eigentümlichkeiten der Menschheit mit den
göttlichen Würden vermischt und von ein und demselben
sagt, er sei das Bild des unsichtbaren Vaters und der

---

[1]) Cyr. schol. Mg. 75, 1412 a; 76, 340 c; 74, 24 a.
[2]) Cyr. schol. Mg. 75, 1405 a, 1406 b, 1409 c; adv. Nest. Mg. 76,
60 d; adv. nol. conf. Mg. 76, 281 d; adv. Anthrop. Mg. 76,
1116 b; quod unus Mg. 75, 1332 d f.
[3]) Cyr. adv. Nest. Mg. 76, 244 d f.
[4]) Thes. Mg. 75, 120 d f; quod unus Mg. 75, 1328 d.
[5]) Cyr. de ss. Trinit. Mg. 75, 681 c.

Erstgeborene der Schöpfung."[1]) In der 17. Osterhomilie,
die schon gegen die auftauchende Häresie des Nestorius
gerichtet ist, spricht er noch entschiedener. „Obwohl er
die Weisheit des Vaters ist, so sagt man doch von ihm,
er habe an Weisheit zugenommen, weil er, obwohl als
Gott vollkommen, die Eigentümlichkeiten der menschlichen
Natur mit vollem Recht auf sich (εἰς ἑαυτόν) infolge der
höchsten Vereinigung überträgt."[2]) Umgekehrt aber überträgt der Logos die Aeusserungen seiner göttlichen Natur
auch auf seine Menschheit. „Daneben," sagt Cyrill, „ist
zu sehen, dass er den Ruhm seiner göttlichen Thätigkeit
auch dem eigenen Fleische mitteilt, wie er die Eigentümlichkeiten des Fleisches infolge der Incarnationsvereinigung
seiner eigenen Natur beilegt."[3]) „Es ist eben ein Sohn,
der menschgewordene Logos, ihm eignet daher auch alles,
Reden und Handlungen, Göttliches und Menschliches."[4])
Cyrill greift auch hier wieder zu seinem beliebten Vergleiche von Leib und Seele, der aber hier nicht gerade in
der Cyrillschen Anwendung beweisfähig sein dürfte; denn
die Seele als Person bildendes Prinzip im Menschen, ist
doch leidensfähig, wogegen der göttliche Logos leidensunfähig ist. „Die Seele," sagt Cyrill, „rechnet alles, was
dem Leibe widerfährt, sich zu, obwohl sie an eigener Natur
seiner physischen Leiden und der von Aussen herkom-
menden Angriffe unteilhaftig ist. Der Körper wird zur
natürlichen Konkupiszenz angeregt, die Seele fühlt mit;
obwohl auf keine Weise teilhaftig, betrachtet sie doch den
Ausgang der Konkupiszenz als eigene Ergötzung. Und
wenn der Körper einmal vom Schwerte getroffen wird, so
leidet auch jene, weil ihr Körper empfindet, sie selbst in
eigener Natur empfindet keine Qual."[5]) Der hieran sich
anschliessende Vergleich unter Beziehung auf Exod. 4, 9
passt gar nicht, weil das Wasser in Blut verwandelt wurde,

[1]) Cyr. hom. pasch. 8 Mg. 77. 572 d.
[2]) Mg. 77. 781 a.
[3]) Cyr. de incarn. Unig. Mg. 75, 1241 b c.
[4]) Cyr. quod unus Mg. 75. 1328 c; schol. Mg. 75, 1416 a.
[5]) Cyr. schol. Mg. 75, 1377 a, 1405 a b; ad Cler. Const. Mg. 77, 65 a.

der Logos aber im Leiden keine Verwandlung erfuhr. Hier haben wir wieder ein Beispiel von der oft übertriebenen allegoristischen Exegese der Alexandriner. [1]) Als dritten Vergleich benutzt Cyrill den für die Zweiheit der Naturen schon angeführten Vergleich mit den Opfervögeln. [2])

Weil Nestorius an der Uebertragung gerade der menschlichen Eigentümlichkeiten auf den Gottlogos Anstoss nahm, es aber weniger unpassend fand, göttliche Attribute der Menschheit beizulegen, wie die Orientalen überhaupt ihrer Phantasie zufolge einer θεοποίησις [3]) des Menschen durch die Erlösung sehr nahe standen, so finden wir auch, dass Cyrill mehr Bezug nimmt auf die Uebertragung menschlicher Eigentümlichkeiten auf die göttliche Natur des Logos als umgekehrt. Indes finden wir bei ihm auch letztartige communicatio. „Niemand steigt in den Himmel, als der, welcher vom Himmel herabgestiegen ist." (Joh. 3, 13). Dazu bemerkt Cyrill: „Das, was nur ihm zukam, teilt er auch seinem eigenen Fleische mit; denn einmal vereinigt, wird er mit demselben auch als einer gedacht." [4]) „Wie er sich alles Erniedrigende seines Körpers als ihm gehörend anrechnete, obwohl er körperlos ist, so legt er auch, obgleich nur er aus dem Himmel stammt, dieses ἄνωθεν ἥκειν sich auch dann bei, nachdem er Fleisch geworden ist . . . dem Logos eigen ist das Menschliche, der Menschheit eigen ist das Göttliche des Logos, denn er gilt als ein Christus, Sohn, Herr." [5])

Fassen wir das Gesagte zusammen, so ergiebt sich nach Cyrills Lehre : „Alle Momente menschlichen Handelns und Leidens Christi müssen ebenso vom menschgewordenen Logos als ihm eignend ausgesagt werden, wie auch alle

---

[1]) Cyr. schol. Mg. 75, 1405 c.
[2]) Cyr. in Luc. Mg. 72, 560 b.
[3]) v. Schanz, Die Lehre von den hl. Sakram. p. 20; Cyr. Thes. Mg. 75, 428 c „προέκοπτεν ἡ φύσις ἡμῶν ἐν τῇ σοφίᾳ πρέχουσα ἀπὸ φθορᾶς εἰς ἀφθαρσίαν, ἀπὸ δὲ ἀνθρωπότητος εἰς τὸ τῆς θεότητος ἀξίωμα ἐν Χριστῷ.
[4]) Cyr. schol. Mg 75, 1406 b.
[5]) Cyr. adv. Nest. Mg. 76, 137 c; in Matth. Mg. 72, 474; in Joh. Mg. 73, 249 c.

Momente des Standes der Erhöhung. Denn nachdem er
einmal die menschliche Natur mit sich in Wahrheit καθ'
ὑπόστασιν vereinigt hat, war er auch der Verursacher alles
dessen, was seine menschliche Natur litt und that. So
lehren auch die Väter, dass das Wort Mensch geworden ist, gelitten hat, gestorben ist und auferstand. [1]
Gehen wir etwas näher auf die Hauptabschnitte des irdischen Lebens ein, welche der Person des Logos beigelegt
werden müssen. Von ihm auszusagen ist zunächst eine
menschliche Geburt. Der ewige Sohn Gottes wurde durch
die zweite zeitliche Geburt auch der natürliche Sohn der
Jungfrau Maria, so dass er einen ewigen Vater, aber auch
eine zeitliche Mutter hat, „eundem ex Patre ut Verbum
divine et ex muliere humane ut hominem." [2] Auch die
Incarnationsnamen haben nur einen persönlichen Träger, [3]
während Nestorius zwei Personen unter einem Namen vereinigte. [4]   „So wird ein und derselbe genannt Eingeborener
und Erstgeborener, und er ist das eine wie das andere,
aber secundum aliud et aliud." [5]   Auch andere Namen,
wie apostolus, pontifex, propheta, sacerdos gelten vom
göttlichen Logos nach seiner Menschwerdung, während
Nestorius sie auf den von Maria geborenen Menschen bezog.   Hiergegen richtet Cyrill seinen 10. Anathematismus,
in welchem er die ausgeschlossen wissen will, welche nicht
bekennen, dass der Gottlogos nach seiner Menschwerdung
unser Hohepriester und Apostel sei. [6]   In der explicatio
dieses Satzes sagt er : „Es ist für den Gottlogos das Menschliche zwar etwas Erniedrigendes, aber es darf bezüglich
der Erlösung nicht verworfen werden. In die Knechtsgestalt herabgekommen wird er Hoherpriester und Apostel
genannt. Denn er selbst hat sich für uns Gott aufge-

[1] Cyr. in Symb. Mg. 77, 312 b.
[2] Cyr. schol. Mg. 75, 1375 a, 1406 b; quod unus Mg. 75, 1280 c;
   ad Nest. Mg. 77, 45 d; adv. Nest. Mg. 76, 137 a; hom. pasch.
   17 Mg. 77, 781 a; de rect. fid. Mg. 76, 1205 c.
[3] Cyr. schol. Mg. 75, 1373 a.
[4] l. c. 1410 a.
[5] l. c. 1406 d f.
[6] Mg. 77, 121.

opfert. Zu verwerfen aber ist der Glaube, dass nicht der Logos selbst, sondern ein Logosträger der pontifex und apostolus sei."[1]) Gegen die Orientalen, [2]) besonders aber gegen Theodoret verteidigt Cyrill dieses Anathem. Theodoret behauptete, nur das aus dem Samen Davids Aufgenommene (ληφθέν), was sterblich, leidensfähig sei, das sei mit den Schwächen der Natur bekleidet gewesen, und dieses verdiene den Namen pontifex, nicht der allmächtige Logos.[3]) Obwohl Theodoret ähnlich wie Cyrill das Neutrum ληφθέν nicht ληφθείς setzt, so personifiziert er doch das ληφθέν dadurch, dass er ihm die Bezeichnung pontifex beilegt. Cyrill antwortet hierauf: „Es kann ja jemand sagen, dass es etwas Erniedrigendes für den Gottlogos war, zu weinen, den Tod zu fürchten, Hoherpriester zu sein. Und ich sage ja auch selbst, dass dieses für die göttliche und höchste Natur und Ehre etwas Schimpfliches war. Aber darin sehen wir die Armut, die er unseretwegen erduldet hat."[4]) „Nimm deine „Person" hinweg, leugne nicht die Menschwerdung des Logos, derentwegen er pontifex genannt wird. Siehst du ihn etwa dem Vater opfern als einem andern und mächtigeren Gotte?"[5]) An anderer Stelle schreibt Cyrill: „Er selbst ist Hoherpriester geworden der Menschheit nach, und obgleich er selbst von andern Opfer annimmt, so ist er doch dem Fleische nach selbst ein Opfer. Nicht in Bezug auf die Natur des Logos an sich ist er Hoherpriester genannt, und sind ihm andere derartige Namen gegeben worden, sondern wegen der Heilsveranstaltung im Fleische und wegen seines Verhältnisses zu unserer Natur."[6]) Ebenderselbe ist Apostel als Mensch, als Gott aber wird er von den Aposteln gepredigt."[7]) „Denn man muss wissen, dass von dem Sohne,

[1]) Cyr. explic. Mg. 76, 309.
[2]) Mg. 76, 365 c f.
[3]) Mg. 76, 437 a.
[4]) l. c. 441 b.
[5]) l. c. 444 c.
[6]) Cyr. in ep. ad Hebr. Mg. 74, 965 c d.
[7]) l. c. 969 c

dem Logos aus Gott dem Vater, nur insofern gesagt wird,
er opfere und stehe in der Reihe der Priester, als er Mensch
geworden ist."[1] Mit Rücksicht auf seine Menschheit legt
ihm die hl. Schrift auch das Wohnen in seiner Vaterstadt
Nazareth bei. „Sofern er Mensch ist, wie wir," sagt Cyrill,
„ist er mit seinem Fleische auch an Orten, und man legt
ihm eine Vaterstadt bei; sofern er Gott ist, hat er keinen
Ort zur Ruhe, denn er ist über jeden Ort, jede örtliche
Begrenzung, über Mass und Gestalt erhaben. So werden
ihm die Attribute der Gottheit im Fleische so natürlich
zugeschrieben, als wenn er ohne Fleisch wäre (ὡς ἀσάρκῳ
μετὰ σαρκός), und die Attribute der Menschheit, als wenn er
die Eigentümlichkeiten der göttlichen Natur nicht besässe,
obwohl er Gott von Natur ist."[2]

Andere menschliche Eigentümlichkeiten, die dem
Logos nicht in seinem trinitarischen Verhältnisse, sondern
οἰκονομικῶς beigelegt werden, sind das Zunehmen an Alter,
Gnade, Weisheit und das Nichtwissen zukünftiger Ereig-
nisse. Ueber diese menschlichen Zustände an der Person
Christi spricht Cyrill eingehend, indem er gegen Arianer
und Nestorianer kämpft. Er löst den Einwand beider Irrlehrer, welche diese Redeweise der hl. Schrift für sich
nutzbar machten, mit folgenden Worten: „οὐκ ἄρα προέκοψεν
ἡ Λόγος ἐστίν, ἔστι γὰρ τέλειος ὡς Πατήρ, ἀλλ' εἴρηται καὶ τοῦτο διὰ τὴν
τῆς ἐνανθρωπήσεως οἰκονομίαν."[3] „Ein natürliches Gesetz nun
aber verbietet es, dass der Mensch eine Klugheit an den
Tag legt, welche nicht mit dem Alter des Leibes im Einklange steht. Deshalb hält das Zunehmen an Weisheit
gleichen Schritt mit dem Wachstum des Körpers. Da nun
der Logos, der an sich die volle Weisheit ist, dem Gange
unserer Natur folgen musste, so zeigte er sich den Hörern
und Zuschauern mit dem Wachsen des Körpers von Tag
zu Tag weiser, indem er, der in allem vollkommen ist,
dem Naturgesetze folgte. Wenn du daher hörst, er habe

[1] Glaph. Mg. 69, 100 a.
[2] Cyr. in Matth. Mg. 72, 416 c.
[3] Cyr. Thes. Mg. 75, 424 c.

an Weisheit und Gnade zugenommen, so denke nicht an
einen wirklichen Zuwachs, denn der Gottlogos bedarf
keines Dinges, sondern weil der Aussenwelt seine Wahrheit und Gnade mehr und mehr sichtbar wurde, deshalb
sagt man, er habe zugenommen, sodass also das Zunehmen
mehr in der Wahrnehmung der Bewunderer liegt, als bei
ihm selbst. Wie seine Gottheit mehr und mehr Staunen
erregte, so auch das Zunehmen an Weisheit." [1]) Den
Arianern gegenüber zeigt Cyrill also, dass das Zunehmen,
welches die hl. Schrift von Christus aussagt, seine Gottheit durchaus nicht gefährdet, und dass es bezüglich seiner
Menschheit zu verstehen, aber ihm selbst doch beizulegen
ist. [2]) Den Gedanken von dem wirklichen Wachsen des
Leibes Christi, dagegen von dem nur scheinbar nach aussen
hin sich kundgebenden Zunehmen an Weisheit und Gnade
spricht Cyrill öfter in seinen Werken aus.

Weitere Handlungen und Geschehnisse, die von der
Person des menschgewordenen Logos ausgesagt werden,
sind die Taufe und Salbung durch den hl. Geist, über
welche wir schon beim Namen Christus das Nähere gehört
haben. Alle diese Heilshandlungen werden der einen
Person sowohl im aktiven als passiven Sinne beigelegt.
Auch die für den Logos so tief erniedrigende Eigentümlichkeit seines irdischen Lebens, sein Leiden und Sterben,
muss von seiner göttlichen Person ausgesagt werden. Wie
bezüglich der Geburt, so konnten die Antiochener es auch
nicht verstehen, dass das Leiden einem Gotte zugeschrieben
werden könnte. Das hielten sie für apollinaristische Blasphemie. Ihr Irrtum lag darin, dass sie das Zuschreiben
und Aussagen des Leidens identifizierten mit einem thatsächlich erfolgten Leiden der reinen göttlichen Natur in
abstracto. Cyrill bemühet sich, ihnen nachzuweisen, dass
er mit der com. idiom. durchaus nicht das Leiden selbst
in die Gottheit hineintrage. Von den zahlreichen Stellen
wollen wir hier nur die wichtigsten anführen. „Indem

---

[1]) l. c. 428 a b.
[2]) l. c. 429 a.

wir glauben, dass unser Herr Jesus Christus, d. h, der in
menschlicher Gestalt erschienene Logos einer ist, wie sollen
wir ihm da das Leiden beilegen und ihn dennoch als Gott
leidensunfähig bewahren? Das Leiden gehört zum Er-
lösungsplane. Wegen der unausprechlichen Einheit nun
rechnet der Gottlogos das, was Sache des Fleisches ist,
als zu seiner Person gehörend; soweit aber seine göttliche
Natur in Betracht kommt, bleibt er leidensfrei; denn Gott
ist leidensunfähig." [1] „Er nahm auf sich wegen der persönlichen Aneignung die Leiden des Körpers, obwohl er in
seiner eigenen Natur nichts empfand. Es ist also notwendig, dass wir von dem einen Christus das annehmen,
was nach verschiedener Beziehung hin von ein und demselben gilt, und dass wir nicht eine Teilung in zwei zulassen, wenngleich auch unter sich Verschiedenes und nicht
zusammen Passendes auszusagen ist." [2] „Auch die Nestorianer beziehen das Leiden auf den Gottlogos, welches
der von ihnen erfundene Mensch durchgemacht hat, weil
dieser eben mit jenem durch die Gleichheit der Würde
verbunden war, wobei aber durch die Trennung der Naturen
ein jeder das ist, was er ist." [3] „Und wie der modus
dieser Beziehung ist, kann man an einem Vergleiche sehen.
Gegen Moses und Aaron murrte das Volk Israel. Das aber
ging auf Gott, obwohl Moses und Aaron Menschen waren,
wie wir. Hat nun der mit dem Gottlogos verbundene
Mensch, wie jene sagen, auch in seinem Leiden eine solche
Beziehung zu Gott?" [4] „Wir sagen," so schreibt Cyrill
an Nestorius, „dass der Logos gelitten habe, nicht weil er
die Wunden, die Nägel und andere Verletzungen in seiner
eigenen Natur empfangen habe, denn die Gottheit ist
körperlos; weil aber der ihm eigens gehörende Leib dieses
gelitten hat, so sagt man, er hat selbst für uns gelitten;
denn der leidensunfähige Logos war im leidensfähigen

---

[1] Cyr. schol. Mg. 75, 1405 a.
[2] l. c. 1406 b, 1410 b, 1377 b.
[3] l. c. 1409 b.
[4] l. c. 1411 a b.

Körper." [1]) Darauf hin zielt denn auch das 12. Anathem Cyrills, welches er näher erklärt und gegen die Orientalen und Theodoret verteidigt. Etwas anderes sei es, schreibt er, zu sagen, σαρκὶ παθεῖν und etwas anderes παθεῖν τῇ τῆς θεότητος φύσει. Weil nun ein und derselbe Gott und Mensch sei, so sei er leidensfähig der Menschheit nach, bezüglich der Gottheit aber leidensunfähig. Und worin solle denn das Ungereimte liegen, wenn man sage, dass der, welcher leidensunfähig blieb in dem, worin er nicht leiden konnte, darin gelitten hat, worin man eben leiden kann. [2]) Im apologeticus contra Theodoretum beruft sich Cyrill auf die hl. Schrift, besonders auf Röm. 6, 3. „Auf wessen Tod hin sind wir denn getauft worden, an wessen Auferstehung glaubend werden wir gerechtfertigt? Etwa eines gewöhnlichen Menschen, oder verkünden wir, wie es wahr ist, den Tod eines menschgewordenen Gottes, der für uns im Fleische gelitten hat, und werfen im Glauben an seine Auferstehung das Joch der Sünde ab?" [3]) Nach dem Grundsatze also „οὗ γάρ ἴδιόν ἐστι τὸ σῶμα, τούτῳ ἄν εἰκότως προσγράφοιτο καὶ τὰ αὐτοῦ πάντα δίχα μόνης ἁμαρτίας" [4]) ist dem göttlichen Logos alles Menschliche zuzuschreiben. „Wenn wir aber sagten, dass er durch Verwandlung oder Veränderung seiner Natur in die Natur des Fleisches übergegangen sei, dann müssten wir allerdings, ob wir wollten oder nicht, bekennen, dass die geheimnisvolle, göttliche Natur leidensfähig gewesen sei." [5]) „Dann hätte mit dem Sohne, wie du (Nestorius) einwendest, auch der Vater gelitten; aber ich sage, dass weder der Vater noch der Sohn leidensfähig, dass die Gottheit leidensunfähig ist; leidensfähig aber ist der Herr wegen des Fleisches." [6]) „Ja, sogar die Natur

---

[1]) Cyr. ad Nest. Mg. 77, 48 a.
[2]) Cyr. apol. c. Orient. Mg. 76, 381 c f; explic. Mg. 76, 312.
[3]) Mg. 76, 452.
[4]) Cyr. ad Valer. Mg. 77, 264 a; in Luc. Mg. 72, 569 c; quod unus Mg. 75, 1337 c; fragm. dogm. Mg. 76, 1434 c; hom. Mg. 77, 1116.
[5]) Cyr. schol. Mg. 75, 1409 d.
[6]) Cyr. dialog. cum Nestorio Mg. 76, 253 d, die Echtheit wird von Ehrhard in Zweifel gezogen. Schol. Mg. 75, 1409 d f.

erkannte in dem Gekreuzigten nicht einen gewöhnlichen
Menschen, sondern den Mensch gewordenen Gott."[1]
„Wenn er ferner durch die hl. Propheten sagen lässt:
„Meinen Rücken gab ich der Geissel hin, den Schlägen
meine Wangen, nicht abgewendet habe ich mein Antlitz
von dem Speichel" (Is. 50, 6), ferner: „Meine Hände und
Füsse haben sie durchbohrt, gezählt alle meine Gebeine"
(Ps. 21, 18); „zur Speise gaben sie mir Ysop und für
meinen Durst reichten sie mir Essig" (Ps. 68, 22), so legen
wir alles dieses, was er für uns im Fleische gelitten hat
gemäss der Bestimmung des Heilsratschlusses, dem Eingeborenen bei nach der hl. Schrift: „Er selbst ist unserer
Sünden wegen schwach geworden." Wir wissen, dass er
von Natur leidensunfähig ist. Wenn aber ein und derselbe
Mensch und Gott ist, so gehören die Leiden zu seiner
Menschheit, Gott eigen aber ist die Leidensunfähigkeit."[2]
Dem Gedanken nach lehrte also Cyrill schon, was später
die scythischen Mönche zur näheren Erklärung des Dogmas
von Chalcedon durch die Formel ausdrückten, ἕνα τῆς Τριάδος
πεπονθέναι σαρκί.[3] Auch Cyrill gebraucht einmal die Wendung ὁ εἷς τῆς ἁγίας Τριάδος in der Homilie εἰς τὸ μυστικὸν δεῖπνον.[4]
Es wird von dem εἷς, der da ist Christus, der Sohn des
lebendigen Gottes, ausgesagt, dass er Fleisch geworden sei
und unter uns gewohnt habe. Aus demselben Grunde
konnte man auch sagen, dass dieser Eine aus der Trinität
dem Fleische nach gelitten habe. Das war ganz im Sinne
Cyrills gesprochen.

Eine, sich an die com. idiom. anschliessende Folgerung aus der hypostatischen Union ist der hohe Wert
aller Handlungen und Leiden Christi. Da diese aber das
Menschengeschlecht zum Objekte haben, so werden wir
im dritten Paragraphen dieses Abschnittes das Weitere
darüber hören.

---

[1] Cyr. adv. Nest. Mg. 76, 236 b.
[2] Cyr. schol. Mg. 75, 1412 a f.
[3] Leont. adv. Nestor. VII, 1. Mg. 86. 1757 d. Das Nähere bei
Ms. VIII, 796 c, 805 d; Hefele, II, 572.
[4] Mg. 77, 1029 b.

III. Vorzüge der menschlichen Natur in Christo.

Dieselben sind eine neue und reiche Folgerung aus
der natürlichen und wahren Vereinigung der menschlichen
Natur mit der göttlichen Person des Logos. Nicht bloss
sozusagen nominelle Vorzüge, wie sie in der com. idiom.
liegen, sondern auch reale brachte die Vereinigung für die
menschliche Natur mit sich. Diese dotes naturae humanae
waren teils solche, die mit dem ersten Momente der Vereinigung vorhanden sein mussten, teils solche, welche der
menschlichen Natur Christi erst in statu exaltationis verliehen wurden. Zu ersteren gehören als moralische Vorzüge die Sündenlosigkeit und Heiligkeit Christi, als intellek-
tuelle die göttliche Geisteskraft der Seele. Dazu kommt
von aussen dann die Anbetung, welche der menschlichen
Natur Christi gebührt.

Wenn schon der Mensch infolge der Aneignung der
Verdienste Christi und des dadurch bewirkten Zustandes
der heiligmachenden Gnade in moralischer Vereinigung
mit Gott lebt, d. h. mit ihm κατὰ χάριν, εὐδοκίαν verbunden
ist, so müssen wir durch Rückschluss zu dem Ergebnis
kommen, dass wegen der physischen Vereinigung der
menschlichen Natur mit dem göttlichen Logos niemals von
einer Sündhaftigkeit dieser Natur oder einem Hange zur
Sünde die Rede sein konnte, dass vielmehr diese Natur
vom Augenblicke ihrer Vereinigung an die vollendete
Heiligkeit an sich trug. Beim Menschen ist die heiligmachende Gnade Grund und Ursache der Verbindung mit
Gott, bei Christo aber ist die Vereinigung die causa der
gratia santificans. An einen Prozess der Rechtfertigung,
wie ihn Theodoret „seinem Menschen" beilegte, kann bei
Christo nicht gedacht werden. Die menschliche Natur
Christi war nicht bloss frei von der Sünde und den qua-
tuor vulnera peccati, sondern auch unfähig zu sündigen,
weil sie keinen eigenen menschlichen Träger hatte, sondern
dem göttlichen Logos enhypostasiert war. Alle diese entwickelten Gedanken finden wir in den Schriften Cyrills

wieder. Die Sündenlosigkeit Christi erwähnt er mit dem terminus δίχα μόνης ἁμαρτίας[1]), wenn er von der Annahme der menschlichen Schwächen seitens des göttlichen Logos redet. Sodann nennt er Christus ἄτρωτος ἁμαρτίαις, τὰς ἐκ διαβόλου πληγὰς παθεῖν οὐκ εἰδώς.[2]) Für Christus lag das non posse peccare vor, wie Cyrill sagt, omni peccandi facultate carens[3]), weil Gott allein das Nichtsündigen eigen ist (τὸ μὴ ἁμαρτάνειν).[4]) Er besass eine Natur, welche nicht den Schmutz der Sünde ertrug.[5]) „Die Sünde ist eine Uebertretung des göttlichen Gesetzes; „ich aber", so lässt Cyrill Christus sprechen, „kenne keine Sünde, weil ich von Natur Gott bin."[6]) „Wenn du daher von Christus aussagen hörst, er habe für uns Sünde gethan oder sei Sünde geworden etc.[7]), so hüte dich zu glauben, als habe er wirklich gesündigt. Wisse vielmehr, dass er von Gott für unsere Sünden hingeopfert ist."[8]) Weil sündenunfähig, deshalb war der menschgewordene Logos auch von jeder sündhaften Neigung frei. „Unser Körper", sagt Cyrill, unterliegt den Leidenschaften, fällt leicht in Sinnenlust und leidet in sich selbst an dem Gesetze der Sünde; aber in dem göttlichen und hl. Leibe Christi hat sich derartiges nicht geregt, sondern alles, auch die heftigsten Regungen waren verschwunden, und weil es der Leib des ihm vereinigten Logos war, so war er mit Heiligkeit bereichert."[9]) „Der Gottlogos war in der Aehnlichkeit unseres Fleisches, aber nicht gemäss jenem. Denn er kannte nicht die unserm Körper anhaftende Makel, nicht die Regung und Hinneigung, die uns zu dem Unerlaubten hinzieht."[10]) Es

---

[1]) Cyr. de ss. Trin. Mg. 75, 680 b; hom. pasch. 17 Mg. 77, 893 b.
[2]) Cyr. de adorat. Mg. 68, 594 b.
[3]) Cyr. fragm. Mg. 76, 1434 b.
[4]) Cyr. in Joh. Mg. 73, 60 c.
[5]) Cyr. de ss. Trin. Mg. 75, 1008 c.
[6]) Cyr. in Joh. Mg. 73, 60 d, 901 d f.
[7]) l. c. 252 b; in Is. Mg. 70. 1192 a.
[8]) Cyr. in ep. II ad Cor. Mg. 74, 945 a; adv. Anthrop. Mg. 76, 1120 b f; quod unus Mg. 75, 1269 b; de ss. Trin. Mg. 75, 1096 b; explic. Mg. 76. 309 b f.
[9]) c. Julian. Mg. 76, 941 a; in Luc. Mg. 72, 489 d.
[10]) Cyr. in Luc. 72, 492 a; ad Succ. Mg. 77, 233 d f.

wäre doch höchst ungereimt gewesen, wenn in dem Leibe
Christi nicht vielmehr durch die Wirkung der Gottheit die
Regungen ertötet worden wären, sondern wenn er das
Fasten hätte zu Hülfe nehmen müssen zur gewaltsamen
Abtötung des Fleisches. ¹) „Das Gesetz der Sünde ruhte
also in dem heiligen und reinsten Fleische Christi, und
keine Regung fand sich in ihm, ausser denen, welche einen
unsündlichen Reiz haben, wie Hunger, Durst, und was das
Naturgesetz auch in uns ausserhalb der Schuld bewahrt
hat." ²) Christi Menschheit war nicht bloss frei von der
Möglichkeit der Sünde, sondern besass auch einen grossen
Reichtum an Heiligkeit. Cyrill spricht öfter von dem
heiligen Fleische Christi, d. h. also nach seinem Begriffe
von der heiligen Menschheit Christi. „Weil das Fleisch
an sich nicht heilig ist, deswegen ist es in Christo geheiligt
worden, weil der Logos in ihm wohnte . . . heilig und
zugleich heiligend ist der Leib Christi, weil er leibhaftig
der Leib des mit ihm vereinigten Logos ist, wie Paulus
sagt. Wir sagen aber nicht, dass Christus erst geheiligt
sei, als der hl. Geist auf ihn herabkam. Geheiligt war er
schon vom Mutterleibe an." ³) „Weil der Tempel die
Fülle der Gottheit empfangen hatte, deshalb war er heilig." ⁴)
Die Folge dieser moralischen Vorzüge Christi war
auch die ebenfalls im letzten Grunde durch die hypostatische Union bedingte Ausstattung der intellektuellen Seite.
Denn wenn infolge der ersten Sünde mit dem Verluste
der heiligmachenden Gnade auch das Erkenntnisvermögen
und der Wille gelitten hatten, während sie im Besitzstande
derselben ungetrübt und ungeschwächt waren, so müssen
wir für die hl. Menschheit Christi infolge des hohen Grades
der Heiligkeit auch eine sehr grosse Erkenntniskraft und
Erkenntnisfülle präsumieren. Eine spekulative Untersuchung
der Erkenntnisarten in Christo lag natürlich ausser dem

¹) Cyr. in Matth. Mg. 72, 401 d.
²) Cyr. in ep. ad Rom. Mg. 74, 796 c.
³) Cyr. in Joh. Mg. 74, 549 b f, 29 c.
⁴) Cyr. in ep. ad Hebr. Mg. 74, 1006 d; fragm. dogm. Mg. 76,
1451 b.

Thema Cyrills. Ein thatsächliches Zunehmen an Weisheit nahm Cyrill in Christo nicht an, wie wir oben gehört haben. „Er ging hervor aus dem jungfräulichen Schosse und war noch Kind, aber er wusste, was Gottes war." [1]) „Wenn du hörst", sagt Cyrill ferner, „er habe an Alter, Weisheit und Gnade zugenommen, so denke daran, was Paulus schreibt (I. Cor. 1, 24): „Christus ist Gottes Macht und Gottes Weisheit." [2]) „Wir glauben, dass schon von Mutterleibe an der Emmanuel als Mensch hervorging voll der Weisheit und Gnade, die ihm auf natürliche Weise (φυσικῶς) innewohnte." [3]) Ein solch wunderbares, göttliches Durchleuchten der vollen Weisheit sehen wir an dem zwölfjährigen Jesus im Tempel. Wenn Cyrill auch für die Menschheit Christi schon im Anfange ihres Seins den Vollbesitz der Weisheit lehrt, so erhalten wir von ihm doch keinen Aufschluss über die Frage nach der visio beatifica, welche von allen Scholastikern gelehrt, von der hl. Schrift und den Vätern aber kaum angedeutet wird. „Wie aber verhält sich das Gesagte", so führt Cyrill eine Einwendung der Arianer an, „zu den Aeusserungen Christi, nur der Vater allein wisse den Tag des Weltunterganges?" Er antwortet darauf in seinem Thesaurus: „Es ist leicht festzustellen, dass er als Gott den Tag und die Stunde gewusst habe, obwohl er sagt, er wisse es nicht, um eben seine Menschheit zu zeigen (δεικνύων ἐν ἑαυτῷ τὸ ἀνθρώπινον). So bewahrt er das der Menschheit Eigentümliche, nämlich das Nichtwissen der Zukunft." [4]) „Er hat alles Menschliche annehmen wollen, und dazu gehört auch das Nichtwissen." [5]) „So fragt er auch die Schwester des Lazarus: „Wohin habt ihr ihn gelegt?", den Philippus: „Wieviel Brote habt ihr?", den Petrus: „Wofür halten die Leute den Menschensohn?" Alle diese Fragen stellt er eines guten Zweckes wegen, wie auch

---

[1]) Cyr. hom. pasch. 17. Mg. 77, 776 c.
[2]) l. c. 780 d.
[3]) Cyr. adv. Nestor. Mg. 76, 153 b; Petav. XI, 4. 3.
[4]) Mg. 75, 368 a, 369 a.
[5]) l. c. 369 d, 373 b.

Gott fragte: „Adam, wo bist du?", „Kain, wo ist dein
Bruder Abel?"[1] „Als Gott weiss er alles, aber er hat
sich die Schwächen des Fleisches zu eigen gemacht und
deshalb will er als Mensch es nicht wissen."[2] Auch in
seiner Schrift gegen die Anthropomorphiten spricht Cyrill
über dieses Thema und zeigt, dass die Worte des Herrn
nur mit Rücksicht auf seine Menschheit zu fassen seien,
welcher ja das Nichtwissen dem Wesen nach eigen sei.
In seiner Erniedrigung aber schäme der Gottlogos sich
nicht, diese der Menschheit eignende Unkenntnis sich selbst
zuzuschreiben.[3] Auch auf das Verhältnis des menschlichen Willens in Christo, über den schon an zwei Stellen
dieser Darstellung die Rede war, zum göttlichen war die
hypostatische Vereinigung von Einfluss. Denn wenn der
Wille des Menschen durch die Sünde sich mit dem göttlichen in Widerspruch gesetzt hatte, und darin das Wesen
der Sünde liegt, so müssen wir wiederum aus der Sünden-
unfähigkeit Christi folgern, dass sein menschlicher Wille
stets und in allem mit seinem göttlichen Willen im Einklange stand, dass wir also in all seinen Handlungen den
göttlichen Willen erkennen müssen, mit dem der menschliche harmonierte. Somit kann man in Christo trotz des
realen Bestandes zweier κατὰ φύσιν verschiedener Willen
doch von einer moralischen Willenseinheit reden, unter
welchem Gesichtspunkte die Monotheleten für die Orthodoxie zu kämpfen glaubten. Die Thätigkeit des menschlichen Willens in Christo lässt Cyrill zwar nicht unerwähnt, lässt sie aber mehr hinter der des göttlichen Willens
zurücktreten. Denn niemand hatte bis dahin die Existenz
des menschlichen Willens geleugnet, und es war sodann
auch der dem Person bildenden Prinzipe in Christo entsprechende Wille, d. h. der göttliche, im letzten Grunde
doch stets der anregende, während der menschliche Natur-
wille zwar kein totes Werkzeug des göttlichen war, aber
doch mit diesem in Allem harmonierend die äussere Aus-

[1] l. c. 376 b c.
[2] l. c. 376 d.
[3] Mg. 76, 1101 f.

führung besorgte. So zeigte sich in allen Handlungen
Christi eine moralische Willenseinheit, und es s c h i e n,
als ob nur e i n Wille in ihm sei.

Ein weiterer Vorzug, welcher der hl. Menschheit
Christi wegen ihrer wahren und natürlichen Vereinigung
mit dem Gottlogos gebührt, ist die Anbetung. Erwähnt
wurde dieselbe bei der Behandlung der nestorianischen
Irrlehre, worauf ich deshalb verweise. Anbetung gebührt
nur den Trägern der einen göttlichen Natur und allem, was
mit den göttlichen Hypostasen p h y s i s c h v e r e i n i g t ist.
Das, was aus dieser physischen Vereinigung entlassen ist, wie
das Leidensblut, darf meiner Ansicht nach nicht mehr angebetet werden, weil der einzig geltende Grund fortgefallen ist; wohl ist dasselbe verehrungswürdig. Die menschliche Natur Christi ist zwar etwas Geschaffenes, aber etwas
nicht bloss von Gott, sondern auch für Gott, d. h. zur
physischen Vereinigung mit der zweiten göttlichen Hypostase Geschaffenes. Daher kommt die Anbetung nicht
der menschlichen Natur an sich und für sich zu, sondern
der göttlichen Person Christi, zu deren Wesen auch die
menschliche Natur gehört. Gerade auf der ἕνωσις καθ'
ὑπόστασιν καὶ φυσική, auf dem ἴδιον τοῦ Λόγου σῶμα beruht der
Grund der Anbetungswürdigkeit der Menschheit Christi
oder kurz die passive Anbetung Christi. Wollte man den
Grund gelten lassen, nach welchem Nestorius die Anbetung
Christi lehrte, nämlich das tempelhafte Wohnen des Logos
im Menschen Christus, dann wäre auch Maria von der
Zeit ihrer aktiven conceptio an bis zur Geburt Christi an-
betungswürdig gewesen; denn in ihr wohnte der Logos
gerade so und nicht anders, als in dem von ihr geborenen
nestorianischen Menschen. Wie dieser, so war auch Maria
θεοφόρος im Sinne des Nestorius. Hören wir nun, was Cyrill
positiv über die Anbetung Christi lehrt. Er betont der
Einheit der Person entsprechend auch die Einheit der Anbetung. Dahin lautet sein achter Anathematismus. [1]
Dass Christus auch als Mensch anzubeten sei, lehrt Cyrill

[1] Mg. 76, 308 a, 349 b.

schon vor Nestorius. „Als Gott wurde er von allen angebetet, nur empfängt er auch die Anbetung als Mensch.“ [1])
Die Einheit in der Anbetung im Gegensatz zu der „Mit-
anbetung“ des Nestorius prägt sich in Cyrills Lehre wiederholt aus. „Wir sind gewohnt, den Emmanuel durch eine
Anbetung zu ehren: denn wir trennen nicht den hypostatisch vereinigten Leib vom Logos.“ [2]) „Anzubeten ist
er mit dem Fleische, wie er vorher anzubeten war.“ [3])
„Diesen einen hat auch der Blindgeborene nach seiner
Heilung angebetet. Diesen einen als Mensch haben auch
die Apostel angebetet, als sie ihn auf dem Wasser wandeln
sahen.“ [4]) „Sollen wir also den Emmanuel als Menschen
allein und an sich anbeten (ἄνθρωπον μόνον)? Das sei fern.“ [5])
„Die Natur des Logos ist nach der Annahme der menschlichen Natur doch nicht nackte Menschheit.“ [6]) „In nichts
wird diese Anbetung des Logos im Fleische geändert,
wenn es auch von ihm heisst, er habe angebetet. Man
muss eben wissen, wenn der Logos in purer Gottheit in
der Welt erschienen wäre, dann hätte er nicht anbeten
können. Denn er allein wird angebetet. Da er aber die
Erniedrigung und den Zustand der anbetenden Natur nicht
verschmähet hat, so passt auch für ihn in der Heilsordnung
die (aktive) Anbetung. Es ist ein Christus, welcher als
Gott angebetet wird und als Mensch anbetet.“ [7]) „Man
kann also sagen, Christus im Fleische betet sich selbst an,
und die Anbetung des Vaters, des fleischgewordenen Logos
und des hl. Geistes ist eine.“ [8]) Dass auch die einzelnen
Teile der Menschheit Christi anzubeten seien, spricht Cyrill
nicht aus, deutet es aber an, indem er das Blut Christi
σεπτὸν καὶ τίμιον nennt. [9])

[1]) Cyr. Thes. Mg. 75, 332 b.
[2]) Cyr. adv. Nestor. Mg. 76, 97 b; schol. Mg. 75, 1407 c.
[3]) Cyr. adv. Nest. Mg. 76, 101 b, 104 b, 109 b; in Ps. 96, Mg 69,
1249 d; in Is. Mg. 70, 1044 c; 76, 1177 b.
[4]) Cyr. schol. Mg. 75, 1408 b; in Joh. Mg. 73, 1012 c.
[5]) Cyr. de rect. fid. Mg. 76, 1177 c.
[6]) l. c. 1180 b.
[7]) Cyr. de rect. fid. Mg. 76, 1349 b c. 1180 c.
[8]) l. c. 1181 a.
[9]) Glaph. Mg. 69, 428 a.

Wir gehen über zu den dotes naturae humanae zweiter
Art, welche derselben mittelbar eignen, so fern man sagt,
dass die menschliche Natur Christi sich diese Gaben verdient habe. Es ist dieses der status exaltationis. Cyrill
weist dem Nestorius gegenüber hier wieder auf die Einheit
der Person hin. „Er sitzt bei ihm auch mit dem Fleische,
nicht als Mensch für sich, als ein vom Gottlogos verschiedener Sohn, sondern in Wahrheit als einziger und
alleiniger Sohn, selbst da er Mensch geworden. Er sitzt
dort als Gott mit Gott, Herr mit Herr, Sohn mit dem
Vater." [1]) Die entgegengesetzte Ansicht verwirft Cyrill
im siebenten Anathematismus. [2]) „Der, welcher von Natur
Gott war," sagt Cyrill weiter, „ist nicht zu irgend einer
neuen Würde berufen, sondern er ist mit dem Fleische
zu dem zurückgekehrt, was er vor dem Fleische war." [3])
„Auch in seiner Erniedrigung entbehrte er als Gott dieser
Herrlichkeit nicht, [4]) sondern er hat sie für die Zeit der
Menschwerdung gleichsam in den unscheinbaren, angenommenen Körper eingeschlossen." [5]) Nachdem dann
die Erlösung vollendet war, musste er mit dem angenommenen Fleische zu seiner Glorie, zur Gleichheit mit
Gott und dem Vater zurückkehren. Den himmlischen
Mächten erschien er als Gott, während er auf Erden von
denen, die seine Herrlichkeit nicht kannten, für nicht
mächtiger gehalten war, als irgend einer aus uns. [6]) „Gerade deshalb, weil er den Juden gesagt hatte: „Ich werde
in meine Herrlichkeit zurückkehren und in meinem Fleische
bei meinem Vater sitzen," [7]) war er gekreuzigt worden.
Dennoch aber kehrte er nach dem „Es ist vollbracht" in

---

[1]) Cyr. ad Valer. Mg. 77, 268 a, 265 b.
[2]) Cyr. apolog. c. Theodoret. Mg. 76, 420 b, 428 c; ad Valer.
Mg. 77, 265 c; adv. Anthrop. Mg. 76, 1116 c.
[3]) Cyr. in Joh. Mg. 74, 153 c, 317 c.
[4]) Cyr. hom. pasch. 17 Mg. 77, 786 c.
[5]) Cyr. in Joh. Mg. 74, 196 b; schol. Mg. 75. 1384 a; hom.
pasch. 17 Mg. 77, 773 d.
[6]) Cyr. in Joh. Mg. 74, 309 d f.
[7]) Cyr. ad Acac. Mg. 77, 216 a b; in Ps. 46 Mg. 69, 1053 d; in
Luc. Mg. 72, 560 b, 932 b.

den Himmel zurück und sitzt zur Rechten seines Vaters in eigener Majestät, hoch erhoben auch mit seinem Fleische. [1]) Und er ist zur Rechten des Vaters gesetzt worden, weil er wegen seiner freiwilligen Erniedrigung von denen, welche das Geheimnis der Menschwerdung nicht fassen konnten, für geringer gehalten war. [2]) Dieses Sitzen zur Rechten des Vaters hat aber dem Körper nicht infolge einer Vermischung oder Wesensgleichheit einen Platz in der Natur der hl. Dreifaltigkeit eingeräumt, wie einige irriger Weise glauben." [3]) „Das ist aber nicht möglich; denn wie die Gottheit nicht in die Natur des Fleisches übergehen kann, weil sie unverändert ist, so kann auch der Körper nicht in das Wesen der Gottheit verwandelt werden; denn das Fleisch gehört zu dem Geschöpflichen. Wohl aber sagen wir, dass der Leib Christi ein göttlicher Leib sei, weil er der Leib Gottes, mit unaussprechlicher Herrlichkeit geschmückt, unvergänglich, heilig. lebendigmachend ist. Dass er aber in die göttliche Natur verwandelt sei, hat keiner der Väter gelehrt, auch wir glauben es nicht." [4]) „Wohl ist der Gottlogos über alle räumliche Begrenzung erhaben, seinem Leibe nach aber ist er an einen Ort gebunden (μετὰ σαρκὸς καὶ ἐν τόποις ἐστιν). [5]) Nicht ist das Fleisch des Logos Gottheit geworden, wohl aber göttlich, weil es sein eigenes war. Denn wenn das Fleisch eines Menschen menschliches Fleisch genannt wird, was hindert dann, das Fleisch des Gottlogos göttliches Fleisch zu nennen? [6]) Nach der Auferstehung hatte jener Körper, welcher gelitten hatte, nicht mehr die menschlichen Schwächen, wie Hunger, Ermüdung u. drgl., sondern er war unvergänglich (ἄφθαρτος), und das nicht allein, er ist auch lebendig machend; denn er ist der

---

[1]) Cyr. schol. Mg. 75, 1390 b.
[2]) Cyr. in Joh. Mg. 74, 312 c.
[3]) Cyr. adv. Anthrop. Mg. 76, 1117 a.
[4]) Cyr. ad Succens. Mg. 77, 236 c d.
[5]) Cyr. in Matth. Mg. 72, 416 c. Cyrill verwirft hier die ubiquitas corporis Christi.
[6]) Cyr. adv. Nestor. Mg. 76, 96 a; fragm. dogm. Mg. 76, 1452 a.

Körper des Lebens. Auch mit göttlicher Ehre und Herrlichkeit ist er als Gottesleib geschmückt worden. Wenn
jemand daher jenen Leib einen göttlichen nennt, so weicht
er nicht von der Wahrheit ab."[1]) Diese Unvergänglich-
keit und Unverweslichkeit des Leibes Christi, welche ihm
schon vom Augenblicke der Empfängnis an habituell innewohnte, wird vorgebildet durch das Cedernholz beim Opfer
der Aussätzigen. „Wie die Ceder die Fäulnis nicht kennt,"
sagt Cyrill, „so auch der Leib Christi nicht die Verwesung,
das hat seine Auferstehung beglaubigt."[2]) „Jener hl. Leib
war gleichsam, wie die Bundeslade mit Gold, mit der
Gottheit überzogen, welche selbst ihren Glanz und ihre
Unverweslichkeit in ihn hineinsenkte auf eine Art und
Weise, die den Verstand übersteigt."[3]) Cyrill betont also
besonders den Vorzug des Leibes Christi, die Teilnahme
an der göttlichen Herrlichkeit. „Er ist auch mit dem
Fleische gleicher Herrlichkeit (ἰσοκλεής) mit dem Vater;[4])
denn er hat den Glanz seiner Glorie und göttlichen Majestät seinem eigenen Leibe mitgeteilt."[5]) Wenn es von
dieser Herrlichkeit der menschlichen Natur Christi heisst,
er habe sich dieselbe verdient, er habe sie empfangen, er
habe den Vater um dieselbe gebeten, so sind das Redeweisen, welche nicht etwa, wie die Nestorianer wollten,
auf eine Zweipersönlichkeit in Christo schliessen lassen,
sondern vom menschgewordenen Logos bezüglich des
Inkarnationsverhältnisses gelten. „Weil er einmal," sagt
Cyrill, „sich der Annahme der Menschheit unterzog und
alles freiwillig wegen der Erniedrigung erduldete, deswegen
sagt man auch, er habe die Herrlichkeit empfangen, obwohl
er der Herr der Herrlichkeit ist."[6]) Diese Verherrlichung
seiner hl. Menschheit hat Christus schon auf Erden vom

---

[1]) Cyr. ad Succens. Mg. 77, 236 b c.
[2]) Glaph. Mg. 69, 576 c; de rect. fid. Mg. 76, 1161 d.
[3]) Cyr. de ador. Mg. 68, 597 d; hom. pasch. 17 Mg. 77, 785 d.
[4]) Cyr. in Symb. Mg. 77, 309 c.
[5]) Cyr. schol. Mg. 75, 1374 b.
[6]) Cyr. apolog. c. Orient. Mg. 76, 345 c; de rect. fid. Mg. 76,
1180 d, 1401 a; in Joh. Mg. 74, 496 a c.

Vater erhalten durch die zahlreichen Wunderwirkungen besonders aber durch das Wunder des Ueberganges aus dem Stande der Erniedrigung in den der Erhöhung. [1] Den letzteren hat Christus sich durch den ersteren verdient. „Denn nicht vergeblich hat er sich abgemühet," sagt Cyrill, „die Menschwerdung ist ihm geworden zum Ruhme; er ist der Erlöser und Erretter des Erdkreises geworden, und deshalb fallen vor ihm nieder die Himmel, die Erde und das unter der Erde." [2] „Menschlich gesprochen duldete der Vater nicht, dass die Niedrigkeit der Knechtsgestalt der Belohnung entbehrte, sondern er machte dieses Amt lohnreich; die Bürde der Erlösung wird nicht ohne Bewunderung sein, ja sie wird glorreich sein, wenn sie auch unrühmlich erscheint." [3] „Diese erfolgte Mitverherrlichung der menschlichen Natur Christi ist aber nicht zum Schmerze und zur Schmach des Vaters geschehen, sondern zum Ruhme. Denn er freut sich, wenn der Sohn von den Menschen angebetet wird, obgleich er uns ähnlich geworden ist." [4]

In welchem Verhältnisse steht der verherrlichte Christus zu den Engeln? Cyrill sagt darüber: „Wenn er auch als Mensch unserer Natur teilhaftig geworden ist, so war er doch mit dieser über jedes Geschöpf erhaben. [5] Das drückt auch der hl. Apostel aus in den Worten (Hebr. 1, 4): „Um so viel ist er besser geworden, als die Engel, weil er als Sohn zur Rechten des Vaters sitzt, die Engel aber als Diener dabeistehen, gesandt werden und dienen." [6] Derselbe Apostel aber sagt auch (Hebr. 2, 7): „Du hast ihn ein wenig unter die Engel erniedrigt." Wie aber wird der unter die Engel erniedrigt, welcher von ihnen angebetet wird? Es wird so gesagt, weil er sich

[1] l. c. 152 e f.
[2] Cyr. in Is. Mg. 70, 1044 c.
[3] Cyr. l. c. 1048 d; Thes. Mg. 75, 329 c, 332 d; de ss. Trinit. Mg. 75, 976 b; schol. Mg. 75, 1384 d b.
[4] Cyr. l. c. 1384 b; in Joh. Mg. 74, 153 c.
[5] Cyr. ad Valer. Mg. 77, 265 b; Glaph. Mg. 69, 382 c.
[6] Cyr. in ep. ad Hebr. Mg. 74, 956 a.

in menschliche Verhältnisse herabliess, einen sterblichen
Leib annahm und in demselben freiwillig litt. Darin also
sind die Engel höher, insofern sie fleischlos und über den
Tod erhaben sind, was beides der Sohn in der Erniedrigung
erfahren hat. Aber der, welcher wegen seiner Menschheit
ein wenig unter die Engel erniedrigt ist, der wird von
ihnen in der göttlichen Grösse angebetet; er sitzt auf dem
Throne, den jene umstehen, ihn mit ewigen Hymnen als
den Herrn der Mächte preisend."[1] Begleitet von diesen
Engeln und himmlischen Geistern, die ihm als Gott, König,
Herrn des Weltalls dienen, wird er dann einst wiederkommen nicht in unserer Niedrigkeit, sondern in der Glorie
der Gottheit, glänzend wie auf Tabor,[2] um den Erdkreis
zu richten,[3] derselbe, welcher menschlich den Tod erlitten
hat, göttlich aber erweckt ist, der in den Himmel zurückkehrte und mit dem erhabenen Sitze unaussprechlicher
Gottheit geziert wurde."[4]

Auf der hypostatischen Union basiert endlich noch
das Geheimnis der hl. Eucharistie, die sowohl Nestorius
als auch Cyrill mit dem Dogma der Inkarnation in Verbindung bringt. Die Ansicht des Nestorius[5] haben wir
früher kennen gelernt. Hören wir nun, was Cyrill von
der Beziehung dieses Sakramentes zum fleischgewordenen
Logos sagt, ob er zwischen beiden Identität bezeugt.

IV. Die ἕνωσις καθ' ὑπόστασιν und die hl. Eucharistie.

Nach der Lehre Cyrills empfangen wir in der hl.
Eucharistie das Fleisch des lebendigmachenden Logos[6].
Nach der Lehre desselben Vaters hatte aber dieser Leib
mit seiner vernünftigen Seele die Subsistenz nicht in der
nestorianischen menschlichen Person, sondern er war ein

---

[1] l. c. 961 c d; de incarn. Unig. Mg. 75, 1225 b; in Ps. 9 Mg.
69, 760 c.
[2] Cyr. hom. Mg. 77, 1012 b.
[3] Cyr. ad Nest. Mg. 77, 113 b.
[4] Cyr. adv. Nest. Mg. 76, 204 a; ad Anthrop. Mg. 76, 1116 d.
[5] Thomasius, die Dogmengesch. der alten Kirche 1874, I, 420.
[6] Cyr. dialog. cum. Nest. Mg. 76, 253 a.

ἴδιον σῶμα τοῦ Λόγου, der Logos war sein Besitzer und Träger;
er hatte diesen Leib mit sich wahrhaft, wirklich und
wesentlich (καθ' ἕνωσιν φυσικήν, καθ' ὑπόστασιν) vereinigt: wo der
Leib Christi war, war und ist auch die göttliche Hypostase
des Logos. Das Umgekehrte freilich trifft nicht zu. Mit
dem L e i b e Christi empfangen wir also nach Cyrills Lehre
von der persönlichen Vereinigung der menschlichen Natur
mit der Person des Logos, diesen selbst, welcher verklärt
zur Rechten des Vaters sitzt. Hören wir Cyrills Erklärung
selbst. „Notwendig muss ich noch hinzufügen, dass wir,
den Tod des eingeborenen Gottessohnes und seine Auferstehung von den Toten verkündend und seine Aufnahme
in den Himmel bekennend, in den Kirchen das unblutige
Opfer (ἀναίμακτον θυσίαν) feiern, dass wir hinzutreten zu den
geheimnisvollen Segnungen (μυστικαῖς εὐλογίαις) und geheiligt
werden, indem wir teilhaftig werden des hl. Fleisches und
kostbaren Blutes Christi, des Erlösers aller. Und nicht
empfangen wir jenes als ein gewöhnliches Fleisch (σάρκα
κοινήν), das sei fern, auch nicht als das Fleisch eines ge-
heiligten Mannes, der mit dem Logos gemäss der Würden-
einheit verknüpft ist oder eine göttliche Einwohnung hat,
sondern als das wahrhaft lebendigmachende, eigene Fleisch
des Logos selbst. Denn da er als Gott das Leben von
Natur ist, und er mit seinem Fleische einer ist ἓν (προσωπον)
πρὸς τὴν ἑαυτοῦ σάρκα, so hat er es auch als lebenspendend bezeugt. Und wenn er auch sagt: „Wahrlich, wahrlich ich
sage euch, wenn ihr das Fleisch des Menschensohnes nicht
essen etc., so dürfen wir dennoch keineswegs glauben, dass
jenes ein gewöhnliches, d. h. das Fleisch irgend eines Menschen
von unserem Schlage wäre — denn wie kann das Fleisch
eines Menschen von Natur aus durch sich (κατά φύσιν τὴν ἑαυτῆς)
Leben gestaltend sein - - sondern das in Wahrheit eigene (ἴδιον)
desjenigen, der unseretwegen Mensch geworden ist." [1]) Diese
unwiderlegbare Erklärung weist nicht bloss die irrige Vorstellung des Nestorius von der ἀνθρωποφαγία zurück, sondern bezeugt uns auch den positiven Glauben Cyrills sowohl an die

[1]) Cyr. ad Nest. Mg. 77, 113 c f.

Feier des unblutigen Opfers, als auch an die reale Gegenwart Christi in der hl. Eucharistie. [1]) In der Homilie εἰς τὸ μυστικὸν δεῖπνον, welche Aubert dem Cyrill zuschreibt, heisst es: „Der mystische Tisch ist bereitet, die göttlichen Geschenke liegen dort, der lebenspendende Mischkrug ist gemischt, der König der Herrlichkeit ladet ein, der Sohn Gottes erwartet, der fleischgewordene Logos ermuntert, jene persönliche Weisheit des Vaters teilt ihren Leib als Brot (ὡς ἄρτον) aus und lässt ihr Blut als Wein (ὡς οἶνον) geniessen . . . Der Schöpfer giebt sich dem Geschöpfe zum Genusse, das Leben selbst reicht sich dem Sterblichen zur Speise und zum Tranke dar.“ [2]) „Weil wir durch die Eulogie den Sohn selbst in uns aufnehmen, so werden wir der Leib und die Glieder Christi genannt.“ [3]) „Das Brot des Himmels ist der Eingeborene Gottes, das Brot des Himmels wird jeder vernünftigen Kreatur gereicht. [4]) Das Blut Christi ist den Priestern in Händen.“ Cyrill nennt die Diakone den Hals Christi, sie tragen Christus, das Haupt der Kirche; denn sie tragen seinen hl. Leib, indem sie mit reinem Herzen seine Geheimnisse bekennen. [5]) Welche Wirkungen schreibt Cyrill ferner dem eucharistischen Empfange des Leibes Christi zu? „Schon der irdische Leib Christi offenbarte sich in den Wundern als lebendigmachender Leib des Logos, weil die Leben bewirkende Kraft des Logos in ihm wohnte.“ [6]) Diese göttliche Kraft hat der Leib Christi in statu exaltationis nicht verloren, somit auch nicht der eucharistische Leib, welcher dem verklärten identisch ist. Ueber diese Wirkung und Kraft des Leibes Christi spricht Cyrill ausführlich im 4. bis 7. Kapitel des 5. Buches gegen Nestorius, vergleicht

---

[1]) Thomasius l. c. p. 419, 436. Die eucharistische Auffassung Cyrills nimmt auch der Protestant Thomasius an und verteidigt sie gegen Steitz.
[2]) Cyr. hom. Mg. 77, 1017 c d, 1020 c.
[3]) Cyr. in Joh. Mg. 73, 584 a.
[4]) Cyr. in Ps. 79 Mg. 69, 1196 a.
[5]) Cyr. fragm. in Cantic. Mg. 69, 1292 a; adv. Anthrop. Mg. 76, 1097 b c.
[6]) Cyr. in Luc. Mg. 72, 609 c d.

dieselbe mit der Wärme spendenden Kraft des Feuers und führt als Grund an, dass der Leib des Logos nicht einem Fremden, sondern dem Logos als dem persönlichen Leben selbst angehört. Nach Nestorius sei die Eucharistie nur der Genuss eines Menschen, der nichts nütze. „Wie aber der Leib des Logos selbst", so fährt Cyrill fort, „lebendig gemacht ist, weil er ihn gemäss der wahren und nicht zu begreifenden Vereinigung zu seinem Eigentume gemacht hat, so werden auch wir durch die Teilnahme an seinem hl. Fleische und Blute ganz und gar lebendig gemacht, weil der Logos göttlicher Weise in uns bleibt durch den hl. Geist, menschlicher Weise aber durch das hl. Fleisch und kostbare Blut."[1]) Cyrill verweist auf die diesbezüglichen Worte Pauli im Briefe an die Korinther und Hebräer, auf den Typus des Osterlammes, wie auf das Manna[2]) und nennt uns die Bevorzugten, weil wir den wirklichen Leib Christi zum Genusse haben. Denn nicht jener Typus ist das Brot des Lebens, „sondern ich vielmehr bin es", so lässt Cyrill Christus sprechen, „der ich vom Himmel bin und alles lebendig mache und mich selbst den Geniessenden durch das mir vereinigte Fleisch einsenke (τοῖς ἐσθίουσι ἐμαυτὸν ἐνιεὶς καὶ διὰ τῆς ἑνωθείσης ἐμοὶ σαρκός)."[3]) „Durch den Genuss seines Leibes bleiben wir in ihm und sind über die Verwesung erhaben."[4]) Den Worten des Nestorius, der da sagt, er geniesse nicht die Gottheit, sondern das Fleisch, antwortet Cyrill: „Du scheinst vergessen zu haben, dass auf den hl. Tischen in den Kirchen nicht die Natur der Gottheit vorgesetzt wird, sondern der Leib, welcher dem aus dem Vater gezeugten Logos gehört. Denn wir behaupten nicht, was unmöglich ist, dass wir die unkörperliche, nackte Natur geniessen.[5]) Wenn man aber behaupten wollte, der Gottlogos selbst sei in die Natur des Körpers verwandelt worden, dann könnte man wohl mit Recht An-

---

[1]) Cyr. adv. Nest. Mg. 76, 193 b; de rect. fid. Mg. 76, 1189 b
[2]) Cyr. adv. Nest. Mg. 76, 193 c.
[3]) l. c. 196.
[4]) l. c. 197 a.
[5]) Cyr. l. c. 201 c; hom. Mg. 77, 1028 d.

klage darüber erheben, warum er bei der Darreichung des
Leibes nicht gesagt hätte: „Nehmet hin und esset, dieses
ist meine Gottheit, die für euch hingegeben wird, und
dieses ist nicht mein Blut, sondern die Gottheit, die für
euch vergossen wird. Da nun der Logos, welcher Gott
war, den aus dem Weibe genommenen Leib sich zu eigen
gemacht hat und keine Veränderung oder Verwandlung
dabei erfuhr, konnte er da nicht ohne Lügen sagen:
„Nehmet hin und esset, dies ist mein Leib?" Da er aber
als Gott das Leben ist, so hat er ihn selbst als Leben
und lebendigmachend erscheinen lassen [1]), wie aber den
Leib, so auch sein Blut." [2]) „Wenn nun aber der Leib
Christi, wie jene wollen, der Leib eines blossen Menschen
ist, wie kann der hl. Tisch den Hinzutretenden da zum
ewigen Leben verheissen werden? Wie ist er da überall
und wird nicht vermindert? Ein blosser Leib giebt niemals den Teilnehmern Leben. Wir wollen daher den Leib
des Lebens selbst empfangen, das unter uns gewohnt hat,
das da ist Christus, der Sohn des lebendigen Gottes, einer
aus der hl. Dreifaltigkeit. Wir wollen sein hl. Blut trinken
zur Vergebung unserer Sünden und zur Teilnahme an der
Unsterblichkeit, welche in ihm ist, indem wir glauben,
dass er Priester und Opfer bleibt . . . . : indem wir nicht
in zwei Personen jene göttliche, unzerreissbare und dazu
unvermischte Vereinigung des einen aus der über alles
zu ehrenden Dreifaltigkeit zerteilen." [3]) Die nestorianische
ἀνθρωποφαγία weist Cyrill im 11. Anathematismus zurück. [4])
Auch in der Verteidigung dieses Anathems gegen die
Orientalen, [5]) sowie gegen Theodoret [6]) berührt Cyrill die

---

[1]) Cyr. adv. Nest. Mg. 76. 205 d f.
[2]) Cyr. in Symb. Mg. 77, 316 b.
[3]) Hier liegt offenbar bei Migne 77, 1029 b eine Textverderbung
vor. Es heisst: „μὴ διαιροῦντες εἰς δύο πρόσωπα τὴν θείαν καὶ
ἀδιάσπαστον καὶ πρός γε τούτῳ ἀσύγχυτον ἕνωσιν τῆς παντίμου
Τριάδος. Es muss anschliessend an das voraufgehende ὁ εἰς
τῆς ἁγίας Τριάδος lauten, μὴ διαιροῦντες . . . ἕνωσιν τοῦ ἑνὸς
τῆς παντίμου Τριάδος. Nur so lässt sich auch das folgende
ᾧ ἡ δόξα erklären, welches sonst ᾗ ἡ δόξα lauten müsste.
[4]) Mg. 77, 121 c.
[5]) Mg. 76, 373.
[6]) Mg. 76, 417.

Anwendung der ἕνωσις καθ' ὑπόστασιν auf die hl. Eucharistie.
Sehr eingehend aber behandelt Cyrill diesen Gegenstand
unter Hinweis auf die nestorianische Auffassung in seinem
Kommentar zum Johannesevangelium (IV, 2), wo er über
die Verheissung der hl. Eucharistie spricht.[1] Diese Ausführung, auf welche ich hier nicht näher eingehen kann,
beweist klar den tiefen und festen Glauben Cyrills an
den wirklichen Genuss des Leibes und Blutes Christi im
hl. Sakramente. Durch ihn werden wir Christo gewissermassen einverleibt (ἀνακεκραμένους), erlangen Unsterblichkeit[2]
und ewiges Leben.[3] „Wenn die Berührung der Toten mit
dem Leibe Christi diese wieder auferweckte, wie werden
wir dann nicht viel reicher sein, da wir den hl. Leib
selbst empfangen."[4] „Christus in uns schläfert ein das
in unsern Gliedern wütende Gesetz, erweckt Frömmigkeit
gegen Gott, tötet die Leidenschaften, rechnet uns die Fehl-
tritte, in denen wir uns bewegen nicht an, sondern heilt
uns vielmehr als Kranke. Den Gefallenen richtet er auf, wie
der gute Hirt, der sein Leben hingiebt für seine Schafe."[5]

Hiermit wollen wir die Folgerungen aus der hypostatischen Union für die Person Christi schliessen. Wir
verlassen seine Person und kommen zu der seiner hl.
Mutter, der Gottesgebärerin Maria, auch für deren Würde
die ἕνωσις καθ' ὑπόστασιν von entscheidender Wichtigkeit ist.

§ 2.

Die Mariologie Cyrills als Folgerung aus der
ἕνωσις καθ' ὑπόστασιν.

Κατὰ ταύτην τὴν τῆς ἀσυγχύτου ἑνώσεως ἔννοιαν
Θεοτόκον τὴν ἁγίαν Παρθένον κηρύττομεν.[6]

Der Gegenstand, welcher in diesem Paragraphen zur
Sprache kommt, ist im Laufe der Darstellung öfters schon

[1] Cyr. in Joh. Mg. 73, 560 ff.
[2] l. c. 561 b.
[3] l. c. 561 d.
[4] l. c. 577 d b.
[5] l. c. 585 a.
[6] Cyr. in Luc. Mg. 72, 484 b.

erwähnt worden. Die Leugnung des Titels θεοτόκος bildete
ja den Ausgangspunkt des nestorianischen Streites. Nestorius war von dem Wahne befallen, als ob die Orthodoxen
lehrten, Maria habe die Gottheit geboren. Deshalb verwarf er das Wort θεοτόκος.[1] Cyrill hatte in der Widerlegung dieses Punktes keinen schweren Stand, weil auch
die orientalischen Bischöfe, die später zu Nestorius über-
traten, das θεοτόκος lehrten.[2] Er verteidigt diesen Titel
zum ersten Male, ohne den Namen des Nestorius zu nennen,
in der 17. Osterhomilie. „So und auf keine andere Weise
möchte das Geborene (τὸ τεχθέν) Gott von Natur, und die
jungfräuliche Gebärerin (ἡ τέκουσα Παρθένος) Mutter genannt
werden, nicht aber Mutter von einfach Fleisch und Blut,
wie das bei den gewöhnlichen Müttern ist, sondern vielmehr
Mutter von einem Herrn und Gott (Κυρίου καὶ Θεοῦ), der
unsere Aehnlichkeit angezogen hat.“[3] Cyrill nennt hier
Maria die Mutter Gottes, des Herrn; er weist dabei auf
Gal. 4. 4 hin: „Gott hat seinen Sohn gesandt, gebildet
aus dem Weibe.“. „Wir halten somit fest, dass nicht die
blosse Gottheit, sondern der Logos aus dem Vater aus der
Jungfrau geboren wurde, die als Werkzeug dazu berufen
war, den mit dem Fleische Vereinigten auf dem Wege

---

[1] Hefele, II², 148 sagt über den Ursprung dieses Titels: „Wir
finden ihn schon mehr denn 100 Jahre vor Ausbruch des
christologischen Kampfes in den Schriften von Origenes,
Alexander von Alexandrien, Athanasius.“ Mit voller Evidenz
bezeugt ist der terminus seit Alexander, welcher 313 Bischof
von Alexandria wurde, ep. I, 12 Mg. gr. 18, 568 c. Das
Konzil von Nicaea hat ihn nicht aufgenommen. Wir finden
ihn dann aber bei Julianus apostata, bei Apollinaris in der
dem Athanasius beigelegten Schrift, auf die Cyrill sich beruft (Mg. 76, 1212), ferner bei Athanasius, Basilius (Petav V,
15, 9—10). Die Zeugnisse aus früherer Zeit, als dem 4. Jahrhundert, sind weniger sicher. Socrates (h. e. VII, 32 Mg. 67,
812 b) berichtet, Origenes habe weitläufig im ersten Buche
seines Kommentars zum Römerbriefe sich über den Titel
θεοτόκος ausgesprochen. Die übrigen oft angeführten Zeugen,
Dionysius von Alexandria, Hippolyt, Pierius, bieten keine
Gewähr (Bardenhewer, Patrolog. p. 184, 165, 166). Wahrscheinlich ist der Ausdruck in Alexandria um die zweite
Hälfte des 3. Jahrhunderts aufgekommen.
[2] Ms. IV, 1061.
[3] Cyr. hom. pasch. 17 Mg. 77, 776 c.

des Fleisches (σαρκικῶς) zu gebären. Gott also war der
Emmanuel, und Mutter Gottes (μήτηρ θεοῦ, θεοτόκος [1]) wird
die genannt, welche den unseretwegen erschienenen Gott
geboren hat." [2] „Es war eine göttliche Geburt, wenn sie
auch auf menschliche Weise wegen der menschlichen Natur
vor sich ging." [3] Im Briefe an die Mönche Aegyptens
geht Cyrill näher auf den Gegenstand ein, ohne Nestorius
namhaft zu machen. „Ich wundere mich," so schreibt er,
„dass einige daran zweifeln, dass die hl. Jungfrau Gottesgebärerin genannt werden müsse. Wenn doch unser Herr
Jesus Christus Gott ist, wie soll dann die hl. Jungfrau,
die ihn geboren hat, nicht Gottesgebärerin genannt werden?
Diesen Glauben haben uns die Apostel überliefert, wenn
sie auch nicht des Wortes (λέξεως) Erwähnung thun. So
sind wir auch von den hl. Vätern belehrt worden. .
Es könnte aber jemand fragen: „Ist denn die hl. Jungfrau
Mutter der Gottheit geworden"? Darauf sagen wir, dass
der lebendige und als Hypostase bestehende Logos (ἐνυπόστατος λόγος), der aus dem Wesen des Vaters gezeugt ist,
in der Zeit Mensch wurde und dem Fleische nach aus
dem Weibe geboren ist. Es hat aber, so führt Cyrill ungefähr weiter aus, das Geheimnis des menschgewordenen
Logos gewisse Verwandtschaft mit der menschlichen Geburt. . . . Wie Elisabeth nicht bloss das Fleisch, sondern
auch die Seele geboren hat, somit den lebendigen Täufer,
der da aus Leib und Seele bestehend einer ist, so trifft
es auch bei der Geburt des Emmanuel zu. Denn auch er
ist nach Annahme des Fleisches dem Fleische nach aus
dem Weibe geboren, wie auch die Seele zugleich mit dem
Körper, mit welchem sie eins ist, geboren wird. Niemand
wird eine Mutter bloss Seelen- oder Leibgebärerin nennen,
sondern was das Weib gebärt, ist ein Wesen, bestehend
aus zwei verschiedenen Teilen." [4] So auch, will Cyrill

---

[1] Cyr. ad Succ. Mg. 77, 229 a b.
[2] Cyr. hom. pasch. 17 Mg. 77, 777 c.
[3] l. c. 780 c.
[4] Mg. 77, 21 a f; adv. Nest. Mg. 76, 37 d.

sagen, hat Maria nicht bloss dass angenommene Fleisch, d. h. die menschliche Natur geboren, sondern mit dieser auch den, welcher hypostatischer Träger dieser Natur war, den Gottlogos. Sie ist also Gottes- Logosgebärerin, nicht aber Gottheitgebärerin. „Die hl. Väter,“ so erklärt Cyrill in seinem zweiten Briefe an Nestorius, „haben kein Bedenken getragen, die hl. Jungfrau Gottesgebärerin zu nennen, nicht etwa, als ob die Natur des Logos oder die Gottheit desselben aus ihr den Anfang genommen hätte, sondern weil er jenen hl. mit einer vernünftigen Seele belebten Leib aus ihr genommen, mit dem der Gottlogos καθ' ὑπόστασιν vereinigt ist, und weil er so dem Fleische nach geboren wurde.“ [1]) Aehnlich verteidigt Cyrill diese Würde Mariä auch im dritten Briefe an Nestorius [2]) und knüpft daran das erste Anathem: „Wenn jemand nicht bekennt, dass der Emmanuel wahrer Gott ist und die hl. Jungfrau d e s h a l b Gottesgebärerin, denn sie hat fleischlich den fleischgewordenen Logos aus Gott geboren, a. s.“ [3]) Dieses Anathem verteidigt Cyrill dann gegen die Orientalen, die infolge der ἕνωσις φυσική des zweiten Anathems vollständig auf die Seite des Nestorius getreten waren, sowie gegen Theodoret. [4]) In all dem beweist Cyrill 1. dass Maria nicht die pure Gottheit des Logos, noch 2. einen puren Menschen, sondern 3. den mit dem Leibe physisch vereinigten Gottlogos dem Fleische nach geboren habe. Weil der menschgewordene Logos aber nicht aufgehört habe, Gott zu sein, so sei Maria mit Fug und Recht θεοτόκος zu nennen. [5]) „Wenn sie auch Mutter des hl. Fleisches ist, so hat sie doch den mit demselben wahrhaft vereinigten Logos geboren, und wenn sie einer θεοτόκος nennt, so fügt er dem Logos nichts Neues bei, noch behauptet er, der Logos habe mit dem Fleische zu sein angefangen. Er

---

[1]) Cyr. ad Nest. Mg. 77, 48 d.
[2]) l. c. 117 d f.
[3]) l. c. 120; Mg. 76, 297 a f.
[4]) Mg. 76, 320 f, 393 f.
[5]) Cyr. de rect. fid. Mg. 76, 1205 c d, 1209 c; adv. Nest. Mg. 76, 17 c f, 28 f.

wird vielmehr dabei an die Art und Weise der Menschwerdung denken." [1]) Nestorius machte folgenden Einwand.
„Johannes der Täufer war schon im Mutterleibe mit dem
hl. Geiste erfüllt und wurde so geboren. Aber deshalb nennt
man Elisabeth doch nicht Geistesgebärerin (πνευματοτόκος)." [2])
„Ohne Zweifel hat Elisabeth," so entgegnet Cyrill. „Johannes den Täufer geboren, der im Mutterleibe mit dem
hl. Geiste gesalbt war. Wenn es nun hiesse in der hl.
Schrift, auch der Geist sei Fleisch geworden, dann möchte
sie wohl mit Recht Geistesgebärerin genannt werden. Es
ist aber nicht dasselbe zu sagen, das Wort sei Fleisch geworden, und jemand sei vom Geiste mit Prophetengabe
beschenkt worden. Also ist Elisabeth auf keine Weise
Geistesgebärerin, weil sie einen Propheten des Allerhöchsten
geboren hat. Aber die hl. Jungfrau ist in Wahrheit Gottesgebärerin, weil sie fleischlich das mit dem Fleische vereinigte Wort gebar." [3]) „Auch machen wir Maria durch
den Titel nicht zur Göttin, wie du behauptest; wir wissen
wohl, dass sie eine menschliche Person war, wie wir." [4])
Zusammenfassend spricht Cyrill über diesen Titel im 26.
Kapitel seiner Scholien, [5]) sehr ausführlich aber in dem
eigens abgefassten Traktate „Gegen die, welche leugnen,
die hl. Jungfrau sei Gottesgebärerin." [6]) Darin heisst es:
Da die Person Christi identisch ist mit dem menschgewordenen Gottlogos, so ist Maria neben dem θεοτόκος auch
χριστοτόκος, und wenn sie somit nicht θεοτόκος ist, ist sie auch
nicht χριστοτόκος." [7]) „Es ist nämlich nur ein Christus, welcher
als Gott aus dem Vater, als Mensch aus der Jungfrau hervorging." [8]) Die Nestorianer beriefen sich auf das Konzil
von Nicaea, auf welchem von θεοτόκος keine Rede gewesen
sei. Cyrill antwortet darauf: „Wenn die Synode das

---

[1]) l. c. 49 a.
[2]) l. c. 40 c d.
[3]) l. c. 41 a f.
[4]) l. c. 75 b.
[5]) Mg. 75, 1399 f.
[6]) Cyr. adv. Nol. conf. Mg. 76, 256 b ff.
[7]) l. c. 265 c d.
[8]) Cyr. de rect. fid. Mg. 76, 1168 d.

Wort θεοτόκος nicht nennt, so stand damals eben derartiges nicht in Frage, weil es nicht angezweifelt wurde.[1])
Uebrigens, wo stehe denn etwas in der hl. Schrift oder
auf der Synode von ihren Ausdrücken wie χριστοτόκος,
θεοδόχος? Und wenn Maria nicht Gott geboren, wenn sie
nicht Christus, der Gott ist, in ihrem Schosse gehabt habe, so
sei sie auch nicht einmal θεοδόχος.[2]) Wohl hätten die Väter
sie Gottesgebärerin genannt, weil sie eben den Emmanuel
geboren, der wahrer Gott sei.[3]) In dem Unionssymbolum
erkennen die Orientalen den Titel θεοτόκος an.[4]) „Es genügt,“ sagt Cyrill, „zum fehlerlosen Bekenntnisse des
Glaubens, die hl. Jungfrau als Gottesgebärerin zu bekennen; denn hinzuzufügen, dass sie auch ἀνθρωποτόκος sei,
ist weder notwendig, noch nützlich.“[5]) „Es genügt das
Wort θεοτόκος, welches das Bekenntnis unseres ganzen Geheimnisses umfasst.“[6]) „Denn wer leugnet, dass die Jungfrau Gottesgebärerin sei, sagt auch, dass der Emmanuel nicht
wahrer Gott sei.“[7]) Christus ist somit auch der Sohn der
Jungfrau Maria und als solchen bezeichnet ihn auch Cyrill
durch υἱὸν αὐτῆς.[8]) In den vornestorianischen Schriften
lesen wir den Ausdruck ἁγία Θεοτόκος Παρθένος,[9]) μητέρα Κυρίου,[10])
ἐκ Παρθένου Λόγος.[11])

Nicht so intensiv als den Titel θεοτόκος hebt Cyrill
die übrigen Vorzüge der Person Mariä hervor. Auch
Nestorius erkannte der hl. Jungfrau eine Verehrungs-
würdigkeit zu, weil durch sie der Herr hindurchgegangen
und die Sonne der Gerechtigkeit erschienen sei.[12]) Er.
sprach ihr aber nach dem Encomium, welches nach Ehr-

[1]) Mg. 77, 64 b f.
[2]) l. c. 68 b c.
[3]) Mg. 77. 125 a.
[4]) Joh. Antioch. ad Cyr. Mg. 77, 172 d; Cyr. ad Joh. Mg. 77,
177 a.
[5]) Cyr. hom. Mg. 77, 1093 a.
[6]) l. c. 1093 c.
[7]) Cyr. ad Juvenal. Mg. 77, 104 c.
[8]) Cyr. hom. Mg. 77, 1065 d.
[9]) Cyr. in Ps. 61 Mg. 69, 1117 b.
[10]) Cyr. in Is. Mg. 70, 204 b.
[11]) l. c. 849 c.
[12]) Cyr. adv. Nest. Mg. 76, 28 c.

hard dem Cyrill fälschlich beigelegt wird, die Jungfräulichkeit in partu ab, μηετε ἄτρωτον τὸν τῆς παρθενίας τόχον ἐπιστάμενος. [1]
Nach ihm war sie nur „die Maria," welche den durch
Wirkung des hl. Geistes in ihr erzeugten Menschen geboren
hatte. Cyrill dagegen giebt der Würde und Stellung
Mariä in der Erlösung einen feierlichen Ausdruck in einer
zu Ephesus gehaltenen Predigt, als die sieben (zur Orthodoxie zurückgekehrten Bischöfe) ad s. Mariam kamen, in
welcher Kirche die erste Sitzung der Synode gehalten
wurde. In dieser Lobrede [2] legt Cyrill der Gottesgebärerin
auch den Vorzug der ἀεὶ Παρθένος, der steten Jungfräulichkeit bei. [3] Demnach blieb sie nach Cyrill auch in partu
et post partum Jungfrau. „Denen, die da sagen, die Jungfrau habe mittels des Fleisches aus sich geboren, steht sie
als verletzt da (διέφθαρται); wenn sie aber nicht verletzt
sei, sagen sie, so habe sie nur scheinbar (κατὰ φαντασίαν) geboren. Wir aber sagen: „Der Prophet sagt, er ging hinein
und ging heraus, und es blieb das Thor verschlossen."
„Wenn der Logos unvermischt Fleisch geworden, gänzlich
ohne Samen empfangen ist, so ist er auch geboren worden,
ohne dass er verletzte (ἀφθόρως)." [4] „Wie beim brennenden
Dornbusch das Feuer den Strauch erfasst, derselbe aber
nicht verbrannt wird, so auch gebärt die Jungfrau das
Licht und wird nicht verletzt." [5] Cyrill nennt ferner den
Schoss, aus welchem der Logos hervorgegangen, einen
jungfräulichen. [6] Auch der Umstand, dass Maria nicht
wie andere Mütter der Reinigung bedurfte, weist auf ihre
virginitas in partu hin. [7] Zwar sagt Cyrill an anderer
Stelle, [8] dass, da die Gebärerin Mensch war, die Art und
Weise der Geburt menschlich geschehen sei, aber er erklärt

---

[1] Cyr. hom. Mg. 77, 1033 d.
[2] Cyr. hom. Mg. 77, 992 f.
[3] Petav. XIV, 3, 13.
[4] Cyr. in Luc. Mg. 72, 485 b.
[5] Cyr. adv. Anthrop. Mg. 76, 1129 a.
[6] Cyr. hom. pasch. 17 Mg. 77, 775 b; in Is. Mg. 70, 294 c.
[7] Cyr. in Luc. Mg. 72, 501, 500 c; de ador. Mg. 68, 1065 b c,
adv. Nol. conf. Mg. 76, 260 b.
[8] Cyr. ad Nest. Mg. 77, 110 c; adv. Nest. Mg. 76, 41 c.

dieses durch die Worte: „Wenn man sagt, die Jungfrau
habe fleischlich geboren, so soll das nicht das Wunderbare
der Geburt aufheben, noch auch die Wirkung des hl. Geistes,
durch welche das Erzeugte im Mutterschosse gebildet
wurde.[1]) Zu dem Titel παρθένος fügt Cyrill dann oft noch
die Epitheta bei πάναγνος keusch, ἁγία heilig, πανάχραντος un-
befleckt,[2]) sowie ἄμωμος tadelfrei.[3]) Cyrill nennt ferner
den Leib der Jungfrau einen heiligen Leib;[4]) und „wenn
der Dornstrauch figürlich den Gott gebärenden Leib der
Jungfrau bezeichnet," sagt er, „so möge der Vergleich
dich nicht beleidigen. Denn alles Fleisch ist wegen der
Aufnahme der Sünde bezüglich dessen, dass es nur Fleisch
ist, Sünde. Die Sünde aber wird in der hl. Schrift mit
dem Namen Dorn bezeichnet."[5]) Cyrill ist also ein beredter
Zeuge für die Würde der Gottesmutterschaft und der steten
Jungfräulichkeit Mariä. Ueber weitere Vorzüge der
Gottesmutter, wie etwa über die immaculata Conceptio,
giebt Cyrill keinen direkten Aufschluss.

§ 3.

Die Bedeutung der ἕνωσις καθ' ὑπόστασιν für den Wert der Erlösung.

Εἰ δὲ Θεὸς ἦν ἐν σαρκὶ ἀξιόχρεως ἡ λύτρωσις τοῦ
κόσμου παντὸς διὰ τοῦ ἰδίου αἵματος εἴη ἂν
καὶ μάλα εἰκότως.[6])

Cyrill macht öfter dem Nestorius den Vorwurf, seine
Christologie vernichte das Erlösungswerk. Dieser Vorwurf
beruht auf voller Wahrheit. Denn sollte die Erlösung
eine Wiederaussöhnung des beleidigten Gottes mit dem
beleidigenden Menschen sein, so konnte sie nur von Gott
ausgehen und von ihm in der gewünschten Weise vollbracht werden. Nach Nestorius aber war der Erlöser

---

[1]) Cyr. apolog. c. Orient. Mg. 76, 321 a.
[2]) Cyr. in Joel Mg. 71, 340 d; in Symb. Mg. 77, 304 a.
[3]) Cyr. in Aggaeum Mg. 71, 1060 c.
[4]) Cyr. hom. Mg. 77, 992 b.
[5]) Cyr. adv. Anthrop. Mg. 76, 1129 a.
[6]) Cyr. de rect. fid. Mg. 76, 1292 a.

nicht Gott selbst, sondern ein Mensch, mit dem sich Gott moralisch durch Einwohnung verbunden hatte. Die Handlungen waren nicht physische Handlungen Gottes, sondern Akte jenes Menschen. Der Logos bezog sie nur insofern auf sich, als es Handlungen eines ihm befreundeten Menschen waren. Eine wirkliche Erlösung des Menschengeschlechtes hat dagegen nach der Lehranschauung Cyrills stattgefunden, weil nach ihm der Erlöser mit dem Gottlogos identisch war, und dieser die menschliche Natur in Wahrheit mit sich vereinigt hatte. [1]) „Wenn Christus nicht Gott von Natur ist, sondern ein blosser Mensch und ein Werkzeug der Gottheit, so sind wir keineswegs durch Gott erlöst worden, sondern durch einen unseres Geschlechtes, der für uns gestorben und durch fremde Macht auferweckt ist. Wie kann da aber der Tod durch Christus überwunden sein?" [2]) „Wenn er als gewöhnlicher Mensch gilt," sagt Cyrill weiter, „wie kann da sein Blut so viel Wert haben, als das Blut aller Menschen. Wenn er aber Gott war im Fleische, also über allen stand, dann möchte doch wohl die Erlösung der ganzen Welt durch sein eigenes Blut dem Bedürfnisse entsprechend sein, und das mit Recht. [3]) Es war Gottes Blut und nicht das Blut eines einfachen Menschen. [4]) Weil er über allen stand, deshalb konnte er für alle genugthun. Er ist Gott, der durch den Tod seines eigenen Fleisches den Tod der Welt hinwegnahm. [5]) Durch ihn also und in ihm sind wir erlöst worden, und sein Leiden war die Rettung für die Welt. Er starb für uns nicht als ein Mensch aus unserer Reihe, sondern als Gott im Fleische, der seinen eigenen Leib als Lösegeld für das Leben aller hingab." [6]) Cyrill hebt überall, wo er von der Erlösungsthat spricht, hervor, dass Gott selbst der Erlöser ist, indem er das zur Erlösung notwendige

[1]) Cyr. ad Nest. Mg. 77, 121 a (anathem 6, 10, 12).
[2]) Cyr. ad Mon. Mg. 77, 37 c.
[3]) Cyr. de rect. fid. Mg. 76, 1292 a, 1293 c.
[4]) l. c. 1296 b.
[5]) l. c. 1296 c.
[6]) l. c. 1296 d.

Werkzeug, den Leib und dessen Blut, also die menschliche
Natur Christi, als das Eigentum der Person des Logos bezeichnet. „Wie sind wir durch ihn erlöst, wie werden
wir durch den Glauben an ihn gerechtfertigt, wie konnte
er die Sünde vernichten, wenn er ein Geschöpf ist,[1] und
nicht in Wahrheit der Sohn, Gott von Gott?"[2] Die wahrhaft göttliche Wertung der Erlösung seitens Cyrills steht also
in vollem logischen Einklange zu seiner Christologie, während die Nestorianer sie ganz entwerteten, die Apollinaristen
und Monophysiten aber dieselbe auf dem Wege des Leidens
und Sterbens unmöglich machten. Hören wir nun von
Cyrill, welche Gnaden Christus durch sein Erlösungswerk
allen Menschen verdient hat. „Was hat der Erlöser," so
fragt Cyrill, „den Völkern verheissen?" „Verzeihung der
Sünde, Befreiung vom Tode, Rettung und Leben."[3] In
diesen drei Ausdrücken, die bei Cyrill öfter in verschiedener
Wendung wiederkehren, liegen kurz gezeichnet alle negativen und positiven Elemente der Erlösung, die Cyrill an
andern Stellen genauer spezifiziert, so wenn er sagt: „Er hat
die Finsternis des Irrtums verscheucht, in die Herzen aller
den Strahl der wahren Gotteserkenntnis gesenkt, den Erdkreis zum frommen Leben hinübergeleitet, alle zu Lieb-
habern hl. Einrichtungen gemacht, die Sünde aus der
Welt gleichsam verstossen und weggemähet, den Gottlosen
durch den Glauben rechtfertigend, die, welche sich nahen,
mit dem hl. Geiste erfüllend, sie zu Kindern Gottes machend,
ihnen durch Verleihung des Geistesschwertes, d. h. des
Wortes Gottes einen festen und kampfesfähigen Mut ein-
flössend, damit sie den einstmaligen Siegern widerstehend
zum Rennziele der himmlischen Berufung laufen, ohne dass
einer widersteht."[4] Noch detaillierter spricht Cyrill an
andern Stellen. „Ein Werk der göttlichen Weisheit ist es
vor anderen, dass der eingeborene Gottlogos Fleisch wurde

---

[1] Cyr. thes. Mg. 75, 284 b c.
[2] Cyr. de ss. Trin. Mg. 75, 868 b.
[3] Cyr. in Ps. 90 Mg. 69, 1217 a; in Sophon. Mg. 71, 1017 a;
hom. Mg. 77, 989 c.
[4] Cyr. in Is. Mg. 70, 1037 c.

und arm mit den Erdenbewohnern, damit wir reich würden, damit wir durch den Glauben an ihn den Schmutz der Sünde ablegten, da das mosaische Gesetz nicht zur Sündentilgung fähig war, damit er den Untergang vernichtete, die im Tode Gefangenen zur Unsterblichkeit umbildete, den Erden_ bewohner zum Himmelsbürger machte, den Unstäten durch sich mit dem Vater verbände, den Gefangenen Befreiung, den Blinden Erleuchtung predigte, damit er die Herzenszerknirschten heilte, den Orkus leerte und den Satan seiner Herrschaft und Tyrannei beraubte." [1]) In dieser treffenden Schilderung der Wohlthaten der Erlösung erhalten wir zugleich auch ein Bild von dem Zustande der Menschheit infolge der Sünde Adams vor der Incarnation. Ueber diesen Zustand unter Juden und Heiden schreibt Cyrill: „Vor der Ankunft des Erlösers war das ganze Menschengeschlecht in Irrtum befangen; man diente dem Geschöpfe, nicht dem Schöpfer; man betete die Werke seiner Hände an, und einem jeden Irrenden war gerade das sein Gott, was ihm gefiel." [2]) „Vor der Menschwerdung hatte der Verderben speiende Dämon, jener Drache, jener Apostat, den Erdkreis inne [3]); er, der Erfinder jeglicher Schlechtigkeit, hatte die Menschen zu den Sünden verschiedenster Art getrieben. Die einen hatte er vom Schöpfer abwendig gemacht, sie sich und den bösen Geistern unterworfen, ihnen das unvermeidliche Joch der Sünde aufgehalst, sie so irre geführt, dass sie nicht mehr wussten, wer von Natur Gott der Herr sei. Andere, welche das Gesetz des Moses als Norm des Handelns hatten, machte er träge und lässig, zog sie zu jeder Schandthat, so dass sie nur noch geringe Beziehung zum Gesetze hatten, thaten, was einem jeden beliebte und menschliche Systeme lehrten." [4]) Aus diesem Zustande hat Christus die Menschheit befreit, und zwar negativ durch Erlösung von der Sünde, von der

---

1) l. c. 1165 a.
2) Cyr. hom. Mg. 77, 988 b.
3) Cyr. in Is. Mg. 70, 176 b.
4) l. c. 1045 c d.

Herrschaft des Todes und des Satans, des Urhebers beider
Uebel. „Aufgehört haben in Christo", sagt Cyrill, „die
in dem Erstgeschaffenen der menschlichen Natur zuge-
fügten, körperlichen und seelischen Krankheitszustände.
Durch ihn ist uns Kraft geworden, und die Schäden aus
der alten Krankheit weisen wir ab. Die, welche in Adam
gefallen sind, haben in Christo gesiegt."[1] „Zwar ist es
nicht möglich, die dem Fleische angeborene Konkupiszenz
auszuroden, aber wir haben es in der Gewalt, durch Nüch-
ternheit ihr entgegenzutreten, damit sie sich nicht frech
gegen die Vernunft erhebt, vorzüglich deswegen, weil der
eingeborene Gottlogos Fleisch geworden ist und dem rasenden
Gesetze der Sünde in unsern Gliedern nicht gestattet, sich
übermütig gegen uns zu zeigen. Ueberlegen also sind
wir den angeborenen sündhaften Reizen, nicht aber ganz
und gar, das werden wir erst im andern Leben sein. Wir
können aber mit Gottes Hülfe, der uns aus der Höhe Kraft
giebt, tapfer widerstehen und die Regungen niederdrücken."[2]
„Dank sei daher Gott durch Jesum Christum, unsern Herrn,
durch den das Gesetz der Sünde sowie der Ansturm der
fleischlichen Regungen gemildert ist. Das hat uns der
menschgewordene Gottlogos verdient."[3] Betreffs des Todes
und des Teufels heisst es: „Geworden wie wir, hat er sich
dem über uns verhängten fleischlichen Tode unterzogen,
damit er uns vom Tode und Verderben befreite. Einer,
der über uns stand, ist für alle gestorben, und der Tod
Christi ist Befreiung vom Tode.[4] Als der Eingeborene
Mensch geworden war, da erlahmte der Feind, es fielen
die furchtbaren und unerträglichen Mächte und wurden
den Heiligen unterworfen.[5] Die bösen Dämonen logen,
die Menschwerdung sei nicht zur rechten Zeit erfolgt, und
sagten: „Bist du vor der Zeit gekommen, uns zu quälen?"[6]

---

[1] Cyr. de rect. fid. Mg. 76, 1384 a.
[2] Cyr. adv. Anthrop. Mg. 76, 1096 d f.
[3] Cyr. in Ps. 50 Mg. 69. 1092 c.
[4] c. Julian. Mg. 76, 965 d f.
[5] Cyr. in Ps. 9, Mg. 69. 764 b.
[6] l. c. 768 b.

Zahlreicher als die negativen, sind die positiven Segnungen, welche uns die Erlösung gebracht hat. Die Krone
der Erlösungsgüter gipfelt nach der alexandrinischen Theologie in der möglichst innigen Verbindung der erlösten
Menschheit mit Gott durch Christus, die ihr Vorbild in der
hypostatischen Union hat, in einer Art von Vergöttlichung
der Menschennatur überhaupt. „Als der Erneuerer (ἀνα-
καινιστής) erschien,“ so schreibt Cyrill, „richtete er das im
Anfange Entstellte wieder her, bildete uns wieder zu seinem
Bilde, so dass die Zeichen seiner göttlichen Natur uns zukommen infolge der Heiligung, Rechtfertigung und des
Tugendlebens. Er ist der Weg und das Thor, durch
welches wir zu jeglichem Gute gelangen und den rechten
Weg wandeln können. Zurückgegeben ist der menschlichen Natur, was sie im Anfange in Adam besessen hatte,
die Heiligkeit.“ [1] „In Christo sind wir reich geworden,
indem wir das im Anfange wiedererhalten haben. Denn
entblösst jeglichen Gutes war die Natur des Menschen,
beraubt der übernatürlichen Gaben (τῶν ἄνωθεν χαρισμάτων),
entfremdet der Freundschaft Gottes.“ [2] Durch die Annahme der menschlichen Natur hat Christus die Menschheit
sich und dem Vater wieder näher gebracht; „er hat sich“,
sagt Cyrill, „unserer menschlichen Abstammung unterzogen, damit er als neuer Anfang der Menschen nach
jenem ersten das Menschengeschlecht erneuerte, in sich
vereinigte (ἀνακεφαλαιώσηται) und durch das mit sich vereinigte Fleisch alle in sich hätte (πάντας ἔχων ἐν ἑαυτῷ). Denn
so sind wir mit Christo durch die hl. Taufe begraben, mit
ihm auferweckt und sitzen mit ihm im Himmel.“ [3] Die
Menschheit Christi ist also nach der Anschauung Cyrills
gleichsam die Repräsentantin der gesamten Menschheit;
was ihr zuteil geworden ist, wird gleichsam allen zuteil,
die Christum anziehen. „Wie wir im Ersterschaffenen mit
zum Tode eingeschlossen waren, so werden auch alle in

---

[1] Cyr. adv. Anthrop. Mg. 76, 1096 a b.
[2] Cyr. in Ps. 79 Mg. 69, 1197 a.
[3] Cyr. adv. Nest. Mg. 76, 17 a b.

dem Erstgeborenen wieder vom Tode auferstehen."[1]) Jedoch nicht bloss mit sich, sondern auch untereinander hat der Erlöser die Menschen wieder verbunden. „Wie war nicht dem Menschengeschlechte die Fleischwerdung des Logos notwendig, die das Getrennte sammelte, die von Gott Abgeirrten wieder zurückführte, die zwei Völker (Juden und Heiden) durch sein Fleisch zu einem (ἵνα) neuen Menschen schuf!"[2]) „Und deshalb heisst er der Eckstein, da er durch einen Glauben zwei Völker in eine geistige Gemeinschaft vereinigt hat, das eine aus Israel, das andere aus Heiden."[3]) Diese Doppelvereinigung wird nach der Lehre Cyrills realisiert durch die hl. Kommunion. „Dem einen Christus sind wir alle durch seinen hl. Leib vereinigt, und da wir den einen und unzertrennbaren in unsern Leib aufnehmen, so müssen wir auch mehr ihm als uns selbst angehören. Wenn wir alle von einem Leibe essen, werden wir auch alle ein Leib."[4]) Und wenn wir alle unter einander in Christo zu einem Leibe vereinigt sind (σύσσωμοι), nicht nur untereinander, sondern auch in ihm, der durch sein Fleisch in uns ist, wie sind wir da nicht offenbar alle eins (ἕν), sowohl untereinander, als auch in Christo. Denn Christus ist das Band der Einheit, da er Gott und Mensch ist."[5]) In dieser Eigenschaft steht er denn auch da als Mittler zwischen Gott und den Menschen (μεσίτης), weil er beides ist (ἐξ ἀμφοτέρων τῶν οὐσιῶν ἕνα ὄντα).[6]) Auch Moses war ein Mittler, aber nur ein Vorbild und Schatten; der wahre Mittler dagegen ist Christus, an den wir eng angeschlossen sind (ᾧ κεκολλήμεθα σχετικῶς).[7]) Nicht geht das Mittlersein auf sein göttliches Wesen, sondern vielmehr

---

[1]) Cyr. in Joh. Mg. 73, 568 b.
[2]) Cyr. de rect. fid. Mg. 76, 1293 d; in Is. Mg. 70, 1045 d f.
[3]) Cyr. fragm. in ep. Petri Mg. 74, 1013 a.
[4]) Cyr. in Joh. Mg. 74, 560 b.
[5]) Cyr. in Joh. Mg. 74, 560 d. Cyrill gebraucht hier das ἕν als Ausdruck der moralischen Vereinigung, während er es in Anwendung auf die Person Christi, wie wir oben sahen, von der physischen Vereinigung der menschlichen Natur zu einer physischen Person versteht.
[6]) Cyr. adv. Nol. conf. Mg. 76, 269 b.
[7]) Glaph. Mg. 69, 497 c; in Ps. 82 Mg. 69, 1204 a.

auf seinen Gehorsam. [1]) Und weil er Mittler ist, deshalb
hat er die mit sich vereinigte Menschheit auch wieder mit
seinem Vater verbunden, sie ihm zurückgeführt, indem er
unsere Versöhnung wurde (ἱλαστήριον).“ [2]) Somit steht die
Menschheit auch im Verhältnisse zu Gott dem Vater und
dem hl. Geiste infolge der Menschwerdung des Sohnes.
Die drei Personen der Gottheit sind wesenseins, wesensgleich. [3]) Die zweite Person der Trinität ist mit der
menschlichen Natur als ihrer eigenen persönlich vereinigt.
Durch diese nun steht die ganze erlöste Menschheit zu
Gott in einer ἕνωσις σχετική, κατὰ χάριν καὶ εὐδοκίαν; „denn
Christus hat sie verbunden (συνάπτει θεῷ τοὺς ἐπὶ τῆς γῆς).“ [4])
Hier also haben wir in Abstufung drei Arten von Vereinigung, Wesenseinheit (εἰς μίαν φύσιν), hypostatische Vereinigung (ἕνωσις φυσική, καθ' ὑπόστασιν) und moralische Vereinigung (ἕνωσις σχετική). Letztere aber findet Cyrill für
das Menschengeschlecht doch zu gering. Gemäss seines
Strebens, das Menschliche ohne Vermischung der Gottheit
möglichst nahe zu bringen wegen der Menschwerdung des
Gottessohnes, sagt er: „Wir erlangen aber die Vereinigung
mit Gott nicht in alleiniger Willensneigung (ἐν ψιλαῖς καὶ
μόναις ταῖς ἐκ θελημάτων ῥοπαῖς), sondern es verbindet auch eine
andere, geheimnisvolle und notwendige Beziehung. Wir
erlangen die Einheit mit ihm durch den Glauben und noch
mehr durch die geheimnisvolle Segnung.“ [5]) Als höchste
Vereinigung für die gesamte Menschheit infolge der ἕνωσις
καθ' ὑπόστασιν stellt Cyrill die Vergöttlichung, die Teilnahme
derselben an der göttlichen Natur hin (ὅσα ἐν Χριστῷ ταῦτα
καὶ εἰς ἡμᾶς). Er hat die Heiligung nicht für sich empfangen, sondern dieselbe durch sich der menschlichen
Natur vermittelt. Durch ihn ist die göttliche Gnade auf
uns herabgekommen, die da erhöhet, heiligt, verherrlicht

---

[1]) Cyr. de ss. Trin. Mg. 75. 681 d ff.
[2]) Cyr. in Habac. Mg. 71, 905 b.
[3]) Cyr. ad Mon. Mg. 77, 17 c ἡ ἁγία τε καὶ ὁμοούσιος Τριὰς εἰς
μίαν θεότητος φύσιν ἐνοῦται.
[4]) Cyr. adv. Nest. Mg. 76, 248 b.
[5]) Cyr. de ss. Trin. Mg. 75, 697 a.

und die Natur in dem ersten Christus vergöttlicht (θεο-
ποιοῦσα). [1]) Er hat das Unwandelbare der Gottheit auf dem
Wege der Gnade und Teilnahme auf das ganze Menschengeschlecht hinübergeleitet. [2]) „Ich bin euretwegen euch
gleich geworden ohne Veränderung der Natur, damit ihr
der göttlichen Natur (θείας φύσεως) teilhaftig würdet.“ [3])
Diese theopöistischen Ausdrücke müssten Anstoss erregen,
wenn wir nicht die allegorisierende Ader der alexandrinischen Theologen kännten. Zudem sagt auch Cyrill selbst:
„Wegen Christus steigen wir zu der übernatürlichen Würde
(εἰς τὸ ὑπὲρ φύσιν ἀξίωμα) empor, aber nicht sind wir, wie
jener, unterschiedslos Söhne Gottes, sondern nur durch die
Gnade ihm nachgebildet (διὰ τῆς κατὰ μίμησιν χάριτος). Denn
jener ist wahrer Sohn aus dem Vater, wir aber sind nur
durch seine Menschenfreundlichkeit angenommene Söhne
aus Gnade.“ [4]) Die durch die Erlösung bewirkte Vereinigung
mit Gott führt die Menschen dann schliesslich zur Unster-
lichkeit und ewigen Glorie im Himmel, Gnaden, welche
wir dem Erlöser verdanken. „Den Weg zum Himmel,“
sagt Cyrill, „hat er uns durch seine Menschwerdung erneuert.“ [5]) „Dorthin werden wir ihm folgen, dann werden
wir besser sein als jetzt, nachdem wir die Vergänglichkeit
abgelegt, einen geistigen Leib haben, d. h. einen solchen,
der nur die Werke des Geistes schaut. Unser Sinn wird
nicht mehr zu Schwächen neigen, weil der Schöpfer uns
in seinem Willen bewahrt durch den hl. Geist, wie auch
die Engel. [6]) Es werden dann auch aufhören die Dispu-
tationen über die Menschwerdung. Eine bessere Erkenntnis
wird folgen, und eine gewisse göttliche Einsicht über die
göttliche Erlösung wird in uns aufleuchten.“ [7])

---

[1]) Cyr. thes. Mg. 75, 333 c.
[2]) Cyr. de incarn. Unig. Mg. 75, 1213 c; de rect. fid. Mg. 76, 1161 d.
[3]) Cyr. hom. Mg. 77, 1021 b; adv. Nest. Mg. 76, 248 b; adv.
Anthrop. Mg. 76, 1132 b.
[4]) Cyr. in Joh. Mg. 73, 153 b; Thes. Mg. 75, 561 c.
[5]) Cyr. in Luc. Mg. 72, 949 b; in Sophon. Mg. 71, 1009 c.
[6]) Cyr. in Luc. Mg. 72, 892 c.
[7]) Cyr. glaph. Mg. 69, 429 a.

Das sind nach Cyrills Lehre die göttlichen Gnaden-
erweise, die uns durch die Erlösung zu teil geworden sind.
Ihr unermessbarer Wert aber folgt allein und einzig nur
daraus, dass Gott selbst persönlich der Erlöser ist, und
nicht ein zu Gott gemachter nestorianischer Mensch. So
nur haben wir die feste Bürgschaft, dass all die Gnaden
und Segnungen auch in Wahrheit existieren, und wir derselben auch thatsächlich teilhaftig werden, wenn wir
wollen. Denn die Erlösungsverdienste sind keine nestorianische Phantasiegebilde, sondern in Wahrheit vorhandene
Schätze, weil der Gottlogos Mensch geworden ist und
das Erlösungswerk vollbracht hat.

Damit schliesse ich die Abhandlung über die Christologie Cyrills. Um aber einen Gesamteindruck über die
entwickelten Lehrsätze zu gewinnen, will ich zum Schluss
an der Hand des Synodalschreibens Cyrills an Nestorius [1]
die Hauptgedanken der ganzen Darstellung noch einmal
in Kürze und logischer Folge vorführen. Damit erhalten
wir gleichsam ein christologisches Symbolum Cyrills.

Das Wort Gottes, die zweite Person der Gottheit,
aus dem Wesen des Vaters gezeugt, Gott von Gott, Licht
vom Licht, durch welches alles geschaffen ist, ist unseres
Heiles wegen herabgestiegen, Fleisch und Mensch geworden, indem es aus der hl. Jungfrau und Gottesgebärerin
durch die Wirkung des hl. Geistes einen mit einer vernünftigen Seele belebten Leib annahm und aus Maria geboren wurde. Dabei blieb der menschgewordene Gottlogos,
was er vor der Inkarnation war. Denn es hat keine Verwandlung der Gottheit in die Natur des Fleisches, noch
ein Umgekehrtes stattgefunden. Trotz der Menschwerdung
beten wir nur einen Sohn und Herrn, einen Emmanuel,
einen Christus an, der zugleich in einer Person Gott und
Mensch ist. Wir glauben nicht an zwei Söhne, den einen
als Logos, den andern als den aus dem Weibe geborenen
Menschen etwa bekennend, sondern wir kennen nur einen

Logos im Fleische, weil er es sich zu eigen gemacht hat.
Die nestorianische συνάφεια weisen wir als ungeeigneten
Ausdruck für die Vereinigung zurück. Wir anerkennen
nur eine natürliche, in Wahrheit vollzogene Vereinigung
des göttlichen Logos mit seiner menschlichen Natur, mit
der er eine physische Person bildet in und aus zwei
Naturen, eine fleischgewordene Hypostase des Gottlogos.
Obgleich die beiden wesensverschiedenen Naturen durch
eine natürliche Vereinigung zu einer Person verbunden
sind, so hat doch keine Vermischung oder Verwandlung
oder Absorbierung einer der Naturen stattgefunden, sondern
beide sind in ihrer Realität und Integrität erhalten geblieben in der einen Person. Von dieser einen Person wird
Göttliches und Menschliches zugleich ausgesagt, wie Geburt,
Leiden und Tod. Nicht dürfen die Aussageweisen persönlich getrennt werden, wie es Nestorius will, welcher zwei
für sich subsistierende Naturen, d. h. zwei Personen in
Christo annimmt, die er durch die Gleichheit der Würde
moralisch verbindet. Wegen der wahren und natürlichen
Vereinigung der menschlichen Natur mit dem Gottlogos
wird Maria Gottesgebärerin genannt; denn sie hat Gott
dem Fleische nach geboren, nicht einen Menschen, mit dem
der Logos sich synaphistisch verbunden hat. Gott ist deshalb auch der Erlöser, der durch sein Leiden und Sterben
im eigenen Fleische die Menschheit von Sünde, Tod und
Teufel befreit und sie durch sein Mittleramt mit Gott dem
Vater wieder versöhnt und verbunden hat. Daher:

I. „Wenn jemand nicht bekennt, dass der Emmanuel
   wahrer Gott (Θεὸν κατ' ἀλήθειαν) und die hl. Jungfrau
   deshalb Gottesgebärerin (Θεοτόκον) sei, denn sie hat
   fleischlich den fleischgewordenen Logos aus Gott
   geboren, der sei im Anathem.“

II. „Wenn jemand nicht bekennt, dass der Logos aus
    Gott dem Vater mit dem Fleische in Wahrheit
    (καθ' ὑπόστασιν) vereinigt worden sei, dass er also
    ein Christus in seinem eigenen Fleische ist, eben-

III. „Wenn jemand den einen Christus nach der Vereinigung in zwei Hypostasen teilt, dieselben nur
verbindet durch Verknüpfung der Würde, des Ansehens und der Macht, und nicht vielmehr durch
den Zusammengang gemäss physischer Vereinigung
(συνόδῳ τῇ καθ' ἕνωσιν φυσικήν), a. s."

IV. „Wenn jemand die in den Evangelien und apostolischen Schriften sich findenden Redeweisen oder
die, welche Christus von sich selbst gebraucht, den
Personen oder Hypostasen (προσώποις ἤγουν ὑποστάσεσιν)
zuteilt, und zwar die einen dem neben dem Logos
aus dem Vater gedachten Menschen, die andern
aber, die göttlichen, dem Logos allein, a. s."

V. „Wenn jemand sagt, Christus sei ein Gott tragender
Mensch (Θεοφόρον ἄνθρωπον), und nicht vielmehr Gott
in Wahrheit, ein Sohn von Natur, obwohl der
Logos Fleisch geworden ist und sich des Fleisches
und Blutes teilhaftig gemacht hat, a. s."

VI. „Wenn einer das Wort des Vaters den Gott und
Herrn Christi nennt und nicht bekennt, dass es ein
und derselbe ist, Gott zugleich und Mensch auch
nach der Fleischwerdung, a. s."

VII. „Wenn jemand sagt, Christus sei als Mensch
von dem wirkenden Gottlogos angeregt und mit
dem Ruhme des Eingeborenen umgeben worden,
wie ein von ihm Verschiedener, a. s."

VIII. „Wenn jemand zu sagen wagt, der angenommene
Mensch sei mit dem Gottlogos zugleich anzubeten,
mit Gott zu verherrlichen und Mit-Gott zu nennen,
als ein anderer im andern, a. s."

IX. „Wenn jemand behauptet, unser eine Herr Jesus
Christus sei vom hl. Geiste verherrlicht, als habe
er die Macht, die er selbst besitzt, als eine fremde
angewendet und habe von ihm die Kraft empfangen,
welche er gegen die Dämonen gebrauchte und mit
der er die Wunder wirkte, und nicht vielmehr, der

Geist sei ihm eigen, durch den er auch die göttlichen Zeichen that, a. s."

X. „Dass Jesus Christus Hoherpriester und Apostel unseres Bekenntnisses gewesen und er selbst sich für uns Gott dem Vater zum lieblichen Geruche dargebracht habe, sagt die hl. Schrift. Wenn daher jemand sagt, der Gottlogos selbst sei nicht als Hoherpriester und Apostel bestellt, nachdem er Fleisch und als Mensch uns ähnlich geworden ist, sondern jener Mensch, der aus dem Weibe geboren ist als ein anderer von ihm Verschiedener, oder dass Christus auch für sich und nicht vielmehr für uns allein das Opfer dargebracht habe, a. s."

XI. „Wenn jemand leugnet, das Fleisch des Herrn selbst sei lebendigmachend, weil es das des Logos aus dem Vater höchst eigenes ist, und sagt, dass es das Fleisch irgend eines sei, der mit dem Logos nur gemäss der Würde verbunden sei, d. h. nur eine göttliche Einwohnung empfangen habe, und nicht bekennt, dass es lebendigmachend sei, weil es das Fleisch des alles lebendigmachenden Logos geworden ist, a. s."

XII. „Wenn einer nicht bekennt, dass der Gottlogos dem Fleische nach gelitten, dem Fleische nach gekreuzigt, dem Fleische nach den Tod erduldet habe und endlich als Erstgeborener von den Toten auferstanden sei, gemäss dem er Leben und Lebendigmacher ist als Gott, a. s."

Schlusswort.

Dieser im voraufgehenden zur Darstellung gelangte, christologische Glaube Cyrills hat den „königlichen Weg wandelnd" und die rechte Mitte einhaltend bis auf die heutige Zeit seine Geltung in der Orthodoxie bewahrt.

Er hat im 5. Jahrhundert den die Erlösung vernichtenden Nestorianismus besiegt, den Kampf mit dem die Menschennatur vergottenden Monophysitismus und dem die menschliche Natur verkürzenden Monotheletismus des 7. Jahrhunderts bestanden. Auch der im 8. Jahrhundert im Abendlande auftauchende Adoptianismus, der Halbbruder des Nestorianismus, fand in Cyrills gesunder Lehranschauung einen überwältigenden Gegner. Zwar lässt die Form der Cyrillschen Christologie in einzelnen Ausdrücken bei bloss äusserlicher Anschauung manche Missverständnisse zu; ihrem Inhalte und ganzen Zusammenhange nach aber birgt sie für den, der in Cyrills Schriften tiefer eindringt, Ansichten über die Erlöserperson Christi, welche für eine vorurteilsfreie, objektiv und orthodox denkende Vernunft durchaus annehmbar sind und dem erlösungsbedürftigen Herzen volle Befriedigung für das diesseitige Leben und eine feste Hoffnung und Zuversicht fürs Jenseits gewähren. Nur eine Christologie, wie sie Cyrill vertritt, in der das Dogma von dem menschgewordenen Gottessohne den Leuchtpunkt bildet, hellt dem Forscher das wahre und eigentliche „Wesen des Christentums" zur vollen Befriedigung auf. Im andern Falle verliert das Christentum seinen völlig zufriedenstellenden Wert und sinkt als philosophisches, reines Menschenmachwerk auf den Stand anderer religiöser Versuchssysteme herab. [1]

Mit Rücksicht auf dieses grosse, dogmengeschichtliche Ansehen Cyrills, des μεγαλόφωνος κῆρυξ καὶ μέγας τῶν ὀρθῶν δογμάτων πρόμαχος [2]), hat Leo XIII., der augenblicklich im 25. Jahre seines Pontifikates glorreich regierende, gelehrte und staatsmännisch reich begabte, 92jährige Papst, den grossen alexandrinischen Theologen des 5. Jahrhunderts im Jahre 1883 mit dem Ehrentitel doctor ecclesiae ausgezeichnet.

---

[1] cfr. pag. 392 f. f. der Darstellung.
[2] Evagrius h. e. Mg. 86, 2440 a.